李承贵 著

儒学的形态与开展

社会科学文献出版社

SOCIAL SCIENCES ACADEMIC PRESS (CHINA)

导　言

　　本书之所以取名"儒学的形态与开展"，因为所编入的论文都程度不同、视角不一地涉及"儒学形态"与"儒学开展"这两大议题。

　　在"儒学形态"方面，《〈易传〉中的人文智慧与"自然"关系》主要探讨了《易》中人文思想内容与特点，其主要内容有精神品质、道德修养、制度礼仪、行为规范等，而基本特点是天道与人道的合一。就是说，《易》中的人文思想、人文智慧来自中国古代圣哲基于人类实践对大自然"行"与"事"的体悟，进而将此"行"与"事"的内涵转化为人文作品和人文精神。《宋代新儒学"儒佛合一"说之检讨》主要讨论宋代新儒学中儒佛关系问题，认为宋代新儒学是以儒学为主的学说形态，佛教只是在形式上对宋代新儒学给予了支援与完善，这是从学说结构上分析儒学的形态。《儒家思想中的自然主义》认为儒家思想透显出一种鲜明而顽强的自然主义的特质，且这种自然主义是生命的、生机的、生态的。这是从思想特点上描述儒学的形态。《方东美生态思想及其意蕴》是通过方东美的儒学思想进一步展示儒家思想的自然主义特质，即生态自然主义。《性理与事理：宋明儒与清儒的分界》对宋代儒学与清代儒学的差异进行了初步区分，认为宋代儒学更重精神，清代儒学更重物质。他们都谈"理"，但趣向不同，宋儒由"性"谈"理"，清儒由"气"谈"理"；从而将宋代儒学与清代儒学的形态差异展示出来。《当代儒学的五种形态》主要由 20 世纪学科分化的角度考察、判断儒学的形态，具体呈现为宗教儒学、政治儒学、哲学儒学、伦理儒学等。这些儒学形态实际上也是儒学开展的方向，即由宗教、政治、哲学、伦理等角度对儒学的诠释与丰富，既是对儒学的开展，又是形成了相应的儒学形态。《人文儒学：儒学的本体形态》则是寻找儒学的根本形态的尝试，认为人文儒学是儒学的基本形态，而其他形态（宗教、政治、哲学、伦理等）都以人文儒学为中心，也由人文儒学而展开。《"人文儒学"何以可能》继续从不同角度对人文儒学合理性进行了深入论证，从学理上阐明人文儒学的可信性、自洽性与价值性。《怎样看儒家思想的普适性》对儒家思想的普世性做了较为深入的思考，认为儒家思想的某些层面、某些要素具有普世性。这是从儒家思想适应时空的角度讨论儒学的形态问题。《生生：儒家思想的内在维度》是对儒家思想核心的把握，即如果儒家思想的本体形态是人文儒学，那么人文儒学的核心不是别的，正是"生生"二字。可见，上述文字大体上都是围绕"儒学形态"而展开的思考，但角度各异，路径有别，这也反映了儒家思想的厚度与多样。

在"儒学开展"方面，《生活儒学：当代儒学开展的基本方向》提出儒学当代开展的方向应该是生活儒学，因为这不仅是儒家思想的内在要求，也是儒家思想史的经验，更是当代环境所然。《当代儒学开展的三个向度》认为儒学开展方向除了生活向度之外，还应有批判的向度、信念的向度；忧心儒学学术精神的丧失，怀疑缺失信念的儒学复兴。《高攀龙的佛教观及其儒学本色》是透过高攀龙佛教观考察儒学开展的问题，即儒学在与其他学派的互动中应该怎样发展自身。《论宋儒重构儒学利用佛教的诸种方式》通过宋儒吸收、消化佛教的实践对宋儒在学术理论上开展儒学的努力与方法展开了探讨，总结出宋儒利用佛教发展、增强自身的经验与智慧。《百年来儒学开展方向主要论说及评论》对 20 世纪关于儒学开展方向的几个代表性主张进行了扼要梳理与分析，并在此基础上提出了需要妥善处理的几个基本关系，即儒学与西学的关系、儒学多极化走向与儒学基本走向的关系、儒学的学术立场与意识形态助力的关系。《儒家思想的当代困境及其化解之道》分析儒学在当代遭遇的困境，并提出了化解困境的方式与手段。《书院能否孵化出大师？》承认书院对传播、传承儒学的特殊作用，但并不认为书院可以代替现代学校在儒学传播、发展中的作用，建议二者的取长补短或许能产生意想不到的效果。《国学研究的三大课题》基于当下国学、儒学宣传与研究中的混乱状况，提出应该注意并遵守的三大课题，即心理准备、方法意识和评估规则。《王国维的儒学范畴诠释及其范式意义》与《儒学的传承与开新——以熊十力释"理"为例》分别考察了王国维与熊十力解释儒学概念的实践与企图，前者通过对儒学范畴的诠释，丰富了儒学概念和范畴的内涵，后者则通过对儒学范畴的诠释，尝试了开出"新外王"的理论探索。它们属于学术理论上开展儒学的案例。《儒学传道的四种方式》基于儒学史的考察，认为儒学传道有以身传道、以文传道、以事传道、以心传道四种方式，并分析了此四种方式的价值、不足及所蕴含的诸多启示。《当代儒学的四大使命》认为儒学的当代开展必须要做好四件紧要的事情：一是义理的梳理，二是百姓的教化，三社会的批判，四是价值的落实。《百余年来儒学的宗教性诉求及其不同意蕴》简要回顾了 20 世纪宗教儒学主张的形成、演变之情形，并对其不同意蕴进行了分析，宗教儒学的开展并非一帆风顺。不难看出，如上文字都是围绕"儒学开展"而展开的讨论。它们分别由现实需求、概念诠释、学派互动、载体选择、态度方法等多层面、多角度地探讨了"儒学如何开展"的课题，希望这些探讨对于儒学的未来开展有所启迪有所警醒。

当然，其中也有既涉及儒学形态，又涉及儒学开展的"双重"思考。《孔子君子人格内涵及其现代价值》既对孔子君子人格的内容、特点及不足进行了分析，同时对孔子君子人格的当代价值展开了评估与展望，肯定了孔子君子人格对于现代人格塑造的特殊价值。《论杨简的儒学观》则对杨简心学形态的儒学进行了呈现，并对其特点及价值做了检讨，认为杨简的心学儒学不仅是儒学史上特殊形态，而且在儒学开展上既有学术上的开新，又有实践上的创新。《颜钧的平实之学》不仅揭示出颜钧儒学思想的"平实"特质，而且将颜钧讲道、传道的方式进行了概括与肯定。《当代儒学流派的基本格局及其走向》对当代儒学的四大流派，即马克思主义儒学派、自由主义儒学派、保守主义儒学派、理性主义儒学派等进行了梳理与归纳，分析了它们的内容，揭示了它们的特点与不足，并对当今儒学的开展提出了期许，主张"理性主义儒学"应该成为当今儒学发展道路的优先选择。《儒家榜样教化论及其当代省察》比较充分地、深入地研究了儒学特别是先秦儒学的教化思想与教化实践，从教化功能角度对儒学的形态展开了论述，从教化实践角度探讨了儒学开展问题。可见，上述文字既讨论了儒学形态问题，又探讨了儒学开展方向问题。

令人惊奇和兴奋的是，在关于"儒学形态与开展"的探索过程中，我之于儒学思考的轨迹也逐渐清晰起来，即从"生活儒学"到"生生之学"。在思考、探讨儒学开展方向的过程中，不知不觉地转入对儒学形态的思考，而对儒学形态的思考过程中，突然发现了深藏于儒家思想底部的"生生"理念。"生生"才是儒家思想的生命，才是儒家思想的源泉！这个脉络由《生活儒学：当代儒学开展的基本方向》（2004 年）、《当代儒学的五种形态》（2008 年）、《人文儒学：儒学的本体形态》（2009 年）、《生生：儒家思想的内在维度》（2012 年）清晰地演绎出来。从另一角度说，我对儒学的思考是从危机意识开始，进而寻找化解危机的方法与路径，最后寻找到儒学可以自行解决困境的核心理念——"生生"。因而也可以说是从外在到内在、从形式到内容的思考过程，更可以说是渐次深入的精神生命体验。从此，"生生"理念成为我思考儒学新的逻辑起点，当然也是终点，因为我们要由"生生"的视角去开掘儒家思想资源，去充实儒家思想内容，去丰富儒家思想的论述，去实现儒家思想的价值，去关怀儒学所要关怀的宇宙生命。孔子提出了"仁"这一充满人性的概念，这是人类的伟大发现之一；二程兄弟体贴出"天理"这一试图将规则与情感融为一体的概念，是对儒学的创造性发展；王阳明悟出"致良知"这一挺立人的主体性的概念，儒学又获得一次重大推进；我觉悟出"生生"这一通身洋溢生命气息的概念，希望能为儒学的发展开辟新的境域！因此说，本书虽是由多篇论文构成，但它有着"一以贯之"的思想精神。贯之者，"生生"也。因而本书是围绕"儒学形态与开展"的思考而形成的以"生生"理念为轴心的有机整体；而且，本书在思考"儒学形态与开展"问题的实践中，努力探寻与儒家思想生命相应的开展路径，尝试性地提出了一些或许有助于儒学健康发展的主张与观念。当然，本书仅仅是作者在特定时空条件下关于儒学问题的思考，自然会存在诸多不完善之处：或不成熟的表述，或幼稚的思考，或片面的观点，因而还请读者朋友在宽容中不吝指正，以滋润和完善我的思想生命，从而发展和更新儒学的生命。

李承贵

南京仙林道场

2016 年 1 月 3 日

目　录

一　孔子君子人格内涵及其现代价值

不同历史时代有不同的理想人格追求，但任何一个时代的理想人格在相当意义上可视为此前各时代理想人格普遍价值的积累，特别是塑造理想人格的精神资源。历史从来就是我们的起点。君子，是文化之圣孔子设计的理想人格；但君子人格的内涵及其可能蕴含的普遍意义却少有人论及。本文拟就此问题略抒浅见，愿得到学界前辈及同仁好友的指教。

何为君子？

"君子"在《论语》中出现 107 次之多，杨伯峻先生对"君子"做了两种界定：一是有道德的人，一是在高位的人。[①] 其实有道德的人不一定在高位，而在高位人也不一定有道德，也就是说，"君子"并非某种具体的"类人"、"阶层"或"集团"。"君子"指称什么呢？回答这个问题之前，我们用弗兰西斯·培根（1561～1626）的"驱除法"将"君子"归属某实体的"类"的可能性排除：其一，"君子"不可能是国君。《论语》中"国君"与"君子"从来是分别言的，言国君时只用一"君"字，如："君使臣以礼，臣事君以忠。"（《论语·八佾》）"君召命，不俟驾行矣。"（《论语·乡党》）可见"君子"不同于"国君"。其二，"君子"不是统治阶层的官员，因为有官职之人并不都"可以托六尺之孤，可以寄百里之命，临大节而不夺也"（《论语·泰伯》）。而这却是孔子对"君子"的一种要求，而且"君子"畏"大人"。所谓"君子畏大人"（《论语·季氏》），显然"君子"不可能是有官职之人。其三，"君子"不是普通老百

---

① 　杨伯峻：《论语译注》，中华书局，1980，第 241 页。

姓,因为"君子"有文化方面的要求,所谓"君子博学于文"(《论语·雍也》)。其四,"君子"也非一般的知识分子群体,因为有"君子儒,小人儒"(《论语·雍也》)的差别。因此可以说,孔子所谓"君子"绝不是任何实体的"类人"。不过它又并非空洞无物。因为其一,"君子"要有才能,是"大能"者,所谓"君子不可小知而可大受也"(《论语·卫灵公》)。其二,"君子"应有高尚的道德情操,是"大德"者,所谓"君子贞而不谅"(《论语·卫灵公》)。其三,"君子"要知识渊博,悉诵六经,是大"智"者,所谓"君子博学于文"(《论语·雍也》)。其四,君子具有忧患意识,是"大忧"者,所谓"君子忧道不忧贫"(《论语·卫灵公》)。其五,"君子"要有仁者情怀,是"大怀"者,所谓"修己以安百姓"(《论语·宪问》)。也就是说,"君子"在孔子观念中融合了"大能""大德""大智""大忧""大怀"等多种品格,综合了诸多在孔子看来属优秀品性的人格,因此,"君子"是多才多艺的,而不能与只有一种用途的器皿等观,所谓"君子不器"(《论语·为政》)。

君子人格要素

由前项得知,"君子"实由多种品性构成的人格象征。但这些多种品性的具体内涵即"君子"人格的具体内涵之规定,仍有待于我们做进一步的整理与研究。

(1)"以义为质"。孔子所谓"义",是与"利"对待者言,所谓"君子喻于义,小人喻于利"(《论语·里仁》)。"义"即公正、合理。孔子认为,"义"乃"君子"成为"君子"的基本规定,所谓"君子以义为质"(《论语·卫灵公》)。如是,"义"就成为对"君子人格"之普遍性规定:"君子"之"勇"是"义"之勇,所谓"君子义以为上,君子有勇而无义为乱"(《论语·阳货》);"君子"求富贵,以"义"为前提,所谓"饭疏食饮水,曲肱而枕之,乐亦在其中矣。不义而富且贵,于我如浮云"(《论语·述而》);在"生"与"仁义"之间,"君子"应舍生取"义",所谓"志士仁人,无求生以害仁,有杀身以成仁"(《论语·卫灵公》),所谓"见利思义,见危授命"(《论语·宪问》);总之,君子行事于天下,无论曲直,"义之与比"(《论语·里仁》)。"义"成为"君子"人格的基本规定，"以义为质"意味着"君子"是公正的象征。

（2）"关怀意识"。君子要有"以天下乐为一己乐、以天下苦为一己苦"之关怀众生的意识。对先圣之"道"，有继往开来之心，所谓"君子谋道不谋食，君子忧道不忧贫"（《论语·卫灵公》），所谓"人能弘道，非道弘人"（《论语·卫灵公》）。对民众生命，要有博施济众之情怀，所谓"博施于民而能济众"（《论语·雍也》）。所谓"修己以安百姓"（《论语·宪问》），一宇宙，等万民，同苦同乐，这是"君子"人格的又一基本规定，"君子"由此而成为人道的象征。

（3）"中庸不偏"。处事、仪表、气质、为学，"君子"表现出来的风度是"过犹不及""执两用中"。处事是扣其两端，否则事不成反得害，所谓"攻乎异端，斯害也已"（《论语·为政》）。仪表要文质相宜、融为一体，所谓"质胜文则野，文胜质则史。文质彬彬，然后君子"（《论语·雍也》）。品性是庄重而不骄饰，威严而不癫狂，所谓"泰而不骄，威而不猛"（《论语·尧曰》）。为学是学思并用，所谓"学而不思则罔，思而不学则殆"（《论语·为政》）。"中庸不偏"乃"君子"至德之一，由此"君子"成为着周全持重的象征。

（4）"律己成人"。"克己"被孔子看成"复礼"的前提，一方面，对自己严格要求，时常反省自我，是孔子对"君子"人格的一种规定；另一方面，"成人"是说对他人要真诚相待，成人之美。对他人不了解自己（即使自己大名鼎鼎），也不在意，所谓"人不知而不愠，不亦君子乎?"（《论语·学而》）所谓"君子病无能焉，不病人之不己知也"（《论语·卫灵公》）。对缺点、错误，"君子"应从自己身上找原因，所谓"君子求诸己，小人求诸人"（《论语·卫灵公》）。敢于承担错误，敢于解剖自己，所谓"百姓有过，在予一人"（《论语·尧曰》）。对他人之事，由善处想，成全他人，所谓"君子成人之美，不成人之恶"（《论语·颜渊》）。对不同意见，不排除异己，要和而同之，所谓"君子和而不同，小人同而不和"（《论语·子路》）。不断升华自我，提高自己的人格境界，所谓"是以君子恶其居下流，天下之恶皆归焉"（《论语·子张》）。总之，"律己成人"是君子言行处事又一基本规定，"君子"在此是自省宽厚的象征。

（5）"恪守气节"。君子要有气节，穷困不坠，富贵不淫，大义凛然，弘扬精神。所谓"三军可夺帅也，匹夫不可夺志也"（《论语·子罕》）。

所谓"临大节而不可夺也"（《论语·泰伯》）。伯夷、叔齐两兄弟以食周粮食而可耻，饿死于阴山，孔子对其气节大加赞美："不降其志，不辱其身，伯夷、叔齐与！"（《论语·微子》）"君子"不可辱，可辱非"君子"，所谓"君子可逝也，不可陷也；可欺也，不可罔也"（《论语·雍也》）。可见，对"气质"的持守与执着是"君子"人格的又一基本规定。由此"君子"又是正气的象征。

（6）"慎言敏行"。"慎言"就是要求说话谨慎，周全措辞，更不恶语伤人，所谓"君子于其言，无所苟而已矣"（《论语·子路》）；所谓"君子耻其言而过其行"（《论语·宪问》）。"敏行"则要求遇事机警，行为果断，所谓"（君子）敏于事而慎于言"（《论语·里仁》）。所谓"君子欲讷于言而敏于行"（《论语·里仁》）。说话周全不苟，行为灵敏有功，是君子人格又一基本规定。"君子"在此是言行一致的象征。

（7）"遵礼守法"。这里的"法"不是韩非子之"法"，而是与孔子之"礼"相应的社会规范或约定。讲究礼法，无有争夺，有争者为射箭比赛，而射箭比赛也有"射礼"，孔子说："君子无所争。必也射乎！揖让而升，下而饮。其争也君子。"（《论语·为政》）思考问题不应超出自己的身份，所谓"思不出其位"（《论语·宪问》）。总之，"礼"是君子行为的准则，不应越礼而动而听而言而视，所谓"非礼勿视，非礼勿听，非礼勿言，非礼勿动"（《论语·颜渊》）。所谓"礼以行之"（《论语·卫灵公》）。所谓"约之以礼"（《论语·公冶长》）。"君子"在此为遵礼守法的象征。

（8）"自强不息"。自强、自力、奋斗不止，挺立生命是君子生命存在的基本方式。求学要有忘我的精神，所谓"发愤忘食，乐以忘忧"（《论语·述而》）。弘扬道德要时刻准备牺牲的勇气，所谓"士不可以不弘毅，任重而道远。仁以为己任，不亦重乎？死而后已，不亦远乎？"（《论语·泰伯》）践仁履义也要饱满精神，知难而进，所谓"君子去仁，恶乎成名？君子无终食之间违仁，造次必于是，颠沛必于是"（《论语·里仁》）。在困难面前不低头，在忧苦面前不埋怨，怀着高昂热情，百折不挠，奋斗不止，这就是"君子"的自强不息。"君子"在此是生命勃发向上的象征。

"以义为质"，"关怀意识"，"中庸不偏"，"律己成人"，"恪守气节"，

"慎言敏行"，"遵礼守法"，"自强不息"，这就是孔子"君子"人格的主要内涵。在《论语》中我们还发现，为了使"君子"人格易把握，易操作，孔子对"君子"人格进行过一些言简意赅的概括。

> 君子九思：视思明，听思聪，色思温，貌思恭，言思忠，事思敬，疑思问，忿思难，见得思义。（《论语·季氏》）
>
> 君子三畏：畏天命，畏大人，畏圣人之言。（《论语·季氏》）
>
> 君子三戒：少戒色，壮戒斗，老戒得。（《论语·季氏》）
>
> 君子四恶：恶称人之恶者，恶居下流而讪上者，恶勇而无礼者，恶果敢而窒者。（《论语·阳货》）
>
> 君子四道：其行己也恭，其事上也敬，其养民也惠，其使民也义。（《论语·公冶长》）

所谓"九思"，意味着成为"君子"者，无论何地何时都要对自己的各种行为进行监督与反省，与"君子"人格的"慎言敏行"，"遵礼守法"对应。所谓"三畏""天命"，实为主谓结构，即天命令、安排之意，"君子"当然"畏"，故有"不知命，无以为君子也"（《论语·尧曰》）之说；"大人"是指居高位之人，这种"大人"一般被认为秉承了天的意志，因为由君子人格内涵看，"君子"绝不会畏无德无智之"大人"；"圣人"实际上是孔子时代不复存在的"大智大德"之人，有"圣人，吾不得见之矣；得见君子者斯可矣"（《论语·述而》）之说，"君子"对如此"圣人"当有一种敬畏之情。所谓"三戒"，则是要求为"君子"者，在生命历程的三个主要阶段应注意的修养。所谓"四恶"，"恶称人之恶者"与"律己成人"之品格相对；"恶居下流而讪上者"与"遵礼守法"之品格相对；"恶勇而无礼者"与"以义为质"之德相对；"恶果敢而窒者"与"慎言敏行"之品格相对。所谓"四道"正体现了"敏行"、"遵礼"、"关怀"、"尚义"之"君子"人格内涵。可见，孔子的如上概括，正是成为"君子"之人的操作指导。由上可知，"君子"实乃孔子基于那个时代而建构的一种理想人格；"君子"人格既涵具了孔子以前人格智慧，也是孔子时代一般人格的升华，由此生出一种激励人们成为"君子"的普遍意义与精神。所谓"君子之德风，小人之德草。草上之风，必偃"（《论语·颜渊》）。所谓"君子笃于亲，则民兴于仁，故旧不遗，则民不偷"（《论语·泰伯》）。

君子人格之检讨

"君子"人格具有丰富的内涵，如何开掘出其积极意义，将"君子"人格积极内涵转换为培养现代理想人格的道德资源，正是本文宗旨所在。

（1）学理价值。人所共知，"人格"的建构在中国道德史上从来就是一项重要课题。董仲舒企图塑造一种"与天相配"的道德人格；玄学家则试图建构一种"内儒外道"的人格；理学家企图培养"道问学"之人格；心学家则尝试陶铸"尊德性"之人格；近代思想家受到西方近代道德学说影响，努力于"自由、民主"之人格的建构。所有这些人格建设的努力，不仅在形式上（即努力构造一种理想人格），即便在内容上（即倾向于人的道德品性）都明显地深受孔子"君子"人格思想的影响。由这个意义上讲，孔子"君子"人格论确实成为我国伦理学说史上"理想人格"建构的发端处。而且，孔子"君子"人格具有丰富的内涵和一定的理论结构，已成为一种较完整的"人格"学说，这对今天如何建立现代人格学说具有重大启迪。

（2）意义的双重性，"君子"人格经由孔子的创建，成为人格学说的雏形，其对现实人格的培养既有积极意义，又有消极意义。可由三向度分析。整体上看，"君子"人格基本上属于道德人格。对人格的体、智、美方面缺乏要求，不仅导致现实中人格的不健康、不全面，如我国历史上的伟大人格都局限在道德人格方面；而且对中华民族性格、文化发展等方面也产生了某些消极影响，如过分讲究道德而拙于竞争，精神文化的发达与物质文化的相对落后。个别地看，"尚义""关怀""守礼""律己""高昂气节""自强不息"，都具明显的积极价值；"见利思义""关怀众生""遵纪守法""约束自律""恪守气节""自强不息"，难道不是任何个人都应具备的起码品性吗？但"中庸不偏""慎言敏行"在积极意义下隐藏着负面的因素："中庸"即反对走向极端，然而现实生活中每个人都必须选择一端，否则进步、发展将不再有必要。因此，"中庸不偏"在性格上容易使人走向保守、犹豫、寡断；在现实上则可能阻碍社会的进步。"慎言敏行"，处处慎言，出口顾虑太多，这就可能造就看脸行事，假话真说的圆滑人格。具体看，"君子"人格在塑造现代人格方面显然具有普遍的意义；但毕竟是立足当时社会现状升华出的要求，也就是说，"君子"人格所表现的具体内容含有某些需要克服的局限性。如"遵礼"之"礼"，即是孔子持守的君君、臣臣、父父、子子严格的等级关系以及其他服务当时社会制度的道德规范，如此之"礼"于今天显然无多大积极意义。这意味着对"君子"人格内涵要进行创造性转换。

（3）现代价值。"君子"人格具有现代价值是没有疑问的，问题在于：①它何方面表现为现代价值？②实现"君子"人格现代价值的途径在哪里？先谈第一个问题。"君子"人格要求以"义"的手段获取富贵功名，所谓"富与贵，是人之所欲也；不以其道得之，不处也。贫与贱，是人之所恶也，不以其道得之，不去也"（《论语·里仁》）。但在市场经济条件下，人们对不劳而获，损公肥私，杀人越货，贪污腐化，谋财害命等现象似乎已习以为常。干这些勾当的人能否考虑一下他们行为的"义"在何处呢？每个人都有权力获取正当的"利"，"义"正是保护这种权力的条件。只要我们设身处地地想一下，确实需要每个人将"以义为质"作为自己的行为规范。"君子"人格要求"遵礼守法"，现在国家制定的法律并不少，各行各业的规章也应有尽有，可是纸上的秩序就是不能反映到现实中来，某些人知法犯法，置法于脑后。平心而论，法规的制定实为了协调人人关系，促进工作顺利进行，人人应懂得违法、践踏法规虽然可以给个人以短期的爽快和利益，但无疑是损人始，害己终。"君子"人格要求有"关怀意识"，这是人道精神的体现，人类本来一体于大宇宙。由自然到人类的演变实际上包含着人类宇宙一体的观念，"关怀意识"正是大宇宙胸怀在人精神上的延伸与提炼。孔子以"关怀意识"为"君子"人格基本因素，浸透着他对人类宇宙命运沉思的智慧。现代人在文化技术化、工具化、制度化的背景下，破坏意识、人情淡漠、天人错位等现象极为严重，也许静心体会一下"君子"人格"关怀意识"会有所醒悟。"君子"人格要求"律己成人"，这是对人品的一种升华，在人己利益冲突时，甚至不存在人己的利害关系时，他人需要你助一臂之力，"君子"应义无反顾地成人之美。对照"君子"人格，现实生活中那些利己害人者、视人遇险麻木不仁者、放任自我道德修养者，难道不该仔细体悟一下"律己成人"之圣训吗？"君子"人格要求"自强不息"，这是对人格生命的肯定与赞美，人生命的弘扬与挺立，前提就是要自强不息、奋斗不止的品格。所谓"君子无终食之间违仁，造次必于是，颠沛必于是"（《论语·里仁》）。事实上，一己生命的价值与质量，确实把握在自己手中，你可庸庸碌碌，堕落不支，你也可以奋发图强、展现宏志，光彩生命，而这需有百折不挠的品格、不畏一切艰难的斗志。这种精神是否完全融入了我们的肉体、我们的血液中呢？21世纪竞争将更加激烈，我们个人，我们民族能否挺立，能否富强，"自强不息"的人格精神仍然是不可或缺的。再谈第二个问题。"君子"人格具有丰富的内涵，其中积极性内涵对我们培养理想的现代人格，将产生深远意义。但问题的关键是：第一，加强对"君子"人格的学术探讨。"君子"人格对中华民族、中华文化、中国道德教化究竟产生了怎样的影响，本文无力论及，但这个问题的探讨，有助于我们对"君子"人格的全面认识与把握，而这是我们由"君子"人格导引出其对现代理想人格培养积极意义的一项基础性工作。第二，通过各种宣传方式在全社会进行宣传，号召实践，进行监督，使"君子"人格体现在每个个体的行为之中。否则，再好的人格象征也永远是"象征"，是镜中花水中月。第三，体制前提。"君子"人格已经是人格的一种提炼，而"君子"人格积极性因素是人格的再一次提炼。做个"君子"，体现"君子"人格，当然是高尚的事情，但"君子"人格是在实际处理己群、义利、自由与责任、权利与义务等关系中凸显示出来的，也就是说，"君子"人格的实现与高扬，不仅意味着单纯人格的重建，更意味着相应社会条件的支援。

《江西社会科学》1996年第8期

二 论杨简的儒学观

作为象山弟子之冠的杨简，虽被视为象山之后的心学代表——"象山既殁之后，而自得之学大兴于慈湖（杨简），其初虽得于象山，而日用其力，超然独见，开明人心，大功于后学，可不谓自得乎？"（《袁斋书赠傅正夫》，《慈湖先生遗书》"新增附录"）但心学究竟如何大兴于杨简，却从没有一个系统的说明。实际上，说心学大兴于杨简，主要是因为杨简在解释、把握儒学精神上更全面、更彻底地使用、贯彻了心学方法与智慧，具体表现为：以"心"解经的新尝试，以"一"摄德的新路径，以"意"别性善恶的新方法，并由此为儒学的发展提示了新思路。

以"心"解经的新尝试

"自孔子之死也，有子张之儒，有子思之儒，有颜氏之儒，有孟氏之儒，有漆雕氏之儒，有仲良氏之儒，有孙氏之儒，有乐正氏之儒。"（《韩非子·显学篇》）这就是人们耳熟能详的"儒分为八"。这种分裂，实际上隐含着这样一个课题：儒学之精神，由谁去体现？孔子独特的生命智慧，由谁去接承与呼应？而这一课题的解答又必须落实到对儒学精神本质、孔子生命智慧的理解与探索之上。司马谈认为，秦至汉初，并没有哪位儒生真正把握了儒学精神，并与孔子生命智慧相呼应。他说：

> 夫儒者以六艺为法。六艺经传以千万数，累世不能通其学，当年不能究其礼，故曰："博而寡要，劳而少功。"（《史记·太史公自序》）

孔子删"六经"，虽为某些人所质疑，但"六经"与孔子有联系则是没有疑问的。后儒仿照孔子的做法，以传经为儒，这样经愈传愈丰，反而淹没了"六经"之真精神，更难领悟孔子的生命智慧。用牟宗三的说法，就是这些人仍是绕开孔子而传孔子之精神。董仲舒似乎意识到儒术分裂之危机，特别是这种分裂造成人心不一而引起的社会危机。他力倡一统学术，提出"罢黜百家，独尊儒术"的主张，这为分裂已久的儒学创造了统一的环境。董仲舒也以传经为儒，但他不仅将儒学杂以阴阳、迷信等，使儒学神学化；而且将儒学政治化，建立以"三纲五常"为核心的政治道德。在这种情况下，董仲舒对儒学精神的承继，对孔子生命智慧的呼应只能是外在的：

> 君子知在位者不能以恶服人也，是故简六艺以赡养之。诗书序其志，礼乐纯其美，易春秋明其知，六学皆大，而各有所长。诗道志，故长于质；礼制节，故长于文；乐咏德，故长于风；书著功，故长于事；易本天地，故长于数；春秋正是非，故长于治人。（《春秋繁露·玉杯第二》）

董仲舒这种传经就是所谓"列君臣父子之礼，序夫妇长幼之别"。虽"百家弗能易"，但不仅不能由此呼应孔子的生命智慧，把握儒学之真精神，甚至对六经也是一种拙劣的解释。

以何晏、王弼开先河的魏晋玄学家以老庄自然主义言经书，认为经书所讲之理均与人自然之性相悖，因而他们提出超越名教的要求，而由儒家立场去释"六经"更是不可能。阮籍说：

> 六经以抑引为主，人性以从欲为欢。抑引则违其愿，从欲则得自然。然则自然之得，不由抑引之六经；全性之本，不须犯情之礼律。故知仁义务于理伪，非养真之要术；廉让生于争夺，非自然之所出也。（《嵇康集·难张辽叔自然好学论》）

对"六经"采取一种批评态度，将"六经"等同于"名教"，实由仲舒开始。由魏晋玄学家所执着的自然主义精神，面临的恰恰是经由董仲舒改装过的儒学，"六经"受批评是很自然的事。

唐代的韩愈、李翱在释"六经"及其他儒家经典方面有了一个转向，他们对"六经"及其他儒家经典的解释有了一个接近儒家精神的说法，或者不同于以往传经的方法与态度。李翱说：

> 性命之书虽存，学者莫能明，是故皆入于庄、列、老、释。不知者，谓夫子之道不足以穷性命之道，信之者皆是也。有问于我，我以吾之所知而传焉。遂书于书，以开诚明之源，而缺绝废弃不扬之道几可以传于时，命曰《复性书》，以理其心，以传乎其人。（《复性书》上）

李翱认为学者没能明性命之书，这与前项司马谈之评述密切相关；但李翱指出了人们是因为不能明儒学之道、孔子之精神，才误入老、庄、释教的，这实际上提出了恢复儒学之真精神的任务。因此李翱表示自己能"开诚明之源，理其心，传之于人"。李翱以"心性"解经别开生面，而且他所谓"经"，已不限"六经"，包括《中庸》《大学》《论语》《孟子》。

> 问曰：昔之注解《中庸》者，与生之言物皆不同，何也？曰：彼以事解者也，我以心通者也。（《复性书》中）

以心性解经逐渐被宋初儒者如周敦颐、邵雍、张载、程颢所接受。邵雍言：

> 先天之学际，心法也，故图皆自中起，万化万事生乎心也。（《观物外篇》）

程明道的弟子张九成则表述出心性解经的较完整观念，在他看来，"六经"作为纸的存在，可以荡然无存；但"六经"中的精神，却并不因此而失去，这是典型的"得意而忘象"的思路。

> 或问："六经与人心所得如何？"曰："六经之书焚烧无余，而出于人心者常在。则经非纸上语，乃人心中理耳。"（《横浦学案》，《宋元学案》卷四〇）

心学大师陆象山讲得很是直截了当：

> 学苟知本，《六经》皆我注脚。（《语录》，《陆九渊集》卷三四）

自韩愈、李翱以来，由心性诠释经书已成了一股潮流，且带有明显的由经书体悟先圣智慧，从而恢复埋藏在经书中的儒学之真精神的动机。但陆象山没有用更多的精力去研究：何以"六经皆我注脚?"何以"六经"、"四书"仅明一旨？所谓"天将降大任于斯人"，虽然杨简由象山而承继了心学学统，但却是偶尔受到一次古训之启发，才确立以心立说的："慈湖杨公简，参象山学犹未大悟，忽读《孔丛子》，至'心之精神是谓圣'一句，豁然顿解。自此酬酢门人，叙述碑记、讲说经义，未尝舍心以立说。"（《心之精神是谓圣》，《四朝闻见录》甲集）

杨简不仅以心释"六经"，更以心释"四书"等所有他能接触到的儒学经典。

《易》讲的是"易道不在远，在乎人心不放逸而已矣。"（《杨氏易传》卷四）

《书》讲的是帝王治理天下的一些"德"，如克艰、舍己从人、养民三事和慎厥身修等。在杨简看来，这些"德"所贯彻的精神也不过"一心"："尧之所以为尧……岂非以此心而已乎？戒谨恐惧，此心存乎？放逸慢易，此心存乎？知放逸慢易心易失，则戒谨恐惧，此心之存可知矣！惟得此心者，方知此心之出入；惟识此心者，方知此心之存不存。"（《论书》，《慈湖先生遗书》卷八）

《诗》之旨也在"一心"："呜呼！三百篇皆一旨也，有能达是，则至正至善之心人所自有，喜怒哀乐无所不通，而非放逸邪辟，是谓寂然不动，感而遂通天下之故。"（《燕燕》，《慈湖诗传》卷三）

《礼》之旨也是"一心"："礼乐无二道，吾心发于恭敬品节应酬文为者，人名之曰礼，其恭敬文为之间有和顺乐易之情，人名之曰乐。……形殊而体同，名殊而实同，而乐记谆谆言礼乐之异，分裂太甚，由乎其本心之未明。"（《论礼乐》，《慈湖先生遗书》卷九）

《春秋》也不过明心性之"道"："春秋为明道而作，所以使天下后世知是者是道，非者非道，而诸儒作传不胜异说，或以为尊王贱霸，或以为谨华夷之辨，或以为正名分，或以为诛心，凡此固春秋所有，然皆指其一端，大旨终不明白。"（《论春秋》，《慈湖先生遗书》卷九）

《孝经》也是明心性之"道"："孔子曰：夫孝天之经地之义民之行。此道通明无可疑者。人坚执其形，牢执其名而意始分裂不一矣。意虽不一，其实未始不一。人心无体，无所不通，无所限量。是故事亲之道，……即天地生成之道，即日月四时之道，即鬼神之道。"（《论孝经》，《慈湖先生遗书》卷一二）

由《慈湖遗书》卷一〇到卷一五可以看到，杨简释《论语》《孟子》《大学》《中庸》，所明的也是心性之道，是先哲之旨，是先贤之生命智慧。因而杨简要求人们应由至善之心去悟经书。

> 善学易者，求诸己，不求诸书。古圣作易，凡以开吾心之明而已，不求诸己而求诸书，其不明古圣之所指旨也甚矣！（《己易》，《慈湖先生遗书》卷七）

杨简确立的心性释经书之方法，进行心性解经之实践，既可视为韩愈、李翱开始的以心释经书脉络的逻辑结果；同时又是对两汉以来沉溺经书却不明其旨之习气的否定。杨简直指本心，所有经书不过说明一个道理：人心本善。并由此打通了一己之心与古圣贤之心的隔阂，用一己之生命智慧呼应先哲之生命智慧。这就是谢山指出的：

> 文元之学，先儒论之多矣。或疑发明本心，陆氏但以为入门，而文元遂以为究竟，故文元为陆氏功臣，而失真传者亦自之。愚以为未尽然。夫论人之学，当观其行，不徒以其言。文元之齐明严格，其生平践履，盖涑水、横渠一辈人。曰诚，曰明，曰孝悌，曰忠信，圣学之全，无以加矣。特以当时学者沉溺于章句之说，而不知所以自拔，故为本心之说以提醒之，盖诚欲导其迷途，而使之悟，而非谓此一悟之外，更无余事也。（《碧沚杨文公书院记》，清全祖望：《鲒埼亭集外编卷》）

此外，杨简以心性释经典，异于玄学的自然主义方法，也异于程朱的义理方法，自成一派：

> 简为陆九渊之弟子，故其说易，略象数而谈心性，多入于禅。录存其书，是以佛理诂易，自斯人始，著经学别派之由也。（《四库全书简明目录》经部一）

然其（杨简）于一物一字一句，必斟酌去取，旁征远引，曲畅其说。其考核六书，则自《说文》、《尔雅》、《经典释文》以及史传之音注。无不悉搜，其订正训诂，则自齐、鲁、毛、韩以下，以至方言杂说，无不博引，可谓折衷同异，自成一家之言。(《四库全书总目录提要》卷一五)

以"一"摄德的新路径

先儒如孔子、孟子提出了多项道德条目，仁、义、礼、智、孝、悌、忠、信、恭、宽、惠、敏、温、良、俭、让等等。在孔子那里，道德条目虽然多项，其宗旨却只有一个，所谓"吾道一以贯之，忠恕而已"。但这并没有阻止后来的儒生扩增道德条目的努力，也没有阻止后来儒生对道德条目给予多种解释企图。贾谊将儒家道德范畴增归纳为 56 对，董仲舒则将每个道德范畴都附比于自然现象，他们拘泥于不胜其烦的道德条目，却忘记了道德条目所涵具的深刻而浅显的"道"。用自然主义方法观道德的魏晋玄学家，虽然没有扩增道德范畴条目，但却采取一种虚无主义态度，将儒家道德规范视为"下德"。所谓"凡不能无为而为之者，皆下德也，仁义礼节是也。"(王弼：《老子》三十八章注)。

这自然导引不出对道德诸条目一贯之旨的理解。韩愈、李翱面临的不仅是使人眼花缭乱的道德范畴条目，同时面临着玄学对道德范畴不求其解的贬抑。而佛教盛行，致使本来已模糊不清的道德范畴更加难以辨认，难以把握其真精神。韩愈承继董仲舒的性三品说，但他对于仁、礼、义、智、信的解释，却是较接近孔孟之真精神的。

性之品有上、中、下三。上焉者，善焉而已矣；中焉者，可导而上下也；下焉者，恶焉而已矣！其所以为性者五，曰仁曰礼曰信曰义曰智。上焉者之于五也，主于一而行于四；中焉者之于五也，一不少有焉则少反焉，其于四也混。下焉者之于五也，反于一而悖于四。(《杂著·原性》，《昌黎先生集》卷一一)

具有上品之德，主于一(仁)而行于四；具有中品之德，一不少有，但四者混；具有下品之德，反于一而悖于四。其根本意义是，只有贯彻了"一"，才是上品之德，即至美至善之德。虽然韩愈性三品说显得呆板，但对于"主一"为至德的论述却符合孔孟"夫道，一而矣"之教言。不在道德条目之外寻找意义，所有道德条目都是相互贯通而真切易行之道德行为。宋初思想家显然继承了这一努力方向。程颢说：

> 道即性也。若道外寻性，性外寻道，便不是。圣贤论天德，盖谓自家元是天然完全自足之物，若无所污坏，即当直而行之；若小有污坏，即敬以治之，使复如旧。所以能使如旧者，盖为自家本质元是完足之物。若合修治而修治之，是义也；若不消修治而不修治，亦是义也；故常简易明白而易行。（《二先生语一》，《二程遗书》卷一）

道外无性，性外无道，人心本善，乃是此心由污坏而复旧的先验根据，程颢由此提出"穷理尽性以至于命"为一。所谓"穷理尽性以至于命，三事一时并了，元无次序，不可将穷理作知之事"（《二先生语二上》，《二程遗书》卷二）。

由程颢始，扩增道德条目的行为被视为不能体会先圣之教之旨；歧出道德条目之含义的做法也受到儒生们的广泛关注与批评，在气象上显出与孔孟先儒之生命智慧遥相呼应之态势。

心学创始人陆象山，经过多年的思考与觉悟，认为所有千变万化的道德范畴，千姿万态的道德条目，不过此心，不过此理：

> 仁即此心也，此理也。……爱其亲者，此理也；敬其兄者，此理也；见孺子将入井而有怵惕恻隐之心者，此理也；可羞之事则羞之，可恶之事则恶之者，此理也；是知其为是，非知其为非，此理也；宜辞而辞，宜逊而逊者，此理也；敬此理也，义亦此理也，内此理也，外亦此理也。（《与曾宅之》，《陆九渊集》卷一）

象山提出了"一道德"的精要语，不过象山言"万理归一"似存在一些困境：其一，归心、归理，依然并着走；其二，其"万理归一"没有言及诸般道德归一；其三，如是"归一"与先圣道德之真精神似略有距离。看来，"精一之学"之振兴仍需后来者的努力。这样，杨简既有解象山之痴的义务，更有竟先生之绪的责任。悟性卓众的杨简开首便发出感叹：

> 自孔子殁而大道不明，自曾子殁而道滋不明，孟子正矣而犹疏，

荀卿勤矣而愈远，董仲舒号汉儒宗而曰道者所由适于治之路也，仁、义、礼、乐皆其具也，又曰仁、义、礼、智、信，五常之道，王者所当修饬也，五者修饬，故受天之佑，呜呼！异乎孔子之言道矣！自知道者观之，惟有嗟悯，而自汉以来，士大夫学说略同。孔子曰：谁能出不由户？何莫由斯道也，由户为喻尔，何莫由斯正实无瑕，仲舒支离屈曲，不知仁、义、礼、乐乃道之异名，而以具言则离之矣！（《论诸子》，《慈湖先生遗书》卷一四）

杨简显然将败坏儒学道术的责任归咎于董仲舒。之所以如此，在于仲舒没有真切理解先儒的道德精神；而自孔子死后至杨简，离道分德愈演愈烈，先儒之精神将湮灭。杨简深感正本清源任务之重大和紧迫。他的确在这方面施展了自己的才华，做出了艰苦努力。

曰道、曰德、曰仁、曰义、曰礼、曰乐，悉而数之，奚有穷尽？所谓道者，圣人特将以言夫人所共由无所不通之妙，故假借道路之名以明之，非有实体之可执也。所谓德者，特以言夫人之直心而行者，即道之在我者也，非道之外复有德也。所谓直心而行亦非有实体之可执也。仁者，知觉之称，疾者以四体不觉仁为不仁。所谓仁者，何思何虑，此心虚明，如日月之照尔，亦非有实体也；礼者，特理而不乱之名，乐者，特和乐而不淫之名。以是观上数名者，则不为名所惑，不为名所惑，则上数名者乃所以发明本无名言之妙，而非有数者之异也。（《论礼乐》，《慈湖先生遗书》卷九）

由杨简的解释可以看出，言万理归一、诸般道德归一，乃是说诸道德条目不过是对应某项道德事实的符号；而且这种符合是虚明无体的，虚明无体故能贯注本善本神本灵也是无体的"心"。因此，人应该自觉去体认这种"归一"，把握这种"归一"，只有这样，才能尽一己之善，成一己之德，也才能领悟"日用庸常是谓教"的真切内涵。杨简反复强调"一道德"之教，不仅出于"续往圣之绝学"的学术追求，更主要的是，他希望由此呼唤出先验地存于芸芸众生心中的善性善德，将这种善性光辉普洒到忿欲纷乱、是非难一的人间；从哲学上讲，则是希望由道德的形上意义开出道德的世俗意义来。杨简"一道德"的努力，是"心性"解经的延伸与深化，将"经典"一统于"心"意义落实到千万个道德条目共同精神的提炼，从而创发出心学独特的道德模式。这一模式秉承了先儒的生命智慧，是杨简的生命智慧与先儒的生命智慧之呼应的产物；而"一心以贯之"的道德觉悟，意味着自孔子殁后道德条目无限扩大，道德范畴解释含义歧出倾向的结束。杨简"一道德"由此获得了特殊的学理价值。正所谓：

> 简出陆九渊之门，故所注多牵合圣言，抒发心学。然秦汉以来，百家诡诞之谈，往往依托孔子。简能刊削伪妄，归于醇正，异同舛互，亦多所厘订，其搜罗澄汰之功，亦未可没焉。（《四库全书简明目录》子部一）

以"意"别性善恶的新方法由心性解儒家经典的学术旨趣和一道德的方法追求，可以感受到杨简为建构世俗意义体系所做的努力。但他也遇到了本体与方法不一致的矛盾，这种矛盾在儒学发展史上也是由来已久。

孟子认为，人性本善，寡欲是保存善性的前提。所谓"养心莫善于寡欲"。既然是"寡欲"，那么，在一定限度上肯定"欲"的存在，且"欲"之限度要么靠道德自律，要么靠制度约束。但这与性本善学说出现了矛盾，用杨简的话说是因为孟子心性论含有"裂心性为二"的企图。

董仲舒的解答更为粗暴简单，他将人性分为三品，并认为只有中品的性才是可以教化的。他这种做法第一个错误在于缩小了善性存在的范围：上品之性；从而也缩小了通过善性教化的范围：中品之性。董仲舒甚至将性与善分别开来，从而倡导他的帝王教化。人性不善，自然不可能提出从心性上解决"恶"的方法，因而董仲舒只能提出一系列道德规范。这与先儒"性本善"学说相距甚远。董仲舒性三品说虽然在规范人的行为方面起到了特定作用，但由于他不是从形上意义去解释人性问题，他没有意识到人之本性与本性的外在表现如何沟通的问题。

晚董仲舒数百年的玄学家王弼似乎意识到这一问题。他提出了一个"情"的概念，认为"情"应由"性"来规定，这样才能获得"情"之正，这隐含着王弼对"性善论"的坚持。

> 不性其情，焉能久行其正？此是情之正也。若心好流荡失真，此是情之邪也。若以情近性，故云性其情。情近性者，何妨是有欲！

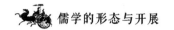

（《论语释疑·阳货》）

神童王弼确实是慧眼睿识，他在"欲"与"性"之间架了一座桥梁："情"。这一架设意味着性本善，同时意味着去恶存性的工作只关注"情"即可。这一思路在唐代儒生李翱那里得到继承。

> 性与情不相无也。虽然，无性则情无所生矣。是情由性而生。情不自情，因性而情，性不自性，由情以明。（《复性书》上）

这就是说，性与情有一种相互依赖关系。这种关系具体体现在：性是情的基础，有性则必然生情；性也不能自己彰显于外，借助情才能显现自己的灵性与光辉。然而谈到复性时，李翱却主张不能生情，唯不生情，方为正思，方可复性。"或问曰：人之昏也久矣，将复其性者，必有渐也。问其方？曰：弗虑弗思，情则不生。情既不生，乃为正思。正者，无虑无思也。"（《复性书》中）李翱希望将恶欲克抑于"情"中，但又言情性无相离，这实际上反映出李翱虽然意识到"情"之设置对保护"性"的特殊意义，却没有认识到"情"之生也可能导致"性"失去的危险（因为情已经是一个现实状态）。李翱似乎意识到这一矛盾，因此他又主张"弗虑弗思"。实际上，李翱这里有一个根本的问题没有解决，即心本善。并且心本善之彰显乃是心体的自我行为，并非借助一种媒介来体现自我之"善"；但这种"善"却有被遮蔽的可能性。之所以被遮蔽，是由于外界声、色、名、利的影响。然而如果要克倒千万个声、色、利、名之"情"，那不仅是不可能的，而且反而疲于应付，劳而无功。这就规定了"情"无法完成本善由形上到形下、由理想到世俗的任务。但很显然，在本性与现实之间架设一座桥梁及"弗思弗虑"观念的提出提示了其后的儒生。

心学大师陆象山显然意识到了李翱的"情"处理善性与恶行的矛盾，他独言此心至善至神至灵，无须外求，圆润无碍，无须借助中介以彰显自我之"善"。

> 苟此心之存，则此理自明，当恻隐自恻隐，……是非在前，自能辨之。（《语录上》，《陆九渊集》卷三四）

但象山并没有根据他这种"善体自现"的思路去解释现世恶欲的问

题。他知道欲多会导致我心之害，但剥落的方法却显得与其心学本体相矛盾。象山云：

> 夫所以害吾心者何也？欲也。欲之多，则心之存者必寡；欲之寡，则心之存者必多，……欲去则心自存矣。（《养心莫善于寡欲》，《陆九渊集》卷三二）

如何去欲？象山的方法显得拙劣，显得与其心学本体绝不协调：

> 人心有病，须是剥落。剥落得一番即一番清明。后随起来，又剥落，又清明；须是剥落得净尽方是。（《语录》，《陆九渊集》卷三四）

很难说象山的"剥落"与朱子的"格物"有什么本质差别。象山在本体之善与存在之恶的问题上苦于既不能接收"性情"说，又找不到一个与其本体精神一致的"中介"。这个"中介"自身具有这样一种矛盾，虽并不需要具有彰显心体善性的功能，却要求有保持心性之善并可除掉恶欲的功能，而这个"中介"本身又不能是"实体"或"工具"。

杨简特别领悟了万物一心、心性本善、善性自显的教导，所谓"象山说颜子克己之学，非如常人克去一切忿欲利害之私，盖欲于意念所起处将来克去。故慈湖以不起意为宗，是师门之的传也"（《宋元学案·慈湖学案》）。

不管这种说法有多少参考价值，杨简在处理心学本体之善与现世之恶的关系，并企图消灭现世之恶方面，提出的方案比象山更具操作性。

> 人心至灵至神，虚明无体，如日如鉴，万物毕照，故日用平常，不假思为，靡不中节，是为大道。微动意焉，为非为僻，始失其性。（《论礼乐》，《慈湖先生遗书》卷九）

"起意"才使心失其善性失其光明；那么这种"意"究竟是个什么东西？

> 何谓意？微起焉皆谓之意，微止焉，皆谓之意。……一则为心，二则为意；直则为心，支则为意；通则为心，阻则为意。（《绝四记》，《慈湖先生遗书》卷二）

"意"是一种心理动机，这种动机的出现，与心为二，便是支而不直，便是阻而不通。因此，"意"的抑制使之不起，便可维护本心之善，便可灭去现世之恶，便可保善心之通万物，因而要"绝意""毋意"。所谓"孟子明心、孔子毋意，意毋则此心明矣！"（《绝四记》，《慈湖先生遗书》卷二）

"意"与"情"不同，它仅是一种心理状态，没有任何感性表现形式，不能用逻辑的方法去捕捉它。它静止时与心为一；但"意"有"起"的可能性，而"意起"实际上是声、色、利、欲、名的诱惑，这样就通过"意"把形上之善与形下之恶沟通起来，并通过"毋意""绝意"的方法，去除声、色、利、欲、名的诱惑，保持心的善性。

"意"范畴的引入，由杨简思想本身看，则与其以"心"解经的尝试、以"一"摄德的路径保持了一致性，因为不以"心"解经、不言诸般道德为"一"，则就是"支"了、"曲"了、"二"了，一句话，"意"了！而从其对中国心性学说的发展看，则又与"性本善"的伦理本体论保持了一致，同时也为区别本有之善与现世之恶找到了根据，并克服了本体之善与现世之恶存在的理论矛盾。因此"意"概念的确立非但对心学，而且对中国哲学都是一个贡献。我们在明朝心学大师王阳明思想中发现，"意"成为其道德哲学体系中的一个基本术语和范畴：

> 指心之发动处谓之意，指意之灵明处谓之知，指意之涉着处谓之物，只是一件。（《传习录》下）

这就是所谓：

> （慈湖）虽言不尽意，而意岂外言哉！吾明王文成公良知一派，固毋起意鼓吹也，称慈湖见解已晤无声无臭之妙。嗟嗟，读是书者，能潜撤边见，默默证心，其禅耶，非禅耶，亦当有会于声嗅外。（潘汝桢：《慈湖先生遗书序》）

以上研究表明，杨简的学问追求实在不是如朱熹弟子陈淳所指责的那样是"禅"，也不如某些学者所言是传统儒学的歧出，实际上它与理学一样，也是对传统儒学所遭遇的困限做出回应的一种尝试，而且这种尝试提供了理学所不能提供的对把握儒学精神极富参考价值的思路。

第一，透过经书把握精神。杨简遍读儒家经书，但不为其所溺。他根据自身的体验与领悟，认为过分地解经、传经不利于对儒家经典宗旨的把握。因为以解经、传经为事，一方面可能导致对经典精神的误读，另一方面则会耽搁对儒学精神的躬行实践。而孔孟一贯强调的是，经书讲说的不过是些修德做人的简单道理，因而主张对经书精神的践行，而反对拘泥于经书。因此，就儒学精神发展方向本身看，杨简以"心"解经显然是对孔孟学说生命的一种呼应，而对秦汉以降的解经、传经而不知经书所旨的倾向则严肃批评。

第二，综归诸般道德以提其"一贯之旨"。杨简认为，诸般道德条目是异名同实，它们所指是一个精神，因而道德状况的好坏不在于道德条目的多寡，而在于能否理论上一以贯之地把握其意义，生活上一以贯之地躬行其精神。孔子曾言其道可一以贯之，并特别强调道德教化的大众性、普遍性，所谓日用庸常是谓教。因此，如果说秦汉以降思想家扩增道德条目的努力是对孔孟道德精神一种背离的话，那么杨简"一道德"的努力既是对孔孟道德智慧的直承与呼应，也是对秦汉以降盲目扩增道德条目条行为的纠正。

第三，坚持性本善的"毋意"论。性本善是传统儒家道德学说的基石，但由于没有处理好形上本体之善与形下现世之恶的关系，后世思想家在性善性恶问题上争论不休。朱熹指责孟子言性善不言性恶是不完备。杨简则指出，孟子以"寡欲以存心养性"作为处理本体之善与现世之恶关系的方法与其"性本善"的伦理本体是矛盾的。因为，以制欲为养性的方法，就等于说善性可由"格物"而获得或由身外而获得，而"性本善"论的主旨在于提醒主体对自我善性的认同与把握，在于树立主体对彰显自我善性能力的信心。所以，维护"性本善"伦理本体学说的价值，必须由此本体引出相应的方法。杨简的确是悟性超群，他认为现世之恶并不影响"性本善"伦理本体的存在，因为现世之恶完全是"起意"的结果，因而除却现世之恶，做到"毋意"即可；而"毋意"同时意味着本体之善的保护，这样，"意"非但成为沟通本体之善与现世之恶的中介，而且"毋意"行为本质上是由善心把握的。因此，"意"范畴的提出为建构与"性本善"伦理本体论一致的伦理方法论奠定了基础。这种以"意"为预设的伦理方法论，我们可从明朝儒学大师王阳明思想中洞其全貌。因此我们认为，如果说"性善论"是一种兼具本体与方法的道德学说的话，那么这种学说在杨简、王阳明手中才完成。

可见，杨简的学术立场是心学的，而所谓"心学立场"事实上来源于他对孔孟学术精神的觉悟；杨简的方法是价值还原式方法，而所谓"价值还原"是指他讲说其道顺应了孔孟精神。正是通过这种努力，杨简复活了孔孟所倡导的道德主体性，疏通了儒学向下开展的路子，这条路子一直延伸到明朝王阳明那里而衍为蔚为壮观的儒学气象。此外，杨简以"心"解经的尝试，以"一"摄德的路径，以"意"别性善恶的方法对现代的儒家经典研究、对现代的道德理论研究与道德建设，似也富有诸多启迪性信息。

《南昌大学学报》1997 年第 1 期

三 《易传》中的人文智慧与 "自然" 关系

此处"人文智慧"指关乎人类的精神品质、道德修养、日常行为、处事方式及制度礼仪等人文事象的智慧；而"自然"指山河大地、星云风雨、花草树木等与人类相对的自然世界及其现象。《彖辞》说："观天之神道，而四时不忒。圣人以神道设教，而天下服矣。"（《彖辞》上）所谓"天之神道"即指天地自然及其难以捉摸的变化。既然圣人设教取法于天地之道，那么这实际上给了解读《易传》者一个明确揭示：《易传》及内含其中的人文智慧与自然及其现象存在着密切关系。然而，在过去浩如烟海的易学研究成果中，对这一问题的关注极为有限，但我以为这可能是丰富、深化我们对《易传》理解的一个独到视角。由于《彖辞》对卦爻的解释较充分地体现了人文智慧与自然现象的密切关系，因而本文将以《彖辞》为基本研究资料。

人文与自然的相互观照

《彖辞》对卦爻含义的解释简短精要，其对每一卦爻都做了人文的解释与引申，使卦爻所蕴含人文意义显露出来。《彖辞》所引申的人文智慧涉及很多方面。如果把《彖辞》所涉及人文智慧做一个归纳，大概可分为精神品质、道德修养、处事方式、日常生活行为和制度礼仪五个方面。我们即由此五个方面探究其与自然及其现象的关系。

精神品质与自然及其现象的关系。《彖辞》中有许多关于君子精神品质的描述，如自强不息、宽厚忠爱、锐意进取、公正不阿、独立容异、居德不傲等等，这些精神品质与自然及其现象是一种什么关系呢？我们可列举一些例案进行考察。我们知道，"自强不息"已经成了中华民族精神品质的一个象征。不管是学生还是运动员，不管是军人还是残疾人，"自强不息"常常是鼓励他们向上进取的精神品质。那么，这种精神品质与自然及其现象是一种什么关系呢？《象辞》说："天行健，君子以自强不息。"（《象辞》上）在这里，天（自然）不仅是刚健有力的，而且是运行不辍的，君子应仿效大自然的"健"之精神，做到自强不息。在生活中，如果谁想在人生中承负大事且百行无碍，那么其道德品行必须宽厚如地，这叫"厚德载物"。"厚德载物"也已是中华民族的一种精神象征。那么它与自然又有什么关系呢？《象辞》说："地势坤，君子以厚德载物。"（《象辞》上）这样，君子之所以要具备"厚德载物"之精神品质，被认为是因为有大地广阔宽厚、滋养万物之榜样。在处理社会财富的态度上，君子应该是去有余补不足，主持平等，这叫"裒多益寡，称物平施"。那么，大自然中是否亦有引以为教者呢？回答是肯定的。所谓"地中有山，谦。君子以裒多益寡，称物平施"（《象辞》上）。山本来高出地面，如今屈居山中，故为自谦之象，这种品质正是君子所需学习的。在处理与他人的关系方面，君子应有宽容兼蓄之品德，这叫作"容民畜众"。这种品德亦为大自然所有，所谓"地中有水，师。君子以容民蓄众"（《象辞》上）。水，按类型可分为咸水、淡水等；按来源可分为雨水、地下水等；另外还有江水、湖水、海水之分；但不管它是什么水都为地所容纳。因此"地中有水"有容众纳异之气度，此亦可为君子所效仿。对待平民百姓，君子应有安抚关怀之德，因为君子虽然高高在上，但其根基在民众之中。在这方面，大自然也给君子树立了榜样——"山附于地，剥。上以厚下安宅。"（《象辞》上）山虽然是高大雄伟，但它是以地为根基的，因而要"附于地"。君子是民众中的"山"，民众是君子的"地"，因而君子若要永远立于民众之上，就必须有"附于地"之德，"厚下安宅"，施慧于百姓，使百姓安居乐业。君子的言行，一方面要诚实有据，另一方面要持之以恒，这是基本的德性。这种德性也可以从自然中获得启示。所谓"风自火出，家人。君子以言有物，而行有恒"（《象辞》下）。火旺得益于风助，故由火威可观风势。换言之，有其火必有其风。因此，有物之言方是真言，有恒之行方是正行，君子于此德不可弃也。赐恩泽于民众，汲汲于民众的福祉，乃君子之职责，因此君子有恩于民众，不应居德自傲，而应向自然学习，为而不恃，长而不宰，功成弗居——"泽上于天，央。君子以施禄及下，居德则忌。"（《象辞》下）君子做事，应持之以恒而不懈，遭遇挫折而不动摇，直至最后成功，这叫作"致命遂志"。这种精神品质亦可从大自然中获得启示，所谓"泽无水，困，君子以致命遂志"（《象辞》下）。泽无水，水在下而泽枯，因而是危困之象。君子不能因此而退缩，而是因此奋发向上。君子做人，应有独立不阿的品格、自由无羁的精神，这叫"独立不惧，遁世无闷"。这种精神品质也可从大自然中获得启示——"泽灭木，大过。君子以独立不惧，遁世无闷。"（《象辞》上）水泽淹没了树顶，对树的生命构成威胁，但树在水里依然独立不惧，被水淹没却悠然自得，君子所学的正是这样一种精神品质。总而言之，被《象辞》称为君子之精神品质的东西，基本上都可以从卦爻中引申出来；而卦爻表征着自然现象，因而自然是这些精神品质的实际源头。因此，君子的精神品质与自然及其现象在《象辞》中具有不可分离性。

道德修养与自然及其现象的关系。在先秦哲学中，君子是一种优秀的人格表征，因而君子的道德修养亦是《易传》关注的重要议题之一。君子何以需要道德修养？应怎样进行道德修养？《象辞》认为这些都可从自然及其环境中找到依据。在《象辞》看来，君子之所以需要进行道德修养，主要有两个原因。其一是君子会碰到危境，所谓"山上有水，蹇。君子以反身修德"（《象辞》下）。山上有水、沟壑纵横，荆棘丛生，行走困难，面对危险困境，君子遇难而退是不行的，而应自修其德，培养坚强的意志品质以克服困境。其二是君子会受到自然的警告，所谓"洊雷，震。君子以恐惧修身"（《象辞》下）。洊雷，即内外都是雷，雷声轰鸣不断，有对君子警告之意。君子对雷声抱敬畏之心，不做违背良心之事，谨慎小心地自修其德，以至君子境界。至于君子该如何进行道德修养，自然及其现象依然是君子的老师。其一，要像天在山中一样，以蓄其德。君子应该永远牢记并不断检讨自己以往的言行，合乎道德者保持并发扬光大，不合乎道德者必须断然弃去，由此不断积蓄自己的德性，使之日臻完善。在这方面，自然中正可有引以为鉴者——"天在山中，大畜。君子以多识前言往行，以畜其德"（《象辞》上）。天广袤无际，可包容所有山川，因而天在山中，表征天德宏厚，君子应学习此。其二，应像地中长出树木一样，不断滋养自己的德性——"地中生木，升。君子以顺德，积小以高大。"

（《象辞》下）这是说，君子培养自己的德性，不急不躁，持之以恒，其德便会如地中生出之木，由小到大，由矮到高，直至成材。其三，应像风吹散天上的乌云一样，把自己心中的杂念尘埃清扫干净，养育自己的美德——"风行天上，小畜。君子以懿文德。"（《象辞》下）风行天上，意指浮在天上的乌云被风扫荡而去，蔚蓝洁净的天空呈现在人们面前，使人赏心悦目。君子由此获得启示，应不断清扫自己心中的尘埃，护养自己的品德，以向世人展现君子的光辉。其四，应如阳光照彻大地，使自己的品德光明无垢；如阳光冉冉升起于地上，上升前进，不断检修自己的品德，使之达到完善之境界——"明出地上，晋。君子自昭明德。"（《象辞》下）可见，《象辞》也把君子何以需要道德修养及如何进行道德修养这一人文现象与卦爻联系起来，也就是与自然现象联系起来；相关的自然现象为君子道德修养的必要性乃至方式方法提供了根据。

处事方式与自然及其现象的关系。在《象辞》中，有许多关于君子应如何处理事务的观念或智慧，而这些智慧都有其自然的根据。君子应如何处理与小人的关系，这是先秦各主要哲学流派共同关注的问题。《象辞》认为，君子应远离小人，不厌恶他，但又必须在其面前显示出威严来，使之改过迁善。这种方法也有其自然现象的启示——"天下有山，遁。君子以远小人，不恶而严。"（《象辞》下）天大山小，天上山下，在天观山，星星点点，在山中观天，茫茫无际，君子从中获得启示，既要远离小人，又要显示威严。怎样处理与邻国的关系，对君子也是一个考验。和睦共处，友好往来是君子处理与邻国关系的基本原则。这一原则也有自然的启示——"地上有水，比。先王以建万国，亲诸侯。"（《象辞》上）水性润下而使大地联为一体亲密无间，君子由此获得启示，与邻国诸侯关系既要亲和相处又要相互帮助。在处理上下级关系上，君子需要弄清等级名分，使人人各得其所，这样才能安定民众心态。这有无自然现象的提示呢？当然有。所谓"上天下泽，履。君子以辨上下定民志"（《象辞》上）。因为在大自然中，天在上，水在下，两极分别，就不会有倒天为水、认水为天之现象。审断刑狱，是一件十分严肃的工作，君子对此所表现的品质应是明察秋毫，不可随意。这种处事态度也有自然的启示——"山下有火，贲。君子以明庶政，无敢折狱。"（《象辞》上）山下有火，山下灯火通明彻照，微瑕无匿，君子处理刑事案件时，就应仿效此，明察众政，认真慎重裁判讼狱，以取得民众的信任。"礼仪"是儒家最为看重的一套社会规范，遵守"礼"之状况也是反映君子素质的一种基本标准。一般而言，君子对待礼仪，不仅要有敬畏之心，还需努力实践，非礼不行，因为这也是雷在天上轰鸣之结果。所谓"雷在天上，大壮。君子以非礼弗履"（《象辞》下）。君子做了不合礼之事，雷就可能辟开他的脑袋。君子在事情已完善的情况下，也应时刻警惕，以防万一。所谓"水在火上，既济。君子以思患而预防之"（《象辞》下）。水在火上，火被扑灭指时可待，但就在这种情况下，君子也不能有一丝麻痹，要居安思危。无疑，君子的处事方式、态度，在《象辞》中也被认为是受相关自然现象启示之结果。

日常生活行为与自然及其现象的关系。君子何时休息，怎样调节饮食，什么情况下设宴取乐等等，《象辞》认为，都可从自然及其现象中获得启示。君子平常应在天黑之前入室卧寝休息，之所以这样，《象辞》由《随》卦获得启示。因为《随》卦是上泽下雷，雷声只有顺随泽波冲出，这是自然而然之象。所谓"泽中有雷，随。君子以向晦入宴息"（《象辞》上）。君子何以需要饮食、宴乐，并成为一种生理需要，这与《需》卦意旨相似。《需》卦上云下天，天下雨必须有乌云聚集，否则雨下不了。所谓"云止于天，需。君子以饮食宴乐"（《象辞》上）。君子在日常生活中要谨慎自己的言语，调节自己的饮食，以养身无恙，这又是受《颐》卦的启示。《颐》卦山在上雷在下，山下有雷动，为乐声养生之义。所谓"山下有雷，颐。君子以慎言语，节饮食"（《象辞》上）。日常生活中，君子待人接物应恭敬有加，居丧应悲哀有加，日用花销应节俭有加，这是从《小过》卦中得到的启示。所谓"山上有雷，小过。君子以行过乎恭，丧过乎哀，用过乎俭"（《象辞》下）。雷在上山在下，雷过于山，虽传声不远，但依然亨通。君子考虑问题不能超出自己职位以外，胡思乱想，这又是《艮》卦的含义。"兼山，艮。君子思不出其位"。（《象辞》下）"兼山"意指内外皆山；不能行动，故为"止"。君子之位正如"兼山"，所思所想不出其位。由此可以看出，君子的生活习惯、生活需要、生活规范，在《象辞》中都被与卦爻联系起来，并把卦爻所显示的自然现象当作君子日常生活行为的实体依据，从而使日常生活行为智慧有了自然的依据。

制度礼仪与自然及其现象的关系。在《象辞》中，制度礼仪、历法等人文现象也被看成是有自然依据的。有民众、有社会、有等级，就有相关的政教设施。《象辞》认为，先王设立政治教化制度有其卦象的根据。所谓"风行地上，观。先王以省方观民设教"（《象辞》上）。风行地上，观风可认识、把握四时变化。先王仿效这一自然行为，巡视四方，体察民情，以设立政教礼仪制度，以教化万民。具体来看，建设宗庙以祭祀天帝，以凝聚广大民众之心，有其自然现象的提示。所谓"风行水上，涣。先王以亨于帝，立庙"（《象辞》下）。风行水上，会导致水解散分离。先王从中受到启示，如果不使民心涣散，就必须与"风行水上"意趣相反，建立庙堂，以统一人心；制定历法，以把握四时变化，从而较顺利地引导百姓休养生息，也可由自然现象中获得启示。"泽中有火，革。君子以治历明时。"（《象辞》下）泽火乃相克之两物。泽中有火，意指斗争激烈，或火熄灭或水枯竭。君子由此获得启示，把握事物的各自特性与常态，才不致火水相拼。因此，制定历法以明确时令是很有必要的。制礼作乐，亨祭祖先，也可由自然现象中获得启示。所谓"雷出地奋，豫。先王以作乐崇德，殷荐之上帝，以配祖考"（《象辞》上）。雷出地奋，雷鸣地动，上雷下地，是为大事做准备之象。君子仿效此现象，应制作音乐以增聚优良品德用盛大祭礼敬献上帝并配亨祖先。可见，制度、礼仪、历法等人文现象的建设，在《象辞》中也被认为有卦象的指引，是自然及其现象的启示之结果。

几点相关的结论

通过对《象辞》中人文智慧与自然现象关系的考察，《易传》中人文智慧与自然现象究竟是一种什么关系，现在我们应该是有资格尝试回答了。由于《象辞》所展示的人文智慧与自然现象的关系，是立足《易传》作者自己对《易经》的解读展示出来的，因而我们当可进一步透视和把握《易传》与《易经》的关系。《象辞》在解读卦象时，较全面、较集中地运用了先秦各家尤其是儒道两家的思想资源，这又可能让我们对《易传》的思想特色进行一些新的有趣的推论。

自然与人文互证，自然优先。由《象辞》展开的对《易经》的解读中不难看出，那些属于人文的因素如精神品质、道德修养、制度礼仪等等，都被分别与不同的卦爻相对应，而每一卦爻都是由两种现象（如山泽或水火）及其相互关系来表示，因而《象辞》将人文智慧比附在卦象上，实际上也就是比附在自然上。而《易经》中的自然现象乃是由无数的古人亲身体验而总结出来的，也就是说，卦爻所代表的自然现象既具有实体性又具有经验性。由此我们得出的结论是：其一，在《易传》中，人文智慧与自然现象具有互证性。卦爻所表征的自然现象是相关人文智慧的源泉，而人文智慧是对卦爻所隐含意义的开发与提升。其二，在《易传》中，自然及其现象优先于人文智慧。既然《象辞》将人文智慧寄附于卦爻之上，使其具有实体性，即人文智慧出于对宇宙的体悟，那么，有的教科书把《易传》中"观象制器"（人文智慧取诸卦象）视为唯心主义的观点则是错误的，准确的说法应是自然优先的。这种优先还基于这样两个条件：一是人文智慧与自然现象在《象辞》陈述中的先后次序不同；二是由早期人类获得知识的习惯和基本步骤（即先物象后观念）所决定。因此，《易传》中的人文智慧与自然现象是一种互证的关系，而自然居优先地位。所谓"是故天生神物，圣人则之；天地变化，圣人效之；天垂象，见吉凶，圣人象之；河出图，洛出书，圣人则之"（《象辞》下）。改用成中英先生的话则是，《易传》基于自然变化的普遍性，以及事物相关属性的"感应统一"，把卦爻象征宇宙的自然意义，引申到人类经验的多项领域。①

　　理解与文本互动，理解居中。《象辞》所展示的对《易经》的解读，方便了我们把握这种解读特征。根据笔者的考察，如果把《象辞》中所列人文智慧看成是由卦爻（自然现象）引申出来的话，那么主要有这样几种基本类型：一是顺推型，即直接由自然现象中推出相关人文智慧。如"天行健，君子以自强不息"，"自强不息"之精神品质就是直接从"天行健"中推论出来的；又如"地中有山，谦。君子以裒多益寡，称物平施"，其中寓有的"劫富济贫公正平等"之品质也是直接由"地中有山"推论而来的。二是逆推型，即所述人文智慧在含义上是由相反的自然现象逆推而来。如"泽无水，困。君子以致命遂志"。"致命遂志"之精神是由"泽无水"困顿现象中逆推而来，因为"泽无水"表示情形危困，但正是在这种危困情况下，才更需要"致命遂志"的精神。又如"山在火上，即济。

---

① 〔美〕成中英：《世纪之交的抉择》，上海知识出版社，1991，第236页。

君子以思患而预防之"。"居安思危"之处事态度由"水在火上"情境形成。"水在火上",大火被扑灭指时可待,但就是在这种大功告成的情况下,才要"思患而预防之"。这显然是一种逆推。三是暗示型,即所述人文智慧是在某种自然现象的暗示下得到的。"洊雷,震。君子以恐惧修身。""恐惧修身"之修养行为源自对雷声的敬畏。本来雷声与修身毫无关联,但在古代文化氛围中,雷的出现往往是对作恶之人的警告。所以,当天空中雷鸣不断,君子惊恐进而修养德性乃十分正常之事。又如"风行水上,涣。先王以享于帝,立庙"。先王何以要立庙祭天帝?因为"风行水上",使水破碎离散,由此先王应该想到如何收拾、聚集民心的问题,于是便有了立庙祭帝之为。由这些类型可以看出,《易传》对《易经》的解读是十分灵活且富有创造性的。也正是有了这种灵活且富创造性的解读,《易经》的思想才见丰富多彩,才见深邃。但从《易传》角度看,《易传》中的人文智慧与自然现象绝不是实然的因果关系;也就是说,并不是因为有了自然现象,才有了相应的人文智慧。这些人文智慧是《易传》作者以对大自然的深切体悟为基础,参以丰富的生活经验,综合理论创造之成果。由此看出,《易传》对《易经》的解读没有拘泥于《易经》文本,而是做了很多富有想象力的发挥。

儒道与易理互融,儒道为主。《象辞》所展示的与卦爻对应的人文智慧,大多可在儒家或道家经典中找到。有些人文智慧是《论语》与《道德经》共有的,如《象辞》的中"裒多益寡,称物平施"主张,我们不仅在《论语》中似曾相识,所谓"君子不患寡而患不均"(《论语·季氏》),在《道德经》中亦耳熟能详,所谓"天之道,损有余而补不足,人之道则不然,损不足以奉有余。孰能有余以奉天下,唯有道者"(《道德经·七十七章》)。又如《象辞》中"施禄天下而不居德"的精神,《论语》则有"博施于民而济众"(《论语·雍也》)。与之对应,《道德经》中"为而弗有,功成而弗居"(《道德经·七十七章》)之观念,也应是其思想源头之一。再如《象辞》中有"惩忿窒欲"的思想,《道德经》提倡"少私寡欲"(《道德经·十九章》)的修养方法,《孟子》则有"养心莫善于寡欲"(《孟子·尽心下》)的教诲。如上比较说明,《象辞》中的很多思想主张都为《道德经》和《论语》所共有,也就是说,《易传》在解读《易经》的过程中,对《道德经》和《论语》中共有的积极性智慧进行了继承。有些人文智慧则分属儒家或道家。比如，《象辞》中有“言有物，行必恒”之思想，《论语》则有“言必信，行必果”（《论语·子路》）之观念。《象辞》中有“容民畜众”之品质，《道德经》则有“江海之所以为百谷王者，以其善下之，故能为百谷王”（《道德经·十六章》）之教导。《象辞》中有“非礼弗履”之戒言，《论语》则有“非礼勿视，非礼勿听，非礼勿言，非礼勿动”（《论语·颜渊》）之要求。《象辞》中有“独立不惧，遁世无闷”之境界，《庄子》则有“乘天地之正”之气概和“乘物以游心”之逍遥。《象辞》中“思不出其位”的观念，则照搬了《论语》“君子思不出其位”（《论语·宪问》）的思想。《象辞》主张对过错宽赦，《论语》则有“君子之过也，如日月之食焉；过也，人皆见之；更也，人皆仰之”（《论语·子张》）的教导，等等。可见，《象辞》中的人文智慧，大都来自儒家或道家经典。有的是儒道共有的思想、观念或主张，有的则为儒家或道家所自有。因此我们可以说，其一，作为一种思想文本的解释实践看，《易传》实际上是借助先秦已经流行的儒家、道家的主张，然后根据自身的价值要求进行一定的筛选，再将这些思想分配到不同的卦爻下，最后进行互证互融的一种思想活动。其二，由于这种互证是儒道思想与易理的互证，在这种互证过程中，《易传》作者充分借用了易之卦爻等符号，努力宣传符合他们价值取向的儒道经典中的思想。因此，从思想内容结构看，《易传》实际上是儒、道、易三种思想的融合，而儒、道尤其是儒家思想居主导地位。其三，《易传》作者在思想内容和价值倾向上，明显地支持儒家的主张，从而使《易传》对《易经》的解读一开始便具足了儒家色彩，亦由此使《易经》在性质上成为儒家经典。这可否成为解释学需要关注的一个新课题：“解读可能主宰或改变文本的性质？”其四，由思想史角度看，《易传》对《易经》的解读，不仅是对被解释对象《易经》意义的开发、消化、理解、提升和继承，还综合选择吸收了儒道思想，因而对易理及儒道思想的延承产生了积极作用，并因此在思想史上成为先秦向两汉过渡的重要桥梁。

《江西社会科学》2002 年第 2 期

四　颜钧的平实之学

　　颜钧（1504～1596，字子和，自号山农），江西吉安府永新人，是泰州学派的一位重要思想家。由于颜钧集晚近才发掘编撰，目前的研究尚不充分，还存在一些误解。本文拟从"悟道""布道""践道""创道"四个方面，对颜钧思想的基本内容、主要倾向、与佛教的关系及其为人为学的性质等问题加以考察，力求对颜钧思想做一较为系统的介绍与评论。

闲关悟道

　　颜钧的家学及师承都较为简单。其父颜应时曾任江南常熟训导，二兄颜钥中嘉靖甲午举人，三兄颜铸为邑廪膳生，五弟颜镗则恩受贡士。虽然颜氏家族至颜钧一代已十分凋敝，但仍深受儒家思想熏陶。正如颜钧所说："少承父兄蒙养，以正首训，承祖绳尺，孝友律身。及壮，引导崇信圣学，仁义养心，遂乐从事，誓以终身。"（《急救心火榜文》，《颜钧集》卷一）在师承方面，颜钧自认阳明为"道祖"，而亲聆教诲的两位业师则是徐樾、王艮。颜钧是否通读过阳明著作不得而知，但其学问开悟于诵读阳明"精神心思、凝聚融结、如猫捕鼠、如鸡覆卵"十六字诀。所谓"仲兄钥以德著廪庠，举入白鹿洞，听传阳明致良知之学，手抄《传习录》，归示男子。男子诵味至'精神心思，凝聚融结，如猫捕鼠，如鸡孵卵'四语，遂自醉心启，津津溯穷，迸息耳目形躯之用，静坐七日夜，凝翕隐功，专致竭思，一旦豁然，心性仁智皎如也"（《明羡八卦引》，《颜钧集》卷二）。颜钧虽以王阳明为学宗，并秉承了泰州一脉王艮、徐樾的心学方向，但学问上的创获却与其"七日闭关"的神秘觉悟密切相关。颜钧曾记述其24岁"七日闭关"觉悟的经验如下。

二十四岁，际兄钥，廪员在学，宗主以孝行取人白鹿洞听讲，道祖阳明大倡良知之学，随抄示弟立志说四句，曰："精神心思，凝聚融结，如猫捕鼠，如鸡孵卵。""农见触心，即晚如旨，垂头澄思，闭关默坐，竟至七日七夜，衷心喜悦，忘食忘寝，如此专致，不忍放散其胸次，结聚洞快也。又逼激三月，后化为臭汗，滋流皮肤毛孔中，出体如洗，洗后襟次焕然豁达，孔昭显明，如化日悬中天，如龙泉趵江海。"（《履历》，《颜钧集》卷四）

颜钧还在其他文章中反复提到这次觉悟，足见其在颜钧学问中的重要性。并且，颜钧经过此次闭关觉悟之后，便在家族邻里设坛开讲，施以教化。

何谓"闭关"？颜钧说：

"必须择扫楼居一所，摊铺联榻，然后督置愿坐几人，各就榻上正坐，无纵偏倚，任我指点：收拾各人身子，以绢缚两目，昼夜不开；绵塞两耳，不纵外听；紧闭唇齿，不出一言；擎拳两手，不动一指；跏趺两足，不纵伸缩；直耸肩背，不肆惰慢；垂头若寻，回光内照。如此各各自加严束，此之谓闭关。夫然后又从而引发各各内照之功，将鼻中吸收满口阳气，津液漱嘤，咽吞直送，下灌丹田，自运旋滚几转，即又吸嘤津液，如样吞灌，百千轮转不停，二日三日，不自已已。如此自竭辛力作为，虽有汗流如洗，不许吩咐展拭，或至骨节疼痛，不许欠伸喘息。各各如此，忍捱咽吞，不能堪用，方许告知，解此缠缚，倒身鼾睡，任意自醒，或至沉睡，竟日夜尤好。……须自辗转，一意内顾深用，滋味精神，默识天性，造次不违不乱，必尽七日之静卧，无思无虑，如不识，如不知，如三月之运用，不忍轻自散涣。如此安恬周保，七日后方许起身，梳洗衣冠，礼拜天地、皇上、父母、孔孟、师尊之生育传教，直犹再造此生。"（《引发九条之旨》，《颜钧集》卷五）

"闭关"首先要有一间干净的房屋，其中各人挺胸直腰而坐，身体放松，眼、耳、口一律关闭，手脚不可动弹，心思凝集，向内观照。并且，"闭关"还会引起一系列的生理反应：有"津液"漱嘤，此"津液"由咽喉到丹田运旋不停，吞灌不断；有大汗淋漓；有骨节疼痛；有呼吸困难；等等，但都要顺其自然，日夜沉睡。如此七日七夜，醒后便会产生清明在身、形爽气顺的感觉。这种精神状态就叫"道体黜聪，脱胎换骨"。这样，"七日闭关"即完成，从而也就完成了自我生命的一次再造，当然要拜谢天地、皇上、父母、孔孟、师尊等的教恩。

"七日闭关"之说出自《易经》，所谓"复，亨，出入无疾，朋来无咎，反复其道，七日来复，利有攸往"（《周易·复卦》）。而《象辞》的解释是："雷由地中冲出，是地震之象，地震后一切恢复，故卦名复。先王在发生地震之日，闭塞关中，停止经商和旅行，君王也不省视四方之事。"（《易传·象辞上》）可见，在《易经》中，"七日闭关"是因自然灾害而采取的暂停经商和旅行的行为，有避害趋利之意，颜钧将其引申为修养工夫，与原意有很大距离，但颜钧借用了"闭关""利有攸往"等词汇所隐含的意义。所谓"津液"在体内轮转，是道教修养方法的一种；七日静卧，无思无虑，默识天性，则有禅宗打坐之气味。颜钧自己也说："'一日克复，天下归仁'印证'七日来复，利有攸往'之快心，即是敦敦打坐，默默无语。"（《渔樵答问·七日闭关法》，《颜钧集》卷六）不过，颜钧所悟为儒家之道。在颜钧看来，由于受名利声色之诱惑、知识之遮蔽，人之善性难以彰显，只有靠自己澄思、自我觉悟的方法，因而"七日闭关"不只是一种简单的神秘体验，而且是一种修养成圣的方法。总之，"七日闭关"体现了颜钧的创新精神。在"七日闭关"之神秘觉悟过程中，颜钧巧妙地综合了儒、佛、道、易四种思想资源，具有丰富的文化意蕴。

勤勉布道

颜钧认为，当时社会"人心槃欲，不仁已极"，而孔孟圣学则是"将以苏天下之瘼者"（《告天下同志书》，《颜钧集》卷一）。但圣学又呈式微之势，所谓"圣学不明，自孔孟至于今，不知几千余岁"（《告天下同志书》，《颜钧集》卷一）。因此，致力于讲学、布道，使圣学深入人心，从而救拔人心、匡扶社稷，这是颜钧的最高志向。

布道方所不定，随遇开讲。受阳明十六字教言启发之后，颜钧首先在族里讲道。所谓"发引众儿媳、群孙、奴隶、家族、乡间老壮男妇，几近七百余人，聚庆慈帏，列坐两堂室，命铎讲耕读正好作人，讲作人先要孝弟，讲起俗急修诱善，急回良心"（《自传》，《颜钧集》卷三）。另外，颜钧身陷图圄时还将监狱当作道场，对囚犯狱吏都产生了积极影响，令在狱囚犯深受感动。所谓"先生被拷掠，囊三木人，谓死矣。罗公竭力周旋，囊馈之暇，问先生惫乎？先生笑曰：'嘻，是犹风之过，而揭吾衣也，吾何涉焉。'凡系狱三岁，日与诸囚论学不倦，诸囚有启悟者。即出狱，诸囚百余人伏地哭，哀甚。司寇诃曰：'若囚旦暮死不哭，哭颜先生何为？'囚曰：'不然，颜先生在狱，吾身如在天宫，今先生去矣，吾无所闻，即不死犹死耳。'"（《附录一·颜山农先生传》，《颜钧集》卷九）可见，颜钧布道是没有方所的，只要有听众，随处都可讲学。这也体现了颜钧无拘无束、特立独行之风格。

（一）布道方法多样，不拘一格

首先，发布告示。《急救心火榜文》《告天下同志书》都是颜钧发布的重要告示。如《急救心火榜文》开宗明义即讲"立学养心、立教养人"的意义，并提出"六急六救"之主张。所谓"一急救人心陷牿；二急救人身奔驰；三急救人有亲长；四急救人有君臣；五急救人有朋友；六急救世有游民"。告示布道，有鼓动人心、影响广泛之功效，所谓"会讲豫章同仁祠，畅发学庸旨，士类景从"（《附录一·永新县县志儒行传》，《颜钧集》卷九）。其次，集会结盟。颜钧很注意利用聚会结盟的方式宣传自己的思想，利用一切机会聚徒讲学，因为这不仅可以将求学者凝集在一起，而且可以通过聚会结盟达到"成物""达人"之目的。所以颜钧周流讲学，逢会即至，足迹遍布中国。主要集会有金溪东岳之会，有泰州、如皋、江都各盐厂之会，有扬州、仪真之会，有灵济宫三百五十员之会，所谓"时徐少湖名阶，为辅相，邀铎主会天下来觐宫三百五十员于灵济宫三日"（《自传》，《颜钧集》卷三）。有河北沧州之会讲，有山东茌平之会，有邗江书院之会，所谓"游寓邗江书院，为会十日，剧谈正学，直辟中道"（《扬城同志会约》，《颜钧集》卷四）。另外，撰写诗歌也是颜钧布道的重要方式。如《劝忠歌》《劝孝歌》《歌修省》《歌修齐》《歌安止》《歌乐学》《歌经书》等等。这些诗歌，文字优美，朗朗上口，在儒家思想的民间推广方面产生了重要作用。

（二）布道对象广泛，没有贫富贵贱智愚之限制

颜钧的布道对象包括三教九流，既有位居相国的高官，所谓"及游京师，相国华亭徐公首问学于先生。三公以下，望风咨学"（《附录一·颜山农先生传》，《颜钧集》卷九）；也有科举考试落榜生，如罗汝芳、程学颜等。既有邻里族人，所谓"发引众儿媳、群孙、奴隶、家族，乡间老壮男妇，几近七百余人，聚庆慈帏，列坐两堂室，命铎讲耕读正好作人，讲作人先要孝悌，讲起俗急修诱善，急回良心"（《自传》，《颜钧集》卷三）；也有非亲非故的窑夫、车夫、盐夫，如韩贞。既有和尚、尼姑，道士、道姑，所谓"沧州守曰胡政，号力庵，旧门人也，预受河间太守陈见吾名大宾会讲，急命迎铎，召州县官吏、师生、民庶，近八千人，斋道、禅林亦聚数千"（《自传》，《颜钧集》卷三）；也有在狱囚犯。可见，颜钧布道没有固定对象，愿听者即可传授，真正实现了有教无类。并且，在这种教化方式中，颜钧还注意因材施教，所谓"志同者证心，心同者证命，珊佩而功名者征政"（《附录一·纪游》，《颜钧集》卷九）。

无论是布道空间的"无方所"、对象的"无类别"，还是方式的多样化，都表明颜钧是"率性而行"的布道者，但其布道的最终目的是要求人们实践儒家的道理格式，希望人们成圣成贤，这在客观上有助于社会稳定。因材施教和以平民为主要对象的讲学特征，也使颜钧的布道效果更佳，影响更大；而布道无方所，随遇而行；无固定对象，成员广泛；方法多样，不拘一格，都有利于儒家圣学的深入人心。在一定意义上，颜钧的布道是对传统儒家宣教方式的改革。

侠行践道

颜钧是一位儒者，更是一位侠儒，自称"山农游侠，好急人之难"。时人也指其为侠者，所谓"借讲学而为豪侠之具，复借豪侠而为贪横之私"①。称颜钧为侠，如其实；而称其借豪侠以谋贪横之私，则离事实太

---

① 王世贞：《嘉隆江湖大侠》，转引自杨鑫辉等编《江西古代教育家评传》，江西教育出版社，1995，第342页。

远。颜钧之侠行，实在于以侠行道，是一种为了"道"而甘愿牺牲的豪侠精神和行为。

（一）坦诚无私的气度

首先，颜钧传道有一重要特点，就是坦诚地把自己出身低微、幼时笨拙、缺乏学传等"家底"通告求学之人，所谓"钧，山中农夫也"，"生质淳庞，十二岁始有知识，……习时艺，穷年不通一窍"（《自传》，《颜钧集》卷三）。这对欲为人师并企图教化社会的人来说，是不易做到的，因为这样可能影响自己的形象和号召力。由此可见颜钧身上的豪侠之气。其次，把自己复兴圣学、救振社会、关爱穷民的学术主张毫无隐瞒地告诉求学之人："愿望多士以道为志，以寰区为家，兴所会以联洽乎同志之士，兴所学以提挈未闻之人，俾世人咸归夫中正，正端心学。"（《急救心火榜文》，《颜钧集》卷一）在此，既无哗众取宠，也无矫情邀幸，有的是复圣学之态、友同志之志、济民生之情，这无疑也是其豪侠气概的体现。

（二）急人所难的侠骨

颜钧谙兵法，曾帮助两位将军打胜仗。浙直总督胡宗宪在驱逐倭寇的战斗中计穷策尽，屡战屡败，最终在颜钧的帮助下，倒溺千百倭寇于海。而与颜钧是"同年同道友"的两广总兵俞大猷，在作战遇到困难时聘颜钧为军师，在颜钧的谋划下，先后俘获海寇曾一本、山寇韦银豹。此外，颜钧好友赵贞吉获罪遭贬，颜钧长途跋涉护送其至贬所，使赵氏大为感动。所谓"赵大洲赴贬所，山农偕之行，大洲感之"（《泰州学案一》，《明儒学案》卷三二）。徐樾战死在滇南，颜钧千里迢迢，翻山越岭，行数十日夜，打捞老师尸体。这些行为，都不是一般的儒家书生可以做到的，颇有"杀身成仁"之气象。

（三）轻财好施的豪气

贺贻孙《颜山农先生传》记载了颜钧轻财好施的豪气：

> 先生豪宕不羁，轻财好施，挥金如土，见人金帛辄诟曰："此道障也。"索之，无问少多，尽以济人。罗公为东昌太守，先生来，呼

之曰："汝芳为余制棺，须百金。"尽取其俸钱出，即救与贫者。又命之曰："汝芳为余制棺，须百金。"太守故廉，不能更俱百金，则蚤起，瞷其尚寝，跪床下白之。先生诟恕，不得已，称贷以进。取之出，又散与贫者。罗公归于盱江，先生至，罗公为制美材赠之。舟次金溪，见门人蔡制没，无棺，又以与之。（《附录一·颜山农先生传》，《颜钧集》卷九）

颜钧视财利为障道之物，向人索要财物一是可使其人不为财障道，二是可以财物救济穷人。其学生罗汝芳孝敬老师，为颜钧制棺，但颜钧都将用于制棺的现金分给穷人。门生去世，颜钧也把自己备用的上好木材送给他。这就是颜钧的"挥金如土"和"豪宕不羁"，有时"侠"至背离常理。罗汝芳对其师的评价是："其轻财尚义，视人犹己，鬻衣装以给生徒之费，忍饥寒以周骨肉之贫，求之古人，亦难多得。"（《附录·揭词》，《颜钧集》卷五）此言是矣。然而，这种在做人、为学及待财上的豪侠之气，在当时被讥为"猖狂""好名""怪诞"。平心而论，颜钧那种对他人坦露自己"隐私"的行为，那种为师友排忧解难、奋不顾身的行为，那种轻财好施的行为，并不是一般人所能企及的，因而可以说，作为"侠儒"的颜钧使儒家之道得到了升华。

奇解创道

颜钧对儒家经典及命题、范畴的解读，与其业师心斋的点拨有着密切关系。"孔子学止从心所欲不逾矩也。矩范《大学》《中庸》作心印，时运六龙变化为覆载持畴以遁世。子既有志有为，急宜钻研此个心印，为时运遁世之造，会通夫子大成之道。"（《自传》，《颜钧集》卷三）这段话至少给颜钧如下提示：其一，《大学》《中庸》是孔子思想精神的记录；其二，《大学》、《中庸》与《易传》六爻变化有关；其三，颜钧应努力钻研，以会通孔子之道。我们会发现，颜钧对儒家经典的解读，深受此教言的影响。

（一）关于《大学》《中庸》的题解

《大学》《中庸》作为儒家经典已千年相继，而《大学》《中庸》分别为孔门后学曾子、子思所著也为大多数人所认同。颜钧却认为《大学》《中庸》为孔子所作，而大学、中庸也不是书的篇目，而是孔子用于传道的口诀。他的学生程学颜对此做了这样的记录：

> 《大学》《中庸》，名篇也。自汉以来皆诿视为书名，未有以为圣学精神，识达此四字作何用焉。我师颜山农独指判曰：'此尼父自造传心口诀也。两篇绪绪晳章，并出夫子手笔，非曾子、子思所撰也。不然，何于《大学》引曾子之言，《中庸》直以仲尼名祖哉？'"（《附录一·衍述大学中庸之义》，《颜钧集》卷九）

那么，作为传道口诀的大、学、中、庸各具什么含义呢？颜钧说：

> 夫大之方体也，曰明德，曰至善，曰知在格，曰意心身，曰家国天下也。夫中之主宰也，曰天命性，曰道睹闻，曰隐微独，曰天地万物也。……云何系学以大，以庸丽中，将焉取裁？盖有取于精金出矿，胚胎庞朴。据以市贾，难竟信用，遂入炉火，煅化镕煎，倾泻纹科，然后遍用贸易交通。所以，圣神识道识心，同乎矿金之肫肫，裁成辅相，翼以学庸。（《耕樵问答·晰行功》，《颜钧集》卷六）

"大"指方体之广，含明德、知、物、意心身、家国天下等，此"大"系之以"学"则是止、致、格、诚、正、修、治、齐、平，因而"学"以助"大"成。"中"指主宰无偏，含天命、性、道、睹、闻、隐、微、独、天地、万物等，此"中"系之以"庸"则为率、修、戒、惧、见、显、慎、位、育等，因而"庸"乃辅"中"者也。可见，颜钧先将大、学、中、庸析为四个独立的概念，再将明明德、止于至善和率性、修道分别开来，最后将大、学、中、庸分别对应到相关内容，以错置其中而交互变化。这种解读显然是闻所未闻，为人们理解、研究《大学》《中庸》提供了一个崭新视角。而程学颜正是在这个基础上对大、学、中、庸四字含义做了进一步规定："自我广远无外者，名为大；自我凝聚员神者，名为学；自我主宰无倚者，名为中；自我妙应无迹者，名为庸。"（《附录一·衍述大学中庸之义》，《颜钧集》卷九）也就是说，"大"指广远无外，"学"指凝集心思，"中"指主宰无倚，"庸"指妙应无迹，此四者皆由"我"

为轴，故在内不在外，因而最终是"一"，所谓"合而存，存一神也"。虽然很难把颜钧对《大学》《中庸》的悟解等同于王阳明的"良知发明"，但笔者认同程学颜的如是评价："此老亦操心弃身，神通不贰，所以毅乎直述其义为不刊，不啻阳明直指良知为真头面也。"

（二）关于《大学》《中庸》《易经》三者关系

《大学》《中庸》《易经》是儒家的重要经典，但三者是一种什么关系，却少有论之。颜钧对此也有惊世之论。

> 是故学乎其大也，则曰在明明德，在亲民，在止于至善，知在格物，心不在焉，如此而曰五在，昭揭其大以为学。庸乎其中也，则曰率性，曰修道，曰慎独，曰致中和，如此晰四绪，绪扬其中为时庸。易乎其六龙也则曰潜见，曰惕跃，曰飞亢，如此而为时乘，即变适大中之易，以神乎其学庸精神者也。（《论大学中庸大易》，《颜钧集》卷二）

所谓大学，是说明明德、亲民、止于至善、格物，为立学之本。虽为立学之大本，却又不能刻意去求它。所谓中庸，是说率性、修道、慎独、中和为日常不偏之道。而《易经》中的潜见、惕跃、飞亢六龙之变化，实际上与大、学、中、庸交互变化，并由此显示《大学》《中庸》精神之微妙。因此，《大学》《中庸》《易经》都是儒家圣学之体现，也都是简易之学。而在《耕樵问答》中，颜钧将《大学》《中庸》《易经》做了进一步的融合：

> 大中学庸，学大庸中，中学大庸，庸中学大，互发交乘乎心性，吻合造化乎时育，足故中也者，帝乎其大，主积万善，从《中孚》，夫子所谓天下之大本。是大本也，家乎万有为《大畜》，孟子所谓"万物皆备于我"（《耕樵问答·晰大学中庸》，《颜钧集》卷六）。

在《周易》中，《中孚》有"节而信"、正固而吉祥之意，《大畜》则有刚健笃实、日新其德而利贞之意，既然大、学、中、庸，都是交乘于心性、造化于时育之象状，而"中"（庸）对应《中孚》，"大"（学）对应《大畜》，因而，《大学》《中庸》《易经》内涵一致。所谓"大学中庸，即易运时宜，无二道，无二学，无二教也"（《耕樵问答·晰大学中庸》，《颜钧集》卷六）。总之，《大学》《中庸》《周易》三者的关系，不仅有运行变化上的错综协调，也有内容精神上的相契，因而《大学》《中庸》《易经》皆为"一"，是平实之学，故易知简能，皆为"我"；是自修之学，故率性而行。唯有体认到《大学》《中庸》《周易》为"一"，从心为学，方可入道成德，方可实现教化天下的"外王"目标。

（三）关于"放心"

孟子认为人性本善，但此先天善性，往往因为利欲而放失，因此便有"求放心"之说。所谓"仁，人心也，义，人路也。舍其路而弗由，放其心而不知求，哀哉！人有鸡犬放，则知求之；有放心而不知求。学问之道无他，求其放心而已矣"（《孟子·告子上》）。那么，颜钧是如何解释"放心"的呢？

> 始罗为诸生，慕道极笃，以习静婴病，遇先生在豫章，往谒之。先生一见即斥之曰："子死矣，子有一物，据子心，为大病，除之益甚，幸遇吾，尚可活也。"罗公曰："弟子习澄湛数年，每日取明镜止水，相对无二，今于死生得失不复动念矣。"先生复斥曰："是乃子之所以大病也，子所为者，乃制欲，非体仁也。欲之病在肢体，制欲之病乃在心矣。心病不治，死矣。子不闻放心之说乎？人有沉疴者，心怔怔焉，求秦越人决脉，既诊，曰：'放心，尔无事矣。'其人素信越人之神也，闻言不待针砭而病霍然。已，有负官帑千金者，入狱，遽甚。其子忽自商持千金归，示父曰：'千金在，可放心矣。'父信其子之有千金，虽荷校负铰铛，不觉其身之轻也。夫人心有所系则不得放，有所系而强解之又不得放。夫何故？见不足以破之也。蛇师不畏蛇，信咒术足辟蛇也。幻师不畏水火，信幻术足辟水火也。子惟不敢自信其心，则心不放矣。不能自见其心，则不敢自信，而心不放矣。孔子谓：'朝闻道，夕死可矣'，放心之谓也。孟子曰：'学问之道无他，求其放心而已矣。'但放心则萧然若无事人矣。观子之心，其有不自信者耶！其有不得放者耶！子如放心，则火燃而泉达矣。体仁之妙，即在放心。初未尝有病子者，又安得以死子者耶？"（《附录一·

颜山农先生传》,《颜钧集》卷九)

罗汝芳经过长年累月的不懈修炼,终至不动念于生死得失之境,但颜钧认为这是大病。在颜钧看来,罗汝芳劳其筋骨、抑制欲望的修炼,正说明罗汝芳仍然系念生死得失,仍然是"著相",从而亦就没能"体仁"。那么怎样做才算"体仁"呢?"放心"。而"放心"就是将利欲之心一切放下。与孟子"求放心"说相比较,颜钧"放心"说是有一定创造性的。孟子求放心,是把所丢失之心找回来,着眼于找;颜钧放心是将心放下,着眼于放。孟子所求之心是善,等同于性;颜钧所放之心是恶,与性有别。孟子主性善却注重以外在措施养育之;颜钧亦言性善,并坚信性其(心)正,从而排斥一切外在修养方法或教化措施。孟子求放心,很迫切,故有紧张;颜钧放心,很自然,故显轻松。因此可以认为,颜钧对"放心"的解读是一种大胆的具有突破性的尝试。

(四)关于"人心道心"

陆九渊、王阳明都对"人心惟危,道心惟微,惟精惟一,允执其中"十六字诀做过解释。陆九渊说:"《书》云'人心惟危,道心惟微'。解者多指人心为人欲,道心为天理,此说非是。心,一也,人安有二心?自人而言,则曰惟危;自道而言,则曰惟微。"(《语录上》,《陆九渊集》卷三四)王阳明说:"圣人之学,心学也。尧舜禹之相授,受曰:'人心惟危,道心惟微,惟精惟一,允执厥中。'此心学之源也。中也者,道心之谓也。道心精一之谓仁,所谓中也。孔孟之学,惟务求仁,盖精一之传也。"(《王守仁序》,《陆九渊集》附录一)综合陆、王的解释则有:其一,心只有一个,杂于伪时是人心,得其正时是道心;其二,因此,由人心言,则"危",由道心言则"微";其三,"中"即道心,即仁,执"中"即执道心、执仁。颜钧继承了心学路线,但也有自己的发挥。他说:

> 先圣制"心"字,以一阳自下,而湾向上,包涵三点,为三阳,将开泰以帝天地人物之父母也。是父母心,本能自湾,而竖立湾中,为佐以佩圭,为"惟"者也。是"惟"宪心作人也,为视听言动之几,不时危厉乎其发用;是"惟"作人以宪道也,则又潜乎隐几莫测之微,自时以妙乎其危厉;是"惟"能纯乎其精也;是"惟"能精乎

其一也，所以允信自执己心之中，以为人之道。自精其一者，是一心
也。其善曰"惟"，其妙曰"微"，其深涵曰"中"，其中灵曰"精"，
其精肫曰"一"。一之生人，有时出日用之严危，故以"惟"惟之，
斯微妙乎其执中也。如此而曰人心道心之危微精一，执中之仁，覆天
下唐虞者也。（《人心道心而执中辨》，《颜钧集》卷二）

颜钧由"心"字结构展开解释，认为此心乃父母心。天下父母心皆恻
隐，故可湾曲，而有一竖立此湾中，以作佩挂玉器之用，这就叫作"惟"。
此"惟"显心于作人时，是人之视、听、言、动的隐微之状，故为危厉；
此"惟"作人显于道时，则又潜藏在隐微之中而难以测度，故为神妙。
"惟"能纯其精而又精其一，所以可执己心之中，以成人之道。由精一而
言，是一心。此心为善时是"惟"，为妙时是"微"，为深涵时是"中"，
为中灵时是"精"，为"精肫"时是"一"。"一"生人时，偶尔有严危之
状，因此要以"惟"系之，这就是执中。执中也就是执中之仁，是对
"心"之把握。与陆、王的解释比较，颜钧的解释显然更富独创性。

（五）关于"日用"

在儒学的语境里，"日用"常与"庸常"联系，所谓"日用庸常"。
"日用庸常是为道"之语很常见，意思是说"道"在日常生活中。而对
"日用"二字的单独解释，笔者寡闻，目前尚未能见。颜钧的解读却别有
意味。

夫日也，体曰阳精，运行为昼，亘古今而悬旋，为白日之明，曝丽
天地，万象万形之生生化化也。夫用也，言在人身天性之运动也。是
动，从心率性；是性，聪明灵觉，自不虑不学，无时无日，自明于视，
自聪于听，自信于言，自动乎礼，动乎喜怒哀乐之中节也，节乎孝弟慈
让为子臣弟友之人也，故曰日用。（《日用不知辨》卷二，《颜钧集》）

"日"即太阳，乃自然之象，但为万物生化之源；"用"乃人身之象，
此人身之象又主要指"从心率性"之德、孝悌慈让弟友之行。因此可以
说，"日用"即是道，即是圣学，因而圣学也就可以不虑不学。颜钧的这
一解释，说明了"日用"即是道的缘由，从而明示了生活即"道"而不是

"道"在生活中；说明了圣学无须学习的原因，从而为简化儒学和当下体"道"提供了根据。这在儒学解释史上是前所未有的。

表面看去，颜钧对儒家经典的解释大都有"怪诞"之嫌。但将《大学》《中庸》解读为大、学、中、庸四字传道口诀，将《大学》《中庸》《易经》做一体的串解，将"放心"解释为"将私欲之心，一切放下"，从"心"的字体结构、从"惟"字着眼解释"人心道心"十六字诀，将"日用"直接等同于"道"，都显示出颜钧对儒学传统的突破，更是对儒家解释学的丰富和发展。

结　语

《明儒学案·泰州学案》前的"序言"有这样一段评论：

> 泰州之后，其人多能赤手以搏龙蛇，传至颜山农何心隐一派，遂复非名教之所能羁络矣。顾端文曰："心隐辈坐在利欲胶漆盆中，所以能鼓动得人，只缘他一种聪明，亦自有不可到处，义以为非其聪明，正其学术也。所谓祖师禅者，以作用见性，诸公掀翻天地，前不见有古人，后不见有来者，释氏一棒一喝，当机横行，放下拄杖，便如愚人一般。诸公赤身担当，无有放下时节，故其害如是。

这段话并非针对颜钧个人，但在黄宗羲看来显然也适用于颜钧。这段评语大体涉及这样几个方面：其一，颜钧学行率性而行，无拘无束，是对儒家正统思想的叛逆。这涉及颜钧学问的基本倾向。其二，颜钧学问与禅同道。这涉及与禅宗的关系。其三，颜钧主张人性本善，无须睹闻和戒惧，放心即体仁。这涉及颜钧的修养方式。其四，颜钧讲学布道哗众取宠，为的是成一己之私。这涉及颜钧学行的性质。根据前文，结合其他相关资料，笔者讨论如下。

（一）率性而行：儒家圣学的特殊实践

颜钧的学行思想之所以被看成是对儒学的蔑视和背离，主要在于某些士人接受不了他不同于常人的行为与思想。他不参加科举考试，认为科举考试是约束人的枷锁；他随心所欲地解释经典，提倡思想解放；他在生活中不拘小节，疯疯癫癫。但他绝不是一位远离了儒家道理格式的人。恰恰相反，他是一位儒家圣学狂热的传播者和实践者。首先，他仍然是儒家道统领域中的人。他闭关悟道，悟的是儒家成圣成贤之道；他颠沛布道，宣传的是儒家教化伦理，如《劝忠歌》《劝孝歌》；他侠行践道，实践的也是儒家道德精神，如昼夜侍守病体之父三年，是为孝，如兄弟之间的友爱相助，是为悌；他奇解创道，丰富、发展的还是儒家圣学，如对《大学》《中庸》的解释，对"放心"的解释等，其宗旨都不背离儒家成圣成贤之目标。因而颜钧学行谈不上"非名教所羁络"。其次，颜钧对儒家学问的理解、践行又有自己的特色，这就是泰州学派的特色。他主张圣学应该面向大众，凡有生命之人，都有权力理解圣学，这种学术旨趣无疑会对官方学者宣传圣学的动机构成冲击。既然圣学的宣传要面向大众，那就必须让它简单易懂，因而要简化儒家概念的烦琐和践行的框框；而要真正实行儒家理想，就应该身体力行，周济生灵，为千万民众的要求而奔走呼号。因而颜钧的学行思想不仅不是对儒家名教的叛离，反而是儒家圣学的虔诚守卫者和实践者。颜钧之悟道、布道、践道和创道说明其学行思想是儒家圣学的延承，而且在一定程度上是一种对儒家圣学有所升华的延承。其之所以被认为是对儒家圣学的叛离，不过是官方儒家学者的偏见，因为颜钧所宣传、实践儒家的圣学方式和内容，正好是官方儒家学者所反对的。因而颜钧学行思想被视为对儒家的叛离，也是思想史中话语权力之争的表现。而将颜钧学行思想与儒家最早最基本的理念对照，我们应接受颜钧弟子罗汝芳的评价："山农与相处余三十年，其心髓精微，决难诈饰，不肖敢谓其学直接孔孟，俟诸后圣，断断不惑。"（《泰州学案一》，《明儒学案》卷三二）

（二）儒禅兼济：儒家思想的新型构架

《明儒学案》指颜钧学派隶属禅宗，所谓"正其学术之所谓祖师禅者，以作用见性，诸公掀翻天地，前不见古人，后不见有来者，释氏一棒一喝，当机横行，放下柱杖，便如愚人一般"。所谓"钧诡怪猖狂，其学归释氏"。但颜钧后学却以为颜学"不杂乎佛老"。到底如何理解颜钧思想与禅的关系呢？必须承认，颜钧学行思想显然深受禅宗影响。比如在讲学方式上，犹如禅宗的棒喝，"适戊午六月七日，颜（指学生程学颜）生辰，耕樵索轴，笔庆乐生，便便诱学，点缀'致知在格物'五字眼法。颜色改，神凝悚立，气春若跃如醉。耕樵侧目，试问曰：'学若何？'颜亦曰：'翁谓若何？'耕樵停笔，厉声策是者三。颜即以手举官帽置桌，就滚仓版上十转，……没奈何之几，起舞蹈曰：'蚤知灯是火。'饭熟许时，如信美大圣神，只在此刻此关，此一醒后，自深造自得止耳。"（《程身道传》，《颜钧集》卷三）又如"七日闭关"，俨然禅坐悟道；再如把儒家思想概念简化成大众易知易能之理，与禅宗简化佛教修养方式以方便僧众的做法类似等。所以言颜钧学问"不杂于佛"是说不过去的。但说完全归于禅亦难使人信服。因为颜钧所讲之道是儒家之道，是在世之道，不是佛教之道，出世之道。颜钧认为可以离妻别子而实践的"道"，并非为了进入涅槃境界，并非为了成佛，而是为了成圣成贤。颜钧对传统概念范畴的新解释，是对儒家之道的解释、发挥，而不是对佛教教义的发展。因此，颜钧的学问不可归于禅。所以可以说，颜钧思想的"壳"是禅宗的，但"核"是儒家的。在这种"壳""核"互动之中，形成了以儒禅相济为构架的颜钧思想。

（三）放心体仁：儒家修养的新方式

修身养性是儒家学说中的一个重大课题，因为个人的修养不仅仅是帮助自己成圣成贤的关键，也是儒家"外王"落实的基础。颜钧无疑注重个人的修养，他秉承了孟子性善的思路，认为人性天生如珠，没有尘染，因而反对感官睹闻，反对知识论的格物致知，反对静时动时系念人欲的戒惧心理，提倡当下即道，直认本心的修养，而在行为上则要求人们知晓本体即发用之理。这种修养方式可概括为两个字：放心。其主要特点是：（1）自然性。心要做到无所系，而有所系了也不要天天想着要化解它，而要顺其自然。（2）简单性。体仁成圣无须研读大量经典，也不需要面壁静修，只将一切利欲之心放下，便是仁，所谓"放下屠刀，立地成佛"。（3）轻松性。放心即体仁，而放心也是率性而行，是将一切系念放下，使人轻松自如。事实上，放心即体仁所表现出的自然性、简单性、轻松性等特征，与颜钧主张的《大学》《中庸》《易经》皆为易知易能之学、日用即道的观点是一致的。不过，"放心体仁"的主张，显然由于过分坚信"性"对人行为的监督能力，而可能走向自然主义，甚至纵欲主义，因而放心即体仁的修养方式确实存在不严整之处。

（四）　自立无私：儒家人格的生动写照

《明儒学案》指颜钧讲学济私、坐在利欲胶漆盆中，事实是否如此呢？回答是否定的。颜钧面对胡宗宪、俞大猷赐封的官职，耻之不就，这在有私心的人是做不到的。颜钧挥金如土，经常向弟子罗汝芳索要金钱，是为了救济穷人，连学生为他购置的上好木材都可以送给他死去的学生做棺材。颜钧到处讲学，为的是使民众由愚变智，能理解圣学精神，为的是救拔社会，救民于水火。在颜钧这里，我们可以真正体验到"大公无私"的品行。而颜钧无私以求道的精神，更值得当今的学人反省。颜钧"自立宇宙、特立独行"之品质精神，常被时人诬为"畸行怪诞"。实际上，颜钧"自立宇宙，特立独行"的品格，既不畸，也不怪。他人对科举考试趋之若鹜，而颜钧视之为人的枷锁；他人讲学循规蹈矩，颜钧讲学却无固定方所、无确定对象；他人视财如命，颜钧则视之为障道之物，有之则施与贫民；他人蹲狱会心灰意冷，对人生丧失信心，颜钧却与囚友谈笑论道；他人对儒家经典，谨守尺度，颜钧却敢任意指点，随心讲解。因此，颜钧自立宇宙、无所傍依的人格和毫无拘束、勇于创新的精神，既是儒家人格积极面的生动体现，也为目前学界所需。

《中国哲学史》2002 年第 1 期

五　高攀龙的佛教观及其儒学本色

高攀龙（1562～1626），江苏无锡人，明代思想家，东林学派代表人物之一。就思想的深度与广度而言，东林学子中无出其右者。诚如黄宗羲所说："东林之说，泾阳导其源，景逸始入细。"[①] 事实上，在对佛教的认知、理解和评价方面，高攀龙也有自己的特色。本文拟对高氏佛教观做一初步探讨，并由此观其思想的儒学特色。

佛教义理之失

在历史上，认同佛教教义繁富而精深的儒士是大有人在的，如柳宗元，如王通，如陆象山，如王阳明等；但另一方面，对佛教教义进行猛烈批评的儒士也不在少数，如韩愈，如李觏，如张载，如朱熹等。那么，高攀龙是如何认知、理解、评价佛教义理的呢？

佛家所言"性"空而无实。在高攀龙看来，儒家所谓"气"为道义之气，所谓"心"乃仁义之心，因而在儒家语境中，"气"、"心"与"性"是一物之不同表现形式。那么佛家所谓"性"与此有何不同呢？高攀龙说：

> 老氏气也，佛氏心也。圣人之学，乃所谓性学。老氏之所谓心所谓性，则气而已。佛氏之所谓性，则心而已。非气、心、性有二，其习异也。性者，天理也，外此以为气，故气为老氏之气，外此而以为心，故心为佛氏之心。圣人气则养其道义之气，心则存其仁义之心。

---

① 《明儒学案》下，《东林学案》第105页，商务印书馆，民国二十四年。

气亦性，心亦性也。或者以二氏言虚无，遂讳虚无，非也。虚之与实，有之与无，同义而异名，至虚乃至实，至无乃至有。二氏之异，非异于此也。性，形而上者也。心与气，形而下者也。老氏之气，极于不可名不可道，佛氏之心，极于不可思不可议，皆形而上者也。二氏之异，又非异于道器也，其端绪之异，天理而已。①

这就是说，佛教与儒学的差别，不在于谈不谈虚无，也不在于有无道器的区分，而是因为佛家所言"心"，与老学所言"气"一样，既不可被指称也不可被言说，皆属形而上者，从而使佛家所言"性"，不能有具体的落实，不能表现为具体的道德教化。因此，佛家所言"性"，不是"天理"之"性"。高攀龙说："圣人之学，所以异于释氏者，只一性字。圣人言性，所以异于释氏言性者，只一理字。理者，天理也。天理者，天然自有之条理也。故曰天叙天秩天命天讨。此处差不得针芒。先圣后圣，其揆一也。"② 就是说，儒家所言"性"，实有其物，这个"物"就是天理，就是仁、义、礼、智、信、忠、孝、悌、节等道德品质或道德规范，这些东西是佛教之"性"所不能包括的。

佛家所言"性"与儒家所言"性"的另一区别在于：佛家指"作用"为"性"。所谓"作用是性"，就是将人的视、听、言、动、喜、笑、怒、骂规定为"性"。所谓"心一也，黏于躯壳者为人心，即为识；发于义理者为道心，即为觉。非果有两心，然一转则天地悬隔，谓之觉矣。犹以为形而下者，乘于气机也。视听持行皆物也，其则乃性也。佛氏以擎拳竖拂、运水搬柴，总是神通妙用。盖以纵横竖直无非是性，而毫厘之差，则于则上辨之，凡事稍不合，则必有不安。此见天然自有之中，毫发差池不得。若观佛氏于彝伦之际，多所未安，彼却不顾也"③。高攀龙认为，视、听、言、动者乃具体的物事，而贯注于视、听、言、动中的"理则"才是"性"。如若以视、听、言、动为"性"，则必混淆"理则"与"庸常"之差别，从而使"理则"丧失其引导之意义；如若以视、听、言、动为"性"，则视、听、言、动的恶性表现可能因为规定为"性"而得到错误的

① 《说类》，《东林学案》第76页。
② 《说类》，《东林学案》第76页。
③ 《论学书》，《东林学案》第80页。

保护。所以，佛家所言"性"，不仅于彝伦没有实际的关怀，而且可能添乱、添害于彝伦之秩序。

佛家所言"善"虚而无体。何谓"善"体？儒家言"善"为本有，即言"善"就是"性"，此"善"无声无臭无文无饰。那么，佛家所言"善"为何物？高攀龙分析道："道性善者，以无声无臭为善之体，阳明以无善无恶为心之体。一以善即性也，一以善为意也。故曰有善有恶者意之动。佛氏亦曰不思善不思恶，以善为善事，以恶为恶事也。以善为意，以善为事者，不可曰明善。"① 在高攀龙看来，佛家指"善"为"意"，指"善"为"事"。阳明受佛教影响，视"无恶无善"为"心"之体，实际上也是指"善"为"意"，指"善"为"事"，从而与传统儒家所言"善体"区别开来，而与佛家一致。因而高攀龙认为，佛家虽言"善"却未必懂得"善"。

那么，儒家所言"善"是指什么呢？是天理。高攀龙说："佛氏所谓善，念中善事也。与圣人言善，绝不相干。韩子曰：彼以煦煦为仁，孑孑为义，其小之也，固宜，如佛氏所谓善，其无之也，亦宜。"② 佛家虽也言"善"，主张不杀生、不偷盗、不邪淫、不妄语、不饮酒，但充其量是独善其身。儒家不同，儒家不仅有"内圣"的要求，还有"外王"的期盼，即不仅对个人有较高的道德要求，还有将道德普世的义务，还有把社会建设好以改善人民生活的义务，所谓正德、利用、厚生，三者缺一非儒学也，此也即是儒家的"天理"。所以高攀龙认为，佛家根本就不懂儒家之道的真谛。他说："佛说多端，约其大义，只无声无臭四字，足以蔽之。圣人在人伦庶物中，物还其则，而我无与焉？终日酬酢万变，实无一事也。畏天命，悲人穷，汲汲遑遑，哪有闲工夫在深山浚谷、大家团圞共说无生话也。谓孔子为才人，谓佛经皆孔孟不及道，其小视孔孟甚矣！吾以为孔孟道及处，学佛者不能知；其不肯道及处，学佛者不能知；其不屑道及处，学佛者不能知。"③ 儒家圣人一生劳碌奔波，四处游说，遇险不惧，遇危不退，为了天下的太平而不辞辛劳，哪有工夫像高僧大德那样端坐在庙宇里念念有词地优哉游哉呢？所以，视孔孟为一般才人，以为佛经是孔孟难及

---

① 《语》，《东林学案》第72页。
② 《论学书》，《东林学案》第79页。
③ 《异端辨》，《高子遗书》卷三。

之道，是大错特错了。事实上，孔孟之道所达到的境界，所不欲达到的境界，所不屑达到的境界，都是那些痴迷于佛教的人所不能领悟的。

不过，人可能有时会丧失本有善性，孟子认为一旦有这种情况发生，人应主动将本有善性寻找回来，这就是儒家"致良知"之说的基本内容。而如何将本有善性寻找回来，却是大有学问。《大学》言"致知在格物"，也就是说，"致知"是通过"格物"而实现的。高攀龙据此认为，王阳明所言"致良知"，并不在于穷究事物之理，而是像佛教那样以"知"本身为目的，从而陷于无聊的争论游戏中，当然也就偏离了儒家致知在于求善的目标。所谓"谈良知者，致知不在格物，故虚灵之用，多为情识，而非天则之自然，去至善远矣！吾辈格物，格至善也。以善为宗，不以知为宗也。故'致知在格物'一语，而儒禅判矣"①。因此，在通向"善"的途径与手段上，佛教与儒学也是大相径庭的。

佛儒不是一家

能否将佛儒视为一家？不少佛教高僧为了开拓佛教在中国的"销售"市场，对此问题不仅给予了肯定回答，而且进行了广泛的论证。如慧远就竭力论证佛教儒学的一致性。但"佛儒一家"作为处理佛儒关系的一种说法，毕竟支持者不占大多数。高攀龙就对"佛儒一家"说持否定态度。

在高攀龙看来，无论是从历史经验，还是从佛教、儒学在中国历史上出现时间的先后，抑或从佛、儒互动的内容看，佛教与儒学都不可能是一家。高攀龙说："自有开辟以来，圣帝明王相继为治。地平天成民安物阜，不闻有所谓佛也，不待有所谓佛也。圣人之道不明不行，而后二氏乘隙而惑人。昔之惑人也，立于吾道之外，以似是而乱真；今之惑人也，据于吾道之中以真非而灭是。昔之为佛氏者，尚援儒以重佛；今之为儒者，且轩佛以轻儒。其始为三教之说，以为与吾道列而为三，幸矣！其后为一家之说，以为与吾道混而为一，幸矣！今且摈之为凡，摈之为外，而幼之、而卑之、而疏之，然则天下孰肯舍圣人而甘为凡夫，舍尊长而甘为卑小，舍

---

① 《论学书》，《东林学案》第84页。

亲而就其疏也。呜呼！用彝变夏，至此极矣！斯言不出于夷狄而出于中国，不出于释氏之徒而出于圣人之徒，是可忍也，孰不可忍也？"① 从历史上看，自天地开辟以后，继有圣明君主为治，国泰民安，财丰物阜，根本就没有什么佛教。在先秦时期，有儒家之学，有道家之学，有墨家之学，有名家之学等等，佛家之学正是趁儒学式微之机而进入中国的。从实际的较量上看，佛教迷惑民众的形式，由道外到道内，由援儒重佛到轩佛轻儒；由对儒学的态度上看，佛教开始与儒学并列为三，后与儒学混而为一，再后来则喧宾夺主，反而视儒学为凡俗、为外道，鄙视它，疏远它。何以能说佛儒是一家呢？

当时有一种观点，认为儒释道三教都以"一"为宗，故三教是一家。但高攀龙不这样看。他说："此说鄙陋之极，不必为剖。吾且据其说佛者问之：一者何邪？以为有物邪？无物邪？以为有物，则不识一；以为无物，既无物矣，又有何物超乎一之外乎？所见如此，而徒为张大之说，以诳惑后生，罪可胜诛也邪？"② 在高攀龙看来，如果视"一"为有物，那就是不知道"一"何以为"一"；如果视"一"为无物，"一"既然是无，那么"一"之外就别无他物了。因此，佛家热衷于谈"一"，本质上是以"一"为话源而展开玄不可测、无休无止且毫无内容的辩论。这与儒家所言"一"当然是相差十万八千里了。

高攀龙还对那种将佛教与儒学随意比附的行为进行了揭露和批评。他说："此翁（管东溟）一生命脉只在统合三教，其种种开合不过欲成就此局。拈出一个周元公是欲就道理上和合；拈出一个高皇帝是欲在时事上和合；拈出群龙无首则欲暗夺素王道统而使佛氏阴篡飞龙之位；拈出敦化川流则欲单显毗庐性海而使儒宗退就川流之列。其他尊儒者不过局面上调停，引儒者之言不过表面上附合。故无极太极近于虚空法界，则宗之；朝闻夕死近于生死大事，则宗之。然其所谓太极，所谓道，即所谓毗庐庶那者是也。至如阴尊程朱，阳贬狂禅，而究竟则以程朱之中庸、五宗之佛性并斥，更是其苦心勤力处，欲使辟佛者更开口不得也。然举要而言，则枉却一生，劳攘到底，三教殊科耳。"③ 周元公即周敦颐，周敦颐有"无极而

① 《异端辨》，《高子遗书》卷三。
② 《异端辨》，《高子遗书》卷三。
③ 《高子遗书》卷八上。

太极"之说，高攀龙认为管东溟是将"无极而太极"比附佛家的"虽无而非无，无者不绝虚；虽有而非有，有者非真有"，这是从道理上和合佛教与儒学。高皇帝即朱元璋，朱元璋不仅与佛僧友善，而且提出过"佛法暗助王纲"的主张，所以高攀龙认为管东溟是从事务上和合佛教与儒学。"群龙无首"乃《易》乾卦用九之爻辞，管东溟将"群龙无首"比附佛教"我当于一切众生中为首为胜"，这是在价值追求上和合佛教与儒学。将《中庸》"敦化川流"比附佛教"毗庐性海"，这是在义理功能上和合佛教与儒学。高攀龙认为，管东溟所做的一切，都在于抬高佛教而抑制儒学。然而这是无法得逞的，因为儒学毕竟与佛教不同，它们成为一家的可能性是不存在的。所以高攀龙好心相劝那些痴迷于使儒、佛成一家的学者，不要做无谓的工夫："足下（刘直州）契禅独深，而好观程子遗书，先入之言，主张于内，为力甚难，倘于高明未合，愿姑舍之。万勿援释合儒，为孔门大罪业。今之阳崇儒而阴从释，借儒名以文释行者大炽，足下才高力强，尤太可虑，与其似是乱真，则不若静守禅宗。"①

佛教之害

佛教在义理上的特点，规定了佛教的盛行可能给社会带来危害。对于佛教的危害，在高攀龙以前，已有不少儒士进行了批评和揭露。高攀龙继承了前人的思想，对佛教的危害给予了揭示与批评。

其一，不理是非。由儒学的主张看，世俗生活中即有是是非非，这是不依人的主观愿望而转移的，因而人要做的不是回避它、诅咒它，而应积极主动地面对它、解决它。佛教的态度可不是这样，佛教对世俗生活及其是非的态度是：皆是幻妄。所以在实际行动上便表现为离妻去子、遁迹隐形、不谴是非。正如高攀龙所说："佛氏最忌分别是非，如何纪纲得世界？纪纲世界，只是非两字，亘古亘今，塞天塞地，只是一生机流行，所谓易也。"② 因而在高攀龙看来，指望佛教对社会秩序有所贡献是不可能的。

其二，蔑视礼法。儒家隆"礼"，重视"礼"的社会教化作用；但儒

---

① 《论学书》，《东林学案》第83页。
② 《语》，《东林学案》第73页。

家从来就没有否定"法"对改造社会的作用。换言之,儒家事实上把"礼"与"法"看成治理社会缺一不可的两翼,只是有轻重缓急之不同而已。但佛教不仅不重视礼制和法制,而且视其为累赘、多余,视其为负担,视其为牢笼。高攀龙说:"一日克己复礼,无我也。佛氏曰悬崖撒手,近儒亦曰拚,皆似之而实非。何者?以非圣人所谓复礼也。或曰:真为性命,人被恶名埋没一世,更无出头,亦无分毫挂带。此是欲率天下入于无忌惮,其流之弊,杀父与君,无所不至。"① 可见,佛教徒只图个人的轻松快活,无拘无束,放荡不羁,而将社会的责任抛到九霄云外。

其三,汲汲私利。儒家主张大公无私,提倡为社会为公众服务,表彰为他人牺牲的奉献精神。与此相比,佛教的境界就低多了。何出此言呢?高攀龙认为,佛教所谓生死轮回说,名义上是引导众生超生脱死,事实上是执着生死、贪生怕死,是汲汲私利的表现。所谓"感应所以为鬼神,非有鬼神以司感应。圣人以天理如是,一循其自然之理,所以为义;佛氏以因果如是,慑人以果报之说,所以为利"②。佛教的自私特征由此可见一斑了。

其四,薄情无义。儒家注重世俗社会中的人伦关系,主张敬长爱幼,父慈子孝。使人们过着一种温情生活是儒家的基本追求。佛教不然,佛教以万法为妄,以人生为幻,从而对世俗生活中人与人之间的本有的伦理关系极为蔑视。高攀龙说:"尧舜之道,孝悌而已,孟子指出孩提爱敬是最初最真处。以是为妄,何所不妄仁义智礼乐?其实只事亲从兄二者,二者既妄,五者皆伪人道尽灭矣!几何而不胥为禽兽也,真常寂照,将焉用之?"③ 就是说,佛教连起码的孝敬父母、友爱兄弟都做不到,这不是将自己降为禽兽,又能做何理解呢?

儒学本色

与传统的温和的儒家相比,东林学派对社会问题的看法和解决方式都表现得较为激烈,也对传统儒学某些方面进行了修正和批评,以致某些学

① 《语》,《东林学案》第73页。
② 《杂著》,《东林学案》第87页。
③ 《异端辨》,《高子遗书》卷三。

者对东林学派的儒家本色提出了质疑。那么，东林学派是否真的丧失了儒家本色呢？本文以高攀龙的佛教观为例，对此问题予以简要的应答。

拒排佛法，力护儒道。高攀龙思想儒学本色的第一鲜明表现，就是坚持儒家的道统立场，呵护儒学，排斥佛教。在高攀龙看来，佛教不仅在义理上存在不足，在实践上更是有害于社会有害于人生。他说："己巳仲夏，余游武林寓居西湖，见彼中士人半从异教，心窃忧之。问其所从，皆曰：'莲池。'问其教出所著书数种，多抑儒扬释之语，此僧原廪于学宫，一旦叛入异教，已为名教所不容而又操戈反攻，不知圣人之教何负于彼庠序之养育，何负于彼而身自叛之，又欲胥天下而叛之，如此之亟也，因摘取其言各剖破之，又有竭力专诋朱夫子者，另为一书尚未得也。"① 这段话描述的是余杭一带人们纷纷皈依佛教的景象，其中还有出身儒门却反讥儒学的名士。高攀龙对此，一者窃忧之，二者憎恨之，三者批驳之，足见其护儒拒佛立场之坚定之执着。

斥佛学之空，挺儒学之实。高攀龙思想儒学本色的第二鲜明表现是坚守儒学实用特征。我们知道，儒学的最大特征也是最大优点就是不尚空谈，既要求内圣，也不放弃外王；为学的动力是正德、利用、厚生；为学的目标是齐家、治国、平天下。高攀龙认为，佛教视万法为空，以万物为幻，所言"性"不是天理，没有道德伦理的内容，故为空；所言"善"不是天理，也没有实际的内容，故为虚。所以，佛教经籍虽浩如烟海，但却无一实理；大小僧尼虽忙忙碌碌，却两手空空。

竭力儒典，开辟新途。高攀龙思想儒学本色的第三表现是潜心儒家经典，对儒家经典进行新的诠释，为儒学发展开辟新的天地。所谓"学问并无别法，只依古圣贤成法做去，体贴得上身来"②。那么，高攀龙在哪些方面为儒学发展做出了积极贡献呢？第一，提出"心物合一"论，以综合心学、理学之长。我们知道，心学主张"心"为本体，在工夫上提倡尊德性；理学主张以"理"为本体，在工夫上提倡道问学，二者各有所长也各有所偏。因此，"心物合一"论的提出，一方面有助于克服心学、理学的弊端而综合它们的长处，另一方面则将内圣工夫与外王实践融为一体，使

① 《异端辨》，《高子遗书》卷二。
② 《会语》，《东林学案》第94页。

儒学的实用价值理念得以落实。第二，提出"本体工夫合一"论，但又强调工夫的层次性，这使得其工夫论与佛教的工夫论、心学的工夫论区别开来，从而使得本体不再是光秃秃的"孤家寡人"，而工夫也不再是一念的神秘觉悟。以上两点也许在儒学发展史上不具有特别重大意义，但它足以说明高攀龙思想的儒学特质。黄宗羲有一评价较准确地反映了高攀龙在诠解儒学义理上所做的努力："乙未春，自揭阳归。取释老二家，参之释典，与圣人所争毫发，其精微处，吾儒具有之，总不出无极二字。弊病处，先儒具言之，总不出无理二字。观二氏而益知圣道之高，若无圣人之道，便无生民之类，即二氏亦饮食衣被其中而不觉也。"[①] 高攀龙将佛教与儒学进行比较，结果发现，所谓佛教精微之义理，仅表现在对"太极"的论述上，而这在儒学中毫无欠缺；凡属佛教弊病处，则表现在对"天理"的认知上，而这在儒学中具无之。不仅如此，高攀龙对那种为了回避佛教之弊而损害儒学主张的行为也提出了批评："伊川说游魂为变。曰，既是变，则存者亡，坚者腐，更无物也。此殆不然，只说得形质耳。游魂如何灭得？但其变化不可测识也。圣人即天地也，不可以存亡言，自古忠臣义士何曾亡灭？避佛氏之说，而谓贤愚善恶同归于尽，非所以教也。况幽明之事，昭昭于耳目者，终不可掩乎？张子曰：'大易不言有无，言有无，诸子之陋也。'"[②] 佛教有轮回转世说，伊川为了回避佛教这一主张而言"游魂"可变可灭。高攀龙则认为这是违背儒家理念的，因为圣人的精神、忠诚义士的精神是不会变灭的。

对佛教的误读。如上讨论表明，高攀龙思想的儒学本色是毋庸置疑的，不过也许正因为高攀龙过多地信赖儒学，把儒学奉为至上的真理，而忽略了对佛教的同情与了解，从而导致他对佛教的误读。高攀龙对佛教的误读主要表现为以下几个方面。首先，对佛教"性"论的误读。佛教讨论的是佛性，认为人皆有佛性，甚至提出无情有性。就是说，人成佛的根据是自足的。所以佛家所言"性"是一种先验的"善"。因而简单地言佛教之"性"为空是欠妥的。而就"作用是性"而言，尽管将视、听、言、动看成"性"确有把"性"降为形而下之物的嫌疑，从而使性的"天理"

---

① 《忠宪高景逸先生攀龙》，《东林学案》第69页。
② 《语》，《东林学案》第73页。

内容空泛化；但如果换一个角度，所谓"作用是性"是对人的形下行为做"天理"的规定与要求，似乎也是可以接受的一种解释。其次，对佛教伦理观的误读。高攀龙指责佛教破坏伦理，将世俗生活中的伦理关系视为累赘，离妻弃子，不尽赡养双亲的义务。然而，在佛教的诸多经籍中，并不缺乏对世俗伦理的关心与强调；而就佛教的价值追求看，也不完全与儒家伦理构成本质性矛盾。最后，对佛教私利观的误读。高攀龙认为佛教是自私的，只顾自我修身养性，不能拿出一点实际的行动关心社会、帮助社会。佛教确实主张僧徒出家，以修炼为目标，实践内圣之学，但佛教对自然、对社会、对他人没有任何非分的索求，不置房产，不积敛财物，至于声、色、情、欲则皆在禁戒之列，谈何自私自利？至少，佛教的自私不能与道德生活中的自私混为一谈。应当说，高攀龙对佛教误读，在相当程度上是有助于人们树立正确的佛教态度的。

《江南大学学报》2004 年第 4 期

六　生活儒学：当代儒学开展的基本方向

　　大约在十年前，我与几位同事赴北京参加学术会议，其间我们特意去参观孔庙。那天我们起了个大早，不到八点我们便来到了位于北京安定门内的孔庙。敞开的大门已是斑驳陆离，快要脱落的木皮、油漆在晨风的吹送下，发出沙沙的响声。进门不远处有一棵张出两粗枝的老树，一支下垂着，树叶贴在地面；另一支则已断开，但还有些木丝跟主干连着。在这两粗枝中间，一群约半厘米长的蚂蚁正忙忙碌碌地驮着发黄的树粉末。再往里走，便是写有"人文始祖"的"先师门"。进大门时便听到悠扬的"韶音"，此时听起来更清晰、更凄婉。由"大成门"进到大成宝殿，"至圣先师孔子"牌位让我肃然起敬，而孔圣人严峻的面部表情、忧郁的眼神似乎在告诉我，他对人类的命运从来就没有放弃过担忧和关怀。由孔庙出门左走五百米，便是著名的雍和宫。远远望去，雍和宫广场已是人山车海。跻身其中，捧着香烛、提着水果的男女老少匆匆涌向雍和宫。由于参拜的人太多，长队排到了广场的边角上。大概快到中午12点，才轮到我们进入雍和宫天王殿。殿堂里供奉着众多佛像，佛像表情千姿百态而又洋洋得意。整个殿堂群巍峨壮观，金碧辉煌。殿堂的跪垫一直被参拜者占据着，没有一只空闲。大殿的上空弥漫着浓浓的香火味、蜡油味……儒学与佛教在中国历史上就一直摩擦着、较量着，一者属本土，一者属外籍；一者是汲汲时政的理想，一者为逍遥在野的冥思；一者以拯救世界为使命，一者以拯救灵魂为追求……似乎还看不出二者命运有多大差别。而眼下所见孔庙与雍和宫迥异的"风景"，让我们对儒学的"游魂"命运有了切身的感受。儒学真的就这样在孤寂中消亡了吗？如果不希望这样，那么儒学未来的路该怎么走？也许，走"生活儒学"的路径，或者说建构一种"生活儒学"

可能是一个不错的办法。

内生性要求

走生活儒学的路子是由古典儒学（古典儒学指先秦儒学。作者案）自身思想基因所决定。其一，儒学主要属于生活类型的学问。儒家对公共生活极为重视，致力于调和生活，使生活秩序井然，所谓"君令臣共、父慈子孝、兄爱弟敬、夫和妻柔、姑慈妇听"，所谓"始于冠，本于昏，重于丧祭，尊于朝聘，和于射乡"。儒家也重视物质生活的丰盈，强调物质生活的基础地位，所谓"闰以正时，时以作事，事以厚生"，所谓"先富后教"，所谓"五亩之宅，树之以桑，五十者可以衣帛矣。鸡豚狗彘之畜，无失其时，七十者可以食肉矣。百亩之田，勿夺其时，数口之家可以无饥矣"。儒家还重视精神生活情感生活的提升，所谓"今之孝者，是谓能养。至于犬马，皆能有养；不敬，何以别乎？"所谓"饱食、暖衣、逸居而无教，则近于禽兽"。可见，精神生活的质量也是儒家所追寻的。总之，公共生活、物质生活和精神生活都是儒家所关注所追求的，儒学是一门不折不扣的生活型学问。其二，儒学的风格也是极生活化的。儒学虽也讨论形而上的问题，但儒学的基本风格是生活性的。儒学的语言极为朴实无华，从不矫揉造作，所举例子都取自生活，通俗易懂。儒家对事物的态度也极生活化，不像佛家、道家故作高深，将简单的道理玄秘化，到头来却不知所云。比如，儒家对生与死的态度就是一种自然而然的态度。儒家也强调学问的生活化，认为生活是学问之源，没有脱离生活的学问。儒学所讨论的是"宜兄宜弟"，所关心的是"人情、人义、人利、人患"，皆为饮食男女之事，故有所谓"日用庸常是谓教"之说。儒家所追求的理想人格也是生活化的，主张圣人就在生活中，人人皆可成圣人，所谓"路途之人皆可为尧舜"，所谓"满街都是圣人"。其三，儒学的最高追求是生活。孔子追求的是一个有秩序而无战争、富裕而无贫穷、文明而远离愚昧的社会，在这种社会里，老百姓安居乐业，喜气洋洋。《孟子》主张"乐民之乐、忧民之忧"。儒家注重个人道德修养和公共道德建设，主张建构德性生活，所谓"仁者爱人"，所谓"温、良、恭、俭、让；恭、宽、信、惠、敏"，所谓"正德、利用、厚生"。儒学的所有政治主张、政治策略都不是以政治本身为目的，而是以生活的富足、以生活的提升为目的的。所以，儒学的最高追求是使理想生活化，使生活理想化。儒学就是使人们在生活中表现出一种精神，一种价值，生活与儒学是相互滋润的。所以，由学问类型、为学风格和最高追求看，我们可以说，生活是经典儒学的真爱，生活儒学是经典儒学的一种内在性。

经验性要求

所谓经验性要求，是指儒学兴替史的教训。中国儒学发展至宋明，一方面，它的理论包装达到很高的水平，儒学已经走上了哲学化的道路；另一方面，儒学的理想性也被推到极致，在宋明理学家丰富的想象力的构造下，儒学与生活的距离被拉得很远，所谓"存天理，灭人欲"。所以，到明清之际，便有了黄宗羲、顾炎武、王夫之等"道在气中""依人建极"的诉求。所谓"依人建极"，就是强调道德的源头是生活，儒学的源头是生活，儒学应以生活为目的。有趣的是，历史往往重复走过的路，20世纪中期，理想主义又占据了人们的头脑，社会极力提倡崇高理想，使理想与生活形成巨大反差甚至对立，所以至20世纪80年代，倡扬人的价值、关注人的生活的思想解放思潮在神州大地迅猛开展起来。吊诡的是，几乎同时展开的儒学研究的旨趣却与此大势极不协调，不管是港台儒学研究，还是20世纪90年代在大陆兴起的新儒学研究。尽管这部分研究者常言及儒学的现代价值，但也许是另一个任务（面对西方学术话语的挑战）的迫切性，使他们把注意力主要放在儒学在形式上的现代化上。所以，近两年来，已有学者注意到这种动向，开始思考儒学开展方向的问题。而这个方向显然是类似于明清之际黄、顾、王开辟的方向，即生活化走向。因此，儒学发展历史表明，生活儒学是儒学的必然走向，而且更为关键的是，要坚定地持守这一方向。

生存性要求

所谓生存性要求，是指当今儒学研究现状与儒学生存现状的令人担忧。20世纪90年代初以现代新儒学研究为契机的儒学研究，虽然围绕儒学出版的著作、发表的文章、召开的会议、立项的课题多得数不胜数，但当今儒学研究并无整体的共同的明确的内在的目标；而且由于职业化原因，儒学的研究成果的纯学术目的往往受到污染，学者写儒学的文章的目的往往在于晋升职称、转载、获奖和获同行的夸赞，而对儒学的命运缺乏一种内在的担当情怀，从而使儒学研究主要表现为一种思辨逻辑的游戏，"继往圣之绝学"在当代儒学研究的语境中似乎更像是一个遥远的故事或神话。此也是当今儒学研究者与传统儒者主要差别之一。所以当今的儒学研究基本上是儒学研究者们的自娱自乐。令人担忧的儒学存活状况并不仅仅表现为学术研究层面的无企图无目标，也表现为社会生活层面影响的全面性撤退和淡化。在全球化、现代化、城市化的背景下，人的所有负面根器都被激活、被调动，与此直接关联的是，以追求道义为理念的儒学渐渐被驱逐出人的思想世界；而那些曾经为儒学的生存、发展、影响立下汗马功劳的"建制"诸如科举、私塾、礼仪等也先后告别历史舞台，儒学已经"魂"不附"体"。让人感到更为无奈的事情是，随着近代化、现代化对人类生活空间的侵占和侵蚀，传统的社会结构及人人关系已被深度解构。在这种尚未定型的过度的社会结构中，儒学的宣传和传播遭到了前所未有的挑战，不要说儒家的理想、儒家的观念、儒家的价值、儒家的主张找不到安身之地，那些一流的儒学大家如孔子、孟子、荀子、董仲舒、朱熹、王阳明，在当今 20 岁以下的青年人中究竟有几个能知晓？如果我们真的做一统计，也许所得结论会让我们感到极度失望和悲哀。可见，儒学的"游魂"命运已是不争的事实，而要改变这种状况，也许生活儒学是唯一选择。

意义性要求

所谓意义性要求，是指儒学自身存活、发展的要求。儒学就是一个意义世界，这个意义是有极强的"生活"愿望的。生活儒学的旨趣是为正遭遇困境的儒学提示一种可能开展的方向，而且是基于儒学精神传统的。换言之，生活儒学实际上是在复活儒学另一有生命的传统，当然这种复活并不能被视为是对传统做法的简单移植或复制。所以，生活儒学的推行当有其特别的意义。第一，儒学思想资源会获得更积极、更健康的更新。生活儒学就是要儒学以生活为旨归，但又不是迁就生活而放弃自我标准，而是使儒学与生活之间保持一种既有否定又有肯定的张力。因为以生活为旨归，儒学便可做到与时俱进，便可根据生活的变化而调整自己，使自己的体系得到充实和更新而不被生活所遗弃；因为坚守自我价值，儒学便可做到美化生活，便可使自身的理想落实于生活，儒学价值的权威性得到维持。正是在此肯定否定之间，儒学思想资源包括理念、价值等都能实现积极而健康的更新。第二，儒学生存、发展的空间会得到空前提升和扩展。生活儒学的宣传方式是跟人的衣食住行息息相关的，就是要在人的日常生活中贯注儒学思想。生活儒学的宣传对象也是生活化的，即儒学所面对的是所有人，而不像传统儒学往往把儒学当成奢侈品，只有"君子"才可受到儒学的教育。在这个意义上，生活儒学是对传统儒学的一次解放。生活儒学的语言表达，也是生活性语言，而不是抽象的、晦涩的、学术的语言。生活儒学旨在建立一套与"形上层面"相匹配的"形下层面"的话语，使普通人能在他们的语言能力层面把握儒学、接受儒学。第三，儒学的价值才有真正的落实。生活儒学既是一种新形态的儒学，又是对儒学价值的生活诉求。儒学所追求的就是改正错误的生活，改善不良的生活，改建健康的生活。儒学要兑现自己对生活的承诺，就不能满足于书斋里的儒学理论大厦的构造，不能满足于儒学价值的理论上的纯情诉说，不能满足漫无边际的思辨论证，而需要走向生活，与生活融为一体，从而使儒学的思想、理念和价值扎根于生活中。因此，儒学的理念、价值要得到真正的落实和释放，生活儒学是根本的选择。

可能性要求

生活儒学不仅仅是儒学意义使然，也是外在条件建设的要求。正如儒学"形上化"是受儒学研究群体的牵引一样，生活儒学或儒学生活化成为现实，自然也需要儒学学者积极、主动甚至是创造性的工作。作为既定思想形态的儒学，其价值的落实是需要设计一套途径的。那么，生活儒学之形成需要我们做那些努力呢？第一步工作是对儒学资源整理、分辨和诠释。这一工作又分两个方面：一是对儒学的思想、理论和观念进行认真的分辨和整理，使儒学思想的积极面或消极面凸显于世人面前；二是发掘出儒学中以生活为重的思想和观念。这是生活儒学的前提性工作。第二步是建立起可使儒学连接生活的"管道"。这一工作大致分三个方面：一是使儒学的理念融入政府的政策，使儒学通过政策为广大人民所接受。在历史上，忠、孝、贞节等儒家的道德理念之所以能为普通百姓接受，原因之一就是政府的大力提倡。二是儒学研究者要从书斋里走出去，到社会的各个阶层的人中去宣讲。三是建立儒学社区，使社区成为儒学落实基地。第三步是建立起儒学教育网络。利用学校、考试制度等形式，推行儒学教育。这一工作包括：一是教育内容上要有儒学的内容，将儒学的格言、思想等内容比例不一地贯注在各个年级的教科书中。二是各类正式考试应安排儒学内容，使参加考试者不能绕开儒学。三是将儒学思想内容网络化，建立儒学教育网站，作为宣传、交流儒学的一个基地。生活儒学或儒学生活化，是一项复杂而重大的工程，对儒学的发展而言，对充分利用儒学积极性价值而言，生活儒学是最有可能给我们惊喜的。

《福建论坛》2004年第8期，《新华文摘》2004年第23期全文转摘

七 百年来儒学开展方向主要论说及评论

近百年来，面对欧风西雨的冲击，中国儒家学者以"继往圣之绝学"自命，为化解儒学开展中的困境而上下求索，绞尽脑汁，提出了风格各异的儒学开展方向主张。这些主张本身即是儒学现代开展之形式，也为寻找更合理有效的儒学开展方向提供了重要启示。这些启示是：在开展儒学新方向过程中，必须处理好儒学与西学、儒学多极化走向与儒学基本走向、儒学的学术立场与意识形态助力三种关系。

19世纪中后期，当儒学正承受着内发性解体危机的时候①，西方思潮的到来不仅加速了这一解体的步伐，而且其与儒家思想的异质性，主导着这一解体的方向和性质。而以儒家自命或以儒学为依归的思想家们，思考、谋划儒学的出路便成了他们无法回避且必须担当的思想使命。正是在这样一种无奈的背景下，许多关于儒学开展方向的论说或主张，纷纷亮相于百年来的思想舞台。如下所辑，应该属于较有代表性，富于启发性，同时也是值得进一步推敲、完善的主张。

贺麟是中国现代儒学史上最早明确提出"儒学新的开展方向"的学者。贺麟认为，中国的问题，本质上是文化的问题，是儒学的问题，所以，儒学开展新方向是一件刻不容缓的大事。那么，儒学开展的方向又在哪里呢？贺麟说，儒学本来包括三个方面：有理学以格物穷理，寻求智慧；有礼教以磨炼意志，规范行为；有诗教以陶冶性灵，美化生活。所以儒学思想新开展的方向应该是：第一，必须以西洋的哲学发挥儒家的理学。儒家理学为中国正宗的哲学，亦应以西洋的正宗哲学发挥中国的正宗

---

① 李承贵：《德性源流——中国传统道德转型研究》，江西教育出版社，2004，第二章。

哲学。因为东西圣贤，心同理同，只要加以会合融通，就能产生发扬民族精神的新哲学，从而使儒家的哲学内容更为丰富，体系更为严谨，条理更为清楚，不仅可以作为道德可能的理论基础，而且可以奠定科学的可能的理论基础，此乃新儒家思想发展所必须遵循的途径。第二，必须吸收基督教的精华以充实儒家的礼教。基督教的精诚信仰，坚贞不二、博爱慈悲、服务人类、襟怀广大、超脱尘世之精神，有助于强有力的新儒学的产生。第三，必须领略西洋的艺术以发扬儒家的诗教，即以西洋的艺术发展出新儒家的新诗教、新乐教、新艺术。因此，新儒家思想的展开，大约将循着艺术化、宗教化、哲学化的途径迈进。此就文化学术方面言之。就生活修养方面而言，新儒家思想的目的在于使每个中国人都具有典型的中国人气味，都能代表一点纯粹的中国文化，希望每个人都具有一点儒者气象。①在这里，贺麟将理学、礼教和诗教视为儒学的基本内容，而且将这个基本内容确定为儒学开出新方向的起点。但其又认为，儒学自身是不能开出新方向的，只有与西学的哲学、基督教、艺术"结婚"，才能使理学在内容上更丰富，在体系上更完整，在条理上更清楚；才能使礼教得到充实，使儒学获得新生；才能使儒家的诗教转变为新诗教、新乐学、新艺术。在贺麟看来，开展儒学新方向仅仅停留在思想文化层面是不够的，在生活层面也有开展新方向的任务，这个任务就是使每个人都要有一点儒者气象，都要有典型的中国人的气味。

曾在20世纪20年代的"科学玄学论战"中大出风头的张君劢，对儒学的现代命运也给予了极大关注，他为儒学新开展提示的路径是：首先是博学，而所谓博学就是指由书籍而得来的知识，及通达人情物理；其次是审问，而所谓审问就是发现问题、提出问题；其三是慎思，而所谓慎思就是多用脑力，想得比别人周到，使自己思路有条理，并使之立于不败之地；其四是明辨，而所谓明辨就是辨明各种思想学说、名辞、概念的相异之意义，及辨明是非善恶；其五是笃行，而所谓笃行就是由知到行，知之必行，践笃履实。但张君劢同时指出，由于时代的变迁，对此五者应重新认识，扩大应用，以求能在物理、逻辑、形上、政治、法律等各方面解释

---

① 贺麟：《儒家思想的新开展》，《百年中国哲学经典：三四十年代卷》，海天出版社，1998，第 321 页。

儒学；这样，儒学才能真正复兴。① "博学" 既然是 "从书本中获得知识和通达人情物理"，那么它作为儒学开展的方向就是扩增、丰富儒学知识内容。"审问" 既然是发现问题、提出问题，那么它作为儒学开展的方向就是以不断发现问题、提出问题为儒学致思的源头和动力。"慎思" 既然是 "想得周到并使自己的思路有条理"，那么它作为儒学开展的方向就是要在逻辑和思维方式上保证儒学严谨和畅通。"明辨" 既然是 "辨明学说、名辞、概念相异之意义及辨明是非善恶"，那么它作为儒学开展的方向，就是要使儒学在不同学说之间存异取同、去粗取精，并在价值上坚持 "护善" 的立场。"笃行" 既然是 "由知到行、践笃履实"，那么它作为儒学开展的方向，就是要将儒学的思想、理念和价值诉诸生活、诉诸实践；而以研究儒学为职志的学者则要身体力行。可见，张君劢所提出的儒学开展方向，包括知识的扩增、问题的发现、思维的规范、是非的把握和价值的践行等方面，是一种多向性诉求。值得注意的是，张君劢特别强调了时代变迁给儒学的开展所来的新情况，就是要在物理、逻辑、哲学、政治、法律五个方面赋予 "博学" "审问" "慎思" "明辨" "笃行" 以新的解释，新的内涵。

牟宗三指出，儒家第三期之发扬，必须予以特殊之决定。此特殊之决定，概而言之有二义：一、以往之儒学，乃纯以道德形式而表现，今则复须其转进至以国家形式而表现；二、以往之道德形式与天下观念相应和，今则复需一形式以与国家观念相应和。唯有此特殊之认识与决定，乃能尽创建国之责任。政制既创，国家既建，然后政治之现代化可期。政治之现代化可期，而后社会经济方面可充实而生动，而风俗文物亦可与其根本之文化相应而为本末一贯之表现。所以，充实（儒学）之道，只有依赖西方文化之特质补吾之短者，于此也有二义：一、在学术上名数之学之足以贯彻终始，而为极高极低之媒介，正吾人之所缺，亦正西方之所长。儒学在以往有极高之境地，而无足一贯彻之者，正因名数之学不立。故能上升而不能下贯，能侔于天而不能侔于人；二、在现实历史社会上，国家政制之建立，亦正与名数之学之地位与作用相类比，此亦为中国之所缺，西方之所长。国家政制不能建立，高明之道即不能客

---

① 张君劢：《儒学之复兴》，《张君劢集》，群言出版社，1993，第485页。

观实现于历史。高明之道只表现为道德形式，亦如普世之宗教，只有个人精神与绝对精神。人人可以天地精神相往来，而不能有客观精神作集团之表现。① 在牟宗三看来，传统儒学的表现形式是纯道德的，而纯道德形式的儒学是难有实际的表现的；作为道德形式的儒学又是与天下观念相应的，而"天下"观念与现代国家观念是完全不同的，所以要建立与国家相应的儒学形式。也就是说，传统儒学应以适应现代国家而进行调整，而完成这种调整必须做两件事：一是在学术上，引入名数之学；二是在现实社会上，建立国家政制。这样，儒学一方面借助"国家形式"以落实其高明之道；另一方面借助"名数之学"，使儒学从个人精神、绝对精神转为有"集团之表现"的客观精神。如此，儒学才能获得新生，才有光明的未来。

作为牟宗三先生著名弟子的蔡仁厚先生，对儒学开展的方向做了更具体的探索。他认为儒学当代开展的精神方向有三：一是重开生命的学问。所谓重开生命的学问，就是开显生活的原理，决定生命的途径。生活的原理就是将人当人看，而不是当物看。生命的途径就是遵循生命原理决定出来的道德实践的轨辙和人生努力的方向，具体表现为成就德性人格和成就家国天下。二是完成民主建国。民主建国是二千年来儒家"由内圣通外王"的理想。中国的现代化正是以民主建国为骨干，而科学的发展以及经济等的建设，亦同样需要民主政治的轨道，才能获得坚实稳定的基础。三是转出知识之学。知识之学在中国古代虽有表现，但名家墨辩并不能视为逻辑，而且没有顺承名家墨辩发展出逻辑学传统；数学也有较高水平，但也没有发展出数学传统；精微巧妙的科学技术也相当发达，但欠缺纯学理的探索。所以必须在中国文化中透显出知性主体，以真正转出知识之学。② 蔡仁厚所提出的儒学开展方向包括三方面内容，一是安身立命方向，二是政制建设方向，三是科学知识方向。而这三方面与儒学的关系是互为存在前提的：生命的学问既是儒学的本色，也是儒学得以延承的基础；民主政治既是儒学理念的落实，也是儒学发展的重要条件；科学知识既是儒学的现代意义成为可能的一个基础，也是完善儒学作为一种知识体

① 牟宗三：《儒家学术之发展及其使命》，《牟宗三集》，群言出版社，1993，第141～142页。
② 蔡仁厚：《新儒家的精神方向》，台湾学生书局，1989，第20～28页。

系的需要。

余英时先生几乎在所有场合都声明自己不是新儒家，但从他对儒学命运关切之笃之真看，归为儒家学者应不是一件让他尴尬的事情。余英时认为，在历史上，儒家思想之所以成为主流，在于它的建制化。而儒学的"建制"自明清以降便走向解体，至晚清则基本上不复存在，所以儒学的现代出路恰恰在于"日用常行"领域，在于日常人生化，因为只有这样，儒家就可以避免建制而重新产生的精神价值方面的影响力。而且，儒家必须对自身的智慧落实有所交代，也必须面对现代社会所提出的问题。[①] 在余英时看来，儒学不再可能建制化，所以儒学的出路只有在"建制"外去寻找。到"建制"外去寻找的结果就是日常生活化。而且儒学由主流走向大众是正常的，也是必然的。所以，如果希望儒学未来还有所用，那么就应该考虑它的形式，何种路径是儒学继续走下去的希望，而情绪化、不实事求是地弘扬儒学，是没有效果的。与余英时主张极为相近的是香港学者霍韬晦先生。霍先生认为，第三代新儒学如果真的要突破前人，有自己的建树，他们的工作便不能以学院自限，或单从事观念层面的建构，而要走出学院，走向社会，走向生活，寻求体检，从生命和时代的存在感受中发掘资源，这样将会有更大的生存空间，对历史文化有更大的贡献。儒学的智慧，就是以知识来指导行动，以行动来成长生命，进而体会生命自身的要求。[②] 如果说余英时、霍韬晦两先生的儒学生活化主张还是一种逻辑论证的话，那么龚鹏程先生就是一种事实的说明。龚鹏程先生指出，儒家之学本来是上下一贯的，故孔子论仁，辄在视听言动合礼处说。但后世儒家越来越强调形而上谓之道部分，忽略了视听言动、衣食住行等形而下谓之器的部分。孟子所谓大体、小体之别，并不是教人只修大体而歧视小体（养形），养形也很重要。明清以降，社会上出现的反礼教、反道学的言论，也是由于后世儒者不能在生活上体现礼乐之美。因此，现今应将"生命的儒学"转向"生活的儒学"。儒家政治哲学重在政，政者，正也，讲的是君风主化教养百姓，以使其安居乐俗。[③] 在龚鹏程的视域中，生活儒

---

① 余英时：《现代儒学论》，上海人民出版社，1998，第244、441页。
② 霍韬晦：《世纪之思：中国文化的开新》，法住出版社，1998，第69、89页。
③ 龚鹏程：《迈向生活儒学的重建》，吴光主编《当代新儒学探索》，上海古籍出版社，2003，第201~203页。

学的应该性可由两方面说明：第一，儒学的本来结构就是上下一贯的，就是说，儒学既有形而上的部分，也有形而下的部分；既有"道"的部分，也有"器"的部分；既有精神部分，也有生活部分。第二，由儒学发展历史看，明清以降，之所以出现反道学、反礼教的言论，正说明儒学关注生活、走向生活之必要。

杜维明先生对儒学发展前景做过专门的讨论，他认为儒学要想获得新发展，至少要做好这几方面的事情：第一，需要有较高的理论水平。因为许多研究儒学的人，对世俗俚语和儒学精义都分不清，而把儒学精义与"乡愿"混为一谈，是很难发展儒学的。第二，努力摆脱政治枷锁和狭隘的实用观点，站在较高的思想水平，以比较广泛的文化视野来探究儒学传统价值取向是儒学能否进一步发展的先决条件。儒学研究必须从不探求价值、不深扣哲理、不研究宗教的传统汉学的实证和实用主义里解脱出来，和西方的社会学家、哲学家、神学家和比较宗教学家进行长期而全面的对话。严格地说，儒学能否对今天国际思潮中提出的大问题有创建性的反应是决定其能否在欧美学术界做出贡献的重大因素。第三，儒学要有进一步的发展，必须接受西化的考验。但我们既然想以不卑不亢的气度走向世界，并且以兼容并包的心胸让世界走向我们，就不得不做一番掘井及泉的工夫，让儒家传统的源头活水涌到自觉的层面。只有通过知识分子群体的自我批判，儒学才有创新和进一步发展的可能。[①] 杜维明的这段表述发表于 20 世纪 80 年代中期，换言之，这些话主要是针对当时中国大陆的学界状况而言的。历经了"文化大革命"浩劫的中国大陆学术界对儒学理解、把握的水平确实存在很大问题，而因政治干扰对儒学产生的误解、歪曲更是让人担忧，长期的自我封闭也使儒学与世界其他主要学术流派、学术思潮的距离越来越远，所以，杜维明先生十分中肯地提出，儒学要在中国大陆获得新开展，就应该提高知识分子群体的理论水平，就应该摆脱政治对儒学研究的干扰，就应该努力走向世界，参与国际学术交流，特别是要与先进的西方学术进行对话，而且儒学应有所创见，提出其他学术思潮所缺乏的东西。概而言之，杜维明在这里主要就儒学当代开展的基本条件、前

---

① 杜维明：《儒学第三期发展前景问题》，《百年中国哲学经典：八十年代以来卷》，海天出版社，1998，第 498～501 页。

提做了较完整的说明，以西学为坐标展开对儒学价值的开采显然是杜维明所设想的儒学开展方向。

郑家栋近年一直致力于儒学开展方向问题的探索。在郑家栋看来，当代儒学发展所要解决的主要问题是如何处理儒学与生活的关系，或者说如何重建儒学与实际的生活世界的联系问题。当代儒学必须真正面对已经大大改变了的社会历史环境，面对当下生活中诸种矛盾和问题，在与种种现代思潮的相互影响、相互作用中，积极谋求自我调整、转化和充实，并进而寻求切入实际生活的现实途径。儒学必须切实面对现实生活和时代发展中的诸种矛盾和问题，来谋求提升、转化和发展之道。① 而且，儒学的生命力或许并不在于一般地适应社会历史的发展，而在于基于某种人性、人道、人文的立场对社会历史的发展进行某种理想性的批判。正是此种思想与历史之间的张力为儒家提供了存活和发挥作用的空间。②

蒋庆认为，政治儒学应成为当代儒学发展的一个方向，这是因为，政治儒学是儒学本有的传统，但以往人们注意的、用心的是心性儒学。而政治儒学的基本内容是：关注社会的完善和谐；关注当下变化着的活生生的历史存在；重视社会的政治实践；由经验角度看人性，生之谓性，性本非善，善乃后起；用制度批判人性和政治；有明确的政治理想，可以开出外王。儒学通过对政治的参与、关注、批判、建构而拓展自我生存、发展的空间。因此，政治儒学应成为当代儒学发展的方向。③ 应该说，关注并阐述儒学的政治特征是颇有创见的，而且将儒学的开展方向落实到对政治的干预也是极富胆识的，重视社会生活实践，强调制度的作用，从性恶的角度去考虑人。然而，就当今的情势言，儒学通过政治使自己得到传播和实现价值的可能性极小，因为当今的政治与儒学的价值存在诸多不协调的地方，而儒学的价值往往是对现存政治修正或否定，探讨儒学与政治的最佳合作模式可能也是当今儒学开展的重要前提之一。

可见，从 20 世纪上半叶至今的近百年时间里，"儒学开展方向"一直是困扰现代儒学研究者的一个重大课题。他们的求索不仅是儒学发展的真

① 郑家栋：《断裂中的传统》，中国社会科学出版社，2001，第 51、625 页。
② 郑家栋：《断裂中的传统》，中国社会科学出版社，2001，第 51、625 页。
③ 蒋庆：《政治儒学：当代儒学的转向、特质与发展》，生活·读书·新知三联书店，2003，第 29~37 页。

实而卓越表现，也为儒学确定怎样的开展方向提供了极具参考价值的智慧。

其一，儒学开展的三大路径：①坚持从儒学传统出发。贺麟将儒学的理学、礼教和诗教视为儒学开展的始点；张君劢把博学、审问、慎思、明辨、笃行作为儒学开展的基点；牟宗三认为儒家的"高明之道"应是儒学开展的前提；蔡仁厚所要开出的"生命学问""民主建国"和"科学知识"，都是以传统儒学为原点，所谓"反本以开新"；龚鹏程则认为儒学本来就关心"小体"，关心感性生活，对形下之器也十分倾心，认为儒学的生活形态是儒学本有之义；蒋庆提倡政治儒学，而所谓政治儒学也是传统儒学本有的内容。②西学是儒学得以开出新方向的必要前提。在风格各异的主张中，几乎没有一种主张不提到西学对开展儒学新方向价值的。贺麟要求以西方的哲学发挥儒家的理学，以基督教精神发挥儒家礼教的精神，以西方的艺术发挥儒家的诗教；张君劢所提出的博学、审问、慎思、明辨、笃行，分别包括了物理、逻辑、哲学、政治和法律，皆为西学之内容；杜维明则强调与西方哲学家、政治家、神学家、比较宗教学家的对话，是儒学新开展的必要条件；在牟宗三看来，儒学如要开展出新的方向，就必须引入西方的名数之学，而且要仿照西方建立国家政制。概而言之，以儒学为基点的主张，也都强调引入西学，只有接纳、吸收、消化西学，以西学为发掘、陶炼儒学的机器，才能真正开出儒学的新方向。③主张与生活结合，反对书院儒学。贺麟认为，儒学必须体现为生活修养，要表现出儒学味、中国味；余英时明确提出儒学的现代出路就是在于它的日常生活化；霍韬晦主张儒学的生命在于走出书斋、走出学院，走向生活；龚鹏程则申明儒学应该坚持其本有的生活儒学方向，儒学也只有表现为对生活的落实，才能显其生命力；蒋庆则看好儒学在政治生活中的前景，紧信儒学必将在政治生活中有所作为，儒学的价值可以通过对政治生活的影响而发挥出来；在郑家栋看来，儒学必须通过对生活的问题、矛盾的解决来体现自身价值，并由此开出新路。

其二，儒学开展的四大模式。将上述观点加以总结，其所显示的儒学开展方向模式主要有四种。一是政治儒学模式，以牟宗三、徐复观、蔡仁厚、蒋庆为代表。在牟宗三看来，儒学传播的主要路径在政治，而儒学的理想也是使政治接纳并吸收儒学，以达到改善政治的目的，所以儒学要积极参与到政治中去。建立现代政制使儒学价值得以实现、得以对象化，从而使现代政治具有儒学价值特征。蔡仁厚继承了牟宗三关于"内圣开出新外王"的主张，认为开出民主政治是儒学基本方向和使命。蒋庆则明确提出了"政治儒学"主张，在他看来，传统儒学就是政治学说，儒学的中心任务是政治；而就当今看，儒学应更积极、更适时地为中国现代政治服务。二是哲学儒学模式，以牟宗三、杜维明、郑家栋为代表。牟宗三以康德哲学诠释儒学，在提升儒学的形而上学品格，在促使儒学在逻辑、范畴、概念的现代性方面做出了卓越贡献。儒学只是在牟宗三那里才具有了真正的现代哲学形式。杜维明也强调儒学必须与西学对话，而对话的前提之一就是对理论水平、文化视野和儒学概念、范畴的改造。郑家栋主张提升儒学的批评品质，认为儒学应在不断反思自我与社会历史的张力过程中，彰显出自身的批判力，在审判、否定现状中寻找自己的生成和发展空间。这显然是对儒学的一种哲学要求。三是生活儒学模式，以余英时、霍韬晦、龚鹏程为代表。余英时明确主张，儒学的出路就在日用庸常化；儒学不再可能存在于建制中，儒学只有走向生活，才能兑现自己对生活的承诺。霍韬晦认为，儒学如果要摆脱困境，必须从书院走出去，必须走向生活。龚鹏程认为生活儒学才是儒学的真精神所在，历史上，儒学就是以丰富物质生活、建设文化生活和提升精神生活为目的的。四是知识儒学模式，以贺麟、张君劢为代表。贺麟所提出的儒学开展方向包括三方面内容，即理学、礼教和诗教。而西方的哲学知识体系、基督教知识体系和西方的艺术知识体系，是丰富儒家的理学、礼教和诗教的基本内容，也是儒学所追求的方向。张君劢则将儒学开展的方向规划为博学、审问、慎思、明辨、笃行五个方面，与之相应的是物理学、逻辑学、哲学、政治学、法学五个学科；也就是说，在博学、审问、慎思、明辨、笃行这五个命题中，加入物理学知识、逻辑学知识、哲学知识、政治学知识和法学知识，儒学即会显出新的气象。

其三，儒学新开展应注意的问题。开拓儒学新的发展方向并使儒学的思想、精神得以薪火相传，应该是当代中国儒学研究者的共同愿望。但如何开拓出儒学新方向，则因人的才性、角色和价值取向的不同而各显其异。然而，考诸以往有关开展儒学新方向的各种论说，如下几个问题或许是必须认真考量的。第一，儒学与西学的关系。诚如前述，百年来几乎所有讨论儒学开展方向的著述，都不约而同地预设了一个原则：以儒学（某种）内容为开起的始点，以西学为开起的前提。就前者言，即所谓反本、守常，所谓博学、审问、慎思、明辨、笃行，所谓理学、礼教、诗学等；就后者言，即所谓哲学、基督教、文学艺术，所谓民主、科学，所谓政治、法律等。这也就是严复、梁启超、蔡元培等思想家所强调的"西学是开掘中国传统思想文化价值之机器"的主张。然而，近百年来，西学在为儒学开出新方向上究竟起到了什么作用呢？是使儒学得到了丰富发展？还是使儒学面目全非而远离了自我？好像所听到的、所了解的不全是好消息，甚至是坏消息更多。比如，儒学的本有话语丧失了，儒学的自我价值丧失了，儒学的原始立场丧失了，等等。就是说，在西学关照下所开出的儒学"新方向"，已经出现了与我们开出儒学新方向初衷相悖的现象。西学对儒学进行了全方位的渗透，过多地将"自己的内容"强加给儒学，使儒学一方面离自身愈来愈远，另一面又被误读和肢解。而这种现象当然不是西学的责任，而是我们这些"引狼入室"的人的责任。因此，如果我们要真正为儒学开出真正的新方向，就有必要对以往开展儒学新方向的工作进行检讨。而这些问题或许是值得我思考的：西学的角色究竟应定在一个什么层面上？西学在什么样的情况下才能有助于儒学的新进展，而不仅仅是停留在观念层面搭建框架并进行没有实际意义的指认？

第二，儒学的多极化走向与儒学基本走向的关系。儒学开展方向呈多极化已是不争的事实，而且儒学本身的发展也应有多角度的走向；但必须指出的是，不管那种走向，都必须是有益于儒学开展的新方向，有益于儒学基本思想的延承和发展，有益于儒学价值的实现。这样，就有必要对其不同的开展方向给予规定，不能因为多极化而彼此背道而驰，不能因为多极化而互不理睬，不能因为多极化而各怀打算，不能因为多极化而消解儒学的生命。所以，儒学发展的多极化决不意味着"儒分为八"，决不意味着儒学的分崩离析，而应是儒学最具生命力的表现。就是说，儒学的发展方向可能是多向度的，但应有一个基本方向，其他方向是这一个方向的补充。我们主张的儒学基本方向是生活化方向。不管哲学儒学、生命儒学，还是知识儒学、政治儒学，都是在自己的那个视角为儒学开出新的方向做贡献，或者说为生活儒学做贡献。

第三，学术儒学立场与意识形态助力之间的关系。在历史上，儒学确实因借助政治资源而使自己获得不少好处，如儒家的礼制、儒家的伦理道德、儒家的价值观念等，在历代朝廷的鼓励或强压下，经过长期的教化熏陶，已成为中国的人习惯和基本的精神。当今开展儒学新方向，也欢迎政策政治的帮忙，但决不像传统社会中那样，与政治同流合污，甚至成为政治的帮手，儒学必须坚持学术儒学的立场。所谓学术儒学的立场，就是要儒学保持自己的独立品格，坚持话语的自我性；就是要儒学代表社会的良心，关怀众生的利益；就是要儒学彰显其批判功能，提升社会品质。也只有这样，儒学才能亲近民众，才能为广大民众接受，才能有真正的感召力，才能不被投机者所利用。所以，我们主张，儒学应该成为知识分子的武器，在更新儒学的同时也改变自己，进而改变社会。总之，在儒学开展方向上，应坚持儒学的学术品格，而不应奢望借助意识形态的推动而获得发展。儒学在历史上被利用、被歪曲，甚至有儒者将儒学政治化，这是对儒学的践踏，也曾给儒学的发展带来极大损害。所以，学术儒学的立场必须在儒学开展新方向上坚持。

《江西社会科学》2005 年第 1 期

八 宋明新儒学"儒佛合一"说之检讨

在中国哲学思想史界，有一种"共识"已经流行了很长时间，这个"共识"就是：宋明新儒学（理学）是儒、释、道三教合流的产物；或者说宋明新儒学是儒、释、道三教的合一。以往对这一"共识"不曾有怀疑的念头，近年来在以"宋代儒士佛教观"为题研读宋代儒士思想文本时，笔者认为这个"共识"似有商榷的余地。本文拟由儒学与佛教关系角度对所谓"三教合一"说展开讨论。

"儒佛道三教合一"说述略

虽然"儒佛合一"说已是多数学者的共识，但具体表述并不完全一致。由我们所涉及的资料看，"宋明新儒学是儒、佛、道三教合一"说的代表性表述主要有以下七种。

表述一："宋明儒教，是儒、释、道三教合一的产物。它以儒家的封建伦理纲常名教为中心，吸取了佛教、道教的一些宗教修行方法，加上烦琐的思辨形式的论证，形成了一个体系严密、规模宏大的宗教神学结构。"①

表述二："历史发展的客观进程，是通过三教互黜，较量得失，在新的理论基础上加以熔铸改造，达到三教合流。这就是吸取佛、老思想营养而建立起来的、以儒家的纲常伦理为核心内容，以精巧的哲学思辨为理论基础的唯心主义道学。"②

表述三："儒家凭借着自己在中华民族的心理习惯、思维方式、宗法伦理

---

① 任继愈：《儒教的再评价》，《社会科学战线》1982 年第 2 期。
② 肖箑父、李锦全主编《中国哲学史》（下卷），人民出版社，1997，"序言"第 9 页。

等方面根深蒂固的影响，以及王道政治与宗法制度的优势，自觉或不自觉地、暗地里或公开地把佛、道二教的思维模式和有关思想内容纳入到自己的学说体系中，经过唐朝五代之酝酿孕育，至宋明时期终于吞并了佛、道二教，建立了一个冶儒、释、道三教于一炉、以心性义理为纲骨的理学体系。"①

表述四："（理学）是以儒学的内容为主，同时吸收了佛教和道教思想，是在唐代三教融合、渗透的基础上孕育、发展起来的。"②

表述五："宋代所谓三教合流，儒家并没有成为宗教，它只是吸收了佛、道两家的思辨哲理，将孔、孟儒学政治伦理思想提到世界观高度，用哲学思辨的形式来教化人民，为中国传统文化提高思想水平做出了贡献。"③

表述六："新儒家的主要来源可以追溯到三条思想路线。第一，当然是儒学本身。第二是佛家，包括以禅宗为中介的道家，因为在佛家各宗之中，禅宗在新儒家形成时期是最有影响的。在新儒家看来，禅与佛是同义语……在某种意义上，可以说新儒家是禅宗合乎逻辑的发展。第三是道教，道教有一个重要成分是阴阳家的宇宙发生论……这三条思想路线是异质的，在许多方面甚至是矛盾的，所以哲学家要把它们统一起来，这种统一并不是简单的折中，而是形成一同质的整体的真正系统，这当然需要时间。因此，新儒家的开端虽然可以追溯到韩愈、李翱，可是它的思想系统直到十一世纪才完成。"④

---

① 赖永海：《中国佛教文化论》，中国青年出版社，1999，第158页。

② 张岂之主编《中国儒学史》，陕西人民出版社，1990，第364页。

③ 李锦全：《试论宋代哲学在中国传统文化中的地位与作用》，《李锦全自选集》，中国文联出版社，2000，第145页。

④ 冯友兰：《中国哲学简史》，北京大学出版社，1996，第229页。冯先生的这段话有两点是需要加以纠正的：一是新儒家将禅宗和佛教看成同义语的问题。二程说："佛之学为怕死生，故以管说不休。下俗之人固多惧，易以利动。至如禅学者，虽自曰异此，然要之只是此个意见，皆利心也。"（《河南程氏遗书》卷一，《二程集》第一册）朱熹说："禅家已是九分乱道，他又把佛家语言参杂在里面。如佛经本自远方外国来，故语音差异，有许多差异字，人却理会不得；他便撰许多符咒，千般万样，教人理会不得，极是陋。"（《释氏》，《朱子语类》卷第一二六）可见，禅宗与佛教在宋儒那里是有所区别的，而且，这种区别主要表现为对佛教稍加宽容和友好，对禅宗更是显排斥与敌意。所以，佛教与禅宗对宋明新儒家言不是什么"同义语"。二是宋明新儒家是禅宗的逻辑发展问题。所谓逻辑，有历史的逻辑、思想的逻辑或逻辑学中的各种推理逻辑。宋明新儒学是思想，所以，冯友兰先生所指应是"思想逻辑的发展"。然而就思想逻辑言，宋明新儒学除了在思维方式的某些方面类似禅宗外，其价值取向（齐家、治国、平天下）、思想内容（格物致知、正心诚意修身），以及那种以"此在"为中心的存在形式等，都是与禅宗有着根本性差别的。所以，不能将新儒学简单地说成是禅宗的合乎逻辑的发展。

　　表述七："宋学派的产生，一方面因由于训诂学末流的反动，一方面实被佛学'本体论'所引起。宋儒虽表面说是继承孔孟的道统，其骨子里并不然，孔孟讲伦理社会，宋儒讲养理气，这理气的功夫就是偷了佛学禅功。"①

　　透过这些表述，我们不难获得如下推论。第一，所谓儒、佛、道三教的"合一"，是指以儒家伦理纲常为中心的"合一"。第二，由于儒、佛、道三教具有异质性，这种"合一"不是一蹴而就的，而是经过长期的酝酿、较量优劣之工作而走向"合一"的。第三，"合一"的形式有两种：一是吸收，一是吞并。第四，"合一"的内容包括本体论思维方式（或哲学思辨）、修养方法及其他思想内容（如心性论）等。现在需要我们进一步弄清的问题是：佛教与儒学在这些方面是否真正"合一"了呢？或者"合一"的程度究竟怎样呢？

"儒佛合一"说例案分析

　　一些学者之所以持守"宋明理学是儒、佛、道三教合一"的观念，就在于他们能在宋明理学中轻而易举地拿出可以当作佛教与儒学"合一"的例子。因此，要弄清佛教与儒学是否"合一"及"合一"的程度，有必要对某些学者指认的"儒佛合一"的例子进行认真的考察与分辨。

1. 关于本体论思维

　　前文提到的法舫认为，宋代新儒学的产生，一方面由于训诂学末流的反动，另一方面则由于佛学的本体论。而张岱年也说："宋明理学接受了佛、老的一些影响，这是事实。理学家在建立本体论之时，参照了佛老的学说，有所择取，有所批判。"② 那么，究竟如何理解宋明新儒学对佛教本体论的吸收呢？朱熹的"理一分殊"说是持"儒佛合一"论者经常宣扬的例子。朱熹曾说："本只是一太极，而万物各有禀受，又各自全具一太极尔。如月在天，只一而已；及散在江湖，则随处可见，不可谓月已分也。"（《周子之书》，《朱子语类》卷九四）正是这段话被许多学者指认是来自

---

　　① 法舫：《佛学与中国社会》，《佛教与中国思想及社会》，台湾大乘出版社，1978，第66页。

　　② 张岱年：《论宋明理学的基本性质》，《哲学研究》1981年第9期。

华严宗:"一月普现一切水(月),一切水(月)一月摄。"①可是朱熹随后有这样的补充:"释氏云:'一月普现一切水(月),一切水(月)一月摄。'这是那释氏也窥见得这些道理。"(《大学五·或问下》,《朱子语类》卷一八)"理一分殊"自然是一种本体论思维方式,但并不能成为"宋明理学是佛教与儒学合一"的根据。因为,第一,就本体论思维来说,"理一分殊"式的表达,并不是佛教专利,在之前的中国哲学史中,已有类似的表达方式。如《管子》中有"德者,道之舍,物得以生,生知得以职道之精。故德者,得也。得也者,其谓所得以然也。以无为之谓道,舍之之谓德,故道之与德无间"(《管子·心术上》)。在这里,"道"是"一","德"是多,舍(含)"道"者为"德",故千万个"德"就有千万个"道","道"与"德"无间,这与"理一分殊"在思维方式上基本上是一致的。又如韩非说:"万物各异理,而道尽稽万物之理。"(《韩非子·解老》)"道"是"总","理"是"别","道"分之以为"理","理"合之以为"道",可见,这里的"道""理"的关系跟"理一分殊"说也没什么特别的不同。因此,仅就本体论思维方式言,"理一分殊"说在中国哲学思想史中也是有其传统的,不必取自佛家。第二,朱熹的说法是"释氏也识得这些道理",这个"也"已十分传神地表明,释氏的这种认识只是朱熹拿来作为佐证而已,从而表明释氏的这种见识与朱熹的"理一分殊"说不是因果关系。因此,如果说宋明新儒学受到佛教本体论的刺激或启示是可以的,但以本体论思维推言"儒佛合一"则是缺乏根据的。

2. 关于修养方法

虽然自先秦至隋唐的中国伦理思想史中,并不缺乏修养思想、修养方法、修养智慧,但我们还是不幸地发现,中国现代学术思想史上的某些学者仍然热衷于宣称儒家的修养方法取自佛家。张岱年说:"理学吸取了道教和佛教的一些修养方法,如周敦颐讲'主静无欲',二程经常静坐。"②任继愈说:"儒教中无论程朱派还是陆王派,都吸收了佛教的禅定方法,他们提倡的'主敬''慎独',都无异坐禅。像朱熹即教人半日静坐,半日

---

① 李锦全:《从孔孟到程朱》,《孔子研究》1998 年第 2 期。
② 张岱年:《论宋明理学的基本性质》,《哲学研究》1981 年第 9 期。

读书。"① 按照这些说法，宋明儒吸取了禅宗的坐禅、慎独、无欲等修养方法。佛教尤其是禅宗的修养方法，确有其特点，而且十分诱人。那么，宋明新儒家对禅宗修养方法的吸取情况究竟如何呢？它能否成为"宋明理学是儒佛合一"的根据呢？回答应是否定的。

从宋明新儒家自身的评判看，对禅宗修养方法主要持否定态度。二程的批评是："只是一个不动心，释氏平生只学这个事，将这个做一件大事。学者不必学他，但烛理明，自能之。"（《河南程氏遗书》卷一八，《二程集》第一册）禅定就是不动心，在二程看来不是新鲜花样，根本就无须学习。又如朱熹批评道："明道教人静坐，盖为是时诸人相从，只在学中，无甚外事，故教之如此。今若无事，固是只得静坐，若特地将静坐做一件工夫，则却是释子坐禅矣！但只着一敬字，通贯动静，则于二者之间，自无间断处，不须如此分别也。"（《答张元德》，《晦庵先生朱文公文集》卷六二）这段话再明白不过地表明了朱熹对佛教修养方法的否定态度。谈到有人以程明道习禅法为榜样时，朱熹则提醒习禅者：明道坐禅只不过是当作一种闲来无事的消遣而已；如果特地把静坐当作一种功夫，那就如同坐禅了，这是不可取的；而明道静坐如要获得积极效果，必须有"敬"贯通其中。以此对待禅宗修养方法的态度而说宋明新儒学实现了"儒佛合一"是荒唐的。而就所谓静坐、无欲、慎独而言，也不是佛禅的发明。"无欲"方法在《老子》那儿已有之："常使民无知无欲，使乎智者不敢为也。"（《道德经·三章》）"静坐"方法在《庄子》中也有了提倡："隳肢体，黜聪明，离形去知，同于大通，此谓坐忘。"（《庄子·大宗师》）而"坐忘"的境界似乎比禅宗静坐还高一个层次；"慎独"方法在先秦已是儒家的重要修养方法："是故君子戒慎乎其所不睹。恐惧乎其所不闻。莫见乎隐，莫显乎微。故君子慎其独也。"（《礼记·中庸》）为什么上述学者无视这些在先秦典籍中触手可得的例子而坚持己见呢？还是张东荪先生说过一句平实的话："反身、思诚等，在孔孟本人或有此种体验，但当时并未厘为固定之修养方法。自宋明诸儒出，有见于禅修，乃应用印度传统之瑜伽方法，从事于内省，遂得一种境界。此境界虽同为明心见性，然与佛家不

---

① 任继愈：《儒教再评价》，《社会科学战线》1982 年第 2 期。

同。"① 可见，所谓无欲、静坐、慎独等修养方法在先秦诸子思想中已经存在，并非佛教独创，因而即便宋明新儒家吸取了无欲、静坐、慎独等修养方法，也不足以证明"儒佛合一"。就修养方法的内容看，也与佛教有较大的差别。佛教修养方法受其本体论影响，被宋明新儒家批评为神秘怪诞、空洞无物。程明道说："施之养生则可，于道则有害。习忘可以养生者，以其不留情也。学道则异于是。必有事焉而勿正，何谓乎？且出入起居，宁无事者？正心待之，则先事而迎，忘则涉乎去念，助则近于留情。故圣人心如鉴，孟子所以异于释氏，此也。"（《河南程氏外书》卷一二，《二程集》第二册）就是说，习忘坐禅在明道看来是有益于养身的，但对养道则无益。朱子不仅对佛教"修后世"的主张提出质疑："今世不修，却修后世，何也？"（《释氏》，《朱子语类》卷第一二六）而且对佛禅修养方法进行了嘲弄："以敬为主，则内外肃然，不忘不助而心自存。不知以敬为主而欲存心，则不免将一个心把捉一个心，外面未有一事时，里面已是三头两绪，不胜其扰扰矣！就使实能把捉得住，只此已是大病，况未必真能把捉得住乎！儒释之异，亦只于此便分了。"（《答张敬夫》，《朱子大全》卷三一）禅宗的修养方法在朱熹那里被斥为捉迷藏的游戏，而且是有害的游戏。既然被某些主张"儒佛合一"的人所寄予厚望的修养方法不是佛家所独有，既然宋明新儒家对佛教修养方法采取的是一种否定态度，既然宋明新儒学的修养方法与佛教的修养方法具有本质上的不同，那么，修养方法怎么可能成为"儒佛合一"的根据呢？

3. 关于心性论

心性论是儒家思想的根荄，内容丰富且具独创性。那么，心性论是如何被当作"儒佛合一"说之根据的呢？在历史上便有高僧或居士言宋明儒学偷了佛教的心性论："伊川诸儒，虽号深明性理，发扬六经圣人之心学，然皆窃吾佛书者也。"（《屏山鸣道集说略》，《宋元学案》卷一〇〇）又如，"心性之学，莫精邃于佛书，宋儒千言万语，或录全文，或括大旨，皆本于此。"（《二教通喻》，《报恩论》卷正上，《卍续藏》第62册）现代一些学者也深受此观点的影响，熊琬对二程人性论受佛教影响有更具体的指认："'生之谓性者'，盖即佛氏论性，'本自具足'，

---

① 转引自郭齐勇编《现代新儒学的根基》，中国广播电视出版社，1996，第261页。

'法尔如是'之谓也。'善固性也，然恶也不可不谓之性也'，此或与天台宗'性具善恶'之义，岂不同揆乎？'才说性时，便已不是性也'，佛氏言性乃重自悟，盖非思议言语所及，故有'言语道断，心行处灭'之语。"① 事实上，有相当一部分学者将宋儒的本心视为佛教的本性或真如、将宋儒的明心等同于佛教的见性。② 那么，应如何理解宋明新儒家对佛家心性论的"吸收"呢？首先必须指出，心性论本是儒家的看家法宝，孔子虽没有对心性论做展开的讨论，但一句"性相近、习相远"足以成为儒家心性学说的滥觞。孟子则是儒家心性学说的奠基人，荀子的性恶论则使儒家心性学说得到了拓展。汉代的董仲舒、唐代的李翱在心性论上都有出色的发挥。所以，宋明儒家心性论是此前儒家心性思想的继承和发展，也正如梁启超所说："佛法输入之后，一半由儒家的自卫，一半由时代人心的要求，总觉得要把孔门学说找补些玄学的作料才能满足。于是从'七十子后学者所记'的《礼记》里头抬出《大学》《中庸》两篇出来，再加上神秘性的《易经》作为根据，来和印度思想对抗。'道学'最主要的精神实在于此。所以，在'道学'的总旗帜下，虽然有吕伯恭、朱晦庵、陈龙川各派，不专以谈玄为主，然而大势所趋，总是倾向到明心见性一路，结果自然要向陆子静、王阳明的讲法，才能彻底的成一片段。所以到明的中叶，姚江（王阳明）学派，奄袭全国，和佛门的禅宗混为一家。"③ 而就心性论的内容看，也不好说是佛教的变成了理学的。因为宋明儒家的心性论与佛家心性论是有着根本性差别的。在宋明儒家那里，性即理即仁；在佛家那里，性即空即无。在宋明儒家那里，性由情显；在佛家那里，绝情存性。在宋明儒家那里，性是实理实事；在佛家那里，性是梦幻泡影……崔大华先生说得好："陆九渊心学和禅宗在根本精神上是不同的，这就是禅宗的'性'（或心）和陆九渊的'心'（或性或理）的内容是不同的，概言之，禅宗的心性是一种无任何规定性的、无善无恶的、本然的存在（禅宗名之曰'空'），而陆

---

① 熊琬：《宋代理学与佛学之探讨》，台湾文津出版社，1991，第 109 页。
② 关于这方面的观点，还可参阅黄公伟《佛教思想在中国传统文化中的地位》《佛教与中国思想及社会》；赖永海《中国佛教文化论》第四章；崔大华《南宋陆学》。
③ 梁启超：《中国近三百年学术史》，东方出版社，1996，第 3 页。梁启超这段话实际上是对儒佛关系的总体概括：新儒学受佛教刺激而生，故是外因；新儒学的基本内容包括本体论（玄学）、修养方法和心性论等都来自先秦诸子经籍。

九渊的心性是一种具有伦理道德内容的、本质的善、具体的存在（他名之曰'理'）。"① 这个论断也是适用于整个宋明新儒学心性论与佛教心性论关系的。尤为值得注意的是，宋明新儒家对佛教心性论还进行了尖锐的批评：第一，批评佛教所言"性"无实质性内容是"空"。二程说："今之学禅者，平居高谈性命之际，至于世事，往往直有都不晓者，此只是实无所得也。"（《河南程氏遗书》卷一八，《二程集》第一册）第二，批评佛教"无情有性"说，主张异物异性。二程说："释氏说蠢动含灵，皆有佛性，如此则不可。'天命之谓性，率性之谓道'者，天降是于下，万物流形，各正性命者，是所谓性也。循其性而不失，是所谓道也。此亦通人物而言。循性也，马则为马之性，又不做牛底性；牛则为牛之性，又不为马底性。此所谓率性也。"（《河南程氏遗书》卷二上，《二程集》第一册）第三，批评佛教"知觉为性"说。张载说："释氏之说所以陷为小人者，以其待天下万物之性为一。犹告子'生之谓性'，今之言性者，漫无所执守，所以临事不精。学者先须立本。"（《张子语录·语录中》，《张载集》）朱熹说："'作用是性'，盖谓目之视，耳之听，手之捉执，足之运奔，皆性也。说来说去，只说得个形而下者。"（《孟子九·告子上》，《朱子语类》卷五九）既然宋明新儒学的心性论自先秦到隋唐已有丰富的思想资源，既然宋明新儒学的心性论内容与佛教有根本性差异，既然宋明新儒家对佛教心性论所采取的主要是一种批判排斥态度，那么，将心性论之吸收作为佛教与儒学走向了"合一"的根据显然是不可取的。

思想的兼容与思想的创新

应该说，如上检讨对"宋明新儒学实现了儒佛合一"的主张是个致命的否定，而那些持此主张的学者或许会因此感到一丝尴尬；然而我们的目的并不在此，我们只是希望通过对这一在中国学术思想史上已经产生了广泛而深刻影响的、却与事实相悖的观点的检讨，吸取一些思维方式的教训，从而避免以后犯同样的错误。因而，我们不能不做进一步的推论。

---

① 崔大华：《南宋陆学》，中国社会科学出版社，1984，第57页。

　　首先，宋明新儒学"儒佛合一"说是不确切的。本体论思维、修养方法和心性论三个方面的检讨已充分说明了此推论的正确性，这里有必要将此推论的根据进行浓缩和提升。就宋明时代的学术格局看，佛教与儒学并没有达到合一。在宋明学术格局中，虽然儒学的发展为应付佛教和道教的挑战而显得强势，但当时的佛教、道教发展也是朝气蓬勃，并没有进入中国佛教的"末法"时代，更没有被"收编"到新儒学之中，儒、佛、道三教仍然是并驾齐驱的。就佛教的中心价值和主要内容看，佛教并没有融入新儒学之中。佛教的中心价值是"万法皆空"、无意建树事功，新儒学中找不到属于佛教中心价值的内容。因而新儒学与佛教的关系主要是一种形式上的外在的关系。熊十力先生说："宋明儒本偏于玄学一途，玄学方法仍承孔孟，虽有所资于禅，要非绝取之印度。"①就逻辑上看，宋明儒学所吸取的只是佛教的某些因素，而佛教的某些因素是不能与整个佛教相提并论的；因而即便宋明新儒学吸取了佛教的某些因素，也不能以偏概全地得出"佛教与儒学合一"的结论。就主客观条件看，宋明新儒家不具备统摄佛教的才性，其客观上也缺乏吸收、消化佛学的能力。虽然宋儒多"出入于佛老"，而且，佛教禅宗也是他们不离嘴边的话题，但就佛学方面的造诣看，很少有真正吃透佛教的，正如方东美先生所说："宋人讲佛学，可以说是肤浅——主张佛学的理论是肤浅，反对佛学的也没抓住重心，依然是肤浅。"②宋明新儒家主观上不愿吸收佛教，而是一种排斥态度。如二程说："释氏之学，更不消对圣人之学作比较，要之必不同，便可置之。"（《河南程氏遗书》卷十五，《二程集》第一册）又如朱熹说："幸然无所得。我儒广大精微，本末具备，不必它求！"（《释氏》，《朱子语类》卷一二六）再如象山说："虽然，诚使能大进其（佛）道，出得阴界，犹为常人之私利不细，正恐阴界亦未易出耳。如淳叟、正己辈，恐时僧牢笼诱掖，来作渠法门外护耳。若着实理会，虽渠亦未必知其非，所敢望于公等也。"（《书·与陈正己》，《陆九渊集》卷十二）有了这样的前提，很难想象新儒学是如何"变成""儒佛合一"的。在这样的知识背景下，牟宗三先生的话确实显

---

①　转引自郭齐勇编《现代新儒学的根基》，中国广播电视出版社，1996，第 260 页。

②　方东美：《新儒家哲学绪论》，《生命理想与文化类型》，中国广播电视出版社，1993，第 484 页。

示了大哲的睿智:"宋明儒能相应而契悟之,通而一之,而宋明儒之生命能与此两诗(《烝民》、《维天之命》)以及《论》、《孟》、《中庸》、《大学》、《易传》之智慧方向相呼应,故能通而一也。此种生命之相呼应,智慧之相承续,亦可谓'本有者若是'矣!此与佛老有何关哉?"①这一平实而深邃的话警示我们,长期积累下来的与"宋明新儒学"相关的"学案"确乎到了需要花工夫厘清的时候了。

其次,"儒佛合一"说形成之原因。那么,为什么会出现这种不符合事实的"共识"呢?一是道统观念的影响。宋明新儒学的兴起,与应付佛教、道教的挑战紧密关联。换言之,宋明新儒学具有鲜明的自觉的道统意识,对于佛教在中国的迅猛发展,儒士们不仅感到脸上毫无光彩,而且对儒学的命运深为担忧。而把佛教说成是被儒学所消化所吸收,至少在心理上是一种安慰。所以,后来多数儒者都自觉不自觉地大肆宣扬佛教被儒学消化吸收了。就现代儒学研究者言,儒学乃本土之学,亦是根基之学,儒学消化佛教而为己有,也是一件很有面子的事情。因此,"儒佛合一"说反映的是一种固守道统的学术歧视,是"夷夏之辨"在学术研究中的反映。二是原则主义思维模式的影响。在现代中国学术研究中,有一种原则主义思维方式,这种原则主义思维方式有两个表现:一是在众多的事物中,一定要找出一个主要的矛盾或矛盾的主要方面;二是认为思想发展是一个不断向上、不断壮大直至最大最全的过程。这种原则主义思维模式表现在学术研究中,就是总要在学术思潮中找"主流",在学派中找"山王",在无序中找"规律",总要凸显一个他们承认接受的学派或观念;就是要声明某种思想是最好的。而且,这种思想可以无休无止地吸收其他思想以使自己丰满起来,进而成为最大最完美的思想体系,如是才会获得学术研究上的无穷快感。所以,即便找不出来,他们的思维定式也要求假想一个,"儒佛合一"说在很大程度上就是这种原则主义思维模式的结果。三是历史上错误观念的影响。在历史上,佛家高僧及一些居士,无不喋喋不休地讥讽宋明新儒家"偷"了他们的宝贝,而这种讥讽主要出自抑人扬己的动机,当然很难作为真正的凭据。而新儒家的"子孙们"又以胜利者的姿态宣称,通过他们祖辈的努力,佛教顺理成章地成了他们的手下败将

---

① 牟宗三:《牟宗三集》,群言出版社,1993,第335页。

而缴械投降了。正是这两个动机不纯的主张，加固了一个共同的错误结论：儒、佛相融而合一，并 "合法" 地将此错误的观念传输给后来的学者。四是学者们浅尝辄止的学风。面对司空见惯的 "儒佛合一" 说，多数学者的态度都是 "原样" 接受，没有任何怀疑，更不愿去做具体的考证研究，自然是一错再错了。

最后，对于理解思想创新的启示。显然，宋明新儒学不能被简单称为 "儒佛道三教合一"，但说宋明新儒学是儒学在新的历史条件下的丰富和发展则是没有问题的，不过这种丰富和发展也并不能完全等同于创新，因为思想发展的形式是复杂的多层面的。我们认为，在人类思想史上，思想的发展形式大体上表现为载体兼容、补位兼容和诠释兼容三种具体形式。（1）载体兼容是指不同思想借助图书、文物、软件、头脑（记忆）等载体而获得共存或组合。如思想史上不同思想家的思想、不同内容的思想、不同性质的思想之所以共存或组合于我们面前，正在于它们寄附于某种载体上。其主要特征是无选择的包容性，思想之间没有较量和冲突。这是保护思想遗产的基本环节，也是思想发展的初级形式。（2）补位兼容是指某种思想因其解释能力的限制，而需要寻找其他思想资源以补之不足而实现的思想组合或融合，这是思想发展的中级形式。（3）诠释兼容是指主体通过对不同思想文本的解读与诠释而实现的思想的组合或融合。这种兼容又因主体差异而分为两个类型：一是拥有话语权力的主体（包括服从话语权力的主体），从而有以话语权力为中心的诠释兼容；二是游离话语权力之外的自由主体，因而有自由的诠释兼容。前者表现出一种对被兼容思想的蛮横收编、改造、融化倾向，从而消解其独立性价值。自由诠释兼容当然不是说诠释过程中价值的缺席，而是说这种兼容能较充分地体现诠释主体的独立性格，从而使被兼容的思想获得改造和更新，因而这种兼容是思想获得新的境界的一个重要途径，这是思想发展的高级形式。一般来说，有而且只有在诠释兼容中，思想的创新才有可能。根据这个理解模式，宋明新儒学主要属于载体兼容、补位兼容，所以，宋明新儒学真正 "新" 的地方并不多。换言之，属于载体兼容、补位兼容的宋明新儒学，自然也就不能说成是儒、佛、道三教的合一。

综上所述，"宋明新儒学即儒、佛、道三教合一" 之主张启示我们必须认真考量的问题是：思想兼容不应当使被兼容的思想价值的独立性消失。虽然通过各种兼容，尤其是诠释兼容的形式，思想的边界可能十分模糊，并且可能实现思想功能与价值上的重大突破；但也不应成为取消被兼容思想的独立价值的工具，因为任何一种思想的产生都有其客观性基础，并由此获得其独立性价值，思想价值特征具有独立性、唯一性。所以，一种思想价值不仅要在载体兼容、补位兼容中得到尊重与肯定，就是在诠释兼容中也应得到尊重与肯定。因此，儒学虽然受到佛教本体论思维方式的启发，增强了儒学形而上性，但这并不影响佛教本体论思想的依然故我。这好比从硬盘中复制文件，并不影响该文件价值的"原来性存在"，它仍然完好无损地存在于硬盘中。所以，宋明新儒学是"儒、佛、道三教合一"说与思想兼容形式的划分原则是有矛盾的，它在很大程度上具有取消被兼容思想价值的企图。思想兼容不承诺可以建造大全且万能的思想体系。思想兼容虽然具有储存思想资源的功能，也具有创新思想的功能，但思想兼容并不意味着可以建造庞大而万能的思想体系。因为，思想兼容并不是一种直线递增的几何级数，实际上在兼容的同时也在流失或者遗弃。对一个思想体系而言，兼容新思想的同时也是对旧思想的否弃，因而思想兼容是一种动态的、无止境的流程。比如，唐代佛教，如果站在佛教的立场，它是对中土儒家思想和道家思想的兼容，但这种兼容在兼容儒家、道家相关思想的同时，也意味着对印度佛教中某些思想的否弃。而到了理学阶段，如果站在儒家立场，它又是对佛教思想和道教思想的兼容，这意味着对儒家某些思想的否弃。并且，人类连续的开拓性的实践，也将会无情地否认大全且万能思想体系存在的可能性。正因如此，任何思想兼容行为都不可能最终兼容成一个万能的思想体系，思想兼容不必然等于思想创新。以往有一种思路认为，思想的增多、补位便是思想的创新，由思想兼容的观点看，显然不是那么简单。载体兼容仅是对思想资源贮存的一种形式，而补位兼容亦只是通过补充本思想系统所缺而增强原有思想能力的方式，因而这两种思想兼容的形式与思想创新不可等视。但它们一方面储存着思想资源，另一方面可以凸显某种思想质量状况，因而，载体兼容、补位兼容可以成为思想创新的一个基础，由此，宋明新儒学对佛、道的兼容不是毫无意义的。而就诠释兼容言，则有可能出现思想创新，尤其是自由诠释兼容，本身可能就是一次重要的思想创新。宋明新儒学是否创新或创新的程度怎样，实际上取决于宋明新儒家诠释实践在多大程度上获得了诠释学所指认的 "解释自由"。因此，我们必须时刻关注思想兼容的状况，一方面防止混淆思想兼容与思想创新的边界，另一方面应充分利用、借助思想兼容，以随时在思想兼容的基础上进行思想创新。

《天津社会科学》2005 年第 3 期；《光明日报》2005 年 6 月 16 日

九　当代儒学开展的三个向度

在为当代儒学发展谋划方向的问题上，学者们提出了丰富多彩且极具建设性的方案。我以为，儒学生命的开展，应以儒学自身的特质为起点，以兑现对生活的庄严承诺为旨归。基于这样一种认识，我觉得儒学生命得以开展并生生相续，其前提是当今的儒学宣传者、研究者和崇信者应能自觉把握如下三个向度。

生活的向度

所谓生活的向度是指儒学应全身心地投入生活，跟踪实践，与人类的实践生活保持连续性对话和互动。生活的向度是当今儒学开展的基本向度。首先，如果我们不怀疑儒学的基本形式是思想，那么儒学就必须深入生活。因为从根源上讲，思想的产生源于思想者对"社会存在"的沉思，是思想者对"社会存在"反思、批判和超越之成果。但这种思想的成果并不能以"理论"自足，而是要"回向"社会生活，去指导生活、鞭策生活和提升生活，这样，才是思想家对"社会存在"反思、批判和超越的目的所在。因此，儒学生活向度的选择，乃是儒学的价值诉求所规定的。其次，传统儒学开展的经验为我们展示了儒学的生活向度。传统儒学有一个基本主张，即"内圣外王"。"内圣"就是修身养德，要求人做一个有德性的人；"外王"就是齐家、治国、平天下。"内圣外王"的统一是儒家学者们追求的最高境界。此外，如果说传统儒学的展开也得益于儒家学者的叙述和诠释，那是因为这种叙述和诠释贴近了生活。比如，孔子对儒学的叙述、诠释具有鲜明的生活指向。孔子对"礼"的反复叙述，就在于当时社会生活秩序的混乱；而孔子对"仁"的创造性诠释，实在是因为"仁"作为一种德性已被很多人遗忘。而且，孔子在为学、做人、从政等方面的教导，无不与具体的生活相结合。孔门儒学在传统社会中之所以能得到延承、丰富和发展，与历代儒家学者立足于社会生活的讲说、发展是分不开的。

可见，生活的向度是传统儒学所内具的向度，我们开掘并彰显这一向度，对儒学的当代开展具有根本性意义。第一，生活的向度将改变儒学的存在现状。生活的向度意味着实现儒学由观念到行动的转变、由德性实践向生活实践的转变，使儒学回到生活"场域"中来，从而改变"儒学是现代化的旁观者"的尴尬处境。第二，生活的向度将为儒学的损益更新提供事实性前提。生活是具体的、运动的，因而生活的向度也就要求我们动态地而非静止地，灵活地而非机械地把握儒学。第三，生活的向度也有助于理解所谓儒学现代化问题。儒学现代化，本质上是要求儒学在现代社会生活中有所表演，要"在场"。换言之，如果我们能让儒学对生活表达意见，能让儒学滋养生活，能让儒学参与生活的建构，那么，儒学就不存在"现代化的烦恼"了。

批判的向度

所谓批判的向度是指儒学所具有的批判功能和品质。儒学的批判品质曾受到一些学者的怀疑。那么，儒学是否缺失了批判品质呢？回答是否定的。比如，孔子"复礼倡仁"，不仅是对"礼崩乐坏"社会情状的批判，对社会秩序混乱和民众品性下滑的担忧，同时也饱含着建构新的社会秩序和提升民众品质的强烈渴望。所以，孔子儒学的展开，实际上是对国家民族命运的深切关怀，是对百姓生活、生命的深情关爱。也就是说，孔子儒学是富有批判性的。孟子儒学的批判品质尤为突出，他反对战争，反对暴力政治，提倡"仁政"。"仁政"就是孟子的一种主张、一种理想，而这个主张和理想即是对当时社会现状的一种否定和批判。可见，批判品质无疑是传统儒学的重要品质之一。所以，当今的儒学研究继承传统儒学的批判品质，不仅是对传统儒学的继承，也是儒学当代意义落实的必然选择。不过，值得注意的是，传统儒学的批判并非破坏性批判，而是建设性批判。因此，我们所持守和发扬的儒学批判精神，是一种建设性的批判精神。唯有批判，儒学才能滋养自己，才能拥有活力；唯有批判，儒学的价值才能得到落实，儒学的生命才能得到舒展；唯有批判，儒学对社会的担当才得以体现。

信念的向度

所谓信念的向度是指儒家学者对儒学应具有真挚的情感。在历史上，确实有某些儒家学者对儒学是缺乏信念的，儒学对他们而言只是通向仕途的敲门砖。章太炎先生所批评的趋炎附势、投机钻营就是指那些打着儒学的旗号招摇撞骗的小儒、腐儒。然而，也许正因为如此，我们有必要将儒学的信念向度开掘出来。儒家思想中负载着强烈而执着的信念。孔子告诉学生，获得儒学之道是最为神圣的，所谓"朝闻道，夕死可矣"；孟子认为儒学之道是正义之道，应做到"富贵不能淫，威武不能屈，贫贱不能移"；而"为天地立心，为生民立命，为往圣继绝学，为万世开太平"则成为宋明儒者的普遍信念。而且，儒学对义利、公私、理欲关系的处理，也都充分展示出儒学的信念向度。因此，信念的向度亦是儒学本有的向度。遗憾的是，在当今的儒学研究中，这一向度显得有些匮乏。因为在儒学研究话语被西方化、儒学的范畴命题被分析化、儒学的思想被学科化之后，儒学被切割得七零八落。而由于儒学研究者的职业化身份，研究儒学在很大程度上追求的是学术价值，而所谓学术价值的高低是以西方学术范式为标准，所以如果儒学研究者要服从所谓学术价值，那在他的儒学研究中就很难保持对儒学的信念。此外，当今儒学研究者要面对晋升职称的压力，这样，影响儒学研究的外在因素便多了起来，信念的向度在这种情境下便以撤退者居多。然而，缺失了信念向度，儒学的当代开展就难以获得成效。

《光明日报》2005 年 7 月 12 日；《中国社会科学文摘》2006 年第 1 期

十　儒家思想的当代困境及其化解之道

　　虽然以儒家思想为主角的读经热、儒教热、国学热方兴未艾；虽然儒学会议接踵而至，儒学著作层出不穷，儒学论文漫天飞舞，儒学课题纷纷立项；虽然儒家思想寻找到宗教儒学、哲学儒学、生活儒学、政治儒学、伦理儒学、知识儒学等不同的存活方式；然而在我们看来，儒家思想在当今社会实际上遭遇着非常大的困境。

儒学当代困境的五种表现

（一）主体的困境

　　所谓主体的困境，是指儒家思想在当代社会的传播、研究和践行中主体的缺乏、主体的迷惘、主体的无信。主体的缺乏是说在当今儒家思想的传播中，再也没有历史上那种有组织的以传播儒家思想为职志的儒生群体。主体的迷惘是说当今阐发、研究儒家思想的主体，在时间上不能保证对儒家思想阐发、研究的持续性，在思想上不能保证阐发、研究儒家思想的价值独立性；因为他们的学术行为要受到学校体制或研究体制的制约和影响。主体的无信是说在当今儒家思想的实践中，虽然鼓吹者不少，兴趣者多多，但真正把儒家的理想、儒学的大义、儒者的原则付诸行动者却很少见。试问，究竟有几个人敢说自己能做到"谋道不谋食""朝闻道，夕死可矣"呢？究竟有几个人在"义"与"利"之间能毫不犹豫地选择"义"呢？非但不能如此，眼下某些研究儒家思想的学者、某些口口声声弘扬儒家思想的贤达，所作所为完全是与儒家根本精神、基本原则相悖的。可见，在传播主体、研究阐发主体、信念主体的数量和质量方面，儒家思想的确陷入了困境，是谓主体的困境。

（二）存活的困境

所谓存活的困境，是指儒家思想在当代社会中缺失了它早先赖以存活的条件。在儒家思想传播、发展的历史上，至少拥有三个重要的存活条件：一是宗法社会制度，二是科举考试制度，三是族规乡约制度。儒家思想是多层次的、复杂的体系，儒家思想中有相当部分内容与宗法社会制度是密切关联着的。比如，儒家思想中的"君君、臣臣、父父、子子"观念，"不孝有三、无后为大"观念，都与宗法社会层级结构密切关联着；换言之，儒家思想中相当部分内容之存活，是以宗教社会制度为前提条件的。科举考试是中国古代普通知识分子通向仕途从而改变命运的主要途径，所以，每年都有成千上万的人参加科举考试；而科举考试的基本内容是"五经""四书"。也就是说，想通过科举考试的人必须熟读儒家经书，因此，儒家思想源源不断地进入大批普通知识人的心灵并得到延承。中国古代社会中，每个家族都有族规，每个乡村都有乡约，族规和乡约是对那些有不当言论和行为者进行惩罚的根据，而族规和乡约中的内容绝大多数是儒家礼治伦理。比如，安徽新安族规中有这样的内容："不孝不悌者，众执于祠，切责之，痛责之。"① 也就是说，一个人遭受族规或乡约的惩罚，实际上是遭受儒家伦理的惩罚，而对族规或乡约遵守和践行，就是对儒家思想的遵守和践行。可见，族规或乡约也是儒家思想存活的条件。然而，民国建立，意味着宗法社会制度已向我们告别；1905 年科举制的废除，意味着儒家思想不再成为那些通向仕途者必须掌握的知识；随着农村城镇化、现代化时代的到来，族规乡约也逐渐退出历史舞台。如是，传统意义上的儒家思想存活的条件也就不复存在了，是谓存活的困境。

（三）认知的困境

所谓认知的困境，是指人们对儒家思想的认识和理解存在片面甚至错误的情形。此困境约有三方面表现：一是对儒家思想或观念的片面或错误理解，二是对儒家思想核心思想的错误判断，三是对儒家思想真伪因素的

---

① 李承贵：《德性源流》，江西教育出版社，2004，第 262 页。

混淆。就第一种表现言，2005 年 10 月，我曾与美国一所宗教大学校长讨论到儒家阴阳观念问题。该校长先生真诚而激动地告诉我：儒家思想的核心观念就是"阴阳"，这个观念内含着"男女不平等及其他的不平等"，是极权主义的根源，所以西方人很害怕，也很反感，尤其是女性。我当时想，如果仅从冯友兰先生的《中国哲学简史》译成英文算起，儒家思想在英语世界的介绍也有半个多世纪的历史了，为什么西方学者（普通民众更不用提了）对儒家思想的认识还是如此隔膜、如此不完整呢？这实际上在提醒我们：完整、准确地向世界介绍、解释儒家思想依然是件很重要、很紧迫的工作。就第二种表现言，有些学者坚持认为，儒家思想"最核心的本质"是"三纲五常"（君为臣纲、父为子纲、夫为妻纲，是为"三纲"；君臣、父子、夫妇、兄弟、朋友，是为"五常"）。从 1840 年起的历史证明，儒家文化一而再，再而三地成为妨碍现代化的重大阻力，皇室和儒学在儒学统治中具有深厚的既得利益，所以儒学统治必然阻碍中国的工业化和现代化。① 不过，将"三纲五常"视为儒家思想的核心本质，显然是没有对儒家思想体系做全面理解所致。就第三种表现言，有些学者不能区分儒家思想的真伪之别、主次之别、体用之别、源流之别。要知道，呈现在我们面前的儒家思想体系，是真伪杂混、主次并存、体用交错、源流共处的，但我们所继承、所弘扬的是那些代表正义、代表文明、代表向上的儒家思想或观念。比如，在孔孟思想中，权利与义务是具有一定对等性的，如果根据后世专制社会中有义务无权力的现象，简单地得出"儒家思想中只有义务无权力"的结论，显然是片面的；再如，历史上的确有儒生把儒学作为敲门砖，希望通过儒学得到"千钟粟""黄金屋""颜如玉"，但儒生的这种行为是违背儒家思想基本原则的，试问能将儒生的此种行为与儒家思想完全等同起来吗？因此，用儒家思想中消极的、次要的因素或儒生的负面行为等同于儒家思想是不科学的。总之，不能全面准确地理解儒家思想中的范畴、概念之含义，不能正确地把握儒家思想的核心本质，不能区分儒家思想中的真伪、主次、体用、源流之别，的确是存在于当今儒家思想认知中的难题，并已成为儒家思想传播、发展的主要障碍之一，是谓认知的困境。

---

① 刘绪贻：《中国的儒学统治》，中国人民大学出版社，2006，"出版说明"。

(四）能力的困境

所谓能力的困境，是指儒家思想在解释当今人类所面对的难题、自我更新和应对外来文化挑战方面所表现出来的无能为力之情形。所谓解释能力的困境，是说儒家思想对当代人类所面对的难题并不能给予正确的、令人满意的解释。比如，有些学者认为当今人类所遭遇的环境污染、生态失衡问题，就是因为人类没有处理好自身与自然之间的关系，从而对自然进行非理性的、自私的侵犯和掠夺之结果，而儒家思想中的"天人合一"观念正可以帮助人类树立正确的天人关系态度和智慧，因为它告诫人类其与自然本是一体，人类侵害自然就是侵害自己，污染自然就是污染自己。看起来，这种解释非常圆融，也令人振奋。然而，第一，儒家思想中的"天人合一"并不属于处理、协调主体（人类）与客体（自然）关系的智慧。《中庸》所谓"诚者，天之道也；诚之者，人之道也"，孟子所谓"万物皆备于我，反身而诚；乐莫大焉"，张载所谓"民吾同胞，物吾与也"，二程所谓"仁者浑然与物同体"等，所要说明的是"天之道"与"人之德"的关系，认为"人之德"与"天之道"的合一便是道德的最高境界，也是做人的最高境界，其中并没有要求人理性地、可持续性地改造、利用自然的价值诉求。汉儒董仲舒的"天人感应"说，只是借助"天的秩序"论证"世俗秩序"的合理性，与"要求人尊天惜天"的价值性诉求尤无关联。第二，当今人类所遭遇的生态失衡、环境污染问题，是人类为了满足自我无止境的价值需求之必然后果，也可以说是人类自我完善实践之负面效应。人类的这种满足自我价值需求或自我完善即表现为现代化、全球化实践，因而生态失衡、环境污染问题显然不能靠那种"人与自然同体，损害自然即损害自我"的说教所能解释清楚的，而是需要对人类自我完善实践及这种实践所涉及的诸种关系进行全面而深刻理解，才有可能对当今生态失衡、环境污染问题做出更全面的解释。所以，如果一定要说儒家思想中的"天人合一"有价值，那么也只能算是一种温柔的"安慰"。好比医生告诉感冒病人，多喝水、多运动、不要着凉等等，医生的话很有道理，但对根治感冒而言，医生的这些告诫，显然只有"安慰"意义。所谓自我更新能力的困境，是指儒家思想缺乏自我更新能力。儒家思想本是致力创新的，孔子强调的"损益"即内含着创新的渴望和规划，宋明新儒学的形成正是儒家思想自我更新能力的突出表现。不过，当今的儒家思想似乎未能表现出应有的自我更新能力，无论是内容的充实、形式的更新、价值的完善、方向的拓展等方面，都没有让人耳目一新的地方。儒家思想在当今的儒家学者叙述中，主要表现为对传统儒家思想的复述和再现。所谓应对外来思想挑战能力之困境，是指儒家思想面对外来文化挑战时，没有挑战的勇气，提不出应对的策略。首先要声明的是，我们是欢迎不同思想文化进行交流的，即不反对外来思想文化的输入。我们想说明的是，百余年来西方思想文化、价值观念的浸入，儒家思想没有表现出它作为本土思想文化主体应有的姿态和策略。从枪炮、银行到民主政治，从平等、博爱、自由到个人主义、物质主义，从"洋布"、"洋油"到麦当劳、肯德基，西方的思想文化、价值观念一直活跃在中国社会和中国思想文化领域，并重塑着中国人的心灵和精神。可是，作为中国思想文化主体的儒家思想，面对西方思想文化的"为所欲为、横行霸道"，似乎不曾有积极的作为。从这个角度讲，儒家思想及其主体之于中国近现代史上的民族灾难也是有责任的。综上言之，是谓能力的困境。

（五）实践的困境

所谓实践的困境，是指儒家思想及其价值在生活实践中得不到的落实。这种困境主要表现有：其一，儒家思想与生活实践脱节；离生活太远。从历史上看，儒家思想本是"极高明而道中庸"的，即是说，儒家思想一方面属"形上"之道，另一方面也是日用庸常之道（器），所以在中国古代社会，儒家思想是相当普及的。但在今天，儒家思想仅仅是大学人文学科院系部分教师或社会科学院部分学者把玩的对象，是象牙塔里的学问，让一般人敬而远之，与人们生活缺乏沟通和连接。其二，儒家思想的理念及主张在生活实践中难以得到落实。比如，儒家思想中关爱他人的理念（仁者爱人）、坚持公平正当手段获得利益和财富的原则（不义而富且贵，于我如浮云）、在个人利益与公共利益之间公共利益优先的主张（生、义皆人所欲者，二者若不能兼得，舍生取义也）等等，哪一条在我们的生活中有理想而完美的实现呢？其三，儒家思想不能对社会发生积极的、建设性影响。任何一种学说或思潮，它的价值之一就是根据自己的立场对社会发表看法，对社会问题提出批评和建议，从而实施其对社会的影响以推动社会朝健康、积极的方向发展。就今天而言，学问层面上的儒家思想研究可谓热火朝天，硕果累累，然而，儒家思想对当今中国社会发展过程中所遭遇的政治、经济、社会、道德等难题，发表过什么样的有影响力的真知灼见呢？没有。我们的某些儒家思想研究者可以把自己的体系做到圆融精巧、自成一体，但却往往忘记了儒家思想的担当和责任，不仅没有积极地对社会的阴暗面进行检讨和批判，反而去粉饰太平、掩盖问题、歌功颂德，这不应该是真正的儒家思想的作为，更不是真正的儒家学者的作为。可见，当儒家思想仅局限于少数人把玩的对象时、当儒家思想的基本理念和原则无法在生活中兑现时、当儒家思想研究回避其与社会本有的张力时，我们只能说儒家思想遭遇到了实践的困境。

化解当代儒学困境之道

根本说来，儒家思想的困境是中国社会由传统型向现代型过渡之必然现象，因而我们虽然认识到这些困境和这些困境产生的原因，但我们的对策并不是要一味恢复那些已经丧失的条件，而是要与时俱进，体现其时代性和科学性。根据这样一种认知，我们认为如下几个对策对于克服或缓解儒家思想所遭遇的困境或许是足资参考的。

（一）创造宽松的条件和氛围

要重新培养那种有组织的群体性儒家思想主体是非常困难的，这是不是意味着儒家思想主体的困境无法化解了呢？显然没有那么悲观。我们看到，在当今社会里，还是有许多自愿为弘扬儒家思想做贡献的人：他们有的愿意出资或出力创办儒家思想的研究刊物，有的愿意成立儒家思想的学术团体，也有的自愿把儒家思想做为宗教来信奉。不过让我们担忧的是，这些自愿为儒家思想作贡献的人士，并不能"想其所想、为其所为"，反而处处受到苛刻限制。这就是当今社会很难培育起儒家思想主体的原因。可是，如果我们并不希望作为中国思想文化代表的儒家思想从此丧失承载主体、弘扬主体、实践主体，那么我们真诚希望，我们的政府和社会应该为儒家思想的传播、研究和信仰创造、提供一个宽松的环境条件，允许公民自愿创办研究、更新儒家思想的杂志刊物，允许民间自愿成立儒家思想的学术组织，允许个人把儒家思想当作宗教来信仰。我想，如果能有如此环境和氛围，儒家思想的弘扬和发展决不会因为主体的原因而受困。

（二）展开"本我性"诠释和确立科学的态度

客观地讲，谁也不能宣称自己对儒家思想中的范畴、概念之含义有完全正确的解释，但谁都应该拥有解释儒家思想的科学态度，而不应在对儒家思想缺乏基本理解的情况下随意做出判断。因此，要化解儒家思想的认知困境，一方面应努力地对儒家思想及范畴、概念展开"本我性"诠释。所谓"本我性"诠释，就是要在把握与被诠释范畴或观念密切关联的社会、知识、语境、价值诸因素前提下进行的诠释，是对被诠释对象的客观呈现和理解。比如，"阴阳"含义之丰富绝不是等级、极权、男尊女卑所能概括的。在儒家思想中，"阴阳"不仅是万物发生、运动的根源，不仅是事物互动、和谐的基本元素，更是世界万物之生生源泉。所谓"一阴一阳之谓道"，所谓"立天之道，曰阴与阳"，所谓"天以阳生万物，以阴成万物"。如果人们对"阴阳"有这样的了解和理解，就不会发生"阴阳即是等级、极权"式的片面认识。再如，关于什么是儒家思想的本质性观念，只要对儒家思想体系作整体性研究、分析，便不难发现，处于核心地位的观念主要有"仁""礼"等，次一级的则有"诚""良知""义"等，怎么也轮不到"三纲五常"成为儒家思想的本质性观念。最后，我们还需证明并告诉人们，在儒家思想体系中，观念是有真伪之分、主次之分、体用之分、源流之分的，那些在儒家思想中属于"伪"的、"次"的、"用"的、"流"的部分，是不能等同于儒家思想中的"真""主""体""源"部分的，尤其不能以"伪""次""用""流"的部分等同整个儒家思想。因为，这既不符合逻辑，也不符合儒家思想的实际，更不符合儒家思想创始人的教导："女为君子儒，无为小人儒。"（《论语·雍也》）无疑，借助对儒家思想的"本我性诠释"，人们可能获得对儒家思想某个范畴、命题或观念的完整而正确的理解，但很显然，我们并不能做到儒家思想的"本我性"诠释无时不在、无处不在。所以，另一方面应确立科学、合理的态度。因为我们觉察到，在近年对"百年来以西学诠释中国传统思想文化"的反思中，某些学者对儒家思想完全丧失了批评的立场，而是曲意解释，试图将儒家思想打扮成完美无瑕的少女，试图将儒家思想论证为绝对完善而又无所不能的体系。这样，确立科学且合理的态度就显得特别重要了。因为有了科学的态度，即便我们对儒家思想了解不多、理解不深，也不至于对儒家思想做出离奇、片面的解释和判断。

（三）确定儒家思想的人文学科归属

儒家思想的有些困境，可能是因为我们不能准确地定位它的学科归属从而对其功能要求过高。就传统儒家思想而言，儒家经书就是百科全书，它里头有哲学、伦理学、政治学、社会学、法学、管理学、经济学、数学、天文学、物理学、化学等学科的内容，因此那时要求儒家思想开出"外王"，是儒家思想分内事情，是顺理成章的。然而，随着社会分工、学科分化时代的到来，原来混合在一起的学科都先后独立出来自立家门，分别属于政治学、社会学、法学、管理学、经济学、数学、天文学、物理学、化学等学科内容的思想都纷纷从儒家思想体系中脱离出来，也就是说，过去是儒家思想做的事情，现在都有了分工。比如，民主政治的建构主要是政治学的事情，而发展科学主要是自然科学的事情。因此，据今观之，如果"外王"是建构民主政治制度、发展自然科学，那么已经超出儒家思想能力范围了。正是在这个意义上，我们提出儒家思想应该确定自己的人文学科归属，儒家思想应从"全能思想"撤退到"有限思想"。顺便指出的是，对儒家思想开出"外王"的眷恋、渴望和执着，在很大程度上反映出某些儒家学者保守、恋旧之心态，反映出他们对儒家思想学术中心地位丧失的恐惧。因此，确定儒家思想的人文学科的归属，不仅可以避免因为不合情理地放大自身能力所遭受的批评，也可以让那些对儒家思想寄望过高的"儒痴们"冷静下来，认真检讨自己对儒家思想的期望和态度。

（四）提升、夯实儒家思想的能力

我们强调儒家思想的人文学科归属，并不意味着放弃丰富、夯实儒家思想能力的努力。问题是，我们应该在什么意义上增强儒家思想的能力以化解其能力困境。如下几个方面或许是值得考虑的：第一，立足当代人类实践，对儒家思想中的观念、范畴或命题进行创造性诠释，以丰富、提升儒家思想解释问题的能力。比如，尽管传统儒家思想中的"天人合一"的确不是讨论人与自然之间的冲突关系，更没有要求人珍惜、爱护自然之含义，但儒家学者完全可以根据当今人类与自然紧张关系之情境，对传统儒家思想中的"天"、"人"及"天人合一"进行创造性诠释，赋予其"人尊重自然、爱惜自然、保护自然、使天人良性互动"之含义，从而提升、拓展其解释能力，使之成为解释当今人类与自然紧张关系的智慧。第二，牢记并实践儒家思想中的生生精神，持续地对儒家思想中的观念进行损益更新。一是要抛弃儒家思想中那些经过历史检验已经完全过时的观念因素，如"不孝有三，无后为大"生育行为伦理化的观念，如"父母之命，不可违"亲情关系专制化的观念，如"劳心者治人，劳力者治于人"人人关系等级化的观念，都是需要抛弃的。二是对儒家思想中的概念、范畴进行创造性的诠释，比如，在儒家思想中，"仁"是爱人，是从"二"从"人"，即是横向的、空间的爱。我们完全可以将纵向的、时间的爱贯注进去，在"横向爱"的基础上增补"纵向爱"，从而使儒家"仁爱"观念，具有了时间性、可持续意义，从而丰富儒家"仁爱"的内涵。这样，儒家思想的更新能力便体现出来了。第三，继承儒家思想"万物并育而不相害，道并行而不相悖"之胸怀，对于外来思想文化既不应回避退缩，也不应简单批判，而是要发出自己的声音和表达自己的态度。儒家思想应通过这种声音、态度或对策以表现自己的应对能力。在这方面，宋明新儒家是很好的榜样。如果能对儒家思想中的观念或范畴进行创造性诠释和转换，如果儒家思想能够与时俱进而更新自我，如果儒家思想在应对外来思想文化方面勇于表明自己的态度，并提出应对策略，那么，儒家思想的能力困境在一定程度上亦是可以得到缓解的。

（五）坚持儒家思想的生活化走向

我们曾经指出，关切生活、营养生活、提升生活是儒家思想的内在特性，因而坚持儒家思想之生活化方向，不过是坚持儒家思想本有精神而已。[①] 儒家思想坚持其生活化走向，是有助于化解其实践困境的。第一，儒家思想生活化意味着儒家思想必须与广大民众的生活零距离接触，并融入民众生活之中。具体言之，儒家思想通过电影电视、行业制度、言谈举止、饮食起居、街巷宣讲、社区规约、资格考证等形式，与生活完全连接

---

① 李承贵：《生活儒学：当代儒学开展的基本方向》，《福建论坛》2004年第8期。

起来，让儒家思想真正成为老百姓"须臾勿离"之道。第二，儒家思想生活化意味着儒家思想中的基本原则、价值理想必须体现在人们的生活实践中。具体言之，就是要把儒家思想中尚义、重德、仁爱、崇公、和谐等基本原则，转换成人们日常言行的准则，并且解释、说明实践这些准则的应当性及其意义，使人们真正觉知到实践儒家思想的基本原则既是一种自然之理，也是一种应当之理，是分内之事，而且可以收获"内在利益"。如此，儒家思想的那些"高明之道"（根本原则）也就得以对象化、现实化。第三，儒家思想生活化还要求，儒家思想应当坚持自己的立场，坚持实践性品质，对社会及其问题表达意见或建议，由此体现自身的关怀意识和责任感。所以，用儒家思想去思考生活，用儒家思想去检讨生活，用儒家思想去建构生活，既是儒家思想"外王"新的表现形式，也是儒家思想价值得到落实的最佳办法。当我们在社会中的各行各业设置了"儒学典范"并获得认同的时候，当我们广大人民群众视实践儒家思想基本原则为当然的时候，当我们自觉而主动地用儒家思想批判或建构社会秩序的时候，人们或许就不再会抱怨儒家思想离生活太远，不再会质疑儒家思想的责任意识，不再会怀疑儒家思想价值的落实。

《中山大学学报》2007 年第 6 期

十一　当代儒学的五种形态

20 世纪初以来，作为中国传统思想主导的儒学，为了对人类所遭遇的困境有所应答，有所作为，从而表现出对自我思想内容及价值的开掘和检讨；为了对新的社会际遇有所适应，从而在思想、内容和价值上进行自我调整，以寻找新的存活、发展的途径；为了适应学科分类的要求而对自身思想内容进行学科分类和规定，从而使儒学内部生长出价值有别的学科。对于这样包含了儒家思想内容的分类、儒学价值的开掘和落实、儒学存活和发展途径的寻找，且具时间上的持续性，空间上的规模性，主体上的群众性的儒学更新运动和存在形式，我们称之为"儒学的形态"。根据我们的考察，宗教儒学、政治儒学、哲学儒学、伦理儒学、生活儒学即是值得我们关注的五种形态。

宗教儒学

考之当代中国儒学史，以"宗教"为主题研究或发展儒学的有三个向度：其一是制度儒教向度，以康有为、汤恩佳、蒋庆为代表。早在 1912 年，康有为发表《中华救国论》称"今者保教中国之亟图，在整纪纲"，以尊孔救国立论，倡导各地设孔教会。1913 年，康氏又发表《以孔教为国教配天议》，建议国会将孔教认作国教，并在全国各地孔庙开展周期性的宗教仪式。同年 8 月，孔教会陈焕章、严复、夏曾佑、梁启超等向北京政府呈送"请定孔教为国教"书，主张奉孔教为国教，主张中国"一切典章制度、政治法律，皆以孔子之经义为根据；一切义理、学术、礼俗、习惯，皆以孔子之教化为依归"，"中国当仍奉孔教为国教"，推孔子为教主；声称提倡儒教的目的是保种保国、整顿纲纪。与康有为有类似主张的当今代表有香港的汤恩佳和内地的蒋庆。汤恩佳 1992 年出任香港孔教学院院长,此后长期投身于立孔教为国教的活动:每年提交一份《关于请求将孔教、儒教正式恢复为中国人民宗教一事的提案》;出资赞助修建孔庙和研究儒学;理论上肯定祖先崇拜、祭祀、孔庙、三纲五常等是儒教的表现形式。汤恩佳认为恢复孔教为宗教对国家有利无害:第一,能争取更多的大众。因为宗教是以感性因素为主导的,有纯朴的感情、虔诚的信仰、严明的纪律等因素,其中信仰是首要的,只要具有简单的信仰,就可以叫"信教",所以易争取更多的大众。第二,更能维持社会的稳定。因为使儒学成为"儒教",以"劝人向善"引导人们,并以教义、教规约束之,势必使人们把"行善"作为人伦的标准和价值尺度,作为对自己心灵的慰藉,这样有利于约束人们的行为,又利于人心的稳定,有利于整个社会的统一、平稳、安定。第三,更能增强中华民族的凝聚力。如果中华民族中的上层知识分子理智地信仰儒教,一般百姓情感地信仰儒教,使整个中华民族有一个坚强的精神支柱,可以形成强大的凝聚力。① 蒋庆是近年内地极力提倡复兴儒教的主要代表,他提出了儒教展开的所谓"上行路线"和"下行路线"两条路径。所谓"上行路线"就是"儒化"当代中国的政治秩序,有两个要点:一、通过儒者的学术活动与政治实践,将"尧舜孔孟之道"作为国家的立国之本即国家的宪法原则写进宪法,上升为国家的意识形态;二、建立新的科举制度与经典教育制度,即:国家成立各级政治考试中心,有志从政者必须通过《四书》《五经》的考试才能获得做官资格。所谓"下行路线",就是在民间社会中建立儒教社团法人,成立类似于中国佛教协会的"中国儒教协会",以儒教协会的组织形式来从事儒教复兴的事业。而儒教复兴的十大内容为:儒教的政治形态——仁政、王道政治与大同理想;儒教的社会形态——礼乐教化;儒教的生命形态——神道信仰;儒教的教育形态——由儒教出资在全国兴办各类启蒙学校;儒教的慈善形态——救济所有需要帮助的人;儒教的财产形态——历代与儒学有关联的建筑与地产;儒教的教义形态——建立国家级"中国儒教大学"与地方各级儒学院;儒教的传播形态——成立儒教出版社等传播实体;儒

---

① 汤恩佳:《儒教及其意义》,《汤恩佳尊孔之旅环秋演讲集》(第六卷),香港孔教学院,2004,第 189~190 页。

教的聚会形态——建立全国各级"讲经堂"；儒教的组织形态——"中国儒教协会"及各级儒教协会。提出复兴儒教的目的：解决政治秩序的合法性问题，为政治权力确立超越神圣的价值基础；解决社会的行为规范问题，以礼乐制度确立国人的日常生活轨则；解决国人的生命信仰问题，以上帝神祇天道性理安顿国人的精神生命。①

其二是学科儒教向度，以任继愈、李申为代表。任继愈先生认为，宗教之所以为宗教，有它的本质部分和外壳部分。外壳部分，是它的组织形式，信奉的对象、诵读的经典、宗教活动的仪式等；本质部分是指它的信仰、追求的领域是人与神的关系或交涉。而儒学具备了宗教所应具备的条件：儒教信仰的是"天"及其诸般道德，此是本质部分；外壳部分则是信奉天地君亲师，以《四书》《五经》《十三经》为儒教经典，以祭天、祭孔、祭祖为儒教仪式，以孔庙为儒教展开宗教活动的场所，以惩忿、窒欲为儒教修养方法。② 我们注意到，任先生判儒学为儒教是具有贬义倾向的。他说："历史已告诉我们，儒教带给我们民族的是灾难、是桎梏、是毒瘤，而不是什么优良传统。它是封建宗法专制主义的精神支柱，它是使中国人民长期愚昧落后、思想僵化的总根源。有了儒教的地位，就没有现代化的地位。为了中华民族的生存，就要让儒教早日消亡。"③ 不过，任先生将儒教与孔子做了切割。他说："说孔子必须打倒，这是不对的；如果说儒教应当废除，是应该的，它已成为阻碍我国现代化的极大思想障碍。"④ 耐人寻味的是，任先生1997年在给李申的《中国儒教史》写的序中，对儒教的看法发生了很大变化：一是不再主要从负面的角度评论、批评儒教，二是强调从宗教角度研究儒教的重要性，三是肯定儒教的历史作用等。⑤ 任先生之后，对儒学之宗教身份进行学科性论证的要数他的弟子李申了。李申在《关于儒教的几个问题》一文中，对儒教进行了较为系统的论证。在他看来，儒学是信天命、信鬼神的，因而有信仰；儒学是有彼岸世界的，儒学是有组织的，儒学是有祭祀仪式的。其在巨著《中国儒教史》（上下

---

① 蒋庆：《关于重建中国儒教的构想》，《中国儒教研究通讯》2005年第1期。
② 任继愈：《具有中国民族形式的宗教——儒教》，《儒教问题争论集》，宗教文化出版社，2000，第173页。
③ 任继愈：《论儒教的形成》，《儒教问题争论集》，宗教文化出版社，2000，第21页。
④ 任继愈：《儒家与儒教》，《儒教问题争论集》，宗教文化出版社，2000，第35页。
⑤ 任继愈：《〈中国儒教史〉序》，《儒教问题争论集》，宗教文化出版社，2000，第403页。

卷，上海人民出版社）中，对儒教的合法性进行了全面、系统、细致的论证。而且，李申判儒学为儒教的目的与任先生基本上是一致的。即一方面肯定儒教在历史中的作用："揭示儒教的存在，仅是确认客观已存在的历史事实。而只有弄清历史本貌，才能正确利用传统文化资源。指出儒教的作用，也决不否定任何一种传统文化的成果。"① 另一方面认为儒教整体上是要衰亡的：儒教文化，是中国封建文化的主体；儒教没有了，封建制度没有了。因此，在总体上，儒教文化不可能适用于现代的社会生活和社会制度。它的君臣父子之论、三纲五常之说、天命鬼神信仰及祭祀制度等，都与现代社会不相适应。而儒教为人们制订的行为原则和为确定这些原则所获得认识成果——智慧，都将成为后人继续前进的基础和借鉴。② 也就是说，从儒教的角度去研究儒学才能真正认清、把握它的优点和不足。

其三是人文儒教向度，以唐君毅、牟宗三为代表。现代新儒家对儒教说也有所主张，但与上述两个向度有所不同。唐君毅认为，儒学之宗教性，既表现为儒者杀身成仁、舍生取义的教言，也表现为气节之士的心志与行为。就是说，儒者崇尚气节，以从容就义为最高理想，如无绝对的信仰是不可能的。不过，儒学之为宗教有自己特点，那就是人文宗教。他说："儒家骨髓，实唯是上所谓'融宗教于人文，合天人之道而知其同为仁道，乃以人承天，而使人知人德可同于天德，人性即天命，而皆至善，于人之仁心与善性，见天心神性之所存，人至诚而可成圣如神如帝'之人文宗教也。"③ 牟宗三认为，文化生命之基本动力当在宗教，所以儒学必须具有宗教性，但儒学只是在"尽日常生活轨道之责任和作为精神生活之途径"两方面满足其作为宗教的要求，而且儒教的重点在于"人如何体现天道"，儒教"落下来为日常生活之轨道，提上去肯定一超越而普遍之道德精神实体"，此实体通过祭天、祭祖、祭圣贤而成为一有宗教意义之"神性之实""价值之源"，所以与人文世界没有隔阂，故可称为人文教，而肯定儒学为人文教，乃是面对国家之艰难，生民之疾苦，欲为国家立根本。④ 刘述先指出："儒化家

---

① 李申：《儒教是宗教》，《儒家与儒教》，四川大学出版社，2005，第116页。
② 李申：《〈中国儒教论〉后语》，《儒学与儒教》，四川大学出版社，2005，第549页。
③ 唐君毅：《中国文化之精神价值》，《唐君毅集》，群言出版社，1993，第273页。
④ 牟宗三：《人文主义与宗教》，《中国哲学的特质》，上海古籍出版社，2007，第129~134页。

庭祭祖，历代帝王祭天，似也不乏其宗教层面。吾人自当更进一步追问，由纯哲学的观点省察，依据儒家内在的义理结构，究竟是否必须肯定'超越'之存在。如果答案是肯定的，则儒家祭祀固不止只有实用教化的意义，而自有其深刻的宗教理趣。"① 就是说，儒学不仅在技术操作层面具有宗教性，在精神超越层面同样有宗教性。

综合观之，儒教三个向度的具体内容可以概括为：第一，从宗教角度诠释、展示儒学。任继愈、李申根据宗教学科所具备的要素对儒学的宗教内容进行了较全面的呈现；唐君毅、牟宗三等根据宗教的主要特点对儒学的宗教性进行了诠释和分析，指出儒教是一种人文教；康有为、汤恩佳、蒋庆则主要从宗教制度上对儒学进行解读和强调，使儒学的宗教式制度呈现出来。第二，从宗教角度肯定或否定儒学价值。制度儒教派康有为、汤恩佳、蒋庆和人文儒教派唐君毅、牟宗三、刘述先，言儒学为儒教，基本上都是持积极、肯定的态度，表彰儒教的历史作用和未来价值；但任继愈、李申言儒学为儒教主要是从消极、否定的角度出发的。第三，从宗教角度实现儒学的价值。汤恩佳认为只有从宗教的角度，儒学价值才能得到更好的实现；而蒋庆认为只有儒教的形式才能使儒学价值在解决政治问题、社会问题和人生问题上得到实现。第四，将宗教的方向确定为儒学的存活、开展方向。由于任继愈、李申将儒教视为封建宗法社会意识形态，所以儒教在他们那里不可能成为儒学存活、发展的方向；但在制度儒教派康有为、汤恩佳、蒋庆和人文儒教派唐君毅、牟宗三、刘述先那里，儒教必然亦应该成为儒学存活、发展的一种方向。如此，我们将20世纪初以来诠释并证明儒学为宗教，以宗教为坐标开掘儒学的宗教价值，主张通过宗教的形式发挥儒学的作用和价值，将宗教视为儒学存活和开展的方式与路径，并在时间上具有持续性，在空间上具有规模性，在主体上具有群众性的由宗教角度定位儒学的主张，称为"宗教儒学"。

政治儒学

考之当代中国儒学史，从"政治"角度研究、发展儒学者也是不乏其

---

① 刘述先：《儒家宗教哲学的现代意义》，《儒家思想与现代化》，中国国际广播出版社，1993，第51页。

人。儒家思想在政治方面有些什么特点？又有什么样的缺陷？也是儒家学者关注的问题。徐复观指出，儒家政治思想，从其最高原则来说，可称之为德治主义，从其基本努力的对象来说，可称之为民本主义；而把原则落到对象上面，则以"礼"经纬于其间。这就构成了儒家政治思想的三大内容——德治思想，民本思想，礼治思想。而儒家政治思想的特点是：对人的尊重和信赖。治者必先尽其在己之德，从而使人人各尽其秉彝之德。治者与被治者间，是德相与的关系，而非以权力相加相迫之关系。儒家思想很少着重于国家观念的建立，而着重于确定以民为政治的唯一对象，把民升到神的地位。因此，由德治思想，否定了政治是一种权力的观点，更否定了国家纯是压迫工具的谰言；由民本思想，而否定了统治者自身有特殊权益的观点，更否定了统治与被统治乃严格阶级对立的谰言。指出儒家政治思想的作用在于：第一，可把由势逼成的公与不争推上道德的自觉，民主主义至此才有其根基；第二，具有减轻暴君污吏的毒素的作用，但并不曾真正解决暴君污吏的问题，更不能逃出一治一乱的历史上的循环悲剧。而儒家政治思想的不足在于："总是居于统治者的地位来为被统治者想办法，总是居于统治者的地位以求解决政治问题，而很少以被统治者的地位去规定统治者的政治行动……这便与近代民主政治由下向上去争的发生发展的情形，成一极显明的对照。"①

对于儒家政道治道之改造，牟宗三有自己的构想。他认为，先儒于治道治权方面皆有所作为，但在政道政权上却始终未及；清初大儒对于君之限制与政权之更替仍不出传统观念之范围。而政权之不能常，政道之不能立，皆来之具体生命之具体动机，儒家道德教化礼乐纲维却不能想出一套办法消弭之。② 所以，牟宗三相应地提出了解决办法：改变以往儒学单纯以道德形式表现的局面，代之以国家形式表现；改变以往儒学以道德形式与天下观念相应和的局面，代之以与国家观念相应和。只有这样，才能尽到创建现代国家之责任。这样，政制既创，国家既建，然后政治之现代化可期。然而，怎样实现这两项转变呢？牟宗三认为：第一，在学术上应引

---

① 徐复观：《儒家政治思想的构造及其转进》，《儒家政治思想研究》，中华书局，2003，第186～189页。
② 牟宗三：《政道与治道》，《道德理想主义的重建》，中国国际广播出版社，1993，第115～127页。

入名数之学，因为它足以贯彻终始，而为极高极低之媒介，从而解决儒学在以往有极高之境地而无足一贯彻之困境。第二，在现实历史社会上建立国家民主政制。国家民主政制建立后，儒学高明之道才能客观实现于历史，才能有客观精神作集团之表现；而儒学高明之道就不再只表现为道德形式，不再只有个人精神与绝对精神。① 因此，儒家在政道方面的不足，虽可用"德化的治道"来补救，这"德化的治道"就是"顺存在的生命个体所固有的人性、人情、人道而成全之"，即"理性之内容表现"，但仁者可遇而不可求，所以"德化的治道"也是不容易实现的，因而还是需要西方近代民主制度，此谓"理性之外延表现"。唯有"理性之外延表现"，即建立民主政治，儒家仁政才容易实现。② 概言之，牟宗三给儒家政道政权开的药方就是两个：一是名数之学，二是现代民主制度。

政治儒学是否应成为儒学发展的一个方向，蒋庆对此做了肯定回答。他认为，政治儒学是儒学本有的传统，政治儒学的基本内容是：关注社会的完善和谐；关注当下变化着的活生生的历史存在；重视社会的政治实践；由经验角度看人性，生之谓性，性本非善，善乃后起；用制度批判人性和政治；有明确的政治理想；可以开出外王。儒学通过对政治的参与、关注、批判、建构而拓展自我生存、发展的空间。因此，政治儒学应成为当代儒学发展的方向。③ 而政治儒学的核心内容是"王道的三重合法性"，即："天"的合法性即超越神圣的合法性；"地"的合法性即历史文化的合法性；"人"的合法性即人心民意的合法性。认为王道政治代表了天道、历史、民意，能够最大限度地把统治的权力变成统治的权利，把国民的服从变成应尽的义务。王道政治要使"三重合法性"在"政道"上相互制衡。就是说，三重合法性任何一重合法性独大，都会带来政治的偏颇和弊端。而王道政治可以全面而完整地解决政治权力的合法性问题，构建起一个长期稳定的和谐的政治秩序。④

---

① 牟宗三：《儒家学术之发展及其使命》，《牟宗三集》，群言出版社，1993，第 141～142 页。
② 牟宗三：《中西哲学之会通十四讲》，上海古籍出版社，2007，第 227～228 页。
③ 蒋庆：《政治儒学：当代儒学的转向、特质与发展》，生活·读书·新知三联书店，2003，第 29～37 页。
④ 蒋庆：《政治儒学：当代儒学的转向、特质与发展》，生活·读书·新知三联书店，2003，第 202～210 页。

由"政治"角度考察儒学思想的不足及其成为现代社会积极资源的路径也为儒家学者所讨论。有学者认为，儒家长期致力于"内圣"之道，期望通过培养道德来建立权力运作的内在约束机制。儒家相信人性至善的无限可能性，认为肯定人的善良本性以及人格完善的无限可能性，鼓励人们通过后天道德工夫使自己达到万善无缺的人格境地，对中国两千多年的政治文化、政治制度产生深刻影响。但由于儒家是一元权力格局下的政治思维，其对于政治权力的制约受到根本性限制。因此，儒家传统的"内圣外王"政治哲学无法为建立现代民主和法治条件下的政治秩序提供思路。①有学者则对儒学如何成为现代社会的积极资源进行了独特的探讨，提出只有与共和政体结合起来，实现由道德统治到道德治理的转换，才可充当现代社会的组织资源。②当然，也有学者对儒家民本思想做否定性思考的，认为"民本"是专制权力的题内应有之义，是专制权力与生俱来的自我制约机制，它使作为一种资源组织方式的专制制度得以克服个人本能冲动导致的溢出和过度，从而维持其基本的现实把握能力。儒家"重民""保民"的治国主张，首先是设身处地为君主进行政治策动，它不可能走到君主的对立面而成为现代民主的生发者，但对儒家而言有一积极作用，就是通过"民本"增强了自己对君主说话的分量，扩充了参与权力的资本。③

可见，"政治向度"显然是 20 世纪初以来儒家学者们疏通儒学的另一条重要路径。具体表现为：第一，从政治角度诠释、展示儒家思想。徐复观所展示的是德治思想、民本思想、礼治思想三大内容；蒋庆则通过天、地、人三重合法性结构将儒家政治思想呈现出来。第二，从政治角度发掘儒家思想的价值。徐复观认为儒家政治思想具有"将由势逼成的公与不争推上道德的自觉、从而成为民主主义的根基，以及减轻暴君污吏的毒素"之价值。蒋庆认为儒家王道政治是具有普遍价值的智慧，按照这种智慧完全可以创造出新政治和新制度，因而儒家政治哲学不仅继续存在，而且还继续有效并能够不断与时俱进而得到永生。第三，从政治角度对儒家思想的缺陷进行了揭示和批判。徐复观认为儒家总是居于统治者的地位以求解

---

① 何显明：《儒家政治哲学的内在理路及其限制》，《哲学研究》2004 年第 5 期。
② 梁晓杰：《德治及其中国路径的比较与反思》，《孔子研究》2002 年第 3 期。
③ 李宪堂：《试论儒家民本思想的专制主义实质》，《历史教学》2003 年第 5 期。

决政治问题，所以与近代民主政治是有差别的。牟宗三认为，儒学在政道政权方面缺乏建设，即缺乏"理性之外延表现"（现代民主制度）。何显明认为，儒家传统的"内圣外王"政治哲学无法为建立现代民主和法治条件下的政治秩序提供思路。李宪堂甚至认为，儒家民本思想是专制权力应有之义，是为专制权力服务的。第四，从政治角度揭示儒家思想的特点。徐复观将儒家政治思想的特点理解为"治者与被治者间，是德相与的关系"。牟宗三将儒家政治思想特点概括为"德化的治道"。第五，通过政治的方式实现儒学的价值。蒋庆指出，儒学通过对政治的参与、关注、批判、建构而拓展自我生存、发展的空间。梁晓杰认为儒学如果能与共和政体结合起来，就可以实现由道德统治到道德治理的转换，才可充当现代社会的组织资源。如此，我们将20世纪初以来从政治角度对儒家思想进行阅读并呈现，对儒家思想的价值进行评估，揭示儒家思想的特点，实现儒家思想的价值，以此作为儒家思想存活、开展的方向，并在时间上具有持续性，在空间上具有规模性，在主体上具有群众性的由政治角度定位儒学的主张，称为"政治儒学"。

哲学儒学

　　考之当代中国儒学史，"儒学哲学化"是儒学发展中的一股强劲的思潮。在绝大多数场合，儒学界似乎都是以哲学的形式叙述儒学、讨论儒学、评论儒学，儒学史基本上被描述为哲学史。冯友兰是把儒学哲学化的开创人之一。在冯友兰的中国哲学史研究中，儒家思想都被系统地进行了哲学的诠释。冯友兰认为，哲学可分为宇宙论、人生论及方法论三部分，进而认为《论语》中"夫子之言性与天道"，即言及哲学之宇宙论（天道）和人生论（性）；而方法论部分只在宋明儒那里有所谓"为学之方"，但此"为学之方"，乃修养之方法，非求知识之方法。[1] 具体而言，冯友兰写孔子哲学、孟子哲学、荀子哲学，都是以宇宙论、人生论及方法论这样的格局写；冯友兰写中国哲学史的儒家部分，也就是将儒家思想哲学化的实践。冯友兰称其"新理学"为"最哲学底的哲学"，他将儒家思想中主

---

[1]　冯友兰：《中国哲学史》（上册），华东师范大学出版社，2000，第6页。

要范畴都以哲学来规定，来讨论，如太极、理、气、道、性、心、势等，而且用哲学的特性对儒家思想进行要求和诠释，因而所谓新理学，在很大程度上就是现代哲学化的宋明理学。冯友兰还很注重揭示儒家思想的哲学特性，比如他非常关注儒家哲学的境界论，将儒家哲学境界论进行系统开掘并加以哲学提升。因此可以说，冯友兰的儒家思想研究的实践，就是用哲学叙述儒学、整合儒学、提升儒学的实践，哲学不仅是儒学存活、发展的方式或路径，也是儒学价值实现之方式。贺麟提出的儒家思想开展的三个方向之一就是"以西洋哲学发挥儒家的理学"——"苏格拉底、柏拉图、亚里斯多德、康德、黑格尔之哲学与中国孔孟、程朱、陆王的哲学会合融贯，而能产生发扬民族精神之新哲学，解除民族文化之新危机，是即新儒家思想发展所必循之途径。使儒家的哲学内容更为丰富，系统更为谨严，条理更为清楚，不仅可作道德可能之理论基础，且可以奠定科学可能之理论基础。"① 并对"仁"做出"哲学"的解释："从哲学看，仁乃仁体。仁为天地之心，仁为天地生生不已之生机，仁为自然万物的本性。仁为万物一体、生意一般的有机关系和神契境界。简言之，哲学上可以说是有仁的宇宙观、仁的本体论。"②

熊十力认为中国古代著述虽无系统，但不能说没有哲学。他说："此土著述，向无系统，而浅见者流，不承认此土之哲学或形而上学得为一种学。"③ 熊先生在 20 世纪 50 年代与梁漱溟先生的信中还提到，他著书就是要建构一套宇宙论，因为宇宙论建构起来后才好谈身心性命之切实工夫；并认为他的这种作为，同时也是受西方发达哲学的刺激。④ 而在实践上，熊十力建立起即体即用的本体论，并用即体即用的本体论哲学诠释孔孟儒学和宋明新儒学。牟宗三之儒学，其哲学形态更完整更细密更精巧。牟宗三以其熟稔西方哲学的优势，对儒家思想进行了全面的哲学化诠释。他指出："儒家唯因通过道德性的性体心体之本体宇宙论意义，把这性体心体转而为寂感真几之'生化之理'，而寂感真几之生化之理又通过道德性的性体心体之支持而贞定住其道德性的真正创造之

---

① 贺麟：《儒家思想的新开展》，《贺麟选集》，吉林人民出版社，2005，第 133 页。
② 贺麟：《儒家思想的新开展》，《贺麟选集》，吉林人民出版社，2005，第 134 页。
③ 郭齐勇编《现代新儒学的根基》，中国国际广播出版社，1996，第 9 页。
④ 郭齐勇编《现代新儒学的根基》，中国国际广播出版社，1996，第 348 页。

意义，它始打通了道德界与自然界之隔绝。这是儒家‘道德的形上学’之完成。"① 换言之，儒家哲学就是道德的形上学。实际上，牟宗三不仅用哲学对儒学进行全面的诠释，使儒家思想系统成为哲学系统，而且使儒学的形上水平提到一个新的高度。在牟宗三手中，儒家思想不再是零碎的、无序的、缺乏逻辑的，而是整体的、有序的、具有严密逻辑体系的，是一现代形而上学。

　　成中英、杜维明等似乎更感到儒学哲学化的紧迫性，他们分别用各自熟悉的西方哲学理论学说来诠释、架构儒学，使儒学哲学的形式多样化。成中英提到中国哲学能有资格与世界哲学对话条件时说："具有西方哲学素养，并能以现代形式陈述出来。"② 认为通过西方哲学使中国哲学在本质上更显丰富，在内容上更为充实，在形式上更为现代。成氏还将怀德海的哲学与宋明儒学进行了比较研究，使宋明儒学的哲学内容和特性以怀德海方式呈现出来，当然同时呈现的也有二者的差异。而杜维明所提出的儒学发展前景之一，就是儒学研究必须从不探求价值、不深扣哲理、不研究宗教的传统汉学的实证和实用主义里解脱出来，和西方的社会学家、哲学家、神学家和比较宗教学家进行长期而全面的对话，使儒学能对今天国际思潮中提出的大问题有创建性的反应，才能在欧美学术界做出自己的贡献。③ 所谓探求哲理就是探求儒学的哲学性，所谓接受西化的考验，其中也包括接受西方哲学的考验，因此，杜氏所强调儒学现代化自然包括哲学化；而形上性理论建构、以西学为坐标展开对儒学价值的开采则是杜维明所追求的儒学开展方向之一。

　　有学者对儒学发展的路径提出了看法，认为儒学必须面对已经大大改变了的社会历史环境，面对当下生活中诸种矛盾和问题，在与种种现代思潮的相互影响、相互作用中，积极谋求自我调整、转化和充实，进而寻求切入实际生活的现实途径。儒学必须切实面对现实生活和时代发展中的诸种矛盾和问题，来谋求提升、转化和发展之道。④ 而且，儒学的生命力或

---

① 牟宗三：《心体与性体》（上册），上海古籍出版社，1999，第155页。

② 成中英：《中国文化的现代化与世界化》，中国和平出版社，1988，第14～16页。

③ 杜维明：《儒学第三期发展的前景》，《现代精神与儒家传统》，生活·读书·新知三联书店，1997，第408～425页。

④ 郑家栋：《断裂中的传统》，中国社会科学出版社，2001，第625页。

许并不在于一般地适应社会历史的发展，而在于基于某种人性、人道、人文的立场对社会历史的发展进行某种理想性的批判，正是此种思想与历史之间的张力为儒家提供了存活和发挥作用的空间。① 这是非常典型的儒学哲学化诉求。也有学者根据"哲学"要求，对儒家思想"哲学元素"进行了讨论。如认为《易传》中有儒家道德形上学体系，"生生之为易"之易道是儒家道德的根据，《易传》是儒家形而上学体系的建立。② 如认为中国哲学的形而上学在孔子以前就有，孔子对中国哲学形而上学的构建和系统化起到了关键作用，认为通过孔子对《周易》的编辑、对其思想的继承、对《易传》思想体系的影响，可以看出孔子对中国哲学的贡献。认为《易传》的道论就是儒家的道论，就是儒家形而上学。③ 还有学者对儒家哲学特点进行了独到研究，认为儒家哲学关注世界之"在"与人自身存在的关系，所展开的是一种存在与价值、本体论与价值论统一的形而上学路向，这种进路不同于思辨的形而上学，其中蕴含着实践意义。④ 此外，在通常研究儒学的文章中，基本上都是按照本体论、宇宙论、人生哲学、变易观、社会哲学、历史哲学、认识哲学、道德哲学门类等进行探讨，这无疑都是哲学模式的探讨。而另外一个事实是，当今儒学研究群体绝大多数在大学哲学系和社会科学院哲学研究所，这也说明，"哲学形式"是当今儒学的基本表现形式之一。

可见，儒学哲学化的确也是20世纪初以来儒学自我诉求之一。具体表现为：第一，以哲学的形式诠释儒学、呈现儒学。冯友兰将儒学史写成哲学史，按照哲学的要素将儒家思想的哲学因素呈现出来；牟宗三对儒学的哲学性进行较深入的探讨，其所呈现的儒学是典型的现代哲学化的儒学；贾海涛将孔子思想所具有的哲学性微观地进行了呈现。第二，以哲学评估儒学、探讨儒家思想的哲学特征。冯友兰认为，由形式看，中国可以说没有哲学，由内容看，中国则有丰富的哲学；杨国荣认为儒学形上学所展开的是存在与价值、本体论与价值论统一的形而上学。第三，强调儒学通过哲学的形式发挥作用、落实价值。郑家栋认为儒学应该通过哲学化的反思

① 郑家栋：《断裂中的传统》，中国社会科学出版社，2001，第51页。
② 朱翔飞：《孔子与〈易传〉》，《周易研究》2002年第1期。
③ 贾海涛：《孔子形而上学新探》，《哲学研究》2006年第3期。
④ 杨国荣：《儒家的形上之思》，《浙江学刊》2004年第4期。

检讨体现它的社会价值；牟宗三将儒学进行哲学的改造，使之成为哲学式体系；熊十力、冯友兰整理儒学哲学化的历史，探索儒学哲学化的历史和规律。第四，将哲学视为儒学存活和发展的途径。熊十力、贺麟、成中英、郑家栋等都将哲学看成儒学存活、发展的重要途径。如此，我们将20世纪初以来从哲学角度对儒家思想进行诠释并呈现，对儒家思想的价值进行开掘和评估，揭示儒家思想的特点，实现儒学的价值，将哲学作为儒家思想存活、开展的方向，并在时间上具有持续性，在空间上具有规模性，在主体上具有群众性的由哲学角度定位儒学的主张，称为"哲学儒学"。

伦理儒学

儒学本来就是以伦理为核心的学说。这个特点面对现代化、全球化、经济化浪潮时表现得更为突出。现代儒学学者对儒家思想重大贡献之一，就是对儒家思想中的伦理元素及其价值的不遗余力阐发和创新。虽说伦理本来就是儒家思想的固有元素，但学者们还是对此问题进行了规定。梁漱溟认为，中国是以道德代宗教的社会。他说："宗教在中国卒于被替代下来之故，大约由于二者：安排伦理名分以组织社会；设计礼乐揖让以涵养理性。……此二者，在古时原可摄于一'礼'字之内。在中国代宗教者，实是周孔之'礼'。不过其归趣，则在使人走上道德之路。"[1] 根据梁氏的观点，周孔之"礼"代替宗教，周孔之礼即道德。所以伦理道德即是儒家核心内容，而"行仁义"乃儒家之真精神。唐君毅认为，儒家思想的归属就是道德。他说："儒家近理想主义，而性即理、心即理，尽心知性以成己成物，即知天事天，则归宿于道德。"[2] 张君劢指出，一种学说能否称为伦理学的根据是要拥有四项基本观念：善、己、人性、心。儒学有此四者，故儒学亦为伦理学。[3] 李书有指出，儒学的伦理特征主要表现在：第一，孔子少言天道，重视人道，建立"仁"与"礼"相结合包括孝悌、忠恕、智、勇、信、义等道德范畴体系，并从道德论引导出"为政以德"的

① 梁漱溟：《以道德代宗教》，《梁漱溟选集》，吉林人民出版社，2005，第207页。
② 唐君毅：《人文精神之重建》，《唐君毅集》，群言出版社，1993，第81页。
③ 张君劢：《儒家伦理学之复兴》，《儒家伦理思想研究》，中华书局，2003，第113～121页。

德政论；第二，孟子继承、发展了孔子关于"仁"的思想，提出仁、义、礼、智是人生而具有的"良知""良能"，建立起性善论，为孔子仁学提供了人性论根据，继而提出仁政论，以性善论为基础，提出了存心、知性、知天的反省内求修养论；第三，荀子研究的中心问题也是人道理论，继承了孔子关于"礼"的思想，注重道德规范的探求，提出性恶论，提出"化性起伪"的复性方法，建立了学、思、行并重的修养论。而且，汉以后的儒家思想，仍然是以伦理为特征。① 可见，将儒学视为具有伦理特色的思想已是一种共识。

既然儒家思想是一种具有伦理特色的思想，那么，儒家伦理思想的内容究竟怎样呢？首先，那些原理式中国伦理学史、儒家伦理思想史、中国传统道德研究之类的著作，都是对儒家伦理思想系统性的呈现。比如，张岱年将儒家伦理思想由"八个问题"呈现出来：一是意识人性问题（道德起源问题）；二是道德最高原则与道德规范问题；三是道德与经济关系问题；四是公利与私利、道德理想与物质利益关系问题；五是客观必然性与主观意志自由关系问题；六是动机与效果问题；七是伦理学与本体论关系问题；八是修养方法问题。② 此外，学者们还从政治伦理、军事伦理、生命伦理、经济伦理、生态伦理、公共伦理、家庭伦理、婚姻伦理、人口伦理、科技伦理等角度对儒家伦理思想展开整理、诠释和呈现。有学者就从"行为规范"、"支持精神"和"相关思想"三个方面来发掘、诠释并呈现儒家生态伦理思想资源，指出在"行为规范"方面，儒家所主张的规范可以归纳为一种"时禁"，支持的精神主要是一种"天人合一"与自然和谐的精神。另有两个对环境保护起到积极作用的思想：一是涉及对经济及物欲的看法，即限度和节欲的观念；一是涉及对人和事物的一种基本态度，即一种中和、宽容、不走极端、"不为己甚"的态度。③ 也有学者对儒家经济伦理思想进行了较系统的开掘、整理、叙述和呈现，认为儒家经济伦理主要内容有：强国富民思想（包括"治国平天下、利民惠民、减税薄赋"等）、重义轻利思想（包含"义利并求、以义导利、义而富贵"等）、天

---

① 李书有：《中国儒家伦理思想发展史》，江苏古籍出版社，1992，第9页。
② 张岱年：《中国伦理思想研究》，《张岱年选集》，吉林人民出版社，2005，第355～365页。
③ 何怀宏：《儒家生态伦理思想述略》，《中国人民大学学报》2002年第2期。

人合一思想（包括"天人相分、天人合一、顺应自然"等）、农本商用思想、诚信谦和思想、公平合理思想、勤俭廉洁思想等，将儒家经济伦理精华概括为："仁"为经济动因论，"和"为经济关系论，"中"为经济方法论，"稳"为经济状态论，"实"为经济效能论，"俭"为经济品格论。[①]这样，儒家思想就从多个伦理角度被展示出来。

　　儒学内含丰富伦理思想已不是问题，那么，儒家伦理思想有些什么特点呢？张君劢揭示的特点是：善恶是非之辨存于一心，所以辨之者为良心之觉察；辨别是非，在乎行其所当为，乃有人心道心之分；存养省察，就自己之意、情、知三方面，去其不善以存其善，而尤贵乎动机之微处克治之；视自己为负责之人，本良心以审判之；不独知之，又贵乎行。[②] 张岱年认为儒家伦理有三大特点：肯定人在天地之间的重要地位；承认人与自然的统一关系；注重道德实践。[③] 李书有指出儒家伦理具有三大特征：宗法性、政治性、实践性。[④] 李承贵认为，儒家伦理道德有三个特点：德性乐观主义、德性实用主义、德性必然主义。[⑤]

　　既然儒家思想是一种具有伦理特质的思想，那么由伦理角度发掘、诠释儒家思想的价值便成为一种内在需要。刘述先认为，儒家伦理中有些超越性原则，比如"仁心"、处理义利关系的智慧等在今天仍具现实意义。[⑥] 陈来认为，儒家伦理可在个人工作伦理、共同体内伦理、共同体间伦理三个层次上表现出它的价值。就个体的生活伦理来说，儒家提倡的勤劳、俭约、忍耐都可成为经济生活中的重要伦理规范；就共同体内伦理来说，儒家注重的家族主义及个人服从整体的"和"原则将产生积极作用；就共同体间伦理来说，儒家的"信""诚"可以成为共同体之间的依赖环境。所以，儒家伦理在规范、整合上对于市场经济而言无疑是非常有价值的精神资源。[⑦] 有学者认为，

---

① 戴斗勇：《儒家经济伦理精华》，中国文联出版社，2000，第13、98页。
② 张君劢：《儒家伦理学之复兴》，《儒家伦理思想研究》，中华书局，2003，第113~121页。
③ 张岱年：《中国伦理思想研究》，《张岱年选集》，吉林人民出版社，2005，第355~365页。
④ 李书有：《中国儒家伦理思想发展史》，江苏古籍出版社，1992，第1~9页。
⑤ 李承贵：《中国传统德性智慧的三个来源》，《福建论坛》2005年第2期。
⑥ 刘述先：《儒家伦理哲学的现代意义》，《儒家思想与现代化》，中国国际广播出版社，1993，第41页。
⑦ 陈来：《传统与现代——人文主义的视界》，北京大学出版社，2006，第202页。

儒家思想——天下归仁、世界大同、义利统一、待人如己、执两用中、天人合一、和而不同、以直报怨、诚实守信、扶贫济弱等，都具有"全球伦理资源"价值。① 有学者认为，儒家伦理中的"忠""恕""孝""悌""信""义""礼""让"，都是最为重要的伦理观念，它们都可以与时俱进，可以实践于当代而不受时间影响。② 当然，也有学者从伦理角度讨论了儒家思想的消极面问题。刘清平对儒家伦理的道德理性说提出质疑，认为儒家伦理本质上是情理精神，即特殊主义的血亲情理精神，因此，儒家伦理往往依据血缘亲情的本根至上性，将特殊性血亲关系凌驾于普遍人际关系之上，允许人们在特殊性的血情伦常中拒斥那些普遍性的道德理性原则，奉行"内外有别"的道德原则，在现实上就可能导致忽视普遍性公德的现象，诱发奉行多种道德标准现象。③

　　没有疑问，"伦理"显然是 20 世纪初以来儒学学者对儒家思想的开掘、整理、诠释和呈现的一个向度。具体表现在：第一，从"伦理"角度对儒家思想展开诠释和呈现。张岱年将儒家思想用"八大伦理"问题呈现出来，何怀宏则从"行为规范"、"支持精神"和"相关思想"三个方面呈现儒家伦理思想。第二，从"伦理"的角度开掘、评估儒家思想中的伦理资源和伦理智慧。刘述先认为儒家处利关系的智慧对于现代社会仍有其独到价值，陈来认为儒家伦理在个人工作伦理、共同体内伦理、共同体间伦理可发挥积极作用。第三，从"伦理"的角度对儒家思想的特征或缺点进行揭示和检讨。张君劢认为儒家伦理是反省的、自责的、贵行的，李承贵认为儒家伦理具有德性乐观主义、德性实用主义、德性必然主义三大特点。刘清平认为儒家伦理的本质是血亲情理。第四，将"伦理"视为儒家思想存活、开展的路径。梁漱溟所谓以道德代宗教，张君劢、唐君毅所谓儒学可归为伦理学，以及刘述先、陈来、戢斗勇等从伦理角度对儒家思想的现代价值的诉求，都显示出将伦理作为儒家思想开展路径的思考和认同。如此，我们将 20 世纪初以来从伦理角度对儒家思想进行阅读并呈现，

------

① 戢斗勇：《儒家全球伦理》，甘肃人民出版社，2004，第 82~279 页。
② 胡楚生：《弘扬儒家伦理思想的精蕴》，《儒家伦理思想研究》，中华书局，2003，第 487 页。
③ 刘清平：《儒家伦理：道德理性还是血亲情理?》，《儒家伦理思想研究》，中华书局，2003，第 468 页。

对儒家思想的价值进行评估，揭示儒家思想的特点，实现儒家思想的价值，将伦理作为儒家思想存活、开展的方向，并在时间上具有持续性，在空间上具有规模性，在主体上具有群众性的、由伦理角度定位儒学的主张称为"伦理儒学"。

生活儒学

考之当代中国儒学发展史，主张儒学关注生活、走向生活的诉求越来越强烈。儒学学者们在不同时间、不同场合都对儒学提出了生活化的要求。余英时认为，在历史上，儒家思想之所以成为主流，在于它的建制化。而儒学的"建制"自明清以降便走向解体，至晚清则基本上不复存在，所以儒学的现代出路恰恰在于"日用常行"领域，在于日常人生化，因为只有这样，儒家就可以避免建制而重新产生的精神价值方面的影响力问题。而且，儒家如要对自身的智慧落实有所交代，也必须面对现代社会所提出的问题。① 在余英时看来，儒学不再可能建制化，所以儒学的出路只有在"建制"外去寻找。"建制"外所寻找的结果就是日常生活化，而且儒学由精英走向大众是正常的，也是必然的，所以，如果希望儒学未来还有所作为，那么就应该考虑它的形式，何种路径才是儒学继续走下去的希望，而情绪化、不实事求是地弘扬儒学，是没有效果的。霍韬晦认为，第三代新儒学如果真的要突破前人，有自己的建树，他们的工作便不能以学院自限，或单从事观念层面的建构，而要走出学院，走向社会，走向生活，寻求体检，从生命和时代的存在感受中发掘资源，这样将会有更大的生存空间，对历史文化有更大的贡献。儒学的智慧，就是以知识来指导行动，以行动来成长生命，进而体会生命自身的要求。②

儒学生活化看来是不可避免，那么儒家思想自身有无"生活化"元素呢？龚鹏程认为这是肯定的。他指出，儒家之学本来是上下一贯的，故孔子论仁，辄在视听言动合礼处说。但后世儒家越来越强调形而上谓之道部分，忽略了视听言动衣食住行等形而下谓之器部分。孟子所谓大体、小体

① 余英时：《现代儒学论》，上海人民出版社，1998，第441页。
② 霍韬晦：《世纪之思：中国文化的开新》，香港法住出版社，1998，第69页。

之别，并不是教人只修大体而歧视小体（养形），养形也很重要。明清以降，社会上出现的反礼教、反道学的言论，也是由于后世儒者能在生活上体现礼乐之美。因此，现今应将"生命的儒学"转向"生活的儒学"。儒家政治哲学重在政。政者，正也，讲的是君主风化教养百姓，以使其安居乐俗。① 在龚鹏程看来，生活儒学的应该性可由两方面得到说明：第一，儒学的本来结构就是上下一贯的，就是说，儒学既有形而上的部分，也有形而下的部分，既有"道"的部分，也有"器"的部分，既有精神部分，也有物质部分；第二，由儒学发展历史看，明清以降，之所以出现反道学、反礼教的言论，正说明儒学关注生活、走向生活之必要。而且，生活儒学不仅是儒学本有特质，对于儒学的现代开展也有价值："现今应将生命的儒学，转向生活的儒学。扩大儒学的实践性，由道德实践而及生活实践、社会实践。除了讲德行美之外，还要讲生活美、社会人文风俗美。修六礼、齐八政、养耆老而恤孤独、恢复古儒家治平之学，让儒学在社会生活中全面复活起来，而非仅一二人慎独于荒斋老屋之间，自尽其心自其知性而自谓能上达于天也。"②

　　有学者指出，生活儒学实际上儒学的一种内在性要求。这是因为：首先，儒学主要属于生活类型的学问。儒家对公共生活极为重视，致力于协和生活，使生活秩序井然，所谓"君令臣共、父慈子孝、兄爱弟敬、父和妻柔"；儒家也重视物质生活的丰盈，强调物质生活的基础地位，所谓"闰以正时，时以作事，事以厚生"；儒家还重视精神、情感生活的提升，追求生活的多姿多彩，所谓"今之孝者，是谓能养。至于犬马，皆能有养；不敬，何以别乎？"可见，精神生活的质量也是儒家所追寻的。总之，公共生活、物质生活和精神生活都是儒家所关注所追求的，儒学是一门不折不扣的生活型学问。其次，儒学的风格也是极生活化的。儒学的语言极为朴实无华，从不矫揉造作；儒学对事物的态度也极生活化，儒家认为"生"和"死"都是自然之象。儒家也强调学问的生活化，认为生活是学问之源，没有脱离生活的学问。儒学所讨论的是"宜兄宜弟"，所关心的

---

① 龚鹏程：《迈向生活儒学的重建》，《当代新儒学探索》，上海古籍出版社，2003，第201页。

② 龚鹏程：《迈向生活儒学的重建》，《当代新儒学探索》，上海古籍出版社，2003，第203页。

是"人情、人义、人利、人患"，皆为饮食男女之事；儒家所追求的理想人格也是生活化的，主张圣人就在生活中，人人皆可成圣人，所谓"路途之人皆可为尧舜"。再次，儒学的最高追求是生活。孔子追求的是一个有秩序而无战争、富裕而无贫穷、文明而远离愚昧的社会，在这种社会里，百姓安居乐业，喜气洋洋。儒家注重个人道德修养和公共道德建设，主张建构德性生活。儒学的所有政治主张都不是以政治本身为目的，而是以生活的富足和提升为目的的。所以，儒学的最高追求是使理想生活化，使生活理想化。儒学就是使人们在生活中表现出一种精神，一种价值。生活与儒学是相互滋润的。所以，由学问类型、为学风格和最高追求看，生活是经典儒学的真爱，生活儒学是经典儒学的一种内在性。而且，生活儒学对于儒家思想的开展具有特别意义：一，儒家思想资源能获得更积极、更健康的更新；二，儒学生存、发展的空间会得到空前提升和扩展；三，儒学的价值才有真正的落实。①

不难看出，儒学生活化也是 20 世纪初以来儒家学者们的主要诉求之一。具体表现为：第一，根据"生活化"要求对儒家思想中关心生活、建构生活、提升生活的理念和智慧进行开掘、整理和呈现。如龚鹏程对儒家思想中有关"生活原则""生活要求""生活行为"等方面的文献进行的开掘和整理；如李承贵认为无论从学问类型、为学风格和根本追求看，儒学都表现出生活化的特质，因而是儒学的内在性。第二，根据"生活化"要求对儒家思想的价值进行诠释和评估。霍韬晦认为儒学离生活太遥远，儒学应该从贵族化走向草根化、从精英化走向大众化；龚鹏程认为，儒学本来就具有关心生活、营养生活、建构生活的功能。第三，根据"生活化"揭示儒家思想的特点。龚鹏程指儒学是精神生活与物质生活兼顾的学说，李承贵认为儒学作为生活类型的学问表现为其在精神生活、公共生活、物质生活三大领域的特殊作为。第四，将"生活化"作为儒家思想价值落实的方式。余英时认为，儒学若要在现代社会落实其价值，日常生活化是唯一途径。霍韬晦认为，儒学只有走向社会，走向生活，才会有更大的生存空间，才能对历史文化有更大的贡献。龚鹏程认为，只有生活儒学才能扩大儒学的实践性，使儒学由道德实践走向生活实践、社会实践，从

---

① 李承贵：《生活儒学：当代儒学开展的方向》，《新华文摘》2004 年第 11 期。

而拓宽儒学开展的路径。李承贵认为，儒学生活化不仅有助于儒学价值的实现，而且可为儒学的生长开辟广阔路径。如此，我们将 20 世纪初以来从生活角度对儒家思想进行阅读并呈现，对儒家思想的价值进行评估，揭示儒家思想的特点，实现儒家思想的价值，将"生活"作为儒家思想存活、开展的方向，并在时间上具有持续性，在空间上具有规模性，在主体上具有群众性的由"生活"角度定位儒学的主张，称为"生活儒学"。

五种形态的意蕴

如果说儒学在当代中国的发展有什么主要特点，那么这个特点就是由宗教儒学、政治儒学、哲学儒学、伦理儒学、生活儒学等五种形态构成了儒学生存、发展的基本格局。儒学正是通过这些形态展示着自身的魅力，实现着自身的价值，发挥着自身的影响，延伸着自身的生命。现在我们想知道的是，此五种形态是否内含着值得进一步显发的意蕴呢？

其一，五种形态所反映的是时代实践对儒学价值的多元要求。儒学何以在当代中国出现内容、作用明显不同的五种形态？最合理的回答可能是时代实践的要求。翻开一百年余年的中国史，在西方文明的冲击下，在传统与现代的交锋中，中国人的心灵一直被敲打和撞击着，人无所依，心无所安，精神世界一片迷惘。个人精神的寄托和民族精神的凝集，宗教的需求自然被提了出来。"宗教儒学"就是这样背景下的产物。儒学的政治诉求本来就内在于传统儒学中，所谓"外王"就是要有所作为，就是要齐家治国平天下。20 世纪初以来，西方政治文明的进入，中国政治在理念和制度上相形见绌，所以"政治儒学"的提出，一方面是对儒学"外王"的现代期盼，另一方面是对政治理念和制度的现代化诉求。在与西学交锋的一百余年中，儒家学者逐渐明白一个道理，那就是儒学若要与西学交流、对话，让儒学进入西方学术思想界，必须在话语形式上进行改变和调整，也就是使儒学哲学化，而且这是必由之路。因此，"哲学儒学"主要是对儒学的哲学理论形式、思辨性提升的渴望，以求得与西方学术平等对话的方式和资格。20 世纪初以来，一方面，伦理秩序混乱，道德水准滑坡；另一方面，西方道德伦理又在中国尽显风采。如此，对儒学的伦理价值诉求，一方面来自社会历史实践的需要，另一方面来自身价值独特性论证之需求，"伦理儒学"也就应运而生了。然而，宗教儒学、政治儒学、哲学儒学、伦理儒学，无一能离开生活，因为儒学的宗旨是服务生活、提升生活。而在过去一百多年的时间里，儒学却离生活越来越远，与普通百姓越来越陌生，儒学要在现代社会发挥它的作用、体现它的价值，就应该回到广大群众中，与生活融为一体。由此，"生活儒学"希望儒学在生活中有所作为，将儒学价值体现于生活中。可见，儒学之所以呈现为五种形态，本质上是时代实践对儒学的价值要求使然。

其二，五种形态所反映的是儒学发展多元化走向。首先，既然儒学的五种形态的形成根源于时代实践的要求，也就是说，宗教儒学、政治儒学、哲学儒学、伦理儒学、生活儒学的出现，并不是空穴来风，而是有时代实践根据的，是时代实践对儒家思想价值多样性要求使然，这就意味着儒学多元化走向已是儒学开展的必然趋势。其次，儒学五种形态本质上也是儒学在当代背景下寻找出路以求得新开展的努力和方式，并实在地承担起了传承、发展儒家思想和实现儒家思想价值的使命，因而儒学多元化走向不是儒学生命的衰竭，而是儒学生命力的复苏，对儒学的现代开展而言是有利的。再次，儒学五种形态既然是为了适应变化着的社会历史环境而对儒家思想展开的多种诠释之结果，这就意味着儒家思想通过这种诠释会在价值上表现出更强、更普遍的适应性。既然儒家思想可以通过宗教儒学、政治儒学、哲学儒学、伦理儒学、生活儒学等形态将自身价值的丰富性表现出来，而且可以使儒家思想实现由特殊到普遍的转换；那么，儒学开展的多元化走向实在是儒学自我生存的重要路径。如此，儒学五种形态也就警示着当今的儒学研究者们：不宜将不同儒学形态的主张者视为狭隘的民族主义，不应将不同儒学形态的主张者视为别有用心、自封为王，不应将不同儒学形态的主张者视为痴心妄想，更不应简单地将他人发展儒学的努力判为某种政治阴谋。《中庸》说，万物并育而不相害，道并行而不相悖。儒学五种形态的形成正是儒学这种宽容、平等、和谐、共生思想的现代体现。因此，我们应该以一种平等、包容、肯定之积极健康的心态，将儒学五种形态视为儒学生生精神的体现，视为儒家学者对儒学发展的热情和智慧。

其三，五种形态所反映的儒学发展的基本原则是继承创新。儒学的开展是与传统决裂，还是回归传统？抑或立足传统，开创未来？儒学五种形态明白无误地告诉我们，继承传统、开创未来是儒学开展所必须坚持的基本原则。这是因为：五种形态都遵循了从古典儒学中寻找根据的路径。宗教儒学为了证明自身的合理性，自觉地回到古典儒学中寻找"宗教"元素；政治儒学为了证明自身的合理性，自觉地回到古典儒学中寻找"政治"元素；哲学儒学为了证明自身的合理性，自觉地回到古典儒学中寻找"哲学"元素；伦理儒学为了证明自身的合理性，自觉地回到古典儒学寻找"伦理"元素；生活儒学为了证明自身的合理性，自觉地回到古典儒学中寻找"服务生活"元素。由此，古典儒学中的宗教、政治、哲学、伦理、服务生活等方面的资源、智慧和价值被开掘、继承下来。但是，五种形态都是面对现代社会挑战才形成的。也就是说，五种形态的儒学都是立足现代社会的各种问题和要求而对古典儒学进行的开掘、改造、创新：宗教儒学包含了对古典儒学中宗教元素的继承、整合和创新；政治儒学包含了对古典儒学中政治元素的继承、整合和创新；哲学儒学包含了对古典儒学中哲学元素的继承、整合和创新；伦理儒学包含了对古典儒学中伦理元素的继承、整合和创新；生活儒学包含了对古典儒学中服务生活元素的继承、整合和创新。所以我们说，五种儒学形态向我们展示的儒学发展原则是：继承传统的儒家思想，在继承的基础上开创儒学的未来。

其四，五种形态使儒学的价值、特点及不足的多样性呈现出来。儒学五种形态从宗教、政治、哲学、伦理、生活等角度将儒学的价值、特点及不足呈现出来。首先，五种形态的形成和开展，使儒家思想在宗教、政治、哲学、伦理、服务生活等方面的价值凸显出来，这些价值包括儒家思想中本有的价值和根据五种形态各自特点引申出来的价值。比如，儒学在宗教上具有生命安顿和凝集心力的价值；在伦理上有协调个人之间、个人与社会、个人与自然关系的价值；在政治上则有"将历史必然趋势造成的公与不争推上道德的自觉，从而成为民主主义的根基"之价值。其次，五种形态的形成和开展，使儒家思想在宗教、政治、哲学、伦理、生活等方面的特点凸显出来。比如，儒学在政治的上特点是"德化的治道"，或"治者与被治者是德相与关系"，而在伦理上的特点有乐观性、实用性和必然性。最后，五种形态的形成和开展，也使儒家思想的缺点由宗教、政治、哲学、伦理、生活等角度显露出来。比如，儒学在政治上有"解决问题由上而下思考"之不足，在哲学上有"缺乏现代哲学表述形式"之不足，在伦理道德上则有"诱发奉行多种道德标准"之不足。并在此基础上提出了相应的纠正、补救方式。因此，当代儒学的五种形态，既是对儒家思想的价值、特点和缺点的全方位的凸显，也是对儒家思想的新的整合和完善，是儒家思想的新发展。

其五，五种形态对儒学由古代向现代转换做出了历史性贡献。古代儒学内含有丰富的思想资源，这种资源只有转换成现代形式，才能服务于现代社会。儒学五种形态在这方面无疑是做出了杰出贡献的。首先，儒学的五种形态使儒学在知识形态上实现着由古代到现代转换。宗教儒学是根据宗教学知识对古代儒家思想中的宗教知识元素进行分类和整理，使之转换成现代宗教知识；政治儒学是根据政治学知识对古代家思想中的政治知识元素进行分类和整理，使之转换成现代政治知识；哲学儒学是根据哲学知识对古代儒家思想中的哲学知识元素进行分类和整理，使之转换成现代哲学知识；伦理儒学是根据伦理学知识对古代儒家思想中的伦理知识元素进行分类和整理，使之转换成现代伦理知识；生活儒学是根据服务现代生活的要求对古代儒家思想中的"生活知识"元素进行分类和整理，使之转换成服务生活的知识。因此，宗教儒学、政治儒学、哲学儒学、伦理儒学、生活儒学的形成，实际上在知识形态上实现着古代儒学向现代儒学的转换。其次，儒学的五种形态使儒学在思想上实现了由古代到现代转换。我们看到，儒学五种形态中，无不渗透着儒家学者对古代儒家思想进行诠释、创造的智慧，而儒家学者的诠释、创造活动无一不是以现代人类实践为背景的。也就是说，正是现代儒家学者立足于现代人类实践所展开的对古代儒家思想的诠释、创造活动，使儒家思想实现着由古代向现代的转换。比如，在宗教儒学中，将儒家思想中的宗教元素诠释、改造为"人文宗教"；在政治儒学中，将儒家思想中的政治元素诠释、改造为"民主政治"；在伦理儒学中，将儒家思想中的伦理元素诠释、改造为"公民伦理"。因此我们可以说，儒学五种形态的形成，也意味着儒家思想实现着由古代向现代的转换。最后，儒学的五种形态为儒学实现由古代向现代转换提供了可资参考的范式。既然儒学五种形态在知识形态上、在思想上都使儒学实现着由古代向现代的转换，那么，这种转换实践本身及其所积累的经验和教训，都将成为儒学未来开展的参考，使儒学在未来的开展更为顺利，更富成效。

总之，当代儒学的五种形态，不仅反映了儒家学者对儒学自身命运的深切忧虑，也体现了儒家学者对中华民族命运的深沉关怀，而对中国现代性价值资源的探寻是他们释放这种忧虑和落实这种关怀的具体实践。在这种波澜壮阔而又艰难困苦的实践中，儒学在被赋予全新、重大而庄严使命的同时，也被注入了新的内涵和价值，这并不是一种所谓的儒学普遍主义的追求，而是一种在思想逻辑与历史逻辑张力之间儒学的自我调适和自我创新，是一种对生命的安顿、对民族的铸魂之伟大实践。

《天津社会科学》2008 年第 6 期，中国人民大学复印报刊资料《中国哲学》2009 年第 2 期

十二　论宋儒重构儒学利用
佛教的诸种方式

"儒学在宋代的复兴与佛教有着密切关联"已成为学界的共识；然而，对于宋儒在恢复、重构儒学时利用佛教的具体方式和路径却少有人探究，而这却是回答"佛教在宋代新儒学复兴过程中的作用"问题的关键。故此，本文拟对宋代儒家学者利用佛教的诸种方式展开探讨，并由此解释相关问题。

否定肯定式

所谓"否定肯定式"，就是通过对佛教某种思想或观念的否定，直接将儒学中与之对立的思想或观念加以凸显和恢复。在宋儒看来，儒家思想的式微乃是由于佛教的盛行，而佛教中某些观念正是与儒家思想相悖的。因此，要恢复儒家思想即意味着对佛教思想观念的批判和否定。正如朱熹所说："异端之害道，如释氏者极矣。以身任道者，安得不辨之乎！如孟子之辨杨、墨，正道不明，而异端肆行，周孔之教将遂绝矣。譬如火之焚将及身，任道君子岂可不拯救也？"（《释氏》，《朱子语类》卷一二六）朱熹认为，佛教盛行，圣道不明；佛教绝灭，圣道复兴。因此，批判、否定佛教思想观念便成为宋儒复兴儒学的一个途径。

1. 否定佛教"私利"观念，凸显儒学"公义"理念

"崇公尚义"是儒学核心理念之一，儒学若无"公义"，便已不是儒学。所以，宋儒在复兴儒学过程中，"公义"这个核心理念是必须恢复的；而这种恢复正是通过对佛教"私利"观念的否定来实现的。二程认为，儒学以"公义"为追求目标，佛家则以一己之私为目标，所以是不同的：

"圣人致公，心尽天地万物之理，各当其分。佛氏总为一己之私，是安得同乎？"（《河南程氏遗书》卷一四，《二程集》第一册）而且，儒学以"义安处"为利，即主张用"义"的手段获得利；佛教则与此相反。所谓"圣人以义为利，义安处便为利。如释氏之学，皆本于利，故便不是"（《河南程氏遗书》卷一六，《二程集》第一册）。胡宏认为，佛教具有私利之特质，这与儒家圣学是相悖的，必须给予否定。他说："释氏之学，必欲出死生者，盖以身为己私也。天道有消息，故人理有始终。不私其身，以公于天下，四大和合，无非至理。"（《知言·修身》，《胡宏集》）陆九渊同样认为佛教是"偏私"的，儒学是"尚公"的。他说："儒者以人生天地之间，灵于万物，贵于万物，与天地并而为三极。天有天道，地有地道，人有人道。人而不尽人道，不足与天地并……其教之所从立者如此，故曰义，曰公。释氏以人生天地间，有生死，有轮回，有烦恼，以为甚苦，而求所以免之……其教之所从立者如此，故曰利，曰私。"（《书·与王顺伯》，《陆九渊集》卷二）就是说，佛教的"偏私"表现为执着生死而超脱生死，从而放弃天所赋予的"公事"，只求自我的修身养性，所以是"私利"。可见，批判、否定佛教"自私自利"是宋儒的共识。值得注意的是，宋儒批判、否定的佛教"私利"，并不仅仅指伦理意义上的"私利"，也指佛教以世界为幻妄而离家出世以修身养性的自我行为。因此，宋儒的批判与否定具有两层含义，即：由对佛教"私利"的否定达到对儒学"公义"的恢复；由对佛教"出世"的否定达到对儒学"经世"的肯定。

2. 否定佛教教规，恢复儒学伦理

伦理秩序是儒学中的核心内容，君臣、父子、夫妇之伦理秩序被儒家视为"天理"。在宋儒看来，佛教的教规和行为动摇、颠覆着这个"天理"，因而应该通过否定佛教重新确立这个"天理"。二程说："其（按：指佛教）术大概且是绝伦类，世上不容有此理。又其言待要出世，出哪里去？又其迹须要出家，然则家者，不过君臣、父子、夫妇、兄弟，处此等事，皆以为寄寓，故其为忠孝仁义者，皆以为不得已尔。"（《河南程氏遗书》卷二上，《二程集》第一册）就是说，根据佛教教规，信徒都应出家，不能娶妻生子，而人人出家离世，谁来履行君臣、父子、夫妇、兄弟之道？不娶妻生子，哪有君臣、父子、夫妇、兄弟之伦？如此，佛教必然导致人伦之理的灭绝。所以，要恢复儒家伦理秩序，就必须否定佛教出家离世之教规。朱熹认为，佛教只不过是皮壳之类的东西，没有内涵，人伦物理在佛教中全被抛弃。他说："释氏只见得个皮壳，里面许多道理，他却不见。他皆以君臣父子为幻妄。"（《周子之书》，《朱子语类》卷九四）君臣、父子、夫妇、兄弟之人伦，忠、孝、仁、义之义理，这些在儒学看来是天理，而在佛教看来是累赘，所以说佛教将人伦义理一起灭尽了。朱熹说："庄老绝灭义理未尽至。佛则人伦灭尽，至禅则义理灭尽。"（《释氏》，《朱子语类》卷一二六）因此，要恢复儒家伦理，批判、否定佛教相关教规是一直接途径。

3. 否定佛教"离物谈真"方法，恢复儒学"格物致知"

宋儒认为，在认识事物、获得真知的方法上，儒学主张通过接触事物获得知识和真理。佛教则不同，认为获得知识和真理可以通过冥思苦想而突然觉悟。因此在宋儒看来，佛教"顿悟"方法是对儒学认识方法的颠覆，因而要恢复儒学"格物致知"方法，就要否定佛教"顿悟"方法。胡宏认为，佛教离开事物求索真理的行为，与圣人"即物穷理"之方法是完全相悖的。他说："即物而真者，圣人之道也；谈真离物者，释氏之幻也。"（《知言·往来》，《胡宏集》）张栻指出，儒学认识事物、求得真知，需遵循认识规律和程序，并且有始有终；而佛教却认为可以"直接悟出"。他说："盖圣门实学，循循有序，有始有卒者，其惟圣人乎！非若异端警夸笼罩，自谓一超径诣，而卒为穷大，而无所据也。"（《答周允升》，《张栻全集》）不读书、不积累，便可直接领悟佛教的真谛，这在张栻看来不过是虚妄之说。叶适认为，求"仁"必有方法、有步骤，而得"道"也有快慢、先后之别，所以，达到"仁道"的境界不是一蹴而就的。他说："仁必有方，道必有等，未有一造而尽获也；一造而尽获，庄、佛氏之妄也。"（《陈叔向墓志铭》，《叶适集》第二册）可见，所谓"一超径诣"，就是舍去对事物的接触，不要学习，不要步骤，要知识可得知识，要"仁道"可获"仁道"；而这在宋儒看来是不可能的。因为要获得知识和真理，都需要通过接触事物，都需要身体力行，都需要有步骤地学习，如此才能达到目的。

概言之，宋儒通过对佛教"私利"的否定，直接凸显了儒学的"公义"；通过对佛教离家出世等教规的否定，凸显了儒家伦理；通过对佛教

"离物谈真"方法的否定，凸显了"格物致知"方法。因此可以说，宋儒对佛教某个观念的批判和否定，就是对儒学相关观念的呈现与恢复；宋儒批判、否定佛教观念的过程，也就是儒学观念恢复、重构的过程。

诠释赋义式

所谓"诠释赋义式"，就是通过对佛教概念或范畴的诠释，以融入儒学思想，化佛教概念或范畴为儒学概念或范畴。正如朱熹所说："君子观浮屠者，仰首注视而高谈，不若俯首历阶而渐进。盖观于外者，虽足以识其崇高巨丽为美，孰若入于其中者，能使真为我有，而又可以深察其层累结架之所由哉？"（《答林正夫》，《晦庵先生朱文公文集》卷三八）宋儒为了使佛教"真为我有"，的确在解释佛教范畴或概念上动了不少脑筋。

1. 对"空"的诠释

人所共知，佛教之"空"不是"断灭空"，但宋儒基本上都是作"断灭空"解，并由他们所理解的佛教之"空"提出自己的思想。比如，王安石对"空"的解释："空：无土以为穴，则空无相；无工以空之，则空无作；无相无作，则空名不立。"（《王氏字说辨》，《杨龟山先生集》卷七）"无土"为穴，则空无相，换言之，"空"不能离"土"；"无工"以空之，则空无作，换言之，"空"不能离"工"。也就是说，佛教"空"的成立是以有"土"、有"工"为前提的，即是以"实有"为前提。可见，王安石对佛教"空"的理解是有背佛教本意的，然而正是通过这种"背离的理解"，王安石在佛教之"空"中融入了儒家"实"的思想和精神。

与王安石比较，张载以"气"释"空"。张载指出，世界上根本不存在佛教所讲的空幻，因为佛教所讲的"空"实际上都是"气"。第一，"气"的聚散乃是"气"运行变化之不同状态，"气"聚为"气"，"气"散仍不失为"气"。所谓"太虚无形，气之本体，其聚其散，变化之客形尔"（《正蒙·太和》，《张载集》）。第二，真正说来，"虚"才是真正的"实"、根本的"实"。所谓"天地之道无非以至虚为实，人须于虚中求出实。圣人虚之至，故择善自精。心之不能虚，由有物榛碍。金铁有时而腐，山岳有时而摧，凡有形之物即易坏，惟太虚无动摇，故为至实"（《张子语录中》，《张载集》）。之所以言"太虚"是天下之至实，因为那些有

硬性、体积的物如金铁、山岳或腐或坏，只有"太虚"不会有变化，故为
至实。不过，"至实"的太虚是以"气"为基础的："气之聚散于太虚，
犹冰凝释于水，知太虚即气，则无'无'。"（《正蒙·太和》，《张载集》）
因此，只看到"太虚""空"的一面，而看不到"太虚""实"的一面，
从而以世界为"空"、为"幻"的观点是错误的。张载同样是将佛教的
"空"当作世俗之空来处理，并在这个基础上建立起了"气为本"的本体
论。这个"气"的价值指向不是别的东西，就是儒家的"实学"，是儒家
经世致用之学。

　　与张载比较，朱熹以"理"释"空"。朱熹认为，佛教之"空"是空
无一物之"空"，是"以天地为幻妄，以四大为假合"之"空"。他说：
"若佛家之说都是无，已前也是无，如今眼下却是有，'色即是空，空即是
色'。大而万事万物，细而百骸九窍，一齐都归于无。"（《释氏》，《朱子
语类》卷一二六）在朱熹看来，"空"应该是"兼有无之名"的，而
"空"中的"有"就是"理"，朱熹说："释氏说空，不是便不是，但空里
面须有道理始得。若只说道我见个空，而不知有个实底道理，却做甚用
得？譬如一渊清水，清泠彻底，看来一如无水相似。它便道此渊只是空
底，不曾将手去探是冷是温，不知道有水在里面。佛氏之见正如此。"
（《释氏》，《朱子语类》卷一二六）就是说，"空"是兼"有"和"无"
的，所以，不能将"空"简单地归于"无"，而佛教的"空"就是"无"；
那个"有"就是"理"，佛教根本不能觉悟到"空"中的"理"。显然，
朱熹通过对佛教"空"的解释，将儒学之"理"融入进去。

　　概言之，从王安石的以"作""相"释"空"到张载的以"气"释
"空"，再到朱熹的以"理"释"空"，不仅可清晰地看到宋儒诠释佛教之
"空"的儒学化特征，也可看到宋代新儒学哲学本体论的建构过程。

2. 对"心"的诠释

　　"心"是佛教的核心概念之一，也是儒学的核心概念，但在宋儒看来，
佛教之"心"与儒家之"心"有着完全不同的旨趣和内涵，而儒学之
"心"的丧失与佛教之"心"的侵蚀有着直接的关联。因此，通过对佛教
之"心"的诠释，使其融入儒家思想内容，便成为恢复儒学之"心"的重
要工作之一。

　　首先，宋儒通过对佛教"心""物"关系的诠释，更换"心"的内

涵，使佛教之"心"转换成儒学之"心"。张载说："释氏不知天命，而以心法起灭天地，以小缘大，以末缘本，其不能穷而谓之幻妄。"（《正蒙·大心》，《张载集》）胡宏说："（释氏）以心为宗，心生万法，万法皆心，自灭天命。"（《知言·阴阳》，《胡宏集》）在张载、胡宏看来，在"心""物"关系上，佛教将"心"视为万物生灭的主宰者，"心"是万物之本原，这是"以小缘大""自灭天命"。那么，为什么做这样的批评呢？因为在他们看来，就"心"与"物"而言，"物"在先，"心"在后。张载说："人本无心，因物为心。"（《张子语录下》，《张载集》）"心"是以"物"为内容的：如果没有"物"作为内容，"心"将是空寂寂的，"心"也就无从认识"物"及其"理"。又如朱熹说："儒者之学，大要以穷理为先。盖凡一物有一理，须先明此，然后心之所发，轻重长短，各有准则。"（《与张钦夫》，《晦庵先生朱文公文集》卷三〇）就是说，"心"若要发挥它的作用，就要有认识对象，有客体，有"理"。换言之，"心"是认识能力、理性能力，不是本体。这样，通过张载、朱熹等的诠释，佛教之"心"便从先验之心转换为后天之心，从本体之心转换为主体之心了。

其次，通过对佛教"心"内涵的诠释，使其融入儒家思想，使佛教之"心"转换为儒学之"心"。如前所述，宋儒言"心"，是以"物"为"心"，那么这个"物"是指什么呢？张栻说："若释氏之见，则以为万法皆吾心所造，皆自吾心生者，是昧夫太极本然之全体，而返为自利自私，天命不流通也，故其所谓心者是亦人心而已，而非识道心者也。"（《答胡季立》，《张栻全集》）就是说，佛教以"心"生物的主张，否定了"太极"这一万物的本体，因此佛教之"心"是"人心"，不是"道心"，因为只有"道心"才能成为万物的本体。而所谓"道心"，就是天序、天秩、天命、天讨之"四理"，是恻隐、羞恶、是非、辞让之"四德"。朱熹说："若圣门所谓心，则天序、天秩、天命、天讨、恻隐、羞恶、是非、辞让，莫不该备，而无心外之法。"（《与张钦夫》，《晦庵先生朱文公文集》卷三〇）这就是说，"道心"即是诸般道德，即"理"，与佛教的空幻之"心"不同。所以朱熹说："吾以心与理为一，彼以心与理为二。亦非固欲如此，乃是见处不同，彼见得心空而无理，此见得心虽空而万理咸备也。"（《释氏》，《朱子语类》卷一二六）这样，儒家之"心"便由"理"规定，即为"心体"；佛教之"心"无"理"，所以不能入尧舜之道。朱熹说：

"（佛教）岂不见此心？岂不识此心？而卒不可入尧舜之道者，正为不见天理，而专认此心以为主宰，故不免流于自私耳。前辈有言，圣人本天，释氏本心，盖谓此也。"（《与张钦夫》，《晦庵先生朱文公文集》卷三〇）可见，通过张栻、朱熹等的诠释，佛教之"心"便从"空寂之心"转换为"实有之心"。

概言之，宋儒对佛教"心"的诠释，具有鲜明的儒学走向。从佛教"生物之心"到儒学认知之"心"，从而理顺了心、物关系，复活了儒学的"格物致知"之学；从佛教"空寂之心"到儒学"实理之心"，从而规定了"心"的内容和性质，重新确立起儒家伦理。这样，经由宋儒的诠释，"心"在内容上是"理"，在功能上是"知"，是认知能力与"理本体"的合一。这也是宋代新儒学本体论的基本理论架构之一。

改造更新式

所谓"改造更新式"，就是通过对佛教范畴或概念的改造，以输入儒学思想，将佛教范畴或概念转换为儒学范畴或概念。宋儒认为，佛教中的某些概念或范畴与儒学是完全对立的，而佛教概念或范畴的流行必使儒学受到伤害；因此，对那些为佛教与儒学所共有，但内涵截然有别的概念或范畴，必须进行改造，以正视听。如胡宏所说："大本既明，知言如孟子，权度在我，则虽引用其言，变腐坏为神奇，可矣。"（《书·与原仲兄书二首》，《胡宏集》）那么，宋儒是怎样"变腐坏为神奇"的呢？

1. 对"性"的改造

宋儒认为，佛教所言"性"与儒学所言"性"存在很大不同，这种不同主要表现在两个方面：其一，佛教所言"性"在内容上为"空"。张载说："释氏元无用，故不取理。彼以性（有）为无，吾儒以参为性，故先穷理而后尽性。"（《横渠易说·说卦》，《张载集》）"参两"即天参地两，"参"即三为奇，"两"即二为偶；从实处看，乃化生万物之源，从虚处看，乃万物化生之数理。张载言以"参"为"性"，即言以太极、阴阳为性，以理为性，正如程颐说："性即理也。所谓理，性是也。"（《二程遗书》卷二二上，《二程集》第一册）所以佛教不以"太极"为性，其性即"空"。朱熹也认为，佛教所言"性"是空，儒学所言"性"是理。他说：

"性中所有道理，只是仁义礼智，便是实理。吾儒以性为实，释氏以性为空。"（《性理一》，《朱子语类》卷四）在朱熹看来，确定了"性即理"，就可以避免以佛教之"性"乱儒学之"性"。他说："性之为体，正以仁、义、礼、智之未发者而言，不但为视听作用之本而已也，明乎此，则吾之所谓性者，彼佛氏固未尝得窥其仿佛，而何足以乱吾之真哉？"（《孟子纲领》，《晦庵先生朱文公文集》卷七四）可见，宋儒根据他们对佛教之"性"没有内容、空无一物的判断，对"性"的内容进行了儒学方向的改造和规定。

其二，对"泛性说"的改造。佛教有"无情有性"说和"作用是性"说，虽然这不是佛教性论主流，但由于这两种主张容易对儒学"性论"产生混淆，宋儒认为必须对其进行改造。

关于佛教的"无情有性"说。二程说："释氏说蠢动含灵，皆有佛性，如此则不可。"（《河南程氏遗书》卷二上，《二程集》第一册）为什么不可呢？这是因为："'天命之谓性，率性之谓道'者，天降是于下，万物流形，各正性命者，是所谓性也。循其性而不失，是所谓道也。此亦通人物而言……'修道之谓教'，此则专在人事，以失其本性，故修而求复之，则人于学。若元不失，则何修之有？是由仁义行也。则是性已失，故修之。"（《河南程氏遗书》卷二上，《二程集》第一册）就是说，就"天命之谓性"言，万物皆有性；但就"修道之谓教"言，则主要对人而言，即人之本性（善性）丧失了，才有所谓"修道"工夫，"修道"正是为了恢复那本性。所以在这个意义上，不能讲"无情有性"。朱熹认为，儒家所言"性"就是"理"，尽性就是尽三纲五常之理而无余，养性便是养三纲五常之理而不尽，因而不可说凡物皆有"性"。他说："性只是理，以其在人所禀，故谓之性，非有块然一物可命为性而不生不灭也。盖尝譬之，命字如朝廷差除，性字如官守职业，故伊川先生言：'天所赋为命，物所受为性。'其理甚明。故凡古圣贤说性命，皆是就实事上说，如言尽性，便是尽得此君臣父子、三纲五常之道而无余，言养性，便是养得此道而不害。"（《答陈卫道》，《晦庵先生朱文公文集》卷五九）

关于佛教的"作用是性"说。佛教所谓"作用是性"，就是将目视、耳闻、鼻嗅、口说、手脚运动等言语行为都视为"性"。但朱熹批评道："此是说其与禽兽同者耳。人之异于禽兽，是'父子有亲，君臣有义，夫妇有别，长幼有序，朋友有信。'释氏元不曾存得。"（《孟子七》，《朱子语类》卷五七）就是说，儒家所谓"性"是指父子有亲、君臣有义、夫妇有别、长幼有序、朋友有信等伦理道德，就是"天理"，而如果按照佛教的"作用是性"说，它必然混淆善行与恶行、邪恶与正义的差别。所以朱熹说："其于作用，则不分真妄而皆以真，其于感物，则不分真妄而皆以为妄，儒者则于其中分真妄云耳。此其大不同也。"（《答赵致道》，《晦庵先生朱文公文集》卷五九）所谓在作用处不分真妄，就是说一个人的言语行动被定义为"性"，那就可能导致错误的判断。比如，甲袭击了乙一拳，按照"作用是性"说，打人一拳也是"性"，而"性"在儒学中是"天理"，是诸般道德，这样就可能肯定了打人的行为。因而"作用是性"完全可能导致朱熹所担忧的后果："他只见得个浑沦底物事，无分别，无是非，横底也是，竖底也是，直底也是，曲底也是，非理而视也是此性，以理而视也是此性。少间用处都差，所以七颠八倒，无有是处。"（《释氏》，《朱子语类》卷一二六）而根本说来，还是因为佛教所言"性"无"理"，如果佛家认得"性"就是"理"，就不会有善恶不分的"作用是性"说。

概言之，言"无情有性"，则混淆了人兽之性；言"作用是性"，则舍去了"义理"之性。反对言"无情有性"，是澄清人性与物性的差别；反对言"作用是性"，是表示"义理"的至上地位，以判行为善恶之别。在宋代新儒学中，既反对物性、人性混一，又强调义理之性的独立至上性。由此可见，宋儒的人性论建构与改造佛教之"性论"有密切关联。

2. 对"道体"的改造

宋儒认为，儒学"道体"是上下、本末、内外一如的："盖上下、本末、内外，都是一理也，方是道。"（《河南程氏遗书》卷一，《二程集》第一册）否则就是"道体不贯"，就不是真正的"道"，佛教的"道体"正是如此。因此，为了消除佛教"道体"支离对儒学产生的消极影响，对佛教"道体"分裂状况给予揭示，并从学术上进行改造，是很有必要的。

首先，宋儒针对的是佛教有"上达"无"下学"。儒学所谓"上达"，即上达于天命；"下学"，即下学于人事。宋儒认为，"下学"是实做其事，"下学"做好了，便是"上达"，所以说"下学""上达"是一。反观佛教，虽然在论说层面佛教之"道"有时也能表现为上达、下学的连贯性，但施诸实践便脱节了。二程说："佛氏之道，一务上达而无下学，本末间断，非道也。"（《河南程氏粹言》卷一，《二程集》第四册）而在儒学，则是做足"下学"工夫；"下学"工夫愈细，"上达"愈深，所以不是"下学"之外还有个"上达"。张栻说："圣人教人以下学之事，下学工夫浸密，则所为上达者愈深，非下学之外又别为上达之功。致知力行皆是下学，此其意味深远而无穷，非惊怪恍惚者比也。"（《答周允升》，《张栻全集》）朱熹则指出，虽然说有"下学"便有"上达"，但并不是有了"下学"便能"上达"。他说："须是下学，方能上达。然人亦有下学而不能上达者，只缘下学得不是当。若下学得是当，未有不能上达。释氏只说上达，更不理会下学。然不理会下学，如何上达？"（《论语二十六》，《朱子语类》卷四四）

其次，是佛教有"内圣"无"外王"。儒学所谓"内圣"，是指通过道德修养成就圣人品德；所谓"外王"，是指将内在的圣人品德向外推行以成就王道功业。在儒家看来，内圣外王是一体的，所谓"修其身而天下平"。宋儒认为，佛教在"内圣"方面是有独到之处的，但在"外王"方面却毫无建树。二程说："'敬以直内，义以方外'，合内外之道也。释氏，内外之道不备者也。"（《河南程氏遗书》卷一一，《二程集》第一册）佛教内外之道断裂的结果是：一方面可能导致受教者拘泥佛经而僵化不变，另一方面可能导致受教者蔽于身外之事而狂妄自大。儒学则不然，主张率性而为，既有敬以直内、修身养性之学，亦有义以方外、治国平天下之学，是内外兼备的完整之"道"。二程说："彼释氏之学，于'敬以直内'则有之矣，'义以方外'则未之有也，故滞固者入于枯槁，疏通者归于肆恣，此佛之教所以为隘也。吾道则不然，率性而已。斯理也，圣人于《易》备言之。"（《河南程氏遗书》卷四，《二程集》第一册）胡宏认为，佛教之学有内圣无外王，虽然可修身自好，却不足以为民生计。他说："夫释氏之道，上焉者以寂灭为宗，以明死生为大，行之足以洁其身，不足以开物成务。"（《书·上光尧皇帝书》，《胡宏集》）朱熹指出，佛教所谓"内圣"，实际上空洞无物，怎么可能向外开展事业呢？他说："释氏所谓'敬以直内'，只是空豁豁地，更无一物，却不会'方外'。圣人所谓'敬以直内'，则湛然虚明，万理具足，方能'义以方外'。"（《释氏》，《朱子语类》卷一二六）

可见，宋儒正是通过对佛教"道体"分离的批评、改造，重建了儒学

"道体"的完整性。所谓"道体"的完整，就是要求上达与下学、内圣与外王的统一，此正是宋代新儒学的标志性内容。

直接移用式

所谓"直接移用式"，是指宋儒通过对佛教思维方式、表述方法的吸收、移植，以提升、装备儒学。宋儒虽然对佛教持普遍的排斥心态，但对佛教中有助于完善儒家思想体系、提升儒学理论品质的因素，却普遍地表现出接纳、吸收的态度和行为。正如张九成所说："佛氏一法，阴有以助吾教甚深，特未可遽薄之。"（《横浦学案·录横浦语》，《宋元学案》卷四〇）那么，宋儒又是怎样使佛教"阴助其教"的呢？

1. 思维方式的引用

宋儒对佛教思维方式从不掩饰羡慕之情。如朱熹说："佛氏最有精微动得人处。"（《论语六》，《朱子语类》卷二四）所谓"精微处"正是指佛教的思维方式。可见，宋儒对佛教思维方式是向往的，这种向往之情表现在行为上就是对佛教思维方式的吸收。

在程朱理学那里，"理"是客观的、永恒的、绝对的（"不为尧存，不为桀亡"），"事"因"理"而生，没有这"事"也有这"理"（"未有这事，先有这理"），"理"是万事万物之根源。这种表述本体的思维方式便是从佛教那里吸收过来的。比如："事既揽理成，遂令事相皆尽，唯一真理平等显现。"（《华严经·发菩提心章》）这就是说，"事"因"理"而成，"事"虽消失殆尽，此"理"仍然存在，这与程朱对"理"的规定完全一致。程朱理学"理本论"最为典型的表述是"理一分殊"。所谓"本只是一太极，而万物各有禀受，又自各全具一太极尔。如月在天，只一而已；及散在江湖，则随处而见，不可谓月已分也"（《理性命》，《朱子语类》卷九四）。就是说，"理"只是"一"，但万物各各禀受此"理"，这样，万物即具有了自己的"理"，而且"理"仍然是完整的、不可分离的。这种思维方式亦完全是从佛教那里移植过来的："能遍之理，性无限分，所遍之事，分位差别，一一事中，理皆全遍，非是分遍。何以故？以彼真理不可分故，是故一一纤尘，皆摄无边真理，无不圆足。"（《华严经·发菩提心章》）就是说，"理"是完满的，不可分的，每件"事"所获"理"

都是完满的。可见，程朱之论"理"与万物关系，其思维方式完全取自佛教。

程朱"理本论"而外，陆九渊的"心本论"思维方式亦得自佛教。陆九渊"心本论"的代表性表述有："万物森然于方寸之间，满心而发，充塞宇宙，无非此理。"（《语录》上，《陆九渊集》卷三四）这是讲万物、万理皆由"心"生；既然万物皆由"心"生，所以说"宇宙便是吾心，吾心即是宇宙。"（《杂说》，《陆九渊集》卷二二）这是讲"心即万物，万物即心。"既然"理"从"心"中出，所以说"人皆有是心，心皆具是理，心即理也"。（《与李宰》，《陆九渊集》卷一一）陆九渊的这一"心本论"思维方式完全可以在佛教那里找到原本："夫一心具十法界，一法界又具十法界、百法界。一界具三十种世间，百法界即具三千种世间。此三千在一念心。"（《摩诃止观》卷五，《大正藏》第46册）"心是道，心是理，则是心外无理，理外无心。"（《大乘开心显性顿悟真宗论》，《大正藏》第85册）

2. 表述方法的移植

宋儒除了在建构儒学本体论上直接移用佛教资源之外，在思想表达方式上也大量引用佛教的资源。比如，张载认为，"天地之性"之所以不能彰显，乃是因为掉入了"气质之性"中。其表述方法则是："形而后有气质之性，善反之则天地之性存焉，故气质之性，君子有弗性者也。"（《正蒙·诚明》，《张载集》）这种表述方式来自佛教："如来藏藏识本性清净，客尘所染而为不净。"（《楞伽经·刹那品第六》）朱熹对性、情关系有这样的表述："盖孟子所谓性善者，以其本体言之，仁、义、礼、智之未发者是也。所谓可以为善者，以其用处言之，四端之情发而中节者是也。盖性之与情，虽有未发已发之不同，然其所谓善者则血脉贯通，初未尝有不同也。"（《答胡伯逢四》，《晦庵先生朱文公文集》卷四六）这种表述在佛教那里清晰可见："今体为用本、用依体起。"（《华严经义海百门》，《大正藏》第45册）就是说，性情一物，但性是"体"情是"用"，情因性起。陆九渊在陈述"本心"本善无染、圆满无缺之特性时说："汝耳自聪，目自明，事父自能孝，事兄自能弟，本无少缺，不必他求，在乎自立而已。"（《语录上》，《陆九渊集》卷三四）这种表述在佛教那里极为常见："自性本自清净，自性本不生灭，自性本自具足。"(《坛经·行由品第一》)可见,在宋代新儒学中,其思想的表达方式——句式、语气、结构等,绝大多数可在佛教那里找到所本。总之,正是因为宋儒在思维方式和表述方法上对佛教的吸收和移植,才使儒学成为哲学意义上的儒学。

几点启示

透过上述宋儒利用佛教的诸种方式,可以清楚地看到,宋儒借助对佛教的批判、诠释、改造和吸收,不仅建构起儒学本体论,而且开始自觉地用哲学思维来驾驭儒学思想;不仅恢复、再现了儒学的一系列基本理念和思想,而且继承、维护了儒学的基本价值取向。那么,这些给我们带来了哪些学术上的启示呢?

1. 宋代新儒学重构与佛教的关联性是直接的、全面的

所谓"直接",就是说新儒学的每项内容的恢复或重构,与佛教都有直接关联:这种直接关联或者表现为否定、批判,或者表现为解释、改造或移用。所谓"全面",是指宋代新儒学每个领域的恢复或更新都受佛教的影响:从基本义理到思想架构,从思维方式到语言表达,宋代新儒学都与佛教发生着关系。换言之,如果没有佛教的影响和刺激,没有佛教在内容上与儒学的差异与对立,没有佛教在思辨上的高深精微,就不会有我们今天看到的新儒学。这正如张君劢先生所说:"佛教给中国人的最大刺激,是使中国人回到儒家基础上,并从儒家基础上创立他们的系统。当他们发现佛教为一巨大体系时,便立刻产生了一种想法,认为儒家也应有其宇宙论、人性论以及对人生、家庭和国家的态度。换句话说,儒家应有自己的形上学、伦理学、智识论等等。"[1]

2. 佛教对于宋代新儒学复兴主要表现为三种作用

一是刺激、豁醒作用,即言佛教是宋代新儒学复兴的刺激因素。这表现在两方面:首先是作为外来思想文化的佛教竟然在中国那么受欢迎,逼使儒学边缘化,这种现状深深地刺激着儒家学者们;其次是佛教的精致思辨方法和巧妙表述方式,让宋儒羡慕不已。用牟宗三先生的话说,就是佛

---

[1] 张君劢:《新儒家思想史》,中国人民大学出版社,2006,第85页。

教对宋儒起到了"豁醒"作用:"宋明儒能相应而契悟之,通而一之,是宋明儒之生命能与此两诗(《大雅·烝民》、《颂·维天之命》)以及《论语》、《孟子》、《中庸》、《易传》之智慧方向相呼应,故能通而一之也。此种生命之相呼应,智慧之相承续,亦可谓'本有者若是'矣!此与佛、老有何关哉?只因秦、汉后无人理解此经典,遂淡忘之矣。至宋儒起,开始能相应而契悟之,人久昏重蔽,遂以为来自佛老矣。若谓因受佛教之刺激而豁醒可,若谓其内容乃阳儒阴释,或儒释混杂,非先秦家经典所固有,则大诬枉。"①

二是坐标、桥梁作用,即言宋儒把佛教当作一种坐标或桥梁,而且是被批判、否定的坐标或桥梁。宋儒通过对佛教某个思想内容的否定,以达到对儒学相关思想观念的肯定、回忆、凸显之目的。比如,批判、否定佛教的"私利"观念,以肯定、恢复儒学的"公义"理念;批判、否定佛教的"离物谈真"认识方法,以肯定、恢复儒学"格物致知"认识方法。而且,在将佛教当作坐标或桥梁时,宋儒很少考虑佛教自身内容或形式上的价值,仅仅将佛教看成被否定的对象,通过这种否定达到肯定的目的。正如钱穆先生所说:"理学家之主要对象与重大用意,则正在于辟禅辟佛,余锋及于老氏道家。亦可谓北宋诸儒则在针对释老而求发扬孔子之大道与儒学之正统。"②

三是装备、完善作用。宋代新儒学之所以有了与先秦儒学不同的气象,之所以成为哲学性的儒学,与宋代新儒家积极吸收佛教思维方式、语言表述方法、范畴概念应用技巧等是密切相关的。正是因为宋儒将佛教本体论思维方式、佛教语言表述方法、佛教概念范畴应用技巧等移植到儒家思想中,使儒家思想体系由支离的转为整体的,由阻隔的转为贯通的,由无序的转为逻辑的,由形下的转为形上的,并最终使儒学成为"妙道"。

3. 宋代新儒学中的佛教定位

佛教之于宋代新儒学中的位置这一颇具敏感性的课题,尽管已有"定论"式的观点,但这丝毫不能减少人们对它的兴趣,各式主张与观点仍然

---

① 牟宗三:《心体与性体》(上册),上海古籍出版社,1999,第32页。
② 钱穆:《朱子学提纲》,生活·读书·新知三联书店,2002,第17页。

层出不穷。这里根据宋儒利用佛教重构儒学的诸种方式，为这个问题提供另一种思考的角度。在宋儒重构儒学利用佛教的诸种方式中，第一种是通过否定佛教某个思想或观念，以肯定、恢复儒家某个思想或观念；第二种是通过对佛教某个范畴或概念的诠释，以融入儒家某个思想或观念；第三种是通过对佛教某个观念或命题的改造，使之转换为儒学的观念或命题；第四种是对佛教思维方式、表述方法的直接移植，以提升儒学的理论品质。前三种方式的基调是一致的，就是都对佛教观念或思想持否定态度，这就意味着佛教的基本教理教义是被宋儒排除在外的。但第四种方式表明，宋儒对于佛教的哲学思维方式、思想表述方法，乃至某些概念、范畴、语言应用的技巧等，是积极吸取并乐于应用的。因此，对于宋代新儒学而言，佛教作为一种资源主要是形式上的，而不是内容上的，更不是价值上的；佛教的作用基本上表现在使儒学完整化、贯通化、思辨化和逻辑化，从而提升儒学的理论品质。这应该是宋代新儒学中佛教与儒学的基本关系。正如张君劢先生所说："新儒家思想体系是受佛教影响而建立的。但是，尽管如此，却从未失中国人对世界及其肯定人生的态度。中国人不接受佛教空的观念，坚持其肯定道德价值的立场。"[1]

4. 文本理解状况与思想创新的关系是极为复杂的

通过对宋儒重构儒学利用佛教诸种方式的考察，可以发现，宋儒对佛教的阅读、理解是存在偏差的，有时甚至是错误的。比如，对佛教"空"的理解，宋儒基本上理解为"断灭空"，而这种理解并不符合佛教"空"的本意；再如，对佛教"私利"的判断，宋儒认为佛教是汲汲"私利"的，但这种判断也是不符合佛教实际情况的。然而，宋儒正是因为误读了佛教的"空"而恢复、挺立起儒家的"实"，正是因为错误地判断佛教为"私利"而恢复、挺立起儒学的"公义"。这表明：思想的重构或创造，与思想重构或创造之主体对文本了解、把握的情况并不成正比。也就是说，文本对思想创造者而言，其意义并不仅仅表现在可吸收的资源上，而是还表现在作为参照的媒介上，体现为一种创造灵感的刺激。这正如胡适先生所说的佛教对宋儒的"反动的影响"："佛家见解尽管玄妙，终究是出世的，是'非伦理的'。宋明的儒家，攻击佛家的出世主义，故极力提倡

---

① 张君劢：《新儒家思想史》，中国人民大学出版社，2006，第86页。

'伦理的'入世主义。明心见性，以成佛果，终是自私自利；正心诚意，以至于齐家、治国、平天下，便是伦理的人生哲学了。这是反动的影响。"① 可见，我们不能完全根据主体理解文本的状况来判定主体思想创造的成就。就宋儒成功地重构儒学而言，发生了一种耐人寻味的"歪打正着"的效用。

《哲学研究》2009 年第 7 期，《文史》2009 年第 12 期转摘

---

① 胡适：《中国哲学史大纲·导言》，《胡适学术文集》，中华书局，1998，第 12~13 页。

十三　儒家思想中的自然主义

"自然主义"是西方现代哲学中曾经存在过的一种哲学思潮。根据中国学者的介绍，西方"自然主义"的基本观点是："认为自然是一切存在的基础，是全部的实在；超自然的领域、超验的领域是不存在的；自然界的各个方面、自然界中所发生的变化，可以通过科学的方法去认识和把握，不需要用某种超自然的变化、非自然的力量来解释自然。"[①] 而且告诉我们，现代西方哲学中的"自然主义"各个代表人物的思想倾向不尽相同。那么，儒家思想中有无"自然主义"？如果有，这种"自然主义"又有什么特质？

儒家思想中的"自然主义"

我们在阅读儒家相关文献时，有一种非常强烈而清晰的感觉，那就是"自然主义"像个幽灵一样活跃在儒家思想中，并影响着儒家思想的方方面面。概括来讲，儒家思想中的"自然主义"约有如下几方面表现：思维模式上的自然主义；生死观上的自然主义；行事处世上的自然主义；人生境界上的自然主义；智慧来源上的自然主义。

1. 思维模式上的自然主义

儒家思想中的"自然主义"首先表现在思维模式上。儒家思想思维模式有一重要特点，就是以"自然"为中心，从而形成一种"自然主义"的思维模式。其主要表现为：其一，儒家表达其思想时，以"自然"作为思想陈述的基础。比如，《易传》向人们讲述的物极必反、否

---

① 刘放桐：《现代西方哲学》，人民出版社，1983，第334页。

极泰来的思想时说："天地交，泰。后以财成天地之道，辅相天地之宜，以左右民。……天地不交，否。君子以俭德辟难，不可荣以禄。"① 事实上，《易传》中的"自强不息""厚德载物""反身修德""迁善改过"等思想智慧，也都是以"自然"为中心而展开陈述的。概而言之，"自然"是儒学陈述其思想的原点。其二，儒家表达其思想时，其陈述的形式为"直述型"。所谓"直述型"是指儒家在陈述其思想时表现为一种"自然而然"的气质，不做作、不矫饰，也不故弄玄虚。比如，《易》陈述各卦思想的方式是："仰则观象于天，俯则观法于地，观鸟兽之文，与地之宜。近取诸身，远取诸物，于是始作八卦，以通神明之德，以类万物之情。"② 可见，儒学所展开的思想陈述，大都具有平直性特点。其三，儒学论证其思想观点时，以"类推、类比"为基本方法。比如，孟子讲人性本善时说："人性之善也，犹水之就下也。人无有不善，水无有不下。"③ 孟子以"水由高而下"的特性来推论人性本善，尽管这种结论的可靠性尚可商榷，且人性与水能否算"类"亦存在问题，但在思维方式上却是一种典型的"类推式"。又如，董仲舒认为，人间有所谓君臣、父子、夫妇三纲，乃是因为自然界有阴阳；而人间之所以君为臣纲、父为子纲、夫为妻纲，乃是因为自然界阳在阴上："君臣父子夫妇之义，皆取诸阴阳之道。君为阳，臣为阴，父为阳，子为阴；夫为阳，妻为阴。"④ 可见，儒学在论证其思想观点时，"类推、类比"的确是一种基本方法。综上，儒学思维的中心是"自然"，陈述思想的方式是"直述型"，论证方法是"直观类推型"，因而我们大体上可以认为，儒学的思维模式是"自然主义"的。

2. 生死观上的自然主义

儒家思想中的"自然主义"也表现在生死观上，儒学对待生死的态度是一种"自然主义"的态度。儒学思考人的生命时，习惯从"自然"出发，就是说，儒学从来就是把人的生命看成是"自然"的延续，是"自然生命"的组成部分。《易传》曰："天地纲蕴，万物化醇；男女构精，万物化生。"⑤

---

① 《易传·象上》。
② 《易传·系辞下》。
③ 《孟子·告子上》。
④ 董仲舒：《春秋繁露·基义》。
⑤ 《易传·系辞下》。

这是说，天地（阳阴）二"气"之交感，万物化育而醇，男女构精交合，万物化育而生。而天地交感、男女构精都是以"气"为前提的。也就是说，由天地到万物，由万物到男女，由男女到社会，乃是"一气"之贯通者。故有所谓"有天地然后有万物，有万物然后有男女，有男女然后有夫妇，有夫妇然后有父子，有父子然后有君臣，有君臣然后有上下，有上下然后礼义有所错"①。王充因此倡导"异气相亲而不相贼"，他说："天自当以一行之气生万物，令之相亲爱，不当令五行之气，反使相贼害也。"②朱熹认为，人之层出不穷，且有精粗之异，都是以"气"为基础的。他说："天地之气，运转无已，只管层层生出人物，其中有粗有细。"③杨简说得更为清楚明白："吾之血气形骸乃清浊阴阳之气合而正之者也，吾未见夫天与地与人之有三也。"④ 就是说，天、地、人之所以不能分为"三"，乃是因为此三者皆由"气"合而成。因此，在儒家思想中，人与天地万物因"气"而为一体。由这样的立场、态度去理解人的生死，所表现出来的便是"自然主义"态度。比如，孔子对待学生颜回的态度："颜渊死，门人欲厚葬之。子曰：'不可。'门人厚之。子曰：'回也视予犹父也，予不得视犹子也。非我也，夫二三子也。'"⑤ 颜回家穷，但同学们喜爱他，尊敬他，要求厚葬，可遭到老师孔子的反对。在孔子看来，人死都死了，厚葬并不能增加什么；或者，颜回既然家穷没有条件厚葬，就没有必要厚葬。无论从哪方面看，都说明孔子对待死是一种"自然主义"的态度。二程也把人的生死看成自然之相。二程说："圣人以生死为常事，无可惧者。佛者之学，本于畏死，故言之不已。下愚之人，故易以其说自恐。至于学禅，虽异于是，然终归于此，盖皆利心也。"⑥ 认为佛家之所以怕死，就在于没能理解人之死与大自然中的万物之死一样，乃是自然之事。陆象山批评佛家之涅槃说、轮回说，实际上是执着生死："如来书所举爱涅槃，憎生死，正是未免生死，未出轮回；不了四相者，正是未免生死，未出轮回。"⑦ "四

① 《易传·序卦》。
② 《论衡·物势篇》。
③ 《朱子语类》卷九八。
④ 《家记·己易》，《慈湖先生遗书》卷七。
⑤ 《论语·先进》。
⑥ 《河南程氏粹言》卷一。
⑦ 《书·与王顺伯》，《陆九渊集》卷二。

相"指生、死、异、灭四种有为相,"四相"中生死之相,即寿相,寿相即我相,既然以寿相为执,所以说佛家未免生死,未出轮回。之所以如此,在于佛家未能将生死视为"自然之事"。再如叶适说:"生固无所来,而死亦焉有往哉?然自怪奇诞谩之说行于中国,聪明豪杰之士畔而从之,以彼分别影事之心醉梦沉酣于其间。"①

3. 行事处世上的自然主义

儒学中的"自然主义"也表现在行事处世上。行事处世以"自然为法"是儒学的基本要求。孔子说:"巍巍乎,唯天为大,唯尧则之。"②《礼记》说:"故圣人作则,必以天地为本,以阴阳为端,以四时为柄,以日月为纪。"③《易传》说:"是故天生神物,圣人则之;天地变化,圣人效之;天垂象,见吉凶,圣人象之。"④ 具体而言,"改造"自然、"征服"自然,要顺应自然本有的运行规则,所谓"使民以时"⑤。而且,只有让老百姓"顺应时令"地实施农活,自然资源才能取之不尽,用之不绝。孟子说:"不违农时,谷不可胜食也;数罟不入洿池,鱼鳖不可胜食也;斧斤以时入山林,林木不可胜用也。"⑥ 儒学的这种主张,在《礼记》的《月令》篇中被发挥得淋漓尽致。儒学对身边的"事象"也大多持一种自然主义的态度。孔子说:"成事不说,遂事不谏,既往不咎。"⑦ 就是说,做过了的事即便没有弄清楚也不再解释,完成了的事即便不完善也不再修补,已去的往事即便留有遗憾也不再追究。儒学对待知识的态度也具有典型的"自然主义"特色:孔子说:"知之为知之,不知为不知,是知也。"⑧ 而且提倡按照事物本貌去认识事物,邵雍说:"以物观物,性也;以我观物,情也。性公而明;情则偏于暗。"⑨"以自然为法",不要强物就我、师心自用,如此才能全面、正确地认识事物。如上分析表明,儒学在农业生产、

---

① 《赵孺人墓志铭》,《叶适集》第二册,第 423~424 页。
② 《论语·泰伯》。
③ 《礼记·礼运》。
④ 《易传·系辞上》。
⑤ 《论语·学而》。
⑥ 《孟子·梁惠王上》。
⑦ 《论语·八佾》。
⑧ 《论语·为政》。
⑨ 《皇极经世绪言·观物篇》。

物事处理、知识态度等方面所表现出来的智慧都有鲜明的"自然主义"倾向。

4. 人生境界上的自然主义

儒学中的"自然主义"也表现在人生境界上。表现在人生境界上的"自然主义"，绝不是说人生的目标就是衣食住行，而是指"与天地参"的气象，是人生的一种超越。这种超越是去物、去我、去私的，是对人与自然关系做了深切而健康的体悟之后确立起来的。孔子的人生境界通常被确定为道德境界，所谓"孔颜乐处"，所乐者"道"也，"仁"也，所谓"君子谋道不谋食"，所谓"杀身成仁"。然而，孟子及其后来的儒家对"仁"的阐述让我们领悟到，"仁"的境界实际上是"人与万物为一体"的境界。孟子说："万物皆备于我矣。反身而诚，乐莫大焉。强恕而行，求仁莫近焉。"① 万物即我，我即万物；悟此而诚，是为大乐；行此道而不息，"仁"即在身。孟子以"与万物为一体"为乐，而且，领悟"人与天地万物为一体"之道，亦即是"仁"。换言之，"成仁"的根据是"人与天地万物不二"，所以，"仁"的境界就是"我与万物为一体"的境界。程颢对"仁"何以为"人与万物为一体"的境界做过发挥。他说："仁者以天地万物为一体，莫非己也。认得为己，何所不至？若不有诸己，自不与己相干。如手足不仁，气已不贯，皆不属己。"② 在程颢看来，人与万物为一体，好比人身上的手足与整个身体之关系，如果手足麻木，人就不能意识到手或足的存在，这就叫"不仁"；反言之，"仁"则必然意识到手或足的存在，且与整个身体是一体的。所以，"仁"便意味着"人与万物为一体"。"诚"是儒学中的另一重要范畴，也是儒学境界的表达方式之一。那么，"诚"所表达的是一种什么样的境界呢？《中庸》说："唯天下之至诚，为能尽其性；能尽其性，则能尽人之性；能尽人之性，则能尽物之性；能尽物之性，则可以赞天地之化育；可以赞天地之化育，则可以与天地参矣。"③ 何为"诚"？《中庸》说："诚者，天之道也；诚之者，人之道也。"④ 所谓"人之道"，即通过人为而"诚"，就是说，"诚之者"之

① 《孟子·尽心上》。
② 《二程遗书》二上。
③ 《中庸·十九章》。
④ 《中庸·十七章》。

"诚"是通过人的主观努力实现的。与此对应，"天之道"则是自然之道，就是说，"诚者"之"诚"是不需要通过人的主观努力即可实现的。用王夫之的话讲便是"天理之实然，无人为之伪也"①。所以，"诚"便是"真实无妄"，便是"尽其实"。《中庸》认为，将此"诚"修到极致，便可尽显其性；因人、物相通，故可进而尽显他人之性、尽显万物之性；而能尽显万物之性，便可欣赏、赞颂并引导万物化生繁育，从而达到与天地万物融为一体之气象。可见，"诚"既是一种工夫，也是一种境界，此工夫是"尽心无遗"，此境界是"天人一体"，所以，"诚"的工夫与境界是同一的。可见，"诚"的境界也就是"人与万物为一体"的境界。由"仁"及"诚"的境界内容看，儒学的"境界"具有深厚的"自然主义"特色。

5. 智慧来源上的自然主义

所谓"智慧来源上的自然主义"，是指儒学中的智慧有相当部分根源于中国古代儒家对于自然"行"与"事"的体悟。所谓"天不言，以行与事示之而已矣"②。中国古代儒家正是通过对大自然的"行"与"事"的体悟，创造出了丰富多彩且寓意深刻的思想和精神。我们常说"自强不息"是儒学的精神，而这种精神实在是先哲对大自然运行不辍、生机蓬勃之"气象"的体悟："天行健，君子以自强不息。"③儒学在处理天人关系问题时，所提倡、所信奉的是生态智慧。孔子不反对钓鱼，但反对用断水的方法取鱼；不反对射鸟，但反对射杀归巢的鸟。所谓"子钓而不纲，弋不射宿"④。儒学何以如此重视与自然和谐相处呢？何以如此尊重自然呢？因为儒家认识到，只有善待自然、尊重自然，人类才能善待自己、尊重自己，也才能保护自己。所以《易传》说："夫'大人'者，与天地合其德，与日月合其明，与四时合其序，与鬼神合其吉凶。先天而天弗违，后天而奉天时。"⑤儒学追求"公平、无私、博爱"的理想，而这种理想与儒家们对大自然"行"与"事"的体悟也密切相关。孔子认为，人之所以应

---

① 《张子正蒙注·诚明篇》。
② 《孟子·万章上》。
③ 《易传·象上》。
④ 《论语·述而》。
⑤ 《易传·文言》。

该秉持公正无私的精神，乃是因为有大自然"行"与"事"的示范："天无私覆，地无私载，日月无私照。奉斯三者以劳天下，此之谓三无私。"①可见，儒学中的许多智慧，的确有与大自然的"行"与"事"密切关联着，表现为一种"自然主义"特色。

如果儒学可分为宇宙论、人生思想、教育思想、政治思想、道德思想等门类的话，那么如上讨论表明，"自然主义"的确渗透并影响着儒学的多个方面：世界观、思维方法、人生境界、行事处世、生死态度等。因而我们基本上可以说，"自然主义"是中国儒学的一个重要特质。

儒家思想中的自然主义之特点

现在我们可以说：儒家思想中存在着"自然主义"。不过接下来的问题是，儒学中的"自然主义"是一种什么样的"自然主义"？它有什么特点？对我们把握、理解、体悟儒学有什么样的启示？如下的讨论或许能为这些问题的回答提供某种帮助。

1. 儒学中的"自然主义"是一种生机的自然主义

所谓儒学中"自然主义"是一种生机的自然主义是指：第一，儒学中的"自然主义"秉持主客一体。儒学中的"自然主义"认为，人与天地万物的共同根基是"气"，天地万物都是"气"的表现形式，是"殊"，因而由"气"观天地万物人，实为一体。此"气"即"诚"，即"仁"。"诚"是由"自然、真实"之品质表现"气"，故"诚"可打通天道和人道，所谓"反身而诚，乐莫大焉"，此莫大之乐，就是因为"诚"而实现了"人与天地万物为一体"。"仁"是由"生生、生命"之品质表现"气"，而万物皆为生，故"仁者以天地万物为一体"。如此看来，儒学中的"自然主义"是以"气"为根基，以"诚"为脉道，以"仁"为生命而构建起天人一体观，从而与主客二分的自然主义区别开来。第二，儒学中的"自然主义"主张变化革新。儒学中的"自然主义"认为，作为万物根基的"气"，有阴气、阳气之分，而阴、阳二气永远是矛盾的、互动的，如此，以"气"为根基的天地万物不能不处于

---

① 《礼记·孔子闲居》。

不停息的变化之中。《易传》曰："乾坤，其易之蕴邪？乾坤成列，而易立乎其中矣。"[1] 就是说，阴（乾）、阳（坤）二气蕴含着变化，二者的矛盾、斗争，变化也就开始了。儒学中的"自然主义"以大自然为中心展示自己的思考，而大自然刻刻在变，日新月异、四时更替、山川变迁、江河涨枯、人之生死，所展示给中国古代智者的最直接印象，就是一个字：变。《诗》曰："维天之命，於穆不已。"[2] 所以，儒学中的"自然主义"是内具变化革新气质的，从而与故步自封的自然主义区别开来。第三，儒学中的"自然主义"之生机性还表现为生命流行。将大自然看成是活的、生命的，是儒学中的"自然主义"生机性的最根本表现。正如梁漱溟先生所说："在我的思想中的根本观念是'生命'、'自然'，看宇宙是活的，一切以自然为宗。"[3] "生命"与"自然"对儒学中的"自然主义"而言是一体的。大自然的本质就是生生不息，就是不断创造生命。所谓"天地之大德曰生"[4]。大自然的变化也就是生生的过程，所谓"生生之谓易"[5]。而"仁"是大自然创造生命之源泉，周敦颐说："生，仁也。"[6] 朱熹说："生底意思是仁。"[7] 由此，人的生命与大自然生命打通而融为一体，整个宇宙充满着无穷无尽的生机，整个世界洋溢着大化流行。概言之，儒学中的"自然主义"是一种整体的、一元的、变化的、流行的、生意的、生命的"自然主义"，而不是支离的、二元的、静止的、停滞的、沉寂的、机械的"自然主义"。

2. 儒学中的"自然主义"是一种积极的自然主义

过去有一种观点，认为儒学中的"自然主义"是消极的，这种观点显然没有把握儒学中的"自然主义"真正内涵。为什么说儒学中的"自然主义"是积极的呢？第一，儒学中的"自然主义"是有作为的。儒学中的"自然主义"显然是积极的。儒家由"天行健"之自然之道所引申出来的道理是"君子以自强不息"；儒家提倡"使民以时"，是要求人们按照大自

① 《易传·系辞上》。
② 《诗经·周颂·维天之命》。
③ 《朝话》，《梁漱溟全集》第 2 卷，山东人民出版社，1990，第 125 页。
④ 《易传·系辞下》。
⑤ 《易传·系辞上》。
⑥ 《通书·志学》。
⑦ 《朱子语类》卷六。

然的规律而劳作，而不是放弃对自然的"改造和征服"。所以，儒家的"自然主义"是积极的、有为的。第二，儒学中的"自然主义"是求通的。儒学中的"自然主义"以大自然为思考起点，而大自然时时在动、刻刻在变、万物并生、大化流行，因而儒学中的"自然主义"必然是求通的。《易传》曰："易，穷则变，变则通。"① 又曰："天地交而万物通。"② 因为"天地交"而有万物的通畅、化生，所以"求通"是《易传》的基本思想。《中庸》说："诚者，天之道也；诚之者，人之道也。"③ 故"诚"即通天人，故"诚"即交往、开放，故"至诚"能"赞天地之化育，与天地参"。"仁"即"爱人"④，而"爱人"意味着上下左右相亲，故为通；相反，如果气血不畅、淤积堵塞，则为不仁。正是因为求通是"仁"本有义，所以谭嗣同明确释"仁"为"通"："仁不仁之辩，于其通与塞。通塞之本，惟其仁与不仁……苟仁，自无不通。亦惟通，而仁之量乃可完，由是自利利他而永以贞固。"⑤ 第三，儒学中"自然主义"是包容的。儒学中的"自然主义"以"自然"为中心，而大自然的胸怀是博大而宽广的，所以有内在的包容性。《国语》曰："夫和实生物，同则不继。以他平他谓之和，故能丰长而物归之；若以同裨同，尽乃弃矣。故先王以金、木、水、火、土杂以成百物。"⑥ 在这里，"和"与"同"相对，也就说，"和"是"多"，是"杂"，是丰富多彩，是包容百物，故只有"和"才能生物。因而孔子以"和"的持守与否区分君子、小人："君子和而不同，小人同而不合。"⑦《易传》曰："地中有水，师。君子以容民畜众。"⑧ 地可以容纳各种不同的水，百流千川、江河湖泊、清浊洁污，大地无所不容，由此而转换为人的品质便是"宽和容异"的气度。《中庸》曰："万物并育而不相害，道并行而不相背。"⑨ 也是让万物并生而不相残，互荣互盛。可

---

① 《易传·系辞下》。
② 《易传·象上》。
③ 《中庸·二十章》。
④ 《论语·颜回》。
⑤ 《仁学·四》。
⑥ 《国语·郑语》。
⑦ 《论语·子路》。
⑧ 《易传·象上》。
⑨ 《中庸·二十七章》。

见，儒学中的"自然主义"也具有包容的品质。既然儒学中的"自然主义"是有作为的、求通的、包容的，那么我们可以说，儒学中的"自然主义"是积极的而非消极的。因此，以往那种将消极、封闭、专制视为儒学主要特征的观点显然是因为其对儒学的理解存在很大的隔膜。

3. 儒学中的"自然主义"是一种精神的自然主义

有人谓儒学中的"自然主义"就是一种"唯物质主义"，没有理想，没有追求，没有超越性关怀。事实恰恰相反，儒学中的"自然主义"具有远大的理想和伟大的精神。儒学中的"自然主义"精神性主要表现在：第一，儒学中的"自然主义"是大自然"行"与"事"的创造性转化。大自然固然生生不息、万化流行，是儒学"自然主义"智慧之源泉，但大自然不言语，所以，要将大自然"行"与"事"所蕴含的象征意义转化成人类的智慧和精神，只有靠哲学家们去体悟、去提升。也就是说，"自然"的"行"与"事"之所以成了儒学智慧，在于中国古代智者的点化。比如，大地广袤无边、负载万物，这叫"地势坤"，但经过中国古代智者头脑之后便成了"君子以厚德载物"的品质和精神。再如，在自然界，日月普照万物，不厚此薄彼，这叫"日月无私照"，但经过中国古代智者头脑之后便成了"公正无私"的品质。可见，儒学中的"自然主义"并非自然原貌的简单复制，而是思想上的创造性转化。第二，儒学中的"自然主义"所追求的是精神，是理想。孔子曰："无求生以害仁，有杀身以成仁。"① 孟子说："生，亦我所欲也，义，亦我所欲也；二者不可得兼，舍生而取义者也。生亦我所欲，所欲有甚于生者，故不为苟得也。"② 生命，对任何人而言都只有一次，故人人想养生，个个想长生。可是儒家认为，仁义比个体生命更重要，更珍贵，所以在个体生命与仁义之间做出选择时，必须舍去个体生命以成就仁义。儒家之所以能置仁义于个体生命之上，并不是儒家故意扮演成道德主义者，而是因为儒家"自然主义"的生命观。在儒家看来，"仁"即生，故以生命成"仁"并不意味着生命的完结。"仁"者与万物为一体，也就是说，实践"仁"即是意味个体生命与宇宙生命融为一体，所以，"杀身成仁"只是将"小生命"升化、转化为

---

① 《论语·卫灵公》。
② 《孟子·告子上》。

"大生命"，从而使有限生命转向无限生命；因此，"仁"不仅是"饮食男女"之生命，更是超越了"饮食男女"的精神生命，"杀身成仁"是成就了更高境界的生命。也正是因为建立起了这种与大自然为一体的生命观，儒家无须执着"我"，因为有"大我"；无须执着"私"，因为有"大私"（公）。可见，儒家思想中的"自然主义"是富有超越性和理想性的。第三，儒学中的"自然主义"具有终极关怀性。所谓"终极关怀"，就是对人的生命状态的根本性关照，是对人生幸福、人生价值、人的死亡等问题给予"终极性"疏导和慰藉。因此，"终极关怀"无疑是精神性的。那么，儒学中的"自然主义"的"终极关怀"表现在何处呢？每个人都有权力追求自己的幸福，但对于幸福的把握却因人而异。孔子认为，幸福并不在于拥有无数的财富、诱人的声名，而在于"道"的获得，在于"仁"实践，所谓"贤哉，回也！一箪食，一瓢饮，在陋巷，人不堪其忧，回也不改其乐。贤哉，回也！"① 也就是说，求"仁"是孔子对人生幸福的一种理解，而"仁"有何可乐？"仁"之乐在于"人与天地万物为一体"之境界。人必有一死，可是如果做到"生不足喜，死不足悲"，还需要寻找思想精神上的根据吗？儒学"自然主义"认为，人之生死乃"气"之聚散，是一自然而然的过程。这无疑是对"死"的一种终极性关怀。可见，儒学中的"自然主义"确实蕴含着"终极关怀"理念。

　　现在我们可以说，儒学中的"自然主义"是生机的而非机械的，积极的而非消极的，精神的而非物质的。儒学中的"自然主义"表明，儒学是一门充满智慧的学问，是一种健康向上的思想。之所以如此，在于它的根基是大自然。然而我们发现，儒学的积极因素、健康基因，并不能"一以贯之"，甚至在很多情境下被滥用，以致使人们对儒学的价值产生误解。但就儒学"自然主义"而言，这只不过是"气血不通"所致，因而我们的责任就是厘清思路、疏通血脉，使儒家思想及其精神在新的时代得到弘扬和释放。

《江南大学学报》2009 年第 4 期

---

① 《论语·雍也》。

十四 书院能否孵化出大师？

近些年，随着国学热的持续升温，与国学有着千丝万缕联系的书院也逐渐进入人们的视线。与此同时，随着几位大师（张岱年、季羡林、任继愈等）的先后离世，人们对新的大师的出现又充满着期待。在唐朝以后的中国思想文化史上，绝大多数大师与书院有着密切关系，如朱熹、张栻、陆九渊、王阳明等。这样，人们自然而然地去想：书院能否培养出大师？

首先我要说，书院与大师没有必然的联系，那些指望书院造就大师的想法可能是徒劳的。为什么？第一，在中国历史上，常见的情形是，大师是书院的创办者或修复者，是被邀请到书院的讲学布道者。也就是说，大师不是从书院走出来的，而是从外边走进书院的。朱熹是1178年来到白鹿洞书院，此时他已48岁，已经是大师的朱熹在白鹿洞书院的工作是修复书院，制定学规，招收门徒。陆象山是1186年来到象山（今龙虎山），是年47岁。学生彭氏为他建造书院，主要用于讲学。钱穆先生1949年在香港创办新亚书院，此时钱先生早已成大师。因此，从这几位大师与书院的关系看，书院的确与大师的产生没有必然的联系。第二，大师的成长应该是多种要素因缘和合之果。历数公认的大师，我们不得不说，大师的成长是诸多基本要素综合而成的结果。王国维、陈寅恪、熊十力、钱穆、钱钟书等应该是公认的大师。只要稍加考察、研究一下这些大师的生平，就不难发现，他们之所以能成为大师，就在于他们具备了相关的条件。用我的话讲，就是具备了主观、客观两方面要素。主观方面包括先天素质、后天努力等，客观方面则包括环境、时势、机遇、伯乐等。先天素质是根本性的，缺了某些先天素质，一个人再努力也成不了大师。这就是孔子讲的"生而知之者"。某些外在机遇也是非常关键的，比如时势，所谓"时势造英雄"，像清初"三杰"王夫之、黄宗羲、顾炎武的成就，与那个时代有着非常密切的关系。无疑，这里讲的主观要素和客观要素与书院没有必然的联系，因此可以说大师的成长与书院没有必然的联系。第三，大师的标准应该是"学高"。所谓"学高"就是他学问达到的高度，这个高度只有通过他的学术思想表现出来。一个人再能讲，讲的都是别人的或者没有什么深度的东西，是永远成不了大师的。比如，陈寅恪的《隋唐制度渊源略论稿》和《唐代政治史述论稿》，钱穆的《国史大纲》，冯友兰的《贞元六书》，金岳霖的《知识论》，都写成于西南联大时期，都不是讲出来的，但这些著作充分显示了他们的"学高"，他们也自然属大师之列。如果我们不能否认这些大师及其成就，而这些成就与书院根本就没有什么关联，其自然引申的结论便是：书院与大师的成长没有必然的关系。

虽然我说大师的产出与书院没有必然的联系，但我对书院在大师产出过程中可能起到的特殊作用却是充满期待的，特别是在当今中国教育背景下。根据我粗浅的了解，书院对于大师成长的作用主要表现在这样几个方面：一是讲会制度。所谓讲会制度是指书院之间或不同学派之间的学术讨论会，它是书院中的基本学术制度。它的主要功能是论证、阐发各自学派的学术思想，论辩不同学派观点的真伪异同，交流各学派学术研究的心得，评议时政得失等。可以想见，学者们通过会讲可以展开交流、实现碰撞，从而在心灵和思想上得到营养与提升。所以，这种极具包容性，民主活泼的讲会制度，是有助于活跃学术风气，发展学术思想的。考之中外大师成长的历史，学术专制环境下而成为大师的几无一例。从这个意义上讲，讲会制度对于大师的成长的确是有帮助的。二是自由争辩制度。考之历代书院，自由争辩是其核心精神，无论是书院学规，还是实际的讨论，"自由"是贯穿其中的。朱熹与陆九渊在鹅湖书院的辩论，至今读来仍然栩栩如生。那种毫无顾忌，那种认真执着，那种自由发挥，让朱熹与陆九渊的思想都得到升华。《易》说："日往则月来，月往则日来，日月相推而明生焉。寒往则暑来，暑往则寒来，寒暑相推而岁成焉。往者屈也，来者信也，屈信相感而利生焉。"如果没有万物的相互激荡，哪里有丰富多彩的世界？如果没有学者间的自由争鸣，哪里有杰出的学术成果问世？那种让人叹为观止的学术成就，那种永远被翻阅和诠释的文本，那种历久弥新的学术思想，只有产生于没有任何约束的争鸣中。书院崇尚自由争辩，并将其确定为制度，对于大师的成长而言，当然是具有非常积极意义的。三是门户开放制度。书院不是封闭的，它对待书院以外的思想、学术、观点、主张的态度永远是关注、理解、吸取的，它对书院以外的人才是接纳和尊重的。白鹿洞书院、岳麓书院、新亚书院之所以能够吸引无数大师并因此声名远播，在很大程度上是它宽广的胸襟、博大的气概。《道德经》说："江海之所以为百谷王，在其能下之。"如果江海拒绝千流百川，它能成为百谷王吗？大师是学者之王，一个人如果不能宽容他人观点，不能积极吸收他人思想，不要说成为大师，怕不用多长时间，自己便干枯了。因此，书院的门户开放制度的确也是有利于大师成长的。四是独立钻研精神。书院所提倡的独立钻研精神体现在读书、思考、为人等多个方面。读书要自己体会，反对鹦鹉学舌；思考要自己动脑，反对依附他人；为人要有人格，反对趋炎附势。可以说，书院对学者的魅力之一，就是它崇尚独立精神，而独立精神是学者取得成就的最基本前提之一。王国维曾说："学术之发达，存于其独立而已。"一位学者所从事的学术思考和研究，如果是被动的或被某种利益所驱使的，那他是不可能收获真正的学术成就的。因此，书院所崇尚并贯彻的独立钻研精神，无疑也是有助于大师成长的。

不过，就今观之，这里所罗列的有助于大师成长的书院制度，大多也被现代学术组织或大学所吸收。所以，从某种意义上讲，书院如果想在培养大师方面做出自己的独特贡献，也许只有继承并发扬书院制度中有益于学术发达的优良传统，同时根据现代教育的发展状况对自身进行完善了。

《文汇报》2009 年 11 月 2 日，《新华月报》2009 年 12 月号转摘。注：《文汇报》文个别观点与本文有异

十五　人文儒学：儒学的本体形态

对于儒学而言，可以算作形态的，的确为数不少，比如，政治儒学、宗教儒学、哲学儒学、知识儒学、生活儒学等。然而，这些形态虽然可以成为儒学开展的一种方向，但它们并不能周全地回应某些关于儒学的质疑，并不能稳妥地解释当今儒学发展中所遭遇的问题，尤其不能创造性地为儒学的开展确立一种充满活力的根基。那么，有无一种形态可以满足这些要求呢？我们认为有，这就是"人文儒学"。换言之，儒学的本体形态应该是"人文儒学"。

人文儒学是儒家思想根本内容

儒学的本体形态之所以为人文儒学，其首要原因就在于儒学的特质是人文主义。儒学是由人文主义精神、人文主义思想和人文主义方法构成的学说。换言之，人文儒学之所以为儒学的本体形态，乃是因为人文主义是儒家思想体系中的根本内容。

1. 人文主义思想界定

既然讨论的是儒家人文思想，那么就有必要对人文主义内涵做个规定。人文主义之名来自西方，既指自古希腊开始的人文主义传统，也指文艺复兴时期的人文思潮。学者根据西方人文主义历史，对人文主义内涵做过各自独到的解释。英国思想家阿伦·布洛克认为，西方思想是用三种不同模式看待人和宇宙的，其中第三种模式就是人文主义，这种模式的焦点就是人，以人的经验作为人对自己、对上帝、对自然了解的出发点。① 唐

---

① 〔英〕阿伦·布洛克：《西方人文主义传统》，生活·读书·新知三联书店，1998，第12页。

君毅认为："人文的思想，即指对于人性、人伦、人道、人格、人之文化及其历史之存在与其价值，愿意全幅加以肯定尊重，不有意加以忽略，更决不加以抹杀曲解，以免人同于人以外、人以下之自然物等的思想。"① 而张岱年将人文主义定义为："肯定现世人生的意义，要求享受人世的欢乐；提倡个性解放，要求个性自由；相信人力的伟大，称颂人性的完美和崇高；推重人的感性经验和理性思维，主张运用人的知识来造福人生。"② 根据这些表述，人文主义内容大体可以归纳为：以 "人" 为中心或出发点，否定以神或自然为中心；高扬人的主体性，肯定人生的意义与价值，崇尚人格尊严，追求个性自由和解放；肯定人类的生活创造活动及其成果，鼓励对现世幸福的追求；反对封建专制，提倡民主；反对等级、奴役，主张平等；反对神秘主义，高扬理性；推崇人的创造力和科学知识。根据这样的内涵，我们又可大致将人文主义分为人文精神、人文思想、人文方法、人文成果四个层次。

2. 儒家思想中的人文主义

那么，这种人文主义是否存在于儒家思想之中呢？儒家思想是不是肯定、高扬人的主体性？我想，孔子提出的 "仁" 足以说明之。孔子说："我欲仁，斯仁至矣。"（《论语·述而》）又说："为仁由己，而由人哉？"（《论语·颜渊》）在孔子看来，"仁德" 的落实完全是主体人自我主宰、自我把握之事；作为人而言，也应该自觉、积极地去实践 "仁"。可见，在孔子这里，"仁" 即意味着对人的主体性的肯定。儒家思想是不是以人为中心？这应该不是问题。儒家对鬼神没兴趣，对自然没兴趣，六合之外存而不论，剩下的只有对人发生兴趣了。孔子曾说："未能事人，焉能事鬼？"（《论语·先进》）表明儒家拒绝讨论怪力乱神，而把人放在首要地位。如此看来，儒家思想的确是以人为中心的。儒家思想是不是肯定人生的意义和价值？孔子有 "杀身成仁" 之说，孟子有 "舍生取义" 之说，认为人活着并不仅仅是肉体生命的完满，更应有精神生命的超越，儒家号召人们立德、立功、立言，既然活着，就应活得有意义。这不是对人生意义与价值的肯定吗？儒家思想是不是鼓励人对现世生活的追求？《尚书》提

---

① 唐君毅：《唐君毅集》，群言出版社，1993，第 401 页。
② 张岱年：《中国文化与文化论争》，中国人民大学出版社，1990，第 238 页。

出"正德、利用、厚生"。"利用"就是利于人民所用，即方便人民用其所用；"厚生"就是使人民生活丰厚，即以富裕人民生活为目的。孟子提出"制民之产"，认为好的君主应该以富足百姓生活为己任，让老百姓"仰足以事父母，俯足以畜妻子，乐岁终身饱，凶年免于死亡"。这些无疑是对追求幸福生活的肯定。儒家思想是不是崇尚人格尊严，追求个性自由和解放？孔子说："三军可夺帅也，匹夫不可夺志也。"（《论语·子罕》）孟子说："一箪食，一豆羹，得之则生，弗得则死。嘑尔而与之，行道之人弗受；蹴尔而与之，乞人不屑也。"（《孟子·告子上》）作为战士，可杀可戮，但气节不可无；作为人，活着固然重要，但如果受辱于人而活着，还不如去死。儒家将人格的受辱视为比死还让人讨厌的事件，这不是对"人格"的充分肯定吗？而且，个人自由也是儒家思想的本有内涵。比如，"为仁由己"不是强调主体人的自由吗？再如，"尽性"不是强调人认识自我、发展自我、实现自我的本性吗？这当然也是对个性自由的肯定和追求。儒家思想是不是推崇科学和理性，反对神秘主义？儒家主张"道问学"，主张"格物致知"，对科学和理性基本上是肯定的，但对神秘的现象不感兴趣。如上叙述足以说明，人文主义毫无疑问是儒家思想中的内容，换言之，"人文儒学"的称谓是实至名归的。

3. 人文主义在儒家思想中的地位

现在的问题是，这种人文主义在儒家思想中究竟处于什么样的地位？我的回答是"根本"地位。这是因为：第一，人文主义是儒家思想体系中价值部分。就是说，上述所列举的人文主义内容，处于儒家思想的根部，或者说是核心部位。我们知道，儒家思想是一庞大思想体系，举凡哲学、伦理学、宗教学、文学、史学、政治学、法学、管理学、教育学、经济学、社会学乃至自然科学诸学科的思想应有尽有，不过，相对于人文主义思想而言，这些学科的思想属于表层，属于"用"的层面。也就是说，哲学思想也好，文学思想也好，政治思想也好，法律思想也好，经济思想也好，都只是人文主义思想的延伸和实践。比如，孟子提出的政治主张，置恒产、定赋税、轻刑罚、济穷人等，其根据都是人文主义精神和思想。正如孟子所讲："有不仁之心，斯有不仁之政。"（《孟子·公孙丑》）所以，孟子的政治主张，不过是人文主义思想的体现而已。第二，与先秦其他学派相比，只有儒家才把人文主义作为核心内容。根据唐君毅先生的研究，将墨、道、法这三大与儒家思想并立的学派，的思想特质与儒家思想比较，便可看出儒家思想的根本内容是人文主义。他说："儒家明明反对法家之极权主义，如何会成极权主义？儒家明明以社会教化为本，以人民为本，如何会成为反民主？儒家明明尊重个人之人格，重视自得之自由，如何会成反自由？说儒家于民主自由之义，多所未备，诚然诚然。但人之有此误会，亦可由儒家精神在原则上，实较今狭义之个人自由主义或过度着重政治政府之思想更为广远，故人不易加以认识。"① 换言之，儒学与道、墨、法的差别，就在于它的核心思想是人文主义。

人文儒学是儒家思想生长之源

人文儒学之为儒学的本体形态，还在于那处于儒家思想根部的人文主义，是儒家思想生长的源头。就是说，儒家思想的发芽、开花、结果，都以它的人文主义为种子，都以它的人文主义为源头。它的性质是人文主义的，它的成果是人文主义的，最终成长为一棵人文主义的儒学大树。那么，如何理解人文主义是儒家思想的生生之源呢？

1. "仁"是儒家人文主义思想生长的源头

在儒家思想体系中，"仁"是最具生命力、最具创造力，也最具人文关怀的观念。儒家思想的生长无一不是从"仁"开始。《易》曰："天地之大德曰生。"（《易传·系辞下》）而"仁"是大自然创造生命之源泉，周敦颐说："生，仁也。"（《通书·志学》，《周敦颐集》）朱熹说："生底意思是仁。"（《性理三》，《朱子语类》卷六）可见，"仁"之为生生力量，对于儒家而言是内在的，而其所生者，正是人文主义思想。

孟子认为，夏、商、周三代丧失天下或得到天下都是因为"仁"。如果天子不具有"仁德"，四海难以得到保护；如果诸侯不具有"仁德"，国家难以得到保护；如果卿大夫不具有"仁德"，宗庙难以得到保护；如果士庶人不具有"仁德"，四体难以得到保护。为什么缺乏了"仁德"，干什么都不行了呢？因为拥有了"仁"，才能生出义、礼、智、信、诚、孝、慈、忠诸德，才能生发仁爱之心。换言之，就是因为"仁"的人文主义精

---

① 唐君毅：《人文精神之重建》，广西师范大学出版社，2005，第153页。

神，才生出关怀生命、肯定人生的人文主义思想，正如孟子所说："凡四端于我者，知皆扩而充之矣，若火之始然，泉之始达，苟能充之，足以保四海；苟不充之，不足以事父母。"（《孟子·公孙丑上》）

二程指出，"仁"具有生物之性——"阳气所发，犹之情也。心犹种焉。其生之德，是为仁也。"（《河南程氏粹言》卷一，《二程集》第四册）朱熹继承了这一思想，认为如果没有"仁"，是不可能有生物之结果的。他说："仁者心之德，程子所谓心如谷种，仁则其生之性也。"（《孟子集注·告子章句上》，《四书章句集注》）所以，"仁"是天地生物之心，是众善的源头。朱熹说："盖仁之为道，乃天地生物之心，即物而在，情之未发而此体已具，情之既发而其用不穷，诚能体而存之，则众善之源、百行之本莫不在是。"（《仁说》，《朱文公文集》卷六七）既然"仁"是生生之源、生物之源、生德之源，那么，千行万善，无不出自"仁"。朱熹说："百行万善，固是都合着力，然如何件件去理会得？百行万善总于五常，五常又总于仁。所以孔孟只教人求仁。"（《性理三》，《朱子语类》卷六）因此，求得"仁"，也就求得万善。

王阳明认为，"万化根源总在心"，而这个"心"即天理，即良知。所谓："夫心之本体，即天理也，天理之昭明灵觉，所谓良知也。"（《文录二·书二·与舒国用》，《王阳明全集》卷五）而良知是有生生之能的："良知是造化的精灵，这些精灵，生天生地，成鬼成帝，皆从此出，真是与物无对。"（《语录三·传习录下》，《王阳明全集》卷三）这个"良知"可以发射到事事物之中，使事事物物人文化、道德化，创生具有人文精神的世界。他说："吾心之良知，即所谓天理也。致吾心身知之天理于事事物物，则事事物物皆得其理矣。"（《语录二·传习录中》，《王阳明全集》卷二）"理"也是人文精神、道德品质的源头。他说："理者，心之条理也。是理也，发之于亲则为孝，发之君则为忠，发之于朋友则为信。千变万化，至不可穷竭，而莫非发于吾一心也。"（《文录五·杂著·书诸阳卷》，《王阳明全集》卷八）由此可见，在王阳明这里，"仁""理""心"的人文精神，或表现于人文世界的建造，或表现于人类道德的实践。正如王阳明的一个比喻，"心"是根，"心"之所发对象是叶。他说："譬之树木，这诚孝的心便是根，许多条件便是枝叶。须先有根，然后有枝叶；不是先寻了枝叶，然后去种根。"（《语录一·传习录上》，《王阳明全

集》卷一)

熊十力也认为，"仁"是人文思想生长之源。他说："一曰仁以为体。天地万物之体原，谓之道，亦谓之仁。仁者，言其生生不息也。道者由义，言其为天地万物所由之而成也。圣人言治，必根于仁。易言之，即仁是治之体也。本仁以立治体，则宏天地万物一体之量，可以节物竞之私，游互助之宇，塞利害之门，建中和之极。行之一群而群固，行之一国而国治，行之天下而天下大同。……然则，化民以仁，使之反识自性，与其物我同体，自然恻怛不容已之几，而后有真治可言。人类前途之希望，实在乎是。"① 就是说，无论教化社会，还是治理国家，抑或陶冶民情，都可由"仁"去完成。换言之，"仁"是儒家人文思想之根源。

2. 儒家思想的丰富和发展概以人文主义为中心

儒家思想在不同历史时期都有它的丰富和发展，不同历史时期的儒家学者都程度不同地做出了贡献，而儒家思想的丰富和发展，在很大程度上就是人文思想的丰富和发展。

孟子曾说，他的愿望就是继承、发展孔子的思想。那么，孟子继承、发展孔子思想有什么样的特点呢？孟子认为，人性本善，善是内在于人心的，行善与否完全由自己主宰，这当然是对人的道德自觉的肯定，也就是对人的主体性的肯定。孟子提出"路途之人皆可为尧舜"，尧舜自然是圣人，是道德的楷模，但尧舜也是权力和智慧的象征。就是说，孟子这个命题无疑包含着对人在道德、政治和文化方面的平等诉求。孟子提出"富贵不能淫，威武不能屈，贫贱不能移"，提出"舍生取义"，这都是对人格的肯定和赞颂。孟子提出"仁政"，主张改善老百姓生活，提升他们的生活质量，这无疑是对人的生活和生命的肯定和关心。孟子提出"民为贵，社稷次之，君为轻"，这虽然不能等同于现代民主思想，但这无疑是以肯定普通人地位、尊重普通人价值为中心的民本思想。可见，孟子对于孔子思想的丰富和发展，其特点就是以人文主义为中心。

《易传》对《易经》思想的发展，也是以人文主义为中心的。可以说，如果没有《易传》将《易经》中的人文精神、人文思想加以阐发与播扬，《易》在学术上就不会有今天的影响。《易传》提出"天行健，君子以自

① 熊十力：《熊十力全集》（第三卷），湖北教育出版社，2001，第581页。

强不息；地势坤，君子以厚德载物"，所体现的就是一种人文主义精神。因为君子之所以应该自强不息，之所以应该厚德载物，在于大自然给他们做出了榜样；而自强不息所象征的是奋发向上、永不停息的精神，厚德载物所象征的是忍辱负重、积蓄德行的品质，这当然是一种人文主义精神。《易传》不仅有创造生命的思想，而且肯定生命的价值。所谓"天地之大德曰生"（《易传·系辞下》）。所谓"生生之谓易"（《易传·系辞上》）。《易》以生生为最高使命，乾坤相合而万物化生，从无机到有机，从动物到人，从人到社会制度，乃为《易》所生、所肯定、所关怀。《易传》对"观象制器"加以赞颂，提倡"开物成务"，认为工具、住宅、服饰、器械、制度等都是人类的伟大创造，对提升人类生活质量具有重大意义，并肯定从野处到宫室是一种进步："上古穴居而野处，后世圣人易之以宫室，上栋下宇，以待风雨，盖取诸'大壮'。"（《易传·系辞下》）《易传》既要"大业"，又要"盛德"，对物质人文与精神人文给予同样的期待和赞美。所谓"夫易，圣人所以崇德而广业也"（《易传·系辞上》）。应该说，《易传》从生生思想到自强精神，从厚德意识到制器主张，无不充溢着人文主义精神。

张载提出"太虚即气则无'无'"的命题，因为在他看来，佛家视世界为污浊，视"万有"为累赘，以人生为幻妄，就可能导致"人伦不察，庶物不明"，导致对整个人文世界的否定。因而张载标举"气"实际上就是肯定人事，肯定人生，肯定"开物成务"，肯定人文世界的价值。张载担心人性沉没于污浊之中而不能自拔，提出"天地之性"说，告诉人们应该回到"天地之性"的意义和回到"天地之性"的方法，这是肯定人应有超越的精神。张载认为，饮食男女都是人之天性，是不可灭的，这是肯定人的自然欲望。张载提出"民胞物与"的命题，就是要肯定人的地位和价值，就是要关怀天地万物，就是要博爱鳏寡孤独，就是要尊老爱幼，"视天下无一物非我"。无疑，张载对儒家思想的丰富和发展也是以人文主义为核心的。

王阳明肯定人的地位，肯定人的主体性。他说："人者，天地万物之心也；心者，天地万物之主也。心即天，言心，则天地万物皆举之矣。"（《文录三·书三·答季明德》，《王阳明全集》卷六）他提倡思想解放，提倡怀疑精神，反对学术专制主义。他说："夫道，天下之公学也。非朱子可得而私也，非孔子可得而私也，天下之公也。"（《语录二·传习录中》，《王阳明全集》卷二）他主张人人平等，认为"满街都是圣人"，鼓励人们向善。他提出"仁"的关怀，万物因"仁"为一体，宇宙间的所有物是生机的、生命的，万物是生命共同体，因而要相互关怀关爱。他说："大人之能以天地万物为一体也，非意之也，其心之仁本若是。其与天地万物为一体也，岂惟大人，虽小人之心亦莫不然。"（《续编一·大学问》，《王阳明全集》卷二六）他提出"致良知"，是要恢复人的善性，去除邪恶；他提出"知行合一"，是要求人们关注动机的重要性，将邪念扼杀在未发作之前。王阳明的人文主义思想具有反专制性、道德关怀性等特点。可见，王阳明对儒家思想的丰富和发展也是以人文主义中心的。

人文儒学是儒家思想开掘之匙

严复曾经提出"自他之耀，回照故林"的主张，就是讲发掘中国传统文化这座宝藏，需要借助西学。可是，西学方法丰富多彩，而中国传统文化也有自己的特性。这样，"自他之耀"指什么，就要根据被"回照"的对象而定了。我们说，"回照"儒家思想最好的"自他之耀"，就是人文主义。就百年来中国学者认知、理解、解释儒家思想的实践看，只有人文主义的解释是最相应的。

1. 人文主义切近儒学本有特色

如前文所讨论的，儒家思想最大的特点、最本质的内涵就是它的人文主义。而这也是近世以来中国绝大多数学者的共识。

熊十力认为，儒学的特质是反己向内而求得本体，是超越理智的，这与西方哲学那种把真理当着客观存在，进而通过理智或知识去认识并表现它的方式是完全不同的。他说："西学向外求体，故偏任理智与思辨。儒学在反己而实得本体，故有特殊修养工夫，卒以超越理智，而得证量。吾尝言，世之从事于哲学者，大抵曰：探求真理而已。儒学，则非仅事探求，而必归趣实现。易言之，即己身已超脱小我，而直与真理为一。若乃把真理当作客观存在的，而凭理智或知识，以推度构画，且组成一套理论以表出之。以此自鸣哲学，则非儒者之所谓学也。前引《大易》尽性至命之文，是其征也。吾以儒学为哲学之极旨。"① 既然儒学真理不是认识论意义上的"公则"，而是实践意义上的体证，只有反身向内证得本体，那么，认知、理解和解释儒学的方法，自然不能是科学方法和逻辑方法，而应是证悟、体悟的方法。

方东美认为，在儒学中，宇宙就是生命的流行，是充满生机的。他说："整个宇宙，无论它被分割成多少领域——自然界或超自然界，现实界或理想界，世俗界或神性界，在中国人文主义看来，都是普遍生命流行的境界，这种大化流衍，范围天地而不过，曲成万物而不遗，而人类承天地之中以立，身为万物之灵，所以在本质上便是充满生机，真力弥漫，足以驰骤扬厉，创进不已。换言之，中国的人文主义，乃是精巧而纯正的哲学系统，它明确宣称'人'乃是宇宙间各种活动的创造者及参与者，其生命气象顶天立地，足以浩然与宇宙同流，进而参赞化育，止于至善。"② 可见，儒学对宇宙的理解是人文主义的，儒学就是人文主义思想系统，是一套生命哲学。他说："中国的哲学从春秋时代便集中在一个以生命为中心的哲学上，是一套生命哲学，这生命不仅是动植物和人类所有，甚至于在中国人的幻想中不曾承认有死的物质的机械秩序。所谓的原初存在，乃是生命的存在。如果用抽象法将生命中高级的宗教道德艺术精神化除的话，所余只是一个赤裸裸的物质存在而已。"③

唐君毅认为，儒家思想的根本特质就是人文主义。他说："儒家骨髓，实唯是上所谓'融宗教于人文，合天人之道而知其同为仁道，乃以人承天，而使人知人德可同于天德，人性即天命，而皆至善，于人之仁心与善性，见天心神性之所存，人至诚而皆可成圣如神如帝'之人文教也。"④ 就是说，儒家思想就是一种人文宗教，这种人文宗教是彻透人文精神的。

牟宗三认为，儒家的"仁"不是科学概念，不是知识概念，而是道德概念，是人文概念。他说："可见仁不是个知识的概念，不是科学上的观念。这不是很深刻吗？这样一指点，你要了解仁这个观念，照孔子的方法，就要培养如何使我们的心不麻木，不要没有感觉。这和现代人不同，

① 熊十力：《熊十力全集》（第三卷），湖北教育出版社，2001，第752~753页。
② 方东美：《中国人生哲学》，黎明文化事业股份有限公司，2006，第141页。
③ 方东美：《原始儒家道家哲学》，黎明文化事业股份有限公司，2006，第208页。
④ 唐君毅：《中国文化之精神价值》，广西师范大学出版社，2005，第39页。

现在的学问多是使人对自己的生命没有感觉。从上面所讲的，我们可以知道虽然苏格拉底也和孔子一样重视德性，可是在不同的文化背景的开端下，即使是像苏格拉底这样的大哲学家，他拿知识的态度来讲仁，结果是不中肯。所以西方讲道德，就在这个地方差。希腊的贡献不在这方面，而是在哲学、在科学。"①

2. 以人文主义方法开掘儒家思想的实践

既然儒家思想的特质是人文主义的，那么对于儒学的理解、解释和评论，当然需要用人文主义方法。巧合的是，许多学者都不约而同地进行了这种实践，使儒家人文主义思想逐步展示出来。

熊十力认为，儒家思想中有"平等"观念。他说："平等者，非谓无尊卑上下也。天伦之地，亲尊而子卑，兄尊而弟卑。社会上有先觉先进与后觉后进之分，其尊卑亦秩然也。政界上有上级下级，其统属亦不容紊也。然则平等之义安在耶？曰：以法治言之，在法律上一切平等，国家不得以非法侵犯其人民之思想、言论等自由，而况其他乎？以性分言之，人类天性本无差别，故佛说一切众生皆得成佛，孔子曰'当仁不让于师'，孟子曰'人皆可以为尧舜'，此皆平等义也。而今人迷妄，不解平等真义，愿乃以灭理犯分为平等，人道于是乎大苦矣。"②"平等"不是讲没有等级，而是讲国家不得非法侵犯人民之思想、言论等自由，而是讲人的天性是平等的，这就是儒家思想中的平等观念。

胡适认为，孔子、孟子思想中具有独立、自由、怀疑精神。他说："对于真理的追求，使中国思想本身得以自由。孔子说：'君子不忧不惧'，又说：'内省不疚，夫何忧何惧！'讲到他自己时，他又说：'饭疏食，饮水，曲肱而枕之，乐亦在其中矣。不义而富且贵，于我如浮云。'在中国道德与理智力量仅次于孔子的孟子，也曾经更有力的表示过这个自由的精神。他说：'富贵不能淫，贫贱不能移，威武不能屈，此之谓大丈夫。'这种人文的、合理的及自由的精神，就是古典时代对于理智生活留传下来的最大的遗产。"③

贺麟则对"仁"给予了人文主义的解释："仁乃儒家思想的中心概念。

---

① 牟宗三：《中国哲学十九讲》，上海古籍出版社，2007，第47页。
② 熊十力：《熊十力全集》（第四卷），湖北教育出版社，2001，第367页。
③ 胡适：《中国思想史纲要》，《胡适学术文集》，中华书局，1998，第517页。

固不仅是'相人偶为仁'的文字学名词，如从诗教或艺术方面看来，仁即温柔敦厚的诗教，仁亦诗三百篇之宗旨，所谓'思无邪'是也。'思无邪'或'无邪思'，即纯爱真情，乃诗教的泉源，亦即是仁。仁即天真纯朴之情，自然流露之情。……从宗教观点来看，则仁即是救世济物、民胞物与的宗教热诚。……儒家以仁为'天德'，耶教以至仁或无上的爱为上帝的本性。足见仁之富于宗教意义，是可以从宗教方面大加发挥的。从哲学看来，仁乃仁体。仁为天地之心，仁为天地生生不已之生机，仁为自然万物的本性。仁为万物一体、生意一般的有机关系和神契境界。简言之，哲学上可以说是有仁的宇宙观，仁的本体论。离仁而言本体，离仁而言宇宙，非陷于死气沉沉的机械论，即流于漆黑一团的虚无论。"① 在这里，贺麟将"仁"放在艺术（诗教）、宗教、哲学三个语境里面进行解释。艺术的"仁"是一种天真纯朴的情感，这种情感是自然的流露，所以它必然是自由的而不受任何拘束的。宗教的"仁"是救世济物的决心和意志，是一种天德。哲学的"仁"是一种本体，是天地之心，有了"仁"，天地才有生生不已之生机。换言之，"仁"是生命的、生意的、生机的，是纯朴的情感，是济物的意志，是道德的关怀。这当然是典型的人文主义的解释。

张岱年认为，儒家思想中具有肯定生命价值的观念。他举出《孟子》一段话："一箪食，一豆羹，得之则生，弗得则死。嘑尔而与之，行道之人弗受；蹴尔而与之，乞人不屑也。"（《孟子·告子上》）继而分析说："所谓'嘑尔而与之'、'蹴尔而与之'，即是不尊重对方的人格，不把人当人看待。所谓'所恶有甚于死者'，即是人格的屈辱。而所谓'所欲有甚于生者'，即是人格的尊严。这比生命更高的价值，孟子称之为'义'（道德）。所谓义即人与人相互尊重，既坚持自己的独立人格，也承认别人的独立人格。"② 不仅如此，张岱年还认为儒家具有无神的思想。他说："宋代理学家张载著《西铭》，其中最重要的四句是：'民吾同胞，物吾与也。''存吾顺事，没吾宁也。'意谓应有广大的胸怀，既爱民，亦爱物；在生存之时应努力有所作为，而以死为安息。既已衰老，则愿安然死去，无所留恋。这是宋明理学对于生死问题的基本观点。儒家重视现实生活，

---

① 贺麟：《儒家思想的新开展》，《贺麟选集》，吉林人民出版社，2005，第134～135页。
② 张岱年：《张岱年全集》（第六卷），河北人民出版社，1996，第549页。

不肯定灵魂的不灭，否认所谓来世幸福的宗教信仰，确实表现了人文主义的精神。"①

可见，近世以来的中国学者，不仅认为儒家思想的特质是人文主义的，而且展开了以人文主义方法认知、理解、解释儒家思想的实践。儒家思想中肯定人的独立意志、肯定人格尊严、肯定人的理性、肯定人生价值、重视现实生活、否定灵魂不灭等人文主义思想因素，都被发掘和整理出来。因此，人文主义方法是最适合儒家思想的。正如方东美所说："实在说来，人文主义便形成哲学思想中唯一可以积健为雄的途径，至少对中国思想家来说，它至今仍是不折不扣的'哲学'，诚如美国哲学家罗易士（Royce）所说，'哲学乃是一种向往，促使日渐严重的人生问题走向合理价值，当你对现世切实反省时，便已在从事哲学思考，当然，你的工作，第一步是求生存，然而生命另外还包括了激情、信仰、怀疑与勇气等等，极其复杂诡谲。所谓哲学，就是对所有这些事体的意义与应用，从事批判性的探讨。'"② 既然只有人文主义的解释最符合儒家思想内容和特性，那么儒学的本体形态自然是人文儒学。

人文儒学是儒家思想学科化之果

人文儒学之所以应该是现代儒学的本体形态，在一定程度上也是学科发展使然。在历史上，儒家经典内含有丰富的知识与思想，俨然一部百科全书。不过，随着知识分类越来越细，新的学科不断衍生，儒学的地位与功能也随之发生变化。这种变化就儒学自身而言，就是从百科全书式儒学走向人文儒学。

我们先对近代以来大学课程设置之变化过程略加展示。1902年，在清政府《奏定高等学堂章程》中，规定高等学堂学科分三类。第一类为经学科、法学科、文学科、商学科；第二类为格致科、工科、农科；第三类为医科。而大学堂分八科：经学科大学、政治科大学、文学科大学、医科大学、格致科大学、农科大学、工科大学、商科大学。③ 教育宗旨是："均以

---

① 张岱年：《张岱年全集》（第六卷），河北人民出版社，1996，第553页。
② 方东美：《中国人生哲学》，黎明文化事业股份有限公司，2006，第140~141页。
③ 王炳照等编《简明中国教育史》，北京师范大学出版社，1985，第323页。

忠孝为本，以中国经史之学为基，俾学生心术壹归于纯正，而后以西学沦其智识，练其艺能，务期他日成才，各适实用，以仰副国家造就通才、慎防流弊之意。"（《奏议六十一·厘定学堂章程折》，《张之洞全集》卷六一）在三类学科中，第一类的经学科、文学科包含了儒家经典、先秦诸子、经学等课程，而教育宗旨是忠君、尊孔、尚公、尚武，尚实等。可见，这时的大学课程与儒学的关系还是相当密切的。

1913 年的《教育部公布大学规程》中，大学"学科"分文、理、法、商、医、农、工七科，其中文科科目分哲学、文学、历史学、地理学四门。在哲学门有中国哲学类，包括：1. 中国哲学（《周礼》、《毛诗》、《仪礼》、《礼记》、《春秋》三传、《论语》、《孟子》、《周秦诸子》、《宋明理学》），2. 中国哲学史，3. 宗教学，4. 心理学，5. 伦理学，6. 论理学，7. 认识论，8. 社会学，9. 西洋哲学概论，10. 印度哲学概论，11. 教育学，12. 美学及美学史，13. 生物学，14. 人类及人种学，15. 精神病学，16. 言语学概论。[①] 在 16 门课程中，有两门——"中国哲学"和"中国哲学史"涉及儒学。其中的"中国哲学"，包括了较多的儒学内容；在文学门和历史学门中，仍有中国史（《尚书》《春秋左氏传》）、中国哲学概论、说文解字、尔雅学、辞章学等课程，与儒学有较大关系。而教育的宗旨于1912 年改为："大学以教授高深学术、养成硕学宏材，应国家需要为宗旨。"[②] 这个教育宗旨显示了新的方向。

1934 年，当时的教育部所规定的大学课程科目有国文科，包括中国文学史、伦理学等；历史科，包括本国史、外国史、政治史、经济史、思想史、文化史等；数学科，包括普通数学、立体几何等；生物科，包括植物学、动物学等；生理科，包括生理学、病理学等；化学科，包括有机化学、无机化学、理论化学等；物理科，包括力学、光学、电学、热学等。在这些课程中，只有中国文学史、伦理学、思想史、文化史等与儒学有程度不同的关联。

1977 年，高考制度恢复，大学重新招生。大学学科门类分理、工、农、医和文科两大类，文科分哲学、中国语言文学、历史学、经济学、法

---

① 舒新城：《中国近代教育史资料》（中册），人民出版社，1979，第 653～654 页。
② 舒新城：《中国近代教育史资料》（中册），人民出版社，1979，第 647 页。

学、外国语言文学等，有条件的大学还有政治学、教育学、心理学等。其中哲学、中文、历史与儒学有关联，而其他学科与儒学基本上没有关联。哲学系的课程有哲学原理、马克思主义哲学史、马列原著选读、列宁笔记、西方哲学史、现代西方哲学、中国哲学史、中国哲学原著选读、中国现代哲学、形式逻辑、心理学、美学概论、社会学概论、法学概论、生物学、高等数学等。其中只有中国哲学史、中国哲学原著、中国现代哲学等课程与儒学有关联。

2000年，大学文科分得更细，有文学、哲学、史学、经济学、政治学、法学、管理学、商学、行政学、社会学、心理学、新闻学、外国语言文学等。在这种学科体系中，只有哲学、史学、中文三系有涉及儒学的课程，而专门研究儒学的课程只有在哲学系找得到。而且，儒学在哲学系也只是中国哲学这个二级学科中的一个研究方向而已，即三级学科。

如上即是近世以来中国高等学堂课程设置的大致变迁，它非常客观地向我们传递了也许是我们不太愿意接受的信息：一个世纪以来，儒学内容在大学课程体系中比重越来越少，地盘逐渐缩小，儒学的边缘化已是不可逆转的命运。那么，它给我们以怎样的启示呢？

1. 从百科全书儒学到人文儒学

以"六经""四书"为经典依据的儒学，毫无疑问可以被认为是百科全书式的学问。因为在"六经""四书"中，按照现代学科知识来划分，什么内容都具备，从自然科学到社会科学，再到人文科学，一应俱全。即是说，传统儒学所涉及的学科内容，遍及今天绝大部分学科。然而，随着人类生产劳动的深化，知识分工越来越细，不同领域的知识被组成新的学科。在这样的背景下，原来"存活"在儒学这个大家族中不同领域的思想内容，都在新的小家（分支学科）诱惑下，纷纷走出儒学这个大家族，自立门户。那些属于自然科学的知识和思想，分别被组入天文学、物理学、数学、光学、力学、化学等学科中（主要在相关史学科中，如科学史）；那些属于社会科学的知识和思想，分别被组入政治学、法学、社会学、教育学、心理学、经济学等学科中（主要也在相关史学科中，如政治思想史）；那些属于人文科学内容的知识和思想，分别被组入哲学、文学、史学、伦理学、宗教学、美学等学科。这样，百科全书式的儒学不复存在，但人文儒学因此而凸显。因为，那些被分化出去的知识和思想，被视为与儒学有密切关联的，只有人文学科部分。因此，儒学从百科全书分化为各具体专业学科的过程，实际上也是儒学人文知识与思想凸显的过程。

2. 人文儒学是被分化出来的儒学学科体系之核心

从儒学大家族中分化出来的分支学科，并不意味着它们完全与儒学分离开来，甚至与儒学对立，相反，在从百科全书式的儒学分化出的学科体系中，人文儒学是它们的核心。因为第一，那些从儒学中分离出去的学科，毕竟是由儒学孵化出来，它们有共同的基因，因此，那些学科都有人文儒学精神的投射，人文儒学在学科体系中仍然是本体地位。第二，分化出去的学科只不过自立门户、独力经营而已，它们仍然分担着自己的责任，这个责任就是将它那个部分做好，也就是体现儒学的人文精神与价值，为儒学"分忧解愁"。这种关系的具体情形就是：政治儒学就是要从政治学领域体现儒学的人文精神和思想，哲学儒学就是要从哲学领域体现儒学的人文精神和思想，宗教儒学就是要从宗教学领域体现儒学的人文精神和思想，伦理儒学就是要从伦理学领域体现儒学的人文精神和思想，经济儒学就是要从经济学领域体现儒学的人文精神和思想，管理儒学就是要从管理学领域体现儒学的人文精神和思想，等等。可见，人文主义思想是儒学其他学科的维系，其他学科都是人文儒学精神的具体表现或者延伸，人文儒学必然是那些从百科全书式的儒学中分离出的学科的中心。

3. 被边缘化显示人文儒学的本体地位

诚如上述，儒学在百年来中国最高学府课程设置中的变迁，非常清晰地向我们展示了儒学作为大学课程内容，是如何从多到少、从受重视到被轻视、从中心到边缘的过程。儒学包医百病的时代一去不复返了，"半部《论语》治天下"成了永远的故事。尽管如此，我们并不认为这个过程对儒学而言是完全消极的，因为在一定意义上讲，儒学这种边缘化过程，正是使儒学逐渐归位的过程，正是确立儒学真正身份的过程。就是说，在这种被边缘化的过程中，从身份上看，儒学从百科全书的身份转变为人文学科的身份，儒学获得它的"真身"；从内容上看，儒学从多学科的思想精简为人文主义思想，儒学确立其"真精神"；从价值和功能上看，儒学从多样性价值与功能转换为比较单一的人文价值与功能，儒学终于觉悟其"真功夫"。因此，儒学边缘化过程正是儒学人文精神、人文思想凸显的过程。换言之，儒学边缘化过程，实际上就是儒学现代形态的呈现过程，而被呈现的儒学现代形态就是人文儒学。所以说，在现代学科分化过程中，在儒学被边缘化过程中，我们所把握到的儒学形态，正是人文儒学。

人文儒学是儒家思想应对挑战之法

人文儒学之为儒学的本体形态，还在于它能够回应某些重大挑战。人所共知，近世以来，儒学可谓四面楚歌，面对着各种严峻的挑战。其中有些挑战并非来自儒学自身，儒学可以不加理会。对于那些与儒学自身密切相关的挑战，我们试着由人文儒学的角度予以解释和回应。

1. 儒学功能诉求过多所形成的挑战

传统儒学在功能方面即有非常宽泛的诉求，它百科全书似的性质决定了它是人间秩序的全面设计者。对于个人的生老病死，对于社会的人伦秩序，对于国家的运作程序，儒学都是直接参与者和决定者。但是，随着社会制度的变迁，随着学术思想的发达，随着各种专业学科的兴起，专业化解决问题的方式越来越成为必然。就个人而言，其人生规划并不一定需要儒学来安排；就社会而言，其人伦秩序并不一定需要儒学来协调；就国家而言，其运作程序并不一定需要儒学来设计……儒学突然间"失业"了。儒学虽然很委屈、很受伤，但这对儒学而言的确是一次很大的挑战，因为这无异于被抛弃。

那么，儒学如何应对这个挑战？我们需要理性的态度和认真的分析。比如，人们拒绝儒学表现在哪方面？社会拒绝儒学表现在哪方面？国家拒绝儒学又表现哪方面？过去，人之生老病死，都有和儒学相关的礼制关照；社会的人伦秩序，都有和儒学相关的礼制约束；国家运作程序，都有和儒学相关的礼制规定。也就是说，这种"被拒绝"，主要是指拒绝儒学中那些制度化的、不再适合变化了的关系的内容与功能。而这种"被拒绝"在很大程度上是任何学说、任何宗教派别都会遭遇到的。因此，这种拒绝并不是对儒学的全盘否定，而是对儒学提出的调整意见。在我们看来，如果从儒学自身角度看，人文儒学可以对这种挑战做出积极回应。首先，人文儒学将儒学的作用范围做了大幅度的缩小，即将儒学从百科全书范围缩小到人文范围。自然科学、社会科学的事情一概不去直接管理，这样，因为功能诉求过多形成的挑战即被化解。其次，人文儒学发生作用的方式，是人文的方式，即它对个人、社会、国家的作用，主要表现在精神层面和价值层面，而不是技术层面和制度层面。人文儒学可以其人文精神、人文思想、人文方法为个人、社会乃至国家提供精神的支援。比如，唤醒人的意识，肯定人的价值，高扬人的生命等。这种回应可能被认为这是消极的，但却是有效的。

2. 儒学开出"新外王"所形成的挑战

从儒学中开出科学与民主即所谓"新外王"，是现代新儒家集体性诉求。比如牟宗三认为，现代新儒学的主要任务就是开出"新外王"，而讲"外王"必须含有近代化国家政治法律和自然科学，这是儒学第三期发展的使命。① 然而，在"能否开出民主与科学"问题上，并不是所有人都像牟宗三那样坚定和乐观。林毓生就认为，儒学根本就开不出科学与民主。② 如果承认儒学能开出民主与科学，就得回答为什么到现在还没有任何开出科学与民主的迹象？如果否认儒学开出民主与科学，就得回答儒学第三期发展的任务是什么？这样，能否开出科学与民主对儒学而言就变成一种挑战。

我们认为这种挑战也可从人文儒学的立场给予解释和回应。首先，从儒学的现代发展和儒学的内在关怀而言，儒学应该将对科学与民主的追求置于自身思想体系中。但从学科分化的角度看，科学与民主都跟随政治学、法学、自然科学从百科全书式的儒学中分离出去，因此，从儒学中开出科学与民主的诉求，并不符合现代学科分化的趋势，更多的是儒学在发展过程中对自我使命的设计和期待。其次，儒学对于自然科学与民主政治的期盼，并不一定要从自身开出来，因为人文儒学即含有对人的生命与价值的肯定，对人的权利与自由的肯定，对理性、独立、怀疑等精神的肯定，这都是民主政治和自然科学的种子。因此，不直接开出自然科学与民主政治，并不等于儒学漠视科学与民主，并不等于儒学毫无作为。再次，如上所言，人文儒学与由儒学分化出来的社会科学、自然科学各学科的关系是体用关系，人文儒学的精神和思想完全可以透过那些具体学科表现出来。具体说来，人文儒学完全可以透过政治学、法学等学科表现其对民主

① 牟宗三：《道德的理想主义》，台湾学生书局，2000，第 155~156 页。
② 林毓生：《新儒家在中国推展民主与科学的理论面临的困境》，《中国时报》1988 年 9 月 7 日。

政治的追求，也可以透过自然科学各学科落实其对自然科学追求。最后，根据人文儒学的立场，对科学理性的肯定，对人的权利的尊重，对人的自由的保护是人类的普遍价值。因此我们看到，那些没有儒学的国家或民族，他们照样发展了自然科学，照样建设了民主政治。这也就是说，民主政治和自然科学并不必然地要从儒学中开出来。或者说，不是从儒学中开出的民主政治就不是我们想要的民主政治？不是从儒学中开出的自然科学就不是我们想要的自然科学？因此，开出民主和科学与开不出民主和科学两种相反的主张，以人文儒学的角度都是可以解释的。对人文儒学而言，开出科学与民主，是内在的诉求；开不出科学与民主，也是它的特性所规定。

3. 儒学价值遭受质疑所形成的挑战

百余年来，从"五四运动"到"文化大革命"，从"假马克思主义"到自由主义，批判儒学的声音不绝于耳。概括起来，主要有这么几点：第一，儒学就是封建礼教，与自由、民主、平等、科学等的价值是相悖的。第二，儒学是落后的封建意识形态，因此不能让儒学成为主流思想，而应进行整顿和围剿。第三，儒学就是"三纲五常"，儒学礼制系统是扼杀人性的，儒家的伦理道德是培养奴性的。根据这几点的批评，儒学就无须存活于现代社会，就无须丰富和发展，就无须研究和宣传，一句话，儒学根本就没有存在的必要！这对儒学而言自然是非常严重的挑战，因为它涉及儒学是否应该生存下去的问题。对于这种挑战，我们是不能置之不理的。

我们还是以人文儒学的立场来回应。首先，儒学的价值是不是与自由、民主、平等、科学等价值相悖？根据我的理解，儒家思想的核心是"生生"，即创造生命、养育生命、保护生命、成就生命。既然以创造生命、养育生命、保护生命、成就生命为追求，那么它就应该肯定人的权利和自由，维护人的平等和尊严，弘扬理性与科学。事实上，在儒家思想体系中，既有孔子的"批评以俑人殉葬不人道"的尊重生命之思想，也有孟子的"路途之人皆可以为尧舜"的平等观念；既有孔子"为仁由己"的自由思想，也有《大学》的"格物致知"的科学思想。可见，儒家思想的核心是人文主义思想，因而我们不能说儒家思想与自由、民主、平等、科学等价值是相悖的，而应该说是相顺、相适的。其次，儒学绝不等同于封建的、落后的意识形态。的确，儒家思想体系基本上是在封建社会形成的，是不是因此就判定儒家思想是落后的呢？是阻碍社会进步的呢？这种观点显然是太肤浅。事实上，在儒家思想中，"生生"的观念，"仁"的思想，"诚"的品质，"制天命"的精神，都是充满着人文主义精神的，都不仅不是落后的，反而是先进的、积极向上的、反封建的，怎么可以将儒学简单地等同于封建意识形态而限制它的发展呢？只有假马克思主义者和肤浅的自由主义者才会有这种粗陋的识见。再次，那些认为儒学是毒品，"三纲五常"是杀人的工具，儒家伦理是培养奴性的观点，虽然充分暴露了持论者的无知，我们还是要晓之以理。孔子讲"仁者爱人"，而"仁者爱人"的表现就是让人民有"恒产"，让人民上下有所养，让人民读得起书，让人民安居乐业，怎么会成为杀人的工具？儒学激励人们"自强不息"，教导人们"厚德载物"，告诫人们要"诚实无欺"，又怎么会是培养奴性的工具？显然，那些盲目否定儒家思想价值的观点，根本就没有理解儒家人文思想的精神所在。

4. 儒学价值难于落实所形成的挑战

随着社会的变迁，儒学意义的落实似乎也碰到了一些难题。这些难题是：儒学不能像过去一样，普遍地为人们接受，儒学的接受群体越来越少；经由西方文化的洗礼，商业浪潮的冲刷，现代生活方式的编码，儒学的接受心理被改变。在专业化要求极高的今天，儒学不能像过去那样，直接地影响政治策略、经济措施，直接地影响人民的生活。这些难题综合起来，就是儒学在接受范围、接受基础、影响方式上遭遇到的挑战。解释并回应此挑战，我们仍然以人文儒学方式。

为什么儒学的接受群体会减少？就儒学自身来讲，可能是没有将自身的本质内容真正呈现出来，或者没有以更恰当的方式呈现儒学。人们习惯于将儒学视为古老的学说、封建的意识形态、腐朽的思想、过时的理论等，或者视为艰涩的哲学、沉闷的史学、枯燥的经学、发黄的古籍等，就是说，人们对儒学的认识是混乱的、错误的，对儒学缺乏准确的认识和定位。解决这个问题的办法，就是让儒学完全以人文学科身份出现。具体言之，将儒学中的人文思想融于现代通识教育、素质教育系统，不仅让它成为教育制度体系中的教材内容，而且将其编成普及性、通俗性读物，让人们知道，儒学是由人文精神、人文思想、人文方法、人文知识构成的思想体系或学说，使人们接受人文知识的同时，接受人文价值。这样，人文儒学形态的确定，不但不会减少儒学的接受群体，而且会扩增儒学的接受群体。也就是说，人文儒学可以解释并化解接受群体减少所带来的挑战。至于接受心理的变化，也可以通过人文儒学的形式加以应对。就是说，儒学应该充分体现它的人文关怀意识，将儒学体系中那些最具人性味的，且有普世性的理念、思想（如创造生命、爱护生命、肯定人的价值、尊重人的权利、保护人的自由等）加以凸显。虽然生活在不同时代、不同地区的人们可能有这样那样的差别，但对于人类的普遍性价值的接受与消费应该是共同的。所以，儒学如以人文儒学的形式呈现，就可能化解那种不利于儒学传播的心理，使儒学的传播顺利展开。因为，不管他们的心理如何，没有人拒绝人文关怀，没有人拒绝充满着人性、人情、人道的儒学。居今观之，儒学的确不能像在传统社会那样对政治、经济乃至人的生活产生直接的影响，这是不是意味着儒学的价值就无法落实了呢？肯定不是这样。儒学价值的落实仍然可以通过人文儒学形式来完成。首先，儒学可以通过它的人文作品，即将儒学人文精神、人文思想、人文方法等写成作品，进行推广，普及大众，使大众在潜移默化中受其熏陶；其次，儒学可以通过儒者（可以是历史上的大儒，也可以是现代大儒）的身体力行，使其人文精神、人文思想以生动活泼的形式呈现出来，以感染大众。最后，儒学也可将其人文精神、人文关怀诉诸笔端，通过文章、评论批判现实或建构理想，来表现儒学的价值追求。所以，儒学传统的价值实现方式虽然风光不再，但我们完全可以人文儒学的方式让儒学的价值得到充分的实现。

概言之，儒学虽然是一庞大的思想体系，但它的核心是人文主义。儒家思想随着社会的演进和主体的持续性诠释而得到丰富和发展，但丰富和发展的核心内容是人文主义。儒家思想的诠释方法多种多样，而最适应的方法只有人文主义方法。儒家思想在现代学科化过程中，虽然遭受着被边缘化的命运，但人文儒学的特质却益加凸显。进入现代社会，儒家思想面对各种各样的挑战，而人文儒学对于某些挑战的解释和回应可以说是得心应手。因此可以说，只有人文儒学才能担当起儒学的现代使命，人文儒学是儒学当之无愧的本体形态。

《学术月刊》2009 年第 12 期

十六 "人文儒学"何以可能

拙作《人文儒学：儒学的本体形态》发表后，夏锦乾先生提出质疑。拙作为夏先生所关注，诚表谢意。通观夏先生大作（以下称"夏文"），其疑惑主要集中在两个方面：一是研究范式问题，认为"人文儒学"就是"西方人文主义加儒学"；二是如何理解儒学问题，认为儒学只有从"巫性化家族血缘制度"中才能解释清楚；并由此两个问题引发其他方面的误读误解。为了答谢夏先生的关注，也为了进一步阐明我对于"人文儒学"的主张，感到有必要给予回应。

如何超越"以西释中"的是与非？

夏文认为，拙作对"人文儒学即儒学本体形态"的论证，在研究范式上属于"西学加中学"，具体而言，就是"西方人文主义加中国儒学"而成为"人文儒学"；并进一步将拙作所讲的"人文儒学"等同于夏文所理解的"以个体'人'的日益觉悟进而起来争取自身的权利为中心的西方人文主义"。由于夏文认为儒学中根本不存在"以个体'人'的日益觉悟进而起来争取自身的权利为中心的西方人文主义"，因而判定拙作所讲"人文儒学"即是简单的"西学加中学"的范式。因而这里需要回应的就是两个问题：一是拙作所讲的"人文主义"的内涵；二是如何理解"以西释中"的范式。

1. 关于人文主义内涵

夏文认为，拙作所讲"人文儒学"等于"西方人文主义加中国儒学"。事实上，夏文理解的"人文主义"与拙作所讲的人文主义在内涵上是存在很大差别的。拙作核心任务是论证"人文儒学应该成为儒学的本体形态"，而不是夏文所理解的"应用西方人文主义解释儒学而使儒学成为人文儒学",所以需要对"人文主义"内涵进行说明。拙作"人文主义"的内涵包括以下四个方面:第一,古希腊人文主义、西方文艺复兴时期的人文主义;第二,西方人文主义的历史;第三,中国学者如唐君毅先生、张岱年先生关于人文主义的观念;第四,拙作在具体论述中所涉及人文主义思想内涵,如《尚书》中的人文思想,如《周易》中的人文思想,如孟子的人文思想,如朱熹的人文思想,等等。也就是说,拙作所讲的"人文主义"——"以'人'为中心或出发点,否定以神或自然为中心;高扬人的主体性,肯定人生的意义与价值,崇尚人格尊严,追求个性自由和解放;肯定人类的生活创造活动及其成果,鼓励对现世幸福的追求;反对封建专制,提倡民主;反对等级、奴役,主张平等;反对神秘主义,高扬理性;推崇人的创造力和科学知识"是一综合性概念。而且,对"人文儒学"而言,其内涵包括"应然"与"实然"两方面。因此,我们所使用的"人文主义"绝不是单纯的西方人文主义,也绝不是单纯的文艺复兴时期的人文主义,尤其不是夏文通篇所提及的单纯的"个人对权利的自觉和争取"式人文主义。再用牟宗三先生的话加以补充就是:"吾人之所以讲人文主义,而不如俗辈之只注意于科学与民主,正因为这个时代的问题是已接触到根本的整个文化问题,不能不上下贯彻通到本源。道德宗教方面的道统之不断,正是人文主义所必通彻的本源形态。僵化的理智主义者是根本不能了解这一点的。"① 因此,夏先生将拙作的"人文主义"加以狭隘地理解,再通过他灵光的大脑将其所理解的"人文主义"错误地加以放大,然后强加在拙作身上,这种自导自演的技巧不能不谓高明。

2. 应该如何评价"以西释中"范式?

虽然"人文儒学"不能荣幸地被划为夏文所定义的"西学加中学"范式,但由于夏文矫枉过正,由担忧以西学比附、肢解、剪裁中国传统思想所引发的错误而走向否定西学对中国传统思想研究的意义,这就意味着正确理解"以西释中"范式显得很有必要。那究竟怎样理解这种范式呢?第一,"以西学解释中学"是百余年来中国学者理解、研究中国传统思想的基本范式之一。自从西学传入中国之后,西学便很快地成为中国学者理

---

① 牟宗三:《道德的理想主义》,台湾学生书局,2000,第154页。

解、研究中国传统思想主要方法。比如，王国维以"动机论""结果论"解释"仁"。他说："就人间行为之判断，于西洋有动机论、结果论二派。动机论者，行为之善惟在动机之纯正耳，结果之如何，非所顾也。结果论者，日日行为之结果善，则其行为亦善，动机之如何，可不问也。前者为直觉派，后者为功利派。儒学直觉派也。然自今日之伦理学上观之，则前二说皆有所偏倚，即非动机、结果二者皆善，不足为完全无缺之行为。然东洋之伦理说，惟取动机不顾结果之处亦不少，如'杀身成仁'等是也。"① 又如，熊十力以"自由"解释"仁"。他说："西人有言，人得自由，而必以他人之自由为界，此当然之理也。然最精之义，则莫如吾夫子所谓'我欲仁，斯仁至矣'。言自由者，至此而极矣。夫人而不仁，即非人也；欲仁而仁斯至，自由孰大于是，而人顾不争此自由何耶？"② 再如，张岱年以"尊重人格"解释"舍生取义"。他说："一箪食，一豆羹，得之则生，弗得则死。嘑尔而与之，行道之人弗受；蹴尔而与之，乞人不屑也。'这'所欲有甚于生者'，孟子称之为'义'。'义'的内容就是坚持自己的人格尊严，也承认别人的人格尊严。"③ 对于这样的"以西释中"实践范式，夏先生是否可以一概斥之为"西学加中学"之数学题而否定它的价值呢？并且，夏文所担忧"以西释中"范式可能引发的错误早为思想家们所关注。比如，王国维认为，中国传统哲学特质是注重实行、注重伦理，所以不宜用逻辑的方法、自然科学方法来研究；熊十力认为，中国传统哲学特别是儒学，讲的是性命问题，数理逻辑是无用武之地的；方东美认为，中国儒学具有生机、生命特质，自然科学方法是无法探到儒学秘密的；等等。这也是我们应该对前辈表示敬佩的地方。如果夏先生对这种事实有所了解，就不会在这个问题上大伤脑筋了。

第二，作为坐标的"西学"，并不意味着被解释的"中学"在内容上与其完全等同，夏文之所以想象"人文儒学"是"西方人文主义加儒学"，还在于他将作为坐标的思想和学说完全等同于被理解、被解释的思想或学

---

① 王国维：《孔子之学说》，《王国维哲学美学论文辑佚》，华东师范大学出版社，1993，第41页。
② 熊十力：《十力语要》，《熊十力全集》（第四卷），湖北教育出版社，2001，第367页。
③ 张岱年：《中国哲学关于终极关怀的思考》，《张岱年全集》第七卷，河北人民出版社，1996，第268页。

说之结果。就中国现代学术史而言，以西学为坐标而展开的学术研究随处可见，但在任何具体的比较研究实践中，从来就没有说被理解、被解释的学说、思想与作为坐标的学说、思想是完全等同的。具体而言，即便以"西方人文主义"为坐标，并不意味着被理解、被解释的儒家思想就拥有与作为坐标的"西方人文主义"同样内容，而是"有即是有，无即是无"。还需要说明的是，这个坐标的功能包括检测、比较、理解、解释等，即它并不像夏文所想象的"加进"被理解的思想中，而是一种复杂的研究行为，可以检测被比较思想或学说的特点、优点、缺点，可以作为比较、理解的坐标，可以作为解释的方法，等等。因此，以西学理解中国传统思想，只是一种学术实践而已。这也就是为什么贺麟通过比较认识到儒学拥有"自由"的原因——"尽性就是《中庸》所谓尽人之性，尽物之性，也就是现在所谓'自我实现'。认识自我，发展自我，实现自己的本性，就是自由。"[1] 也是熊十力通过比较认识到儒学"孝"与"博爱"存在差异的原因——"西洋人谈博爱，是外铄之爱，此方圣哲谈孝乃出乎本心，为内发之爱。自东西接触以来，名彦都无此的见，独贤者与吾心有同然。常谓西洋伦理由男女之恋爱发端，吾人伦理由亲子之慈孝发端，此是东西根本异处。"[2] 从而也是夏先生发现儒学中没有"人权、自由、个人主义"的原因。因此，对于作为学术实践的"以西释中"范式，应该先用"心"去理解它的特性，才不至于产生那种令人匪夷所思的判断。夏文之所以判"人文儒学"为"西方人文主义加儒学"，就是将被解释的思想或学说等同于作为"坐标"的学说或思想，这显然是没有弄清比较研究中的"坐标"的特性所致。

第三，"以西释中"范式，是丰富、发展中国传统思想的途径之一。考之于中国思想史，以一种思想或学说诠释另一种思想或学说，无疑是中国思想史丰富、发展的模式之一。汉代大儒董仲舒虽然提出"罢黜百家，独尊儒术"的主张，但他的"儒术"是参照了法家、道家、阴阳家等学派思想而建立的；魏晋玄学家对《老子》《庄子》的理解与解释，是以儒学作为基本参照物；隋唐佛教在很大程度上是用儒学、老学对佛教进行改造

---

[1] 贺麟:《论意志自由》,《贺麟选集》,吉林人民出版社,2005,第115页。
[2] 熊十力:《十力语要》,《熊十力全集》（第四卷）,湖北教育出版社,2001,第368～369页。

而成，是佛教的中国化；宋明新儒学则是以佛教、老学理解、解释儒学的产物，而成为儒学的又一座高峰；现代新儒学则是以西学为参照并吸收西学内容而成为儒学新形态的。由此可以说，以某种学说作为参照，对另一种学说、思想进行理解、解释，是思想学说丰富发展的基本路径之一。就是说，如果我们承认思想之间存在这样的继承、发展关系，那么，儒学为什么不可以接纳、吸收西方的人文主义？更何况就人文主义而言，儒学虽然内含有人文主义思想，但并不完善自足。"人文儒学"概念的提出，即含有在观念层面丰富和发展儒学人文主义思想的目的。况且，这种吸收是需要经过一系列学术上的比较、研究才能完成的。正如唐君毅先生所说："我们现在讲人文思想，是要直接承继中国的人文思想，而加以开拓，以摄受西方的思想。而此中所要摄受的，却并非以西方的人文主义思想为主，而是以之超人文、非人文的思想为主。这样才截长补短。所以我们现在讲人文思想，决不只是跟着西方人文复兴以来之人文主义走，亦许是'五四'时代留下的人之愿望，但不是我们的愿望。专就接受西方人文思想方面说，我们这时所需要的，乃是对其发展之全程，先求有一整个的了解，而对其发展至现阶段所遇之问题，亦需加以关注。因为他们之问题所在的地方，即我们能够贡献我们智慧的地方，使我们能自觉我们之传统的人文思想之价值的地方。亦即我们能用我们的智慧，来开拓我们之传统的人文思想的地方。"[1] 这个话可以用于表达"人文儒学"的基本想法。而按照夏文的意思，儒学因为背上了"巫性血缘家族制"的原罪，它不能与西方人文主义发生任何关系。可是这样一来，夏文又怎样帮助儒学摆脱困境呢？因为夏文认为，儒学摆脱困境只有"让人从族群变成个人，让人有了对权利的自觉"。因此，如果儒学不能在现实上"让人从族群变成个人，让人有了对权利的自觉"，只有通过理论工作使西方人文主义融于儒家思想之中，再经由历史积淀，使之成为儒家思想内容的一部分。事实上，现代新儒家思想体系中普遍吸纳了夏文所说的"西方人文主义"。因此，如果理论上的吸收、消化是思想、学说发展的一种形式，那么我们当然没有理由将儒家思想的大门向西方人文主义关闭。王国维曾说："中西二学，盛则俱盛，衰则俱衰，风气既开，互相推动。且居

---

[1]　唐君毅：《中国人文精神之发展》，广西师范大学出版社，2005，第25页。

今日之世，讲今日之学，未有西学不兴，而中学能兴者；亦未有中学不兴，而西学能兴者。"① 看来，在丰富、发展儒学人文主义方面，我们还真不能像鸵鸟埋首于沙那样，闭门造车，自欺欺人。因此，既然"以西释中"范式有助于丰富和发展中国传统思想，那么，我们显然不能简单地否定"以西释中"范式的价值，从而不能简单地否定"人文儒学"思想逻辑上的合法性。

怎样走出理解儒学的困惑？

夏文认为，理解儒学必须从"巫术化血缘家族制度"出发，由此可以判定儒学缺乏夏文所谓的"人文主义"。这实际上提出了怎样理解儒学的问题，其实也是学术界共同关注的问题。因而这里就着夏文的意见，谈谈我对理解儒学问题的看法。

1. 唯物史观是理解思想、学说的基本原则，但绝不能庸俗化使用

社会存在决定社会意识是夏文主张理解儒学必须从"巫性血缘家族制"出发的理论根据，因而还得费些口舌对这个问题作些说明，尽管这是个常识性问题。首先，"社会存在"与思想学说不是直接同一的关系。夏文说："中国文化统绪（巫性血缘家族制），是认识、诠释儒学乃至一切中国古代学术的根本所在"，这句话的摹本应该是"每一个历时期由法律设施和政治设施以及宗教的、哲学的和其他观点所构成的全部上层建筑，归根到底都是应由这个基础来说明的。"② 也就是说，归根到底，夏文所谓"中国文化统绪"可以理解为"社会存在"（尽管与"社会存在"还是存在差异），因而其所坚持的方法论就是唯物史观。那么，唯物史观作为学术研究上的方法又该怎样理解和应用呢？毫无疑义，任何思想、学说都可以从它的社会存在进行解释。不过，这只是说，理解、解释一种学说、思想所坚持的基本方向，并不意味着解释结果的性质。因为在"社会存在"基础上，会产生不同性质的思想、学说，这就是为什么在春秋时期既有儒学、法家，又有道家、墨家的道理；这就是为什么在南宋时期既有崇尚道

---

① 王国维：《国学丛刊序》，《国学大师论国学》（上册），东方出版中心，1998，第43页。
② 马克思、恩格斯：《马克思恩格斯选集》（第四卷），人民出版社，1977，第423页。

义的理学，又有崇尚功利的事功学的道理。这就说明，坚持"社会存在"的解释方向，并不意味着被解释的思想都是消极的或积极的，还得去对思想、学说本身进行分析。其次，社会存在决定社会意识，并不能取消思想、学说的独立性。列宁曾热情地肯定思想意识的伟大作用："人的意识不仅反映客观世界，并且创造客观世界。"[①] 事实上，思想、学说的独立传承性和思想、学说的超越性和批判性，要求我们在应用唯物史观分析思想、学说时，必须关注这一特质。而根据夏文对儒学人文思想的理解，将其完全视为"巫性血缘家族制"的产物，其任何思想内容在性质上都与"巫性血缘家族制"完全一致。这在很大程度上是对思想、学说的独立性的抹杀，是对思想、学说批判性特质的消解。这显然是不能辩证地理解和应用唯物史观所致，不能正确理解思想、学说与社会存在关系的复杂性所致。因此，我们既要坚持历史唯物主义原则，又要尊重思想学说的独立性、超越性和批判性，这样才可能对思想、学说的理解更全面、更准确，否则，就可能让我们手中的"金砖变成废铁"。

2. "巫术化家族血缘制度"与儒学的关系

夏文将唯物史观作为分析儒学的方法也是我所认同的，我不能认同的是，夏文将儒家思想贴在"巫术化的家族血缘制度"上，从而对儒家思想的性质做出片面的判断。为方便讨论，我们分"巫术与儒学的关系"和"家族血缘制度与儒学的关系"两个方面来进行。第一，儒家思想的形成正是"去巫祛魅"的过程。什么是"巫术"？"巫术"是通过一定的仪式表演以利用和操纵某种超人的力量来影响人类生活或自然界的事件，以满足一定的目的之行为（如祈雨、招魂、诅咒、驱鬼、避邪等）。可见，在巫术活动中，既有超自然力观念、鬼神观念，也有超经验性、神秘性等特点。那么，应该怎样理解孔子儒学与巫术的关系呢？首先要说明的是，我并不认为春秋战国时期的儒学完全告别了天命观念、鬼神观念。正是这种现象的存在，才让我们更清楚地观察到孔子儒学的人文主义走向，更肯定地确认孔子儒学的产生及其发展正是"去巫祛魅"的过程。为什么这样说呢？儒学不信超自然力量，所谓"子不语怪、力、乱、神"（《论语·述而》）。儒学注重现实的事情，对虚无缥缈的事情不感兴趣，所谓"未能事

---

① 列宁：《列宁全集》（第三十八卷），人民出版社，1959，第 228 页。

人，焉能事鬼？……未知生，焉知死？"（《论语·先进》）儒学肯定怀疑的价值，所谓"多闻阙疑"（《论语·为政》）。儒学信奉道德的力量，所谓"不恒其德，或承之羞"（《周易·恒卦》）。儒学崇尚理性，所谓"学而不思则罔，思而不学则殆"（《论语·为政》）。事实上，在以孔子、孟子、荀子为代表的先秦儒学中，光芒四射的是主体的力量、现世的追求和理性的精神，因此可以说："儒家的理性化不仅具有对巫觋文化的排斥的一面，而且它的理性化更带有一种人文的理性化倾向。"① 而"把儒家的起源直接归于巫觋文化，不仅不能认识儒家理性主义与巫觋神秘主义的区别，和二者之间存在的紧张，而且根本无从说明文化史和宗教史的历史演化"②。因此，将充分体现着人文精神、人文思想的儒学与巫术混为一谈是违背事实的。第二，儒家思想具有对"家族血缘制度"的超越特性。什么是"血缘家族制"？尽管它的历史、特征等仍待讨论，但把它视一种兼具经济与政治内涵的制度是没有问题的。也就是说，儒学与血缘家族制的关系本质上就是思想学说与政经制度之间的关系。夏文根据这个"巫术家族血缘制度"做了一系列过于偏执的推论。比如："诸子之学的兴起，直接与制度的内部'调整'相关，诸子的各派意见貌似对立，说到底，也不过是对制度调整的不同方案。"因此，儒学中的所谓仁、义、礼、智、信等观念都是这个制度的产物，都是为这个制度服务的，从而都只有通过这个家族血缘制度来说明。这个话也不算全错。可是怎样服务呢？按照夏文的逻辑一以贯之，儒学自然是家族血缘制度的"帮凶"。但这个结论显然是不符合儒家思想实际的，原因就在于将儒学看成是没有任何自我独立价值的学说，没有任何创造力的思想，从而也没有关怀生命的人文主义精神。然而实际说来，儒家思想与血缘家族制度是无法等同的。为什么？首先，儒学对君主或帝王有系统的制约主张。这种制约主张包括柔性与刚性两种，但无论哪一种都意味着儒学与血缘家族制度不是夏文所讲的"一体"，更不仅仅是"服务工具"。所谓柔性制约就是指儒学中含有"以天制君、以师训君"等理念；所谓刚性制约就是指儒学中含有"合则留，不合则去"之理念。其次，儒学所主张的君臣关系、君民关系是相对民主、相对

---

① 陈来：《古代宗教与伦理》，生活·读书·新知三联书店，1996，第 10 页。
② 陈来：《古代宗教与伦理》，生活·读书·新知三联书店，1996，第 22 页。

平等的关系。这说明并不能像夏文那样简单地断言：儒学是维护血缘家族专制制度的工具。所谓"君使臣以礼，臣使君以忠"，所谓"君之视臣如草芥，臣之视君如寇仇"，可见，在儒家的思想中，人君绝不是"恣肆于群生之上的绝对体"（徐复观语）。最后，儒学提出了一系列改造、提升现状的主张。这种主张都表现为对血缘家族制度的超越。比如，儒学的"仁爱"不限制在血缘家族成员之内，尽管它是由近及远的"推爱"；再如，儒学讲"舍生取义"，主张人格比生命还重要，这种观念显然超出血缘家族制度之外，而儒家丰富先进的教育理念、伦理道德规范等也都远远超出血缘家族制度之外。因此，正如牟宗三先生所说："儒家思想本非造成某一特殊时代之特殊思想，事过即完者。此义，自孔子起即如此。孔子虽为春秋时人，而其所贡献之真理，并不为春秋时代所限。彼虽谓'郁郁乎文哉，吾从周'，然其思想之涵义，并不单就周之贵族政治而言，亦不为贵族政治所限。周之贵族政治往矣，而孔子思想并不随之而俱往。此即表示儒家思想并非造成某一特殊时代之特殊思想也。"[1] 既然儒学的产生即是"去巫祛魅"的过程，既然儒家思想在许多方面是对"血缘家族制度"的超越，那么，简单地将儒学判定为"巫术化血缘家族制"的产物和工具，从而断言儒学缺乏人文主义精神和思想，显然是幼稚可笑的。

3. 儒家思想是一独特的人文主义思想体系

没有疑问，儒学人文主义与西方人文主义存在差异，这似乎并不需要夏先生告知，但却不能像夏先生那样将儒学人文主义否定得一无是处。因为按照夏文的逻辑，儒学人文主义只是"巫术家族血缘制度"的服务工具。不过，我对这种逻辑是无法认同的。因为在我看来，儒学是一种独特的人文主义思想体系，由于篇幅关系，这里只做简要说明。第一，儒家思想不仅爱护物质生命，而且尊重精神生命。对于人而言，"生"是第一价值，没有"生"，其他无从谈起；而儒学全面肯定"生"的合理性，所谓"天命之谓性"（《礼记·中庸》）。因此，"生"是不能剥夺的，而要"遂其生"："人之生也，莫病于无以遂其生。欲遂其生，亦遂人之生，仁也。欲遂其生，至于戕人之生而不顾者，不仁也。"（《孟子字义疏证·理》，《戴震集》）否则，就是"不仁"。不过，物质的"生"固然重要，但精神

---

[1] 牟宗三：《道德的理想主义》，台湾学生书局，2000，第5页。

生命更能体现人的价值，因此，儒学强调对人格的尊重。所谓"志士仁人，无求生以害仁，有杀身以成仁"（《论语·卫灵公》）。所谓"生，亦我所欲也；义，亦我所欲也。二者不可得兼，舍生而取义者也。生亦我所欲，所欲有甚于生者，故不为苟得也；死亦我所恶，所恶有甚于死者，故患有所不避也"（《孟子·告子上》）。人应该崇尚精神，不能与时事俯仰，不能为名利苟活。可见，儒学的"尊生"由物质生命而精神生命，乃一体以贯之。

第二，不仅主张满足生活的需求，而且主张对生活欲求的节制。儒学既然肯定"生"的当然性，那么沿着满足"生"的要求伸展出的对物质生活的追求，儒学自然也是肯定的。所谓"能保惠于庶民，不敢侮鳏寡"（《尚书·无逸》）。所谓"博施于民而济众"（《论语·雍也》）。所谓"制民之产，必使仰足以事父母，俯足以畜妻子，乐岁终身饱，凶年免于死亡"（《孟子·梁惠王上》）。不过，儒学对于满足生活欲求却是有原则的，如孔子说："富与贵，是人之所欲也，不以其道得之，不处也。"（《论语·里仁》）即要求通过正当手段满足自己的生活欲求。如荀子说："人生而有欲；欲而不得，则不能无求；求而无度量分界，则不能不争；争则乱，乱则穷。先王恶其乱也，故制礼义以分之，以养人之欲、给人之求，使欲必不穷乎物，物必不屈于欲，两者相持而长。是礼之所起也。"（《荀子·礼论》）即要求对生活欲求进行合理限制，加以引导。可见，儒学的"养生"由肯定生活的欲求到对这种欲求的引导，也是一体以贯之。

第三，不仅关爱己亲，而且关爱他人。儒学关爱自己、亲人，但绝不以此为界，因为如果以血亲为界，那就不是儒学的"仁爱"，就不能体现儒学人文主义精神。所谓"修己以安百姓"（《论语·宪问》）。所谓"己欲立而立人，已欲达而达人"（《论语·雍也》）。所谓"亲亲、仁民、爱物"（《孟子·尽心上》）。所谓"老吾老以及人之老，幼吾幼以及人之幼"（《孟子·梁惠王上》）。董仲舒说得更为明白："仁之法，在爱人，不在爱我……人不被其爱，虽厚自爱，不予为仁。"（《春秋繁露·仁义法》）这就是说，"仁爱"并不局限于血亲，真正的"仁爱"要施及他人，如果做不到这点，就不合乎"仁爱"原则，这就是所谓"以爱己之心爱人则尽仁"（《正蒙·中正》，《张载集》）。具体而言则是："亲吾之父以及人之父，以及天下人之父，而后吾之仁实与吾之父、人之父，与天下人之父而为一体矣。实与之为一体，而后孝之明德始明矣，亲吾之兄以及人之兄，以及天下人之兄，而后吾之仁实与吾之兄、人之兄，与天下人之兄而为一体矣。实与之为一体，而后弟之明德始明矣。"（《续编一·大学问》，《王阳明全集》卷二六）可见，儒学的"仁爱"尽管是以血亲为中心，但并不局限于"血缘家族"，对于"血缘家族"之外的人照样给予爱给予关怀。因此，完全将儒家思想看成血缘家族制度的产物和工具是不符合事实的。正如徐复观先生所说："此种人文主义，外可以突破社会阶级的限制，内可以突破个人生理的制约，为人类自己开辟出无限的生机、无限的境界，这是孔子在文化上继承周公之后而超过周公制礼作乐的最伟大勋业。"[①]可见，儒学的"护生"也是一体以贯之。

第四，不仅主张个人的权利，也强调对个人权利的限制。儒家思想中有无对个人权利的主张？回答这个问题只有通过具体的考察来实现。人民的意志是以"天"作为任何决定的根据，所谓"天视自我民视，天听自我民听"（《尚书·泰誓》）。臣与君的关系是对等的，孟子说："君之视臣如手足，则臣视君如腹心。君之视臣为犬马，则臣视君如国人。君之视臣如土芥，则臣视君如寇仇。"（《孟子·离娄下》）而这被视为"人文主义的精神、合理的精神以及自由政治批判的精神"[②]。允许拥有私有财产，人民才会有责任意识，所谓"民之道也，有恒产者有恒心，无恒产者无恒心"（《孟子·梁惠王上》）。肯定言论自由的价值，所谓"君子和而不同，小人同而不和"（《论语·子路》）。鼓励每个人的自由发展但要相互宽容，所谓"万物并育而不相害，道并行而不相悖"（《礼记·中庸》）。对于如上涉及政治、财产、言论、行为等方面的权利，可以说，儒学都是持肯定与保护的态度。也就是说，那种完全否认儒学具有个人权利的观点是不符合事实的。不过，儒学个人权利观念确有其特殊性，那就是将个人权利置于整体背景下考量。它的具体表现主要是：个人权利源自群体，没有孤立的个人权利；个人权利只有与群体意志一致，才能被肯定和保护；个人权利是群体的部分，个人权利只有融于群体并滋润、升华群体，是个人权利的最高表现。可见，儒学的权利意识是建基于个体与群体贯通之上的，表

---

① 徐复观：《学术与政治之间》，华东师范大学出版社，2009，第 135 页。
② 胡适：《中国思想史纲要》，《胡适学术文集》，中华书局，1998，第 518 页。

现出生机的、和谐的气象，因而也是一体以贯之的。

由此可见，儒学人文主义是一体通透的人文主义，这种一体通透的人文主义的根核就是"生生"。因为"生生"而尊重生命，因为"生生"而富裕生活，因为"生生"而博爱万民，因为"生生"而肯定权利，因为"生生"而疏导欲望，因为"生生"而规范利益，因为"生生"而拥有容纳其他人文主义的气度和胸怀。因此，儒学人文主义虽然是独特的，但并不意味着是完善的，它仍然有需要充实的空间。正如徐复观先生所说："儒家精神、人文精神不是以概念为主的学问，它需要知识，至少是不反对知识，但主要是成就人才格而不是成就知识。人格表现为动机、气象、局量、风采，这四者是表现一种人生价值之全的，所以不仅可以提携政治，而且可以提携人生的一切活动，包括学术活动，而予一切活动以活力，并端正一切活动的方向的。民主自由是一种态度，而儒家精神、人文精神，从某种角度上说，主要便是成就人生从性情中流露出一副良好态度。这是对整个人生负责的，因之，也是民主自由的根源。而民主自由，也正是儒家精神、人文精神在政治方面的客观化，必如此而始成其全体大用。"① 亦如唐君毅先生所说："只有充实儒家重视全面之人文世界之发展，重视政治而又超越政治之精神，可以为建立国家与民主政治之基础。"② 这也就是为什么我肯定儒学为人文主义思想体系的同时，又将"人文儒学"确定为儒学本体形态的原因。

飘浮在夏文中的朵朵疑云

尽管夏文的质疑最终说来都算不上什么"疑"，但我还是怀着感恩的心感激他，而且，希望这份感恩的心能够厚重些，因而这部分就从矛盾重重的夏文中选择几个代表性问题，以前面讨论为基础，展开进一步说明。

问题一。夏文说："儒学的时代难题就是儒学的人文主义的难题，即一个类属的群体的'人'如何应对随着时代的进步，个体'人'的日益觉悟进而起来争取自身的权利的问题。"夏文这个断言的逻辑是：儒学之所

---

① 徐复观：《学术与政治之间》，华东师范大学出版社，2009，第66页。
② 唐君毅：《人文精神之重建》，广西师范大学出版社，2005，第154页。

以不能称为人文主义，就是因为它缺失“个体‘人’的日益觉悟进而起来争取自身的权利”这一核心内涵。而儒学缺失这一核心内涵的原因是：“儒学乃是巫术血缘家族制的产物。”这也就意味着，儒学缺失夏先生所喜爱的“人文主义”，乃是因为儒学所依附的“巫术血缘家族制度”；从而意味着，“巫术血缘家族制度”不瓦解，儒学就永远成不了夏先生所向往的人文主义；因此，儒学的当代困境便是推翻并瓦解“巫术血缘家族制度”。由此便可进一步向夏先生请教：当今中国是不是还处于“巫术血缘家族制度”时代？如果是，儒学便不配拥有这个核心内涵，自然也就还算不上夏先生所期望的人文主义；如果不是，儒学就应该可以拥有这个核心内涵（怎样拥有另当别论），自然也就算得上夏先生所期望的人文主义。然而根据夏文的逻辑，当今儒学还是不配拥有这个核心内涵，因此，当今中国社会应该属于“巫术血缘家族制”时代。可是，生活在现代化大都市上海的夏先生可能是不会接受他仍然生活在“巫术血缘家族制”这种荒谬事实的吧？既然夏先生的逻辑行不通，而儒学必定还是要摆脱它的困境（儒学的困境很多，这里只就夏先生所讲的困境言）的，那应该怎么办？我们认为只有通过学术研究、理论创造工作，在观念层面予以疏通。正如徐复观先生所说：“儒家思想为政治提供了道德根据，而在观念上也已突破了专制政治，但如上所述，却又被专制政治压回了头，随使儒家人格人文主义没有完全客观的建构，以致仅能缓和专制政治而不能解决专制政治。这是留给我今日所应努力的一大问题。……西方民主政治只有和儒家基本精神接上头，才算真正得到精神上的保障，安稳它自身的基础。”[1] 这也就是说，儒学完全有资格迎接并消化它所需要的人文主义精神和思想，而不需要等已融入某种思想理念的制度的建立。如是那样，儒学的思想魅力就不复存在了。

问题二。夏文说：“中国文化中‘生命’的本质含义是权力对权利的剥夺。”将中国文化生命的本质断定为“权力对权利的剥夺”，这个结论貌似深刻，实则荒谬绝伦，只能说是“无知者无畏”。夏先生的这个断言显然是冲着儒学来的，因此我们把这个断言稍作修改为“儒学中‘生命’的本质是权力对权利的剥夺”。那么，这种断言的无知表现在什么地方呢？首先，不能将政治制度与思想学说的社会功能混为一谈。由于夏文认为

---

① 徐复观：《学术与政治之间》，华东师范大学出版社，2009，第189～190页。

"儒学是巫性化血缘家族制度的产物",进而偏执地认为儒学所有观念、主张都是为这个政治制度服务的,而这个制度就是血缘家族整体,所以儒学是通过剥夺个体的权利维护家族权力或政治集团权力。这种观点无视儒学的独立性,无视儒学对于政治制度的超越性和批判性。事实上,作为思想、学说的儒学的生命力就在于它的批判精神、超越气象和建构力量,因而儒学对社会的责任主要还是学术性的,其所追求的是超越某个集体或集团的价值,因而它对真理的立场与政治是不同的(徐复观语)。夏文将儒学的本质视为"权力对权利的剥夺",显然是将儒学与政治混为一谈的结果,而这样做必会导致严重后果:"不把握儒家的真正精神及其遭际,而反为专制政治做辩护,这和许多人把专制政治一笔写在儒家身上同样是对于中国历史的曲解。而前者所发生的坏影响更为严重。"[1] 其次,儒学对侵害人的权利的政治制度、政治行为是持批评态度的。儒学行政的根据和标准是道德,所谓"为政以德,譬如北辰,居其所而众星共之"(《论语·为政》)。因此,不管是皇帝臣相,抑或普通官吏,拥护或反对只是看他们有"德"无"德";而有"德"无"德"的标准,就是看对老百姓的生命是否关爱,是否肆意残害人的生命,与儒学仁爱原则是否相悖。比如,"无罪而杀士,则大夫可以去;无罪而戮民,则士可以徙"(《孟子·离娄下》)。再如,"行一不义,杀一无辜,而得天下,仁者不为也"(《荀子·王霸》)。这里所显示的应该是对人的生命尊重和保护,而不是对人的生命权利的剥夺吧?最后,儒学对人的权利基本上是肯定和保护的。诚如本文前面所讨论的,儒学在生命权、生活权、财产权、言论权等方面,都有积极的态度与安排,虽然不能说达到了对人权利的完全肯定和保护,但在那个时代,已经做得不错了。综上所述,将中华文化的本质或儒学的本质断定为"权力对权利的剥夺"显然是言过其实了。难怪唐君毅先生会说:"中国人文主义长期受专制政治所磨折,受到很多的阻折、歪曲和误解。"[2]

问题三。夏文说:"既然把家族血缘等同于生命,那么在家族血缘之外,就无生命可言。在这样的生命观念中,既可以把生命推向极致,又可将'非我族类'的生命贬为草芥。其表现往往是用战争解决一切争端。"

---

① 徐复观:《学术与政治之间》,华东师范大学出版社,2009,第183页。
② 唐君毅:《中国人文精神与世界危机》,湖北人民出版社,2002,第174页。

如果客观地阅读、理解儒学文本，那么这种推论只能停留在夏先生自己的幻想中。首先，在儒学中，"家族血缘之外无生命可言"？那怎么理解孔子"修己以安人以安百姓"的关怀之念？怎么理解孟子"老吾以老以及人之老，幼吾幼以及人之幼"的推爱？又怎么理解儒学"修身齐家治国平天下"的理想？虽然这种爱、这种关怀是从血缘家族开始，但显然不局限于家族血缘，如何说对儒学而言，"家族血缘之外，就无生命可言"？其次，儒学把"非我族类的生命贬为草芥"？"非我族类"也就是所谓"非我血缘家族"。儒学"亲亲、仁民、爱物"，连"物"都要施一份爱心，这是把"非我族类的生命贬为草芥"？儒学认为"天地万物为一体"，而"气""仁"是一体的根基，因而"仁爱"必贯通天地万物，此"仁爱"亦远远超出了"非我族类"，怎么说儒学把"非我族类的生命贬为草芥"呢？再次，儒家主张"用战争解决一切争端"？这是夏文将儒学看成"巫术家族血缘"产物的推论。只要稍懂点儒学常识人都知道，儒家是痛恨战争、反对战争的。比如，"子曰：桓公九合诸侯，不以兵车，管仲之力也。如其仁！如其仁！"（《论语·宪问》）孔子将多次阻止战争的管仲赞赏为有仁德之人，足见孔子对战争的态度。再如："争地以战，杀人盈野；争城以战，杀人盈城；此所谓率土地而食人肉，罪不容于死。"（《孟子·公孙丑上》）为争夺土地而战，被杀死的人遍地都是；为争夺城池而战，被杀死的人满城都是，这就是为了领土而吃人肉。孟子认为，对这些好战的人而言，就是判处他们的死刑都不足以赎出他们的罪过！孟子对战争可谓恨之入骨啊！由此可知，断言儒家主张"用战争解决一切争端"确实是很冤枉啊！概言之，夏文谓儒学"家族血缘之外，无生命可言、非我族类的生命贬为草芥、用战争解决一切争端"之说，如果不是故意以儒学为仇，就只能理解为头脑发热了。

如上即是我对"人文儒学之为儒学本体形态"的进一步说明，以及对夏文主要质疑的回应，希望能帮助夏先生明白"人文儒学"提出的究竟与意图。当然，"村学究所谈的中国文化，和马路政客所谈的民主自由，其两相杆格而难通，是意料中事"[①]。

《学术月刊》2010 年第 7 期

---

① 徐复观：《学术与政治之间》，华东师范大学出版社，2009，第 67 页。

十七　国学研究的三大课题

在我们检阅过的大量的国学定义中，蔡尚思先生的国学定义似更有可受性："国是一国，学是学术，国学便是一国的学术。其在中国，就叫作中国的学术。既然叫做中国的学术，那就无所不包了。既然无所不包，那就无所偏畸了。乃今之学者，或以国学为单指中华民族之结晶思想，或以国学为中国语言文字学，还有以史学眼光去观察一切的，以及误认国学为单指国文与中国文学的。这些人皆仅得其一体，而尚未得其大全。在吾却始终以为，凡中国的固有文化，都不能出此国学二字之范围外。"① 质言之，国学就是中国固有的学术思想文化。如果对这固有的学术思想文化做个分类，可分为观念类国学、制度类国学和物质类国学。这就是本文所使用的国学概念。

国学研究的心理准备

稍加留心便可发现，情感与理智的纠葛、守旧与革新的焦虑、批判与弘扬的冲突等心态，一直程度不同地左右、影响着国学研究实践，致使国学研究情绪化、偏执化。这在向我们警示：国学研究可能有个"心理准备"的问题。而客观心、包容心、同情心、批评心、求善心正是主体在国学研究实践中所应具备的五种心理，姑称之为"五心"。

1. "客观心"

所谓"客观心"，即要求不将个人的好恶、情绪带进国学研究中，对国学保持一种公正无私的心态。在国学研究中，有些人对国学顶礼膜拜：

---

① 蔡尚思：《中国学术大纲》，上海启智书局，1932，第 5 页。

在性质上，认为国学是人类历史上最优秀、最先进的学术思想文化，不能有任何的批评和否定；在作用上，把国学看成是民族的唯一希望，不能复兴国学，国家就不能复兴，民族就会灭亡，将国学提到一个不适当的高度。另一些人则是完全相反，对国学嗤之以鼻：在性质上，将国学视为落后、保守的思想学说，应该彻底批判和否定；在作用上，将国学视为愚民思想、欺骗术，将中国历史上的任何错误、社会发展遭遇的任何困境都归咎于国学，认为国学是罪魁祸首。可以想见，国学研究主体如有这两种心态积郁胸中，如何正确见得国学之优？又如何正确见得国学之劣？因此，对于国学研究者言，需要拥有一种健康的心理化解这种偏私之心、意气之情，这种心理就是"客观心"。"客观心"之于国学，就是以公正之心、学术之心、科学之心对待国学，去情感化、情绪化、意气化。这是国学研究者应具备的基本心理之一。

2. "包容心"

所谓"包容心"，即要求不狭隘地、片面地、尖刻地对待国学，对国学应保持一种宽容、全面、友善的心态。此"包容心"完全因国学特性而生。因为第一，国学内容丰富而庞杂，而所有国学内容都具有自身的规定性，这种规定性意味着所有国学内容需要研究者的尊重。第二，国学价值难以确定，就静止的角度看，国学价值结构复杂，具有多层、多维、多性等特点；就动态的角度看，国学价值的隐显随时空的变化而变化，具有时空的不确定性。第三，国学是千百年来积累下来的宝贵的思想文化资源，其中含有各种各样的为人类所需要的经验智慧，待之以"包容心"乃是人对自我创造力的一种肯定。然而，在以往的国学研究实践中，有些人简单地将国学一分为二，而失国学内容之多样性；有些人粗暴地将国学肢解为精华糟粕，而失国学价值之多元性；有些人无情地判国学为杂草垃圾，而失国学思想之尊严性。可以想见，如果国学研究者心中为这些观念所占据，怎么可能见得国学价值的多元性？怎么可能见得国学价值的多变性？怎么可能长期拥有丰富的国学遗产？因此，对于国学研究者而言，需要拥有一种健康的心理化解这种狭隘之心，这种心理就是"包容心"。"包容心"之于国学，就是以宽容之心、全面之心、友善之心对待国学，去狭隘化、片面化、尖刻化。这是国学研究者应具备的基本心理之二。

191

3. "同情心"

所谓"同情心"，即要求不抽象地、超历史地对待国学，对国学应保持一种具体的、历史的心态。国学及其作用都是特定时空条件下的产物，在通常情况下，国学只能做它力所能及的事情；而且，国学作为一种学术思想文化体系，它在历史上所发生的各种作用（包括消极的和积极的），都是特定时空条件使然。这就是说，对于国学在历史上所扮演过的各种角色，我们都应该具体地、历史地去认识、理解和评判。然而，在以往的国学研究实践中，有些人揭露国学服务封建宗法社会的"劣迹"，有些人批评国学缺乏现代民主思想，有些人指责国学根本没有与现代社会契合的能力……这些观念本质上都是反历史的、抽象的、不近人情的。在宗法社会里提出的学术思想，其主要服务对象只能是与它同时代社会实体，不能因为它服务同时代社会实体而指其为腐朽落后；也不能因为国学中没有"现代民主理论""社会主义核心价值观"就断言国学缺乏与现代社会适应的可能性。换言之，我们应该具体地认识国学的能力，应该历史地理解国学的作用，而且要将这种认知加以情感上认同，所谓"事亡如事存"（《礼记·中庸》），这种心理就是"同情心"。"同情心"之于国学，就是以具体之心、历史之心对待国学，去抽象化、超历史化。这是国学研究者应具备的心理之三。

4. "批评心"

所谓"批评心"，即要求不乡愿地褒扬、赞美、维护国学，对国学应持有揭丑、检讨、批判之心。我们说对国学应有同情之心，不是说容忍国学的缺点，正确的"同情心"应表现为对国学缺点的揭露、批判，表现为对国学思想智慧的完善。因而"批评心"之于国学显得尤为重要。如上所言，国学是固有的学术思想文化，也就是说，国学是各个时代思想文化的累积，是无数先贤的贡献，是不同时代人民的创造，因而国学具有时代的局限性、空间的限制性。这种时空的局限性主要表现就是国学自身存在这样那样的缺点或不足，即国学既不可能是全善的，也不可能是恒善的，更不可能是无处不善的。然而，在以往的国学研究实践中，有些人将国学着神来供奉，不允许揭露国学的短处，不允许批评国学的害处，不允许对国学做消极方向的解释，即便明明是短处、害处，还要曲为解释而使之成为合理，如此一味地歌颂国学、宣传国学、护卫国学，使国学研究成为一种优质商品的展览、宣传活动。但是，这种观念对于国学研究是极为不利的。因为它无助于国学缺点、局限的发现，也就无助于国学的丰富和发展。因此，确立揭丑之心、检讨之心、批判之心，对于国学研究者而言是非常重要的。正如成仿吾所说："凡研究一件东西，我们能常持批评的态度，才能得到真确的结果，若不能保持批评的态度，则必转为所惑。古来多少国学家所以把他们绝大的努力空费了，便是因为他们欠少批评的精神。终于为对象所迷乱而不知所择的缘故。"① 这种心理就是"批评心"。这是国学研究者应具备的心理之四。

5. "求善心"

所谓"求善心"，即要求不要消极地、负面地、罪恶地对待国学，对国学应保持一种积极的、健康的、向善的心态。为什么对国学要有求善之心？首先，我们知道，国学是先民创造的思想文化，其主体内容无疑是积极的、有价值的。我们仍然被这种思想文化所滋润，即便现在丧失了某些价值，也不能否定它的历史价值，因而要怀着感恩的心去对待国学。其次，在这样的基础上，应该从健康的、积极的、正面的角度去阅读国学、理解国学。再次，应努力发掘国学中的"善"的因素。现代人研究国学的主要任务应该是将国学中的积极因素发掘出来。最后，应从"善"的角度去丰富、发展国学，通过自己的研究使国学得以朝积极的方面充实和发展。然而，在以往的国学研究实践中，有些人所见到的国学只有消极的、丑陋的、有害的面相，只是漆黑一团；有些人，则乐于从消极的、阴暗的角度去研读国学、评判国学，将国学贬得一无是处；更滑稽更过分的是，有些人喜好将国学的消极面放大，进而大肆攻击。无疑，这些观念和行为只会给国学研究以负面影响，进而对国学造成伤害。因此，确立积极的、健康的、向善的心态，对于国学研究者而言是极为重要的。这种心理就是"求善心"。这是国学研究者应具备的心理之五。

概言之，"客观心"就是要求研究者对国学持一种客观无偏之心，以去主观偏执；"包容心"就是要求研究者对国学持一种宽容友善之心，以去狭隘意气；"同情心"就是要求研究者对国学持一种具体历史之心，以

① 成仿吾：《国学运动的我见》，《国学大师论国学》（上册），东方出版社，1998，第159页。

去抽象臆测；"批评心"就是要求国学研究者对国学持一种检讨批判之心，以去护短暧昧；"求善心"就是要求国学研究者对国学持一种积极向善之心，以去消极负面影响。这就是展开国学研究所应具备的五种心理。

国学研究的方法意识

国学之为研究对象，自然需要方法；只有合理地应用方法，国学研究才可能获得积极性成果。而所谓"合理地应用方法"，关键在于确立方法应用的正确意识，如此才不会导致国学研究程序的混乱，才不会发生无谓的争论，才可能使国学研究得以顺利展开并获得积极成果；而所谓"正确的方法意识"就在于"因对象而取方法"。

1. 国学内容的多样性决定方法的差异性

既然国学是固有的学术思想文化，那么在这个庞大复杂的学术思想文化体系中，自然包含了各类内容、性质、特点不同的思想文化。如果从类别划分，可分为物质类国学、制度类国学、观念类国学。物质类国学包括青铜器、陶器、钱币、字画、书法、工具等；制度类国学包括礼仪制度、政治制度、祭祀制度、教育制度等；观念类国学包括宗教、哲学、道德、文学、美学等。无疑，对上述不同类别的国学，应该采用不同的研究方法。比如，研究古代陶器。陶器属于物质类国学，可供研究的内容有制作成分、年代、结构造型、色彩花纹、主要用途、文化信息等，制作成分只有依靠自然科学方法，包括物理学方法、化学实验方法等；制作年代则需要考古学方法，包括田野调查、发掘、采样、分析等；色彩花纹则需要艺术学方法、美学方法等。换言之，如何研究陶器制作成分，不采用物理学方法、化学方法，是不可能获得关于陶器制作成分正确结论的。再如，研究古代科举制度。科举制度属于制度国学范畴，就不能用物理方法、化学方法，需要社会学方法。因为科学制度的产生、内容、程序、目的、影响等内容的研究，只有依靠唯物史观、归纳、综合、统计学、解释学等方法，才能获得积极性结论，换言之，如果不应用社会学方法，科举制度的起源、内容、目的、程序及其影响等问题是很难把握的。就观念类国学言，同样要应用相适的方法。研究儒家"心"范畴，就不能用物理学、化学方法，也不能用考古方法，因为它无法放在实验室中分析，也不无分成若干块，只有用人文科学的方法进行研究，才可能做出合理的解释。正如熊十力所说："心底发见，固必凭藉神经系统，未可即以心作用为脑筋底副产物也。脑筋只是物质已耳，心力何等灵妙。深广的思想，精严的论理，幽邃的情感，这些形容不到的神秘，岂是一块物质产得出来。尤可异者，愚夫愚妇都知道他不过数十寒暑底生涯，而他总有充盈的生意，作无穷无尽的计划。许多学问家、专业学、艺术家等等，相信天地终归毁坏，人类一切伟大庄严的创造，将与天地同毁。然而他并不以此灰心，仍努力创造不已，满腹无穷无尽的希望。这种古怪，又岂是物质发生底？如果物质是这样玄之又玄，众妙之门，那末物质真是大神，便不成为物质了。人人有个心，为他身底主宰，这是绝对不容疑。心理学家预先拿定神经系统以为说明心作用底根据，而用治物理的方法来甄验他、分析他，结果自然把心作用讲成物质作用了。"① 就是说，儒家之"心"是不能用治物理的方法解释的。不难看出，国学内容的丰富多样决定了国学研究方法的多样性和具体性；也就是说，研究方法的选择和应用，由具体的研究对象来决定。这就是所谓的"因对象而取方法"。

2. 国学研究过程的差异性决定方法的多样性

一项完整的国学研究实践必然地表现出一个过程，这个过程大体上可分为文献的发掘、阅读、辨别、分类与整理，文献内容的解释（特点、缺陷、优点），文献意义的阐释三个环节。没有疑问，上述不同环节的国学研究实践所需要的方法是有差别的。就第一个环节而言，所做的工作是文献的发掘、阅读、辨别、分类与整理，而要完成这个环节的研究工作，可以采用的方法有考据、校勘、小学，以及某些自然科学方法等。考据是指研究文献或历史问题时，根据资料来考核、证实和说明；校勘是指用同一部书的不同版本和有关资料加以比较，考订文字的异同，目的在于确定原文的真相；小学是指通音韵、明训诂、辨形体等。对文本中的字的音韵、形体、含义等要有很好的把握，只有依靠考据、校勘、小学等方法；而辨别、分类、整理则需再加以某些自然科学方法，比如，统计法、归纳法等。我们假设《周易》是刚出土的文献，而不是已被整理好的文本。那么显然，就一般的研究过程而言，我们是先需要对《周易》中的文字有比较

---

① 熊十力：《尊闻录》，《熊十力全集》（第一卷），湖北教育出版社，2001，第610页。

明确的认识,即对《周易》中的字的音韵、形体、含义等有所了解,这就需要借助考据、校勘、小学等方法。而当我们需要对《周易》文本进行分类、整理时,则需要统计方法、归纳方法的参与。如此,才能使《周易》以一种完整的文本形式呈现出来。显然,在这个研究环节,有考据、校勘、小学及某些自然科学方法就足够了,而唯物史观方法、人文主义方法、社会科学方法以及更多的自然科学方法在这个环节就"英雄无用武之地"了。

就第二个环节言,所做的工作是文献内容的解释,而要完成这个环节的工作,应采用的方法可以有符号学方法、语义学方法、学科分类法以及某些自然科学方法等。符号学方法主要是通过符号的方式包括符号的构造、规律等探讨符号(包括文字)的思想内容;语义学方法是通过对词汇、句子、篇章等不同级别的语言单位之研究,以找出语义表达的规律性、内在解释、不同语言在语义表达方面的个性以及共性;学科分类法则是根据不同学科知识差别对所研究文本思想内容进行分类。自然,这个环节也少不了某些自然科学方法的参与。这里,我们再拿《周易》研究为例。借助符号学方法,我们可以对《周易》符号系统(如卦形、阳爻、阴爻、八卦图等)的构造、特点及规律进行探讨,以求解它们的思想内涵;同样可以对《周易》的文字系统(如卦辞、爻辞、象辞、彖辞等)的结构、象征、表述等进行探讨,求解它们的思想内涵。借助语义学方法,可以通过对《周易》的词汇、句子、篇章等语言单位的探讨,以找出《周易》语义表达的特点、规律、共性等,以求解它们的思想含义。借助学科分类法,将《周易》中的思想内容根据现代学科内容进行区分归类,使《周易》丰富多彩的思想内容以现代人熟悉的形式呈现出来。可见,在国学研究的第二个环节,虽然引用的方法有好几种,但都是相适应的方法。换言之,如果在这个环节再用考据、校勘、小学等方法,可能就是多余的了。

就第三个环节言,所要做的工作是对文献意义的阐释。阐发文本的意义和价值,是国学研究实践的重要环节。要完成这个环节的任务,主要采用的是解释学方法,即通过应用解释学方法对文本的意义和价值进行理解和解释。自然,解释学方法涉及诸多学科,即它是一种方法论体系,有哲学解释学、宗教解释学、文学解释学、语言解释学、历史解释学等。也就是说，解释学方法的应用，可以将文本的多种意义和价值揭示出来。自然，它的前提是文本具有相应的被解释的可能性。如果一种文本并不具备文学解释的可能性，你却用文学解释学去胡乱发挥其文学方面的意义，那肯定是不中用的。我们还是回到《周易》上面来。就《周易》而言，它是一种特别的文本，虽然可以采用自然科学方法获得相应的自然科学知识，但这种解释并不切合《周易》思想实际。正如熊十力所说："吾意必去旧人之迂阔顽固、迷谬种种病，乃可研究体会与发挥此学耳；非谓讲儒学者，必于其著作中戴上名数帽子，编入名数材料之谓。去年在浙大，闻无锡有一西洋留学者，以数学谈《大易》，著一书自命空前。吾不待看而敢断其谬。如罗素以数理来演六十四卦，当然可成一说，吾敢断言仍是空洞形式，即解析事物相互间之关系而已，必于易道不究其源，于人生更无关，于宇宙万化不得其真。此非武断也。形式与数理逻辑之于《易》又不必论。今之儒学要究明真际，穷神知化，尽性至命，使人有以实现天德、立人极、富有日新，而完成天地万物一体之发展，彼名数形式可语是乎！"①　就是说，形式逻辑、数理逻辑对研究《周易》不是没有作用，但这种作用会使《周易》思想空壳化，用逻辑搭建起来的《周易》是不能表达儒学穷神知化、尽性至命等思想内涵的。可见，在具体的国学研究实践中，环节的不同，其方法亦异。如果选用方法不能根据环节的差异而改变或调整，就不可能获得合理而积极的结论。这就是所谓的"因对象而取方法"。

3. 国学研究结论的正确性决定方法的具体性

国学研究之所以必须确立"因对象而取方法"的意识，还因为不同研究方法的应用会得出完全不同的结论。比如，"理"是宋明理学中的核心范畴，对于"理"的理解关乎对整个宋代儒学的理解。从以往关于"理"的解释实践看，"理"有三种含义：条理、秩序、规律；形式、共相；道德本体、善体。对照宋明理学关于"理"的论述和规定，这些解释都有其合理的地方。现在的问题是，哪种解释更符合理学中作为核心范畴的"理"的含义呢？无须说，应该是道德本体、善体、发用流行之解释。正

---

①　熊十力：《与徐复观、张丕介、钱穆、牟宗三》，《熊十力全集》（第八卷），湖北教育出版社，2001，第602页。

如熊十力所说："'理'字虽有条理之意，差等亦含有条理意思，然万不可忽者，理是真实的东西，此之发现则为仁义礼智乃至万善，随所发而莫不各当，秩然有条不紊，如发之事父则为孝，发之卫国则为忠等，故又名之以理也。唯其是真实的物事，故随发各当而有条不紊耳。而或者不察，仅以空洞的形式为理，是但从其发现之有条理处观察而昧于其本身是绝对真实也，恶乎可哉？汝以差等释理，正堕世儒之失，所宜痛省。"① 之所以不能以"等级"解释"理"，不能以"共相"解释"理"，就在于它们与"理"本有含义不相契，因为"理"的根本内涵是"仁"，是善，是诸般道德之源。它能发用流行，充溢生命，蕴含着创生力量。也就是说，在解释"理"的多种方法中，新实在论的解释是不符的，自然哲学方法的解释也是不符的，只有直指生命本身的人文方法的解释才是与"理"相符的。

再如，"万物皆备于我"是孟子提出的重要命题，但对这个命题的解释却有很大不同。严复认为，孟子的"万物皆备于我"与笛卡尔的"我思故我在"是一个意思。就是说，"我"之外没有"物"，即便有，也等于无，所以，这个命题所内含的思想是排斥"即物穷理"（《〈穆勒名学〉案语》，《严复集》第四册）。熊十力指出，从本体上说，"万物皆备于我"就是说万物与我同体，所以"即于我而见万物皆备"，天地都不离我而独在，天地之间的所有有生之物都是我的情思流通贯注，所以我备万物，而"备万物"就是备实体，此实体就是仁体。这样，拥有至足之德的我感应万物，万物自不在我外，所以，我之情通畅，即万物通畅，而万物通畅，即我之情通畅。② 冯友兰认为，"万物皆备于我"即说"我与万物本为一体"，说"我与万物本为一体"，是因为"我"和"万物"存在隔阂，二者似乎分离，这就是不"诚"。如果"反身而诚"，回复与万物为一体之境界，就能感到无比的快乐。而要回复到万物一体之境界，就需要"爱之事业"的方法，以"恕"求"仁"，以"仁"求"诚"。因此，"恕"与"仁"的目标在于取消人我之界限。人我之界限被取消，人与万物便为一体了，而这是很"神秘主义"的。③ 肖箕父、李锦全主编的《中国哲学史》是这样解释的：孟子所说的"万物"是封建伦理纲常，他把封建道德

---

① 熊十力：《十力语要》，《熊十力全集》（第四卷），湖北教育出版社，2001，第286页。
② 熊十力：《新唯识论》，《熊十力全集》（第三卷），湖北教育出版社，2001，第412页。
③ 冯友兰：《孟子哲学》，《三松堂全集》（第十一卷），河南人民出版社，2001，第206页。

说成是"天"的属性，又是人的本质和思维的先验内容。人的心、性就这样和天融为一体了，所以一切无需外求，不需要从客观世界去获得认识。只要"反求诸己"，达到"诚"的境界，就能得到人生最大的乐趣。① 综合观之，严复、冯友兰的解释基本上是知识论的解释，他们都将"万物"与"我"看成主客对立关系，并认为孟子主张取消主客对立关系，而取消的方法就是以"我"消释"万物"。肖、李主编的《中国哲学史》则应用了阶级分析方法、知识论方法，将"万物皆备于我"解释成"把封建伦理道德先验化"，"不需要从客观世界获得认识"。熊十力则将其解释为生命的贯通："我"之所以能够"备"万物，乃是因为"我"是"仁体"，所以，"我"通则万物通，万物通则"我"通。这是立足于生命的解释，是人文的解释。如果从主体诠释权利讲，我们不能否定这里的任何一种解释，但从是否与被解释对象的本义相符来讲，我们只能说熊十力的解释与孟子"万物皆备于我"本义更相应。究其原因，就是方法的不同。这就是所谓"因对象而取方法"。

如上讨论表明，国学内容的多样性决定研究方法的差异性，不同国学内容应该采用不同的研究方法；国学研究过程的差异性决定研究方法的多样性，国学研究过程中的不同环节应该采用不同研究方法；国学研究结论的正确性决定研究方法的具体性，只有采用与国学内容相应的研究方法才能获得正确结论；而且，即便某项国学研究同时采用多种方法，也必须与所研究的国学内容相适应。这就是我们所强调的方法意识："因对象而取方法"。

国学研究的评估规则

价值评估是国学研究中的重要一环，然而，围绕国学争论最多的问题就是价值评估问题，这就提醒我们似乎应该反思国学价值评估的规则问题。根据我们的考察和研究，以为如下几种规则或许是国学价值评估中应该把握的。

1. 整体与部分的统一

所谓整体与部分的统一，就是要求我们在对国学价值进行评估时，

---

① 肖萐父、李锦全主编《中国哲学史》（上册），人民出版社，1997，第148页。

将国学的部分价值与国学的整体价值加以比照，以求得合理结论。如上所言，国学是指固有的学术思想文化，而固有的学术思想文化是由许多类学说、思想、文化组成的。也就是说，国学作为整体，是由许多部分组成的。比如，就观念类国学而言，可分为儒学、道家、墨家、法家、佛教等；而儒学又可分为先秦儒学、隋唐儒学、两宋儒学、明代儒学、清代儒学、现代儒学等；先秦儒学又可分为孔子儒学、孟子儒学、荀子儒学等；孔子儒学又可分为礼制、心性、政治、哲学、道德等不同思想内容。儒学对于国学而言，是部分对整体；先秦儒学对儒学而言，是部分对整体；孔子儒学对先秦儒学而言，是部分对整体；礼制对孔子儒学而言，是部分对整体。如此看来，国学的价值的确是可从部分与整体关系来考察的。而国学部分与国学整体的关系大体为：其一，部分与整体互为影响。在这层关系上，部分价值的大小优劣将影响整体价值。比如，对儒学或道家价值评估状况，会影响整体国学价值评估状况，因此，要准确评估国学价值，就需要将对国学部分价值的评估与国学整体价值进行比照。其二，整体对部分相对独立。在这层关系上，部分价值的大小优劣与整体价值的优劣存在不对应性。比如，对佛教价值的评估，其价值的大小优劣与国学整体中其他部分如儒学、道教价值关联性不大。这就说明，在国学评估中，不能简单地将对国学部分价值的评估等同于对国学整体价值的评估，即不能将部分价值的大小优劣笼罩整体价值的大小优劣，而做到这点，只有将对国学部分的评估与国学整体的评估加以比照，才能实现。因此，在对国学价值进行评估时，必须将部分的评估与整体的评估统一起来，这样才可避免犯片面性错误。

2. 历史与现代的统一

所谓历史与现代的统一，就是要求我们对国学价值进行评估时，将对国学的现代价值与对国学的历史价值加以比照，以求得合理结论。如上所言，国学是指固有的学术思想文化，这就意味着国学的价值首先表现为历史性，这种历史性就是指国学在以往的历史时期所发生过的价值。但很显然，这种所谓的历史性是相对的，即国学价值事实上在不同历史时代都会被要求而有所表现。作为"不同历史时代"之一的"现代"自然也会对国学价值有所要求，如此便有了所谓国学的现代价值，从而也就有了处理国学历史价值与现代价值关系的议题。而国学历史价值与国学现代价值关系大体为：其一，历史与现代密切关联。在这层关系上，国学的历史价值与国学的现代价值互为影响，即既要看历史价值，又要看现代价值，才能对相应国学内容做全面评价。比如，对"孝"价值的评估，其价值的大小，不能因为历史价值大就说"孝"的价值大，还要看其现代价值；不能因为现代价值小就说"孝"的价值小，还要看历史价值。就是说，要完整地评估"孝"的价值，只有将"孝"的历史价值与现代价值加以比照，在历史与现代中找到一种平衡。其二，历史与现代相对独立。在这层关系上，国学的历史价值与国学的现代价值相对独立，即不能将历史价值、现代价值互相等同。具体来讲，就是不能因为历史价值的大小就断言国学价值的大小，也不能因为现代价值的大小断言国学价值的大小，而应该将二者加以比照，寻找国学价值的真实情况。比如，经过研究发现，"忠"的历史价值有消极面，但不能因此断言"忠"毫无价值，因为还要看其现代价值；同理，如果"忠"的现代价值存在问题，也不能因此断言"忠"毫无价值，因为还要看其历史价值。可见，在对国学价值进行评估时，应该坚持历史价值与现代价值统一的原则。

3. 观念与实行的统一

所谓观念与实行的统一，就是要求我们在对国学价值进行评估时，将国学的观念价值与国学的实行价值加以比照，以求得合理结论。诚如上述，国学是指固有的学术思想文化，即国学绝大多数场合表现为观念，这就意味着国学价值表现的最初形式是观念的；不过，大凡观念类国学绝不会以"观念形式的价值"自足，而是基于人的需求在生活中有所落实、有所兑现，这就是所谓国学价值的实行形式。由此可见，观念价值与实行价值是国学价值的两种表现形式，从而评估国学必须处理好二者的关系。这种关系可以表述为：其一，观念与实行互为影响。在这个层面上，对某项国学内容的评估，既不能局限于国学的观念价值，也不能局限于国学的实行价值。也就是说，某项国学内容价值的大小，必须将其观念价值与实行价值进行比照，而不是将二者割裂开来。比如，要全面地、正确地评估陆王心学，不仅要研究评估其观念价值，还要对其实行价值进行研究和评估，不能因为心学主张"发明本心、切己自反"，就批评它是"师心自用、向壁虚构"，因为它在修身养性工夫方面具有很高的价值。其二，观念与实行相对独立。在这个层面上，不能将观念价值与实行价值等同起。观念价值的大小与实行价值的大小是不能完全等同的，它们各有独立性。我们既不能根据国学的观念价值状况去断定国学的实行价值状况，也不能根据国学的实行价值状况去断定国学的观念价值状况。而要将二者进行比照。二程就是将观念价值与实行价值割裂开来，用他们片面理解的实行价值（出家）否定佛教的观念价值（佛教教义）。他们说："所谓迹者，果不出于道乎？然吾所攻，其迹耳；其道，则吾不知也。"（《河南程氏遗书》卷四，《二程集》第一册）显然，二程的错误就在于以"迹"代"道"，即以佛教的实行价值代替佛教的观念价值，由此评估佛教，得出的自然是全面的否定。就连高僧道衍也认识到二程的错误："程夫子不知释氏之道而攻其迹。迹本乎道，既不知其本，焉知其迹之是非而攻乎？"（《道余录》，《嘉兴藏》第 20 册）因此，对国学进行评估时，观念价值与实行价值及其关系的确是需要加以权衡的。

4. 特殊与普遍的统一

所谓特殊与普遍的统一，就是要求我们在对国学价值进行评估时，将国学的特殊价值与国学的普遍价值加以比照，以求得合理结论。作为固有学术思想文化的国学，其价值表现的范围大体上可分为两种情况：特殊和普遍。所谓特殊价值是指国学价值的表现域为特定时空，在内容上具有确定性；所谓普遍价值是指国学价值的表现域为超时空、超主体，可以在很多时空条件下表现出来，并被不同主体所接受，自然，这种普遍性只是相对特殊性而言的。因此说，从实践范围看，国学价值既有特殊性又有普遍性，是普遍与特殊的统一。它们的关系是：其一，特殊与普遍相互关联。在这个层面上，国学的特殊价值与国学的普遍价值都只是国学价值的一个方面。如果要对国学价值做全面评估，必须将二者加以比照。比如，一方面"仁"的具体内容包括"克己复礼""博施济众"等，这都属于特殊价值；但另一方面，"仁"所内含的爱、关怀之精神，则具有普遍性。这样，我们只有将特殊价值与普遍价值做综合的考虑，才能正确评估"仁"的价值。其二，特殊与普遍各自独立。在这个层面上，国学的特殊价值与国学的普遍价值不能互为否定。即是说，不能因为国学价值的特殊性而否定国学价值的普遍性，也不能因为国学价值的普遍性而否定国学价值的特殊性。比如，"节用而爱人"，它的特殊价值肯定是有针对性，即为谁节用，爱的是什么人等，但这种具体性、特殊性及其价值，并不能否定"节用"和"爱人"的普遍性品德。也就是说，不能因为国学价值的特殊性而否定它的普遍性。因此，我们对国学价值做评估时，必须从特殊和普遍两方面加以权衡，才可能获得全面、正确的结论。

5. 本体与末用的统一

所谓本体与末用的统一，就是要求我们在对国学价值进行评估时，将国学的本体性价值与国学的末用性价值加以比照，以求得合理结论。作为固有学术思想文化的国学，是一庞大复杂的体系。而这个庞大复杂的体系是由许多大小不等的思想文化体系组成的。在每个思想文化体系中，无论是范畴还是思想内容，其地位的轻重是不同的。有的范畴或思想观念占主导地位，有的范畴或观念占次要地位，从而决定着它们价值的差异，这种差异就是所谓本体与末用之分。也就是说，在国学体系中，不同国学内容的价值的地位是不同的，有属于本体价值的国学，有属于末用价值的国学。它们的关系大体是：其一，本体与末用互为影响。在这个层面上，评估国学价值，就要对它的本体价值与末用价值进行比照，才能有全面的结论。比如，对儒家思想进行评估，既要研判儒家思想中主要观念或范畴的价值，也要研判儒家思想中次要观念或范畴的价值，即将儒家思想的本体价值与末用价值加以权衡，才能对儒家思想价值做出准确的评估。其二，本体价值与末用价值相对独立。在这个层面上，不能将对国学末用价值的评估等同于对国学本体价值的评估，也不能将对国学本体价值的评估等同于对国学末用价值的评估。比如，有人对儒学进行评估时，往往将对儒学中次要的思想内容的评估等同于对儒学中根本思想内容价值的评估，一旦发现次要的思想内容价值是消极的，便推论整个儒学的价值都是消极的，这是忽视国学本体价值的存在及其相对独立性使然。因此，在对国学进行评估时，必需努力做到本体价值与末用价值的统一，如此才可能获得客观正确的结论，才不致全盘否定儒家思想的价值。

总之，在对国学进行评估的实践中，只有坚持整体与部分的统一，才可避免部分价值与整体价值的互相否定；只有坚持历史与现代的统一，才可避免现代价值与历史价值的互相否定；只有坚持观念与实行的统一，才可避免实行价值与观念价值的互相否定；只有坚持特殊与普遍的统一，才可避免特殊价值与普遍价值的互相否定；只有坚持本体与末用的统一，才可避免本体价值与末用价值的互相否定。概言之，只有坚持这"五个统一"，我们对国学价值的评估才可能全面而合理，才可能有利于国学的丰富和发展。

《天津社会科学》2010 年第 4 期；《高等学校文科学报文摘》
2010 年第 5 期

十八 怎样看儒家思想的普适性

这个题目本不应该成为讨论的话题，可是，在某些人看来，儒家思想就是一个陈腐、落后、专制、封闭的观念体系，它非但与现代社会没有相应性，而且是现代化的阻力。这就使得我们不能不将其视为一个问题，而且需要慎重对待。根据我粗浅的学习、思考，认为至少可从如下三个方面理解儒家思想的普适性。

本体性根据

由人类共同性需求所决定。我的这个表述容易引起误解，所以必须谨慎地展开。人所共知，任何一种学说或思想的诞生，是人类的实践、智慧、观念、价值和合而成的，而人类创造出学说、理论、思想是出于人类的自我实践需求，即出于人类规范、提升、完善实践的需要。西方哲学史上柏拉图的"理念论"、斯宾诺莎的"实体论"、黑格尔的"精神哲学"，中国哲学史上老子的"道论"、孔子的"仁论"、孟子的"性善论"、朱熹的"天理论"、王阳明的"致良知论"，无不如此。然而，人类的"实践"是什么呢？欧洲人与非洲人、亚洲人与美洲人，他们的实践有没有共同性呢？当然有。他们的共同性就是都作为人而生活，他们都需要衣食住行等条件，并都为提升自己的衣食住行而努力工作；同时，他们需要处理自己与社群、自己与他人之间的各种关系。这就意味着，生活在地球上不同地区的人们所面对的基本问题是一样的，而他们提出的解决这些问题的学说、思想自然因为这种实践需求的相同而具有超越时空、超越主体的特质。这也就是思想文化、学说可以交流，可以学习的原因。儒家学说虽然是中国的部分思想家提出的，但毫无疑问是基于中国古代人的生活实践的，因而儒家思想具有普适性是毋庸置疑的，除非你不认为学说、思想是基于生活实践创造的。孟子曾说："舜生于诸冯，迁于负夏，卒于鸣条，东夷之人也。文王生于岐周，卒于毕郢，西夷之人也。地之相去也，千有余里；世之相后也，千有余岁。得志行乎中国，若合符节。先圣后圣，其揆一也。"（《孟子·离娄下》）为什么先圣、后圣能"一"呢？就在于他们拥有共同的生活实践，从而"心同此理"，具有共同的思想观念。陆九渊曾说："东海有圣人出焉，此心同也，此理同也。西海有圣人出焉，此心同也，此理同也。南海、北海有圣人出焉，此心同也，此理同也。千百世之上至于千百世之下，有圣人出焉，此心此理，亦莫不同也。"（《年谱》，《陆九渊集》卷三六）这就说得更明白，东海、南海、西海、北海都会有圣人出现，他们心同理同；而且千世百世相隔的圣人，也是心同理同。为什么？并不是有什么神秘的东西作怪，而是因为不同地域、不同时代的圣人有着共同的生活实践。这种观念在近代思想家严复那里也有表现。他说："夫西学亦人事耳，非鬼神之事也。既为人事，则无论智愚之民，其日用常行，皆有以暗合道妙；其仰观俯察，亦皆宜略见端倪。"（《救亡决论》，《严复集》第一册）西方人做的也是人事，既然是人事就很好办，即中西方有了共同的"物质基础"，他们的生活方式、生活需求都是一样的。虽然他们的"想法"可能不同，但都是为了解决同样的问题，这就是中西思想可以相互比较、可以相互学习的原因，即它们具有普适性。严复说："今夫五洲之民，苟从其异而观之，则诡制殊俗，其异不可以言词尽也。顾异者或牵夫天，或系夫地，又以相攻相感，所值之不齐，而其异乃大著。虽然异矣，而其中常有同者，则形质不殊，而所受诸天以为秉彝者，莫不一故也。是故学者，居今而欲识古之圣人所谓达道达德者乎，则必取异民殊种，所必不可叛者而观之，所谓达之理著矣。是故彼此谣俗，古今典训，在彼有一焉为其民所传道。迨返而求诸吾国，亦将有一道与之相当。"（《〈习语辞典集录〉序》，《严复集》第二册）因此可以说，人类实践及其需求的同质性，决定了人类创造的思想、学说的普适性。儒家思想是中国古代先贤群体根据古代中国人民的生活实践创造的学说、思想体系，它自然具有普适性。因此，如果说现代人的生活实践及其遭遇的问题与古代人并无本质的不同，那么，儒家思想对于现代人的意义便是客观存在的。

主体性根据

由思想创造者身份所决定。如上所言，思想、学说是基于人类生活实践创造出来的，但思想、学说的提出者、创造者是那些"知识分子"。这里的"知识分子"不是指那些拿到博士学位的博士，也不是指一般的大学教授，更不是指拥有一般知识的文化人，而是指那些富有深刻洞察力、超群悟性、担当情怀，同时具有丰富文化知识的思想家。他们善于利用自己掌握的知识和理论思考社会之事，解答社会的难题。不过，这种知识分子并不是不食人间烟火的神仙，他们都有明确的身份或角色，他们的身份大体可以分成三个层次：其一是普通人。即他们跟普通人一样，要吃要喝，要处理日常琐事，孔子是如此，苏格拉底也是如此，老子是如此，黑格尔亦是如此。作为普通人说话时，思想家的话也是普通的，即都是与日用庸常相关的。这些话一般较少进入思想家的著作中，即便进入，缺乏可引申性、缺乏可以开掘的价值，因而对于学说、思想而言，这部分是内容属于特殊的、枝节的、可有可无的。其二是有一定社会地位的人，主要指社会中的政治角色。思想家如果同时兼任了社会的职务，获得了官员身份，那么他的思想肯定有一部分是代表他的这个身份说话的，所谓"屁股决定脑袋"。任何一位思想家不能不为他的职务身份说话，因为这个位子涉及他的尊严，他的薪水，他的地位，他的生活品质，等等，因而他不能不为这个身份说话。但从这种身份说出的话，相对而言是平和的、维持现状的，有时是与人民为敌的，是对现状的论证和维护。在孔子、孟子、荀子、朱熹等大儒身上，都存在这方面的思想内容。由于这部分思想内容主要服务于现状，因而相对来说是特殊的、静止的，而非普遍的、运动的。但也不能因为此完全否定与这种身份相应的思想或观念，因为任何社会形态都会有它的稳定期，否则就不可能进行正常的建设和发展。其三是知识分子自身。这里的"知识分子"即是思想家，就是说他们不只是个知识人，也不只是满足于物质生活的人，而是肩负正义和公平的人，他们视域开阔，系念苍生，替天行道，对社会总是充满理想，冷静批判，激情建构。他们通常能深切感受到这个社会的弊病，他们对社会的认知全面而深刻，他们对社会的批判尖锐而关怀，他们对社会的建构充满热情，他们希望这个社会变得更好，从而使他们的思想学说具有了"超越性"。孔子的"仁"观念，孟子的"仁政"学说，朱熹的"天理论"、王阳明的"致良知论"，都是具有普适性的。而且，儒家在教育、道德、政治、文化等领域提出的许多思想观念，也都是超越他们的身份的，有时甚至是颠覆、否定他们的身份的，这也是思想家、哲学家的可敬、伟大之处。这样，就很容易在儒学中发现多种思想因素的并存，既有一般性的言论，也有维护社会稳定的观念，更有对现状批评的理念。而对现状的批评，对社会理想的设计，对人的教育教化等等，往往就是具有普适性的。如此看来，所谓思想或学说的普适性价值，并不是强加上去的，而是由思想或学说的提出者身份的多元性所决定的，具体而言，是思想或学说提出者的"知识分子"身份所决定的。因此，从思想学说提出、创造者的身份看，思想学说当有它普适性一面。过去，我们更关注儒家思想的阶级限制，并因此将儒家思想、学说视为历史的、阶级的、具体的而予以否定，这种教训是需要牢记的，因为我们为此付出了巨大代价。

内在性根据

由儒家思想自身结构所决定。本体性根据是强调儒家思想的普适性来自共同的生活实践。主体性根据是强调儒家思想的普适性来自思想家的理想追求。所谓儒家思想就是由历史上儒家学者立足于他那个时代的社会生活实践而提出的一种理想性的学说体系。这也就是说，人们生活实践需求的多样性与儒家学者所追求理想的多元性，必然在这种学说体系中有直接的反映，这种反映就是儒家思想自身结构的层次性。换言之，由儒家思想自身寻找其普适性价值，完全是本体性根据、主体性根据的逻辑延伸。那么，如何从儒家思想自身看它的普适性呢？首先，儒家思想中的精神层面内容。在儒家思想体系中，存在丰富的鼓励人、关心人、尊重人的精神层面的内容。比如，"天行健，君子以自强不息"，鼓励人像天道那样运行不辍，不畏挫折，不怕困难，勇于进取。又如，"仁者爱人"，"己欲立而立人，己欲达而达人"，主张关怀他人、帮助他人、兴旺他人。再如，"舍生取义"，提倡为了自己的人格尊严，绝不吃"嗟来之食"。要求人自强不息，主张关爱他人，提倡尊重人格。这些精神并不是属于某些人的，而是所有人都可以拥有，也应该拥有的。另外，儒家思想中的批判、反省精神，也是可以为生活在不同时空中的人所接受的。因此，儒家思想的普适性首先表现在它的精神内容方面。其次，儒家思想中的工具层面内容。在儒家思想体系中，也存在丰富的属于工具理性方面的内容。比如教育方法，"学而时习之，不亦悦乎？"告诉人们把复习学过的知识当作一件快乐的事；"三人行，必有我师焉"，告诉人们懂得向他人学习的重要性；等等。这些应该不是属于某些人的智慧吧？比如处事方式，"执两用中"，"过犹不及"，告诉人们处理事情要全面把握，不要偏执；"工欲善其事，必先利其器"，"凡事预则立，不预则废"，告诉人们要想获得成功，周全的准备是必需的；"己所不欲，勿施于人"，告诉人们不要将自己不喜之物强加于他人，应从对方的立场思考自己的所作所为；等等。这些也应该是可以被所有人视为智慧的。比如修养工夫，"反身而诚"，"发明本心"，告诉人们坚信善性在我，持续向内反省，便可成就本有之善。这种修养工夫应该是所有向善的人不应拒绝的吧？没有疑问，儒家思想中这些属于工具理性的内容，并不是为某个阶级定身设计的，而是属于所有人，具有普适性价值。最后，儒家思想的观念特性所决定。儒家思想基本特性是观念形式，而此观念形式并不是绝对抽象的，并非空洞无物，而是由具体内容所充实的。也就是说，可以从抽象与具体两个方面考察儒家思想的普适性问题。比如，"仁"是一种表达"爱人、关怀人"的观念，从"爱人、关怀人"层面讲，属于普遍性，因为对于所有人而言，"爱人、关怀人"是一种应该拥有的基本品性。但是，怎样体现"爱人、关怀人"的品性——是"修己安人"，还是"井下救孺"；是"开仓济众"，还是"制民之产"；等等。这些都是具体的。再如，"格物致知"是一个表达"接触事物获得知识"的命题，从"接触事物获得知识"层面讲，属于普遍性，因为对任何人而言，"接触事物获得知识"都是不可缺少的素质。但是，如何"格物"，"格"什么样的"物"，怎样"致知"，"致"什么样的"知"，却是具体的。可见，儒家思想在很大程度上可以被认为是普遍性与特殊性的统一；而从儒学范畴、命题的抽象层面看，其价值的普适性是无法否定的。

　　根据如上讨论，我们或许可做如下推论。第一，儒家思想具有普适性，完全是儒家思想作为一种观念性学说本身所具有的特质，并不需要外在的证明。换言之，从外在原因否定儒家思想的普适性是没有说服力的。第二，儒家思想具有普适性，并不意味着儒家思想中没有消极的因素，并不意味着儒家思想体系中所有观念都是普适的。换言之，儒家思想中存在消极的、不具普适性的因素，并不能否定儒家思想的普适性。第三，儒家思想具有普适性，并不意味着儒家思想在任何时期、任何地区都被主体应用着。换言之，儒家思想在没有被其他时期和地区的主体应用时，并不意味着其普适性的消失。第四，儒家思想具有普适性，并不意味着它不为特定时代的政治服务，但它服务的方式与内容是普遍意义与特殊意义的协调。换言之，不能因为其存在特殊意义的服务而否定普遍意义的服务，即不能否定儒家思想的普适性。第五，儒家思想具有普适性，并不意味着儒家思想的神圣性，并不意味着儒家思想的完美性。儒家思想的普适性本质上是建立在儒学主体对人类生活实践的反思、检讨和总结之上的，是建立在思想逻辑与实践逻辑永远的互动之上的。换言之，不能将儒家思想的完美等同于儒家思想的普适性。王阳明曾说："故夫善学之，则虽老氏之说无益于天下，而亦可以无害于天下；不善学之，则虽吾夫子之道，而亦不能以无弊也。"（《外集四·表·拟唐张九龄上千秋金鉴录表》，《王阳明全集》卷二二）这话似乎在暗示：如果我们足够聪明，就不会让"儒家思想有无普适性"这样的伪话题纠缠于头脑，而是用更多的热情、精力和智慧去谋划儒家思想服务现代社会的途径。

《福建论坛》2010 年第 8 期

十九　王国维的儒学范畴诠释
及其范式意义

生活在 19～20 世纪之交的中国哲学家，大多有过将儒学置于西方哲学背景下审视的实践，王国维便是其中的一位。王国维理解、解释儒学的实践涉及面较广，本文只选择三个范畴为例案，考察王国维以西方哲学为坐标解释儒学的状况，以求获得某些有价值的启示。

任天之“命”

孔子曾说：“道之将行也舆，命也；道之将废也舆，命也。”（《论语·宪问》）其中的“命”是取消主体努力的宿命论？还是不受命运限制、放任主体行为的意志自由论？抑或二者都不是？这个问题看似简单，其实并不好回答。不过，王国维的解释却是令人耳目一新的。

1. “命”表现为一种“有命论”

为了解释孔子“命”范畴的意涵，王国维先对“自由意志论”和“宿命论”进行了说明。所谓“自由意志论”，就是说人间意志本是自由的，不受命运的规定和限制，任由人力主张；所谓“宿命论”，就是说宇宙万物都被“天”所命令，并受“天”的限制，人间意志决不能自由。那么，根据这两种学说，孔子的“命”应属于哪一种呢？王国维指出，孔子的“命”既不是自由意志论，也不是宿命论，而是行于这两者之间的“有命说”：“盖孔子明知道德为善，遵之行之，人人必受幸福。然世有盛衰，社会有污隆，行道德者不必获福，故依道德以立命安心。此孔子所以执‘自由意志说’与‘宿命论’之中庸，即所谓‘有命说’是也。”① 孔子之

---

① 《孔子之学说》，《王国维哲学美学论文辑佚》，华东师范大学出版社，1993，第 35 页。

所以持"有命说",乃是因为孔子发现行善者未必得福,行恶者未必得祸,所以提出以道德来立命安心,让行善未得福者感受到道德的满足,让行恶未得祸者感受良心的惩罚。而"依道德立命安心",意味着根据理法而行是"有命说"的基本内涵。王国维说:"孔子之说,既非极端之宿命说,亦非极端之自由说,盖居于此二者之间,尽吾人力,即顺自然理法之道以行动云为者也。即可进则进,若不能则已,安吾素以乐吾道,极平和之说也。然而后世腐儒等,不能知生生的进化,唯以保守的解释之,亦非夫子之旨也。"① 按照自然的法则而行动,可进则进,不可进则退,顺其自然,以此为乐,这就是孔子"有命说"的真谛。因此,"死生有命,富贵在天"(《论语·颜渊》)的意思应该是:顺当生之道则生,顺当死之道则死;顺道而得富贵则善,不得则从吾所好而安命。讲的是循自然之法。这既与主张"死生富贵皆由先天决定"的"宿命论"不同,也与主张"天上地下任我行"的意志自由论不同。由此可见,孔子虽为"有命说",但决不否定人的主观能动性,决不否定人的创造性。应该说,这种解释与孔子的基本精神是相应的。

2. "命"表现为无忧无畏的意志与精神

王国维指出,既然"有命论"的内涵是依理法而行,行则行之,不行则已;那么,面对死生祸福当然是"顺其自然,泰然自若"之态,显示出无忧无畏的意志与精神。他说:"知体道,又信之以刚健之意志,保持行动之,是以于人间之运命,死生穷达吉凶祸福等,漠然视之,无忧无惧,悠然安之,唯道是从,利害得丧,不能撄其心,不能夺其志。"② 这就是说,孔子的"命"意味着对"道"的体认和把握,并因这种体认与把握而内具刚健意志,这种刚健意志之表现,就是面对死生穷达、吉凶祸福而泰然自若、无忧无惧,不为身外之物伤心累神。因此,孔子的"命"虽然为情感的,但绝不是迷惘的情感,而是理智的情感,是由"识理体道"而升华出的意志和精神。

3. "命"表现为一种"任天主义"

既然孔子的"命"属于"有命说",这种"有命说"的特点是依理法

---

① 《孔子之学说》,《王国维哲学美学论文辑佚》,第36页。
② 《孔子之学说》,《王国维哲学美学论文辑佚》,第33页。

而行，不是越理法而行；是能行则行，不是勉强而行。因此，这种"有命说"既区别于肆意妄为的意志自由论，也区别于无所作为的宿命论，而是一种"任天主义"。王国维说："孔子于研究'易'哲学时，因阴阳二气之于时间上变化继起，遂知左右现象界之自然的理法，于是遂悟天道为生生的，为宇宙之根本原理，而说其理想上之天。故天自'理'之一面观之，乃无意识的理法之活动；自'情'之一面观之，则有意志而管辖一切万有者也。夫子实混此两方面而言之。故于知识上言之，则现象界有因果律以规定一切，是为自然之理法。又宇宙之根原虽为天道，然人间之意志亦不能完全自由。故自感情上言之，则所谓王（天）者不过一种之命法。然苟遵道而行，而为所当为，不为其所不当为，则于道德自身中有一种之快乐。故当顺道理，尽人力，若不可能，则安其分。是以知孔子非自由意志论者，又非执极端之宿命说者，而为执其中庸之有命说，所谓任天主义是也。"① 在王国维看来，由"理"而言，有"理法之天"，这种"天"是无意识的理法运动；由"情"而言，有"意志之天"，这种"天"是万有的统治者。而在孔子这里，"意志之天"与"理法之天"是不分的。所以，从知识角度讲，现象界规定一切的因果律是自然的理法；而从感情上讲，人间意志并不能完全自由，因为它要服从作为宇宙根原的天道，因而"天"是一种"命法"（有意志地管辖一切）。如果遵循理法而行，做那些该做的事，不做那些不该做的事，可以获得一种道德上的满足；因此，每个人应该遵循理法而行，尽力而为，不能成功则安分如旧。可见，孔子之"有命说"是一种任天主义，而且是一种积极的任天主义——"孔子欲遵道理，即顺自然之理法，实行吾意志之可成则为善，不可能则守其分，可以进则进，可以退则退，可以行则行，可以止则止，可以取则取，可以舍则舍，一切如道理而行之，此孔子之'任天主义'也。"② 这种"任天主义"蕴含着道德上的价值——"深信自然之理，养绝对之观念，遵一切道理之动静，不问死生、穷达、荣枯、盛衰等，纯反于愦愦之功利快乐主义，故于道德实践上大有价值也。"③

---

① 《孔子之学说》，《王国维哲学美学论文辑佚》，第68页。
② 《孔子之学说》，《王国维哲学美学论文辑佚》，第35页。
③ 《孔子之学说》，《王国维哲学美学论文辑佚》，第36页。

直觉之"仁"

"仁"字在《论语》中共出现 109 次，其含义既丰富又复杂。尽管孔子身后的儒者没有停止过对"仁"的解释，但多是在孔子思想基础上进行的扩充和发展。与以往儒者的基本不同在于，王国维对"仁"的解释是以西方哲学理论为坐标展开的。

1. "仁"乃生生之理，是绝对之观念

王国维指出，从客观上看，"仁"是自然法则，是实在之理；从主观上看，"仁"具于人性之中，是主观性情。但只有将客观性与主观性结合为一体，"仁"才能达到无差别绝对之境界。他说："夫'仁'为平等、圆满、生生、绝对的之观念。自客观的观之，即为天道，即自然理也，实在也。自主观的解之，即具于吾性中者也。其解虽有异，至究竟则必须此两者合而为一，始能至无差别绝对之域。故仁之观念为生生的理，普遍于万物，不能为之立定义也。"① 也就是说，"仁"之能为平等、圆满、生生、绝对之观念，只有当作为自然理法的"仁"与作为人之性情的"仁"融合为一体，才是现实的。换言之，如果"仁"只是作为自然之理法而普遍存在于自然万物之中，或者只是作为人的性情而普遍存在于人性之中，都不能具有平等性、圆满性、生生性，也不能成为绝对之观念。由此可见，王国维理解的"仁"之精神与特性是以"万物一体"为根据的，存于万物即是超越万物，绝对至上、无物与对，这就是"仁"所以为绝对之观念。

2. "仁"是一种理性的直觉主义

王国维进而以动机论和结果论来分析"仁"，认为"仁"是直觉的。他说："就人间行为之判断，于西洋有动机论、结果论二派。动机论者，行为之善惟在动机之纯正耳，结果之如何，非所顾也。结果论者，日日行为之结果善，则其行为亦善，动机之如何，可不问也。前者为直觉派，后者为功利派。儒学直觉派也。然自今日之伦理学上观之，则前二说皆有所偏倚，即非动机、结果二者皆善，不足为完全无缺之行为。然东洋之伦理

---

① 《孔子之学说》，《王国维哲学美学论文辑佚》，第 39 页。

说，惟取动机不顾结果之处亦不少，如'杀身成仁'等是也。"① 可是，为什么"仁"是直觉的呢？他说："孔子恰如康德为动机论者，动机纯正则其结果之善恶如何可不顾。故《论语》曰：'志士仁人，无求生以害仁，有杀身以成仁。'（《卫灵公》）又'殷有三仁。'（《微子》）仁，动机也。苟能行仁，则其结果如何可不顾。是所以谓直觉说也。"② 就是说，儒家所主张的"杀身成仁"，是重动机不顾结果的，所以是直觉主义的。然而，"仁"不仅是直觉主义的，还有自己的特点。他分析说："无论何人，皆有先天的能性。更进一步，则《季氏》'生而知之者上也'，《雍也》'人之生也直，而罔之生也幸而免'之说，皆可以证明。第一条，备言人能直觉辨别是非善恶；但是非谓常人，谓睿智之圣人也。第二条，程子解'直'为'理'，而杨龟山以之为'情'。但孔子以为理与情并重，又因时与地而异。其'直'之解释，如'斯民也，三代之所以直道而行也'（《卫灵公》）之解'直'为理，答叶公之问之'直'，则情也。故'人之生也直'之'直'，解之为'理'，或稍妥也。以上可知孔子为'贵理性之直觉派'也。"③ 即是说，孔子虽然认为直觉能辨别是非善恶，但不是常人所为，而是圣人所为；孔子所讲直觉虽然更多地表现为"情"，但其中的"理性"元素极为明显。因此，孔子的"仁"虽然有重情感之特点，但主要还是一种理性的直觉主义："今若必欲论孔子，则孔子为唱理性之直觉论者，自其克己严肃处观之，实与希腊斯特亚学派（斯多葛派）及德之康德之说有所符合。盖孔子之说合乎情、入乎理之圆满说也，其伦理之价值即在于此。"④

3. "仁"有普遍与特别之分

王国维还将"仁"分为普遍的"仁"和特别的"仁"。他说："孔子自天之观念演绎而得'仁'，以达平等圆满绝对无差别之理想为终极之目的。至其绝对的仁，则非聪明睿智之圣人，不易达此境。欲进此境，必先实践社会的仁。社会的仁，忠恕是也。故欲进绝对之境，不可不自差别之境进也。故仁自其内包观之，则为心之德，而包括一切诸德；然自其外延

---

① 《孔子之学说》，《王国维哲学美学论文辑佚》，第41页。
② 《孔子之学说》，《王国维哲学美学论文辑佚》，第47页。
③ 《孔子之学说》，《王国维哲学美学论文辑佚》，第47页。
④ 《孔子之学说》，《王国维哲学美学论文辑佚》，第43页。

观之，则抽象的概念而普通（遍）的形式也。此形式虽不变，其内容则因时与处而殊。故自特别观之，则名特别之仁；自普遍观之，则名普遍之仁。普遍之仁，为平等之观念，包括其他之礼义智信等。特别之仁为特别的狭义之仁，如'智仁勇'之仁是也。仁于主观，则为吾性情；仁于客观，则发现于社会，为礼义之法则。"① 这段话的根本含意在于：第一，"仁"的终极目的是达到平等圆满绝对无差别之理想，但能达到这种境界的人是有选择的，而且在路径上存在次第问题。第二，"仁"可分为普遍之"仁"与特别之"仁"。特别的"仁"如智、仁、勇等，普遍之"仁"如礼、义、智、信等；普遍之"仁"即是外延之"仁"，为抽象之概念，其为形式所以是不变的；特别之"仁"即是内涵之"仁"，为心的德性，其为内容所以是可变的。那么，普遍之"仁"与特别之"仁"是什么关系呢？王国维说："孔子仁之观念，若自普遍言之，则为高远之理想；若自实际言之，则为有义礼智孝弟忠信等之别，以为应用之具。故能全达此等之义礼智孝弟忠信等，即为普遍之仁。"② 这样，王国维提出特别之"仁"与普遍之"仁"的用意便大体清楚了——作为心之德，"仁"是具体的，而且是可变的；作为一种概念，"仁"是形式，而且是不变的。这就解决了"仁"之为思想范畴变与不变的关系问题。另外，特别之"仁"又指每个具体德性的落实之意，而普遍之"仁"是一切德性之落实，即普遍之"仁"必以特别之"仁"为前提的，没有特别之"仁"，不可能有普遍之"仁"。这就解决了"仁"之意义落实的方式问题。

本体之"诚"

"诚"是儒学中又一基本范畴，在《礼记》之《中庸》篇中出现最多，其含义同样是丰富而深幽，极能考验人的大脑。不过，王国维的解释仍然是别出心裁，显其洞见。

1. "诚"乃人之本性、万物之根本

王国维认为，儒家之"诚"被确定为人的本性，而这种确定意味着人

---

① 《孔子之学说》，《王国维哲学美学论文辑佚》，第41页。
② 《孔子之学说》，《王国维哲学美学论文辑佚》，第43页。

伦之理存于人性之中，因此对儒家而言，人依本性而进行的活动合乎人伦
之理，就好比鸟飞鱼跃一样，都是自然而然的。而之所以如此，就是因为
发现了"诚"，所以，一切万物不过是一个"诚"字。不过，这个"诚"
是一非二，有性无量，是绝对，与叔本华的"意志"相似，发育万物而为
其根本。他说："（子思）以'诚'为各人之本性。苟人率其性而行，则
行而无不正。故曰：'天命之谓性，率性之谓道。'是以彝伦存于人之天性
中。后世儒教哲学之根本全在于此。然《中庸》于思索之途径，不止于
此。以为人之性质之动而合于彝伦也，恰如鸢之飞，鱼之跃，此等皆自然
而能然者。寻其所以然之源，则由于'诚'之发现。故一切万物，'诚'
而已矣，故曰：'诚者物之终始，不诚无物。'而'诚'者是一而非二，有
性而无量。自其为万物之根本观之，与叔本华之'意志'相似，故曰：
'洋洋乎发育万物，峻极于天。'"① 而在周敦颐的思想中，"诚"之"本
根"角色被描述得更为清楚。他说："周子之说'诚'也，曰：'诚者，
圣人之本，……纯粹至善者也。'（《诚上第一》）'圣，诚而已矣。诚，五
常之本，百行之源也。'（《诚下第二》）盖以此示'诚'之'人极'，有
'诚'为绝对之善，而非如'几'之善之对恶而言者也。故与其谓之曰
'善'，不如谓为'至性'之为愈。"② 可见，"诚"是绝对的善，是伦理之
本体，是百行的根据，当然是万物的本根。王国维说："由此观之，子思
以有伦理的意义之诚，为宇宙之根本主义，因之为各物之本性。故自子思
目中观之，伦理的法则与物理的法则、生理的法则，皆同一也。自其发现
之方面言之，虽千差万别，然求其根本，则无出于诚之外者。"③ 而"诚"
之为人之本性与万物之根本，所表征的是伦理法则与物理法则、生理法则
的同一。

2. "诚"具有智力功能，具有明确的目的性

王国维认为，作为人之本性的"诚"具有一种预知能力，这种能力具
体表现为可以预见国家的兴亡、祸福的征兆。他说："诚又非盲目的活动，
而有智力的成分者也，故曰：'至诚之道，可以前知。国家将兴，必有祯
祥；国家将亡，必有妖孽。见乎蓍龟，动乎四体，祸福将至，善必先知

① 《子思之学说》，《王国维哲学美学论文辑佚》，第 74 页。
② 《周濂溪之哲学说》，《王国维哲学美学论文辑佚》，第 151 页。
③ 《子思之学说》，《王国维哲学美学论文辑佚》，第 74 页。

之，不善必先知之，故至诚如神。'"① 那么，为什么"诚"有预见的能力呢？王国维认为，这是"诚"的"理"或"体"特性所决定的。他说："周子就'理'之方面，即体之方面（对用而言），而说'诚'之'无为''无思'，曰：'寂然不动者，诚也'（《圣第四》）；'无思，本也'（《思第九》）；'诚，无为'（《诚几揥第三》）；'故诚，则无事矣'（《诚下第二》）；是即述'无（意）识'之原理者也。"② 所谓"无意识"是人们经验的大储存库，由许多遗忘了的欲望组成，好比"冰山理论"所描述的，人的意识组成就像一座冰山，露出水面的只是一小部分意识（1/7），但隐藏在水下的绝大部分（6/7）却对其余部分产生影响（无意识）。无意识具有能动作用，它主动地对人的性格和行为施加压力和影响。即是说，"诚"之"理"或"体"所表现的"无思、无为、无事"就是"无意识"，而"无意识"即是人类经验的大储存库，这种"经验的大储存库"具有能动性，即可以预见事件的未来与吉凶。

3. "诚"是事物永不停息的运动

"诚"乃绝对体，但它永远是活动的，而且是无始无终的。王国维说："诚，绝对也，不变也，无始终也，常活动也，故曰：'故至诚无息，不息则久，久则征，征则悠远，悠远则博厚，博厚则高明。'而诚者一切万物之本性，又人之本性也。"③ 而"绝对、不变、无始终、常活动"的"诚"是万事万物之本性，这就是周敦颐所讲"气"或"用"层面的"诚"。王国维说："彼又就'气'之方面，即用之方面，而说'诚'之神化，曰：'无思，本也；思通，用也。几动于彼，诚动于此。无思而无不通为圣人'（《思第九》）；'感而遂通者，神也；动而未形，有无之间者，几也'（《圣第四》）；'发微不可见、充周不可穷之谓神'（《诚几德第三》）；是皆谓'几'为发动之端，而为'诚'之神妙的活动者也。"④ 从"气"的角度看，所表示的是"诚"的运动，这种运动就是"无不通"，就是"感而遂通"，就是"发微不可见、充周不可穷"，这些都是"诚"的神妙的活动。

---

① 《子思之学说》，《王国维哲学美学论文辑佚》，第74页。
② 《周濂溪之哲学说》，《王国维哲学美学论文辑佚》，第151页。
③ 《子思之学说》，《王国维哲学美学论文辑佚》，第74页。
④ 《周濂溪之哲学说》，《王国维哲学美学论文辑佚》，第151页。

4. "诚" 之一元论转向 "诚" "欲" 二元论

王国维指出，如果按照子思的主张，一切事物都是 "诚" 的发现，而 "诚" 即是人的本性，因此人只要率性而为，自然合于理法，但这样却会导致对教育事业的否定。为了解决这个矛盾，子思提出了人的 "知" 与 "行" 差异问题。就是说，人性虽然为 "诚"，但由于每个人的 "知" 与 "行" 是存在差异的，即有些人可以觉悟到 "诚"，有些人却觉悟不到 "诚"，有些人自觉地实践 "诚"，有些人在这方面却表现得很迟钝，因此，教育就有了必要，训练也有了必要。不过，这样的话，"知" 与 "行" 便成了发现 "诚" 的障碍，即便不是 "知" 与 "行" 妨碍 "诚" 的发现，也有别的什么东西妨碍 "诚" 的发现。这就意味着，子思由 "诚" 一元论转向了 "诚"（性）、"欲" 二元论。王国维说："若夫一切之事，一切之物，而皆为诚之发现，则人率其性，自无不合于道，教育之事可废矣。子思欲救此失，于是谓人性诚也，然其知之与行也，人各不同。知有种种之阶级：其上者生而知之，其次学而知之，其下困而知之。行亦有安、利、勉强之别。故人之本性虽为诚，然有不知其诚者，于是有教育之必要；有知之而不能行者，于是有训练之必要。果然，则知与行可谓妨碍诚之发现者；即妨之者非知与行，然必有妨碍之者明矣。"[①] 如此看来，所谓从一元论转向二元论，就是指子思在解决 "人本性为诚" 与现实中的矛盾时，引发了对 "诚" 被障蔽的原因的寻找。这个原因不是 "知" 也不是 "行"，而是 "欲"。这样，一方面 "诚" 有伦理的现实性，另一方面有妨碍此现实性的 "欲"，这就是 "诚" "欲" 二元论。

可范之 "行"

这里的 "行" 就是指王国维理解、解释儒学范畴的实践；而且，王国维理解、解释儒学范畴的实践，是可以学习，可以仿照，可以广泛应用的。即是说，王国维理解、解释儒学范畴的实践足以成为中国传统哲学研究上的一种范式。为什么这样说呢？

---

① 《子思之学说》，《王国维哲学美学论文辑佚》，第 75 页。

1. 实现了儒学范畴与现代学术话语的对接

由于王国维的解释完全是以西方哲学为坐标的，具体表现就是大量引用西方哲学名词、术语、学说作为理解和解释儒学范畴的参照。比如，王国维引用宿命论、自由意志论等以解释儒学的"命"，便有了"任天主义"的结论；王国维引用动机论、结果论等以解释儒学"仁"，便有了"仁"为直觉主义的结论；王国维引用逻辑学概念论（内涵、外延）以解释儒学的"仁"，便有了普遍的"仁"与特别的"仁"的区分；王国维将"诚"比之叔本华的"意志"，以言儒学"诚"的本体性；王国维以心理学"无意识"理论解释"诚"，便有了"诚"的能动性；等等。正是因为他大量地引用了西方哲学名词、学说和理论，将古老的儒学范畴融于现代学术话语之中而成为现代学术的话题，同时这些儒学范畴又可用现代学术话语表达和归类，使它们在形式上开始了现代转型。

2. 使儒学范畴的精义清晰化

更为重要的，是王国维的理解和解释使儒学范畴的精义清晰化。王国维引用的西方哲学名词、术语和学说，都是具有明确的内涵的。就是说，只要将儒学某个范畴放在相关的西方哲学名词、术语和学说中进行分析、解读，那么这个范畴的含义就清晰地凸显出来。比如，"命"是一种"任天主义"，并且具有遵道而行、无忧无虑、达观泰然等特点，这就是应用宿命论、自由意志论对"命"加以比较分析后得出的结论。又如，"仁"是一种直觉主义，并且是理性的直觉主义，这就是应用动机论、结果论对"仁"进行比较研究后得出的结论；而将"仁"分为普遍的"仁"和特殊的"仁"，则是应用逻辑学上的概念理论（内涵、外延）分析研究得出的结论。再如，"诚"具有预测功能，原来是因为王国维心中有了一个叫"无意识"的理论；"诚"之为本体，因有叔本华的"意志"而更显明。可见，儒学范畴"命""仁""诚"等的含义之所以能清晰地凸显出来，与王国维恰当地引用西方哲学名词、术语和学说是密切关联的。因此，那种简单地将"以西释中"实践视为对中国传统哲学的肢解、剪裁、误读的观点并不一定准确，而因此犯上"恐西症"就更没有必要了。

3. 展示了一种积极健康的诠释方向

王国维对儒学范畴的解释有一鲜明特征，即对儒学范畴诠释的方向是积极的、建设性的，努力"化腐朽为神奇"。比如，王国维认为"命"并不是宿命的，也不是意志自由的，而是遵循理法的"任天主义"。这种"任天主义"是无忧无虑的，是达观的，它来自对理法的信奉和尊重，因此不仅表现为对理法的绝对观念，也因为信奉理法而表现为一种乐观态度，从而显示其伦理学价值。这种解释极大程度地将"命"的积极性内涵发掘出来，而对"命"之消极因素予以忽略。王国维认为，"仁"是直觉主义，但又认为是理性的直觉主义，因为儒家讲"直道而行"，其理性非常明显，这无疑也显示了积极的诠释方向。王国维认为，"诚"是创生的本体，蕴藏无尽的能量，而这种潜能本自"诚"之"朴""实"特性，而不是将"朴""实"解释为木讷、笨拙、滞碍、沉寂。王国维诠释方向的积极性还表现在对"命""仁""诚"三范畴的伦理学意义的揭示。他认为"命"所含具的深信自然之理，养育绝对观念，遵循一切道理之动静，不问死生、穷达、荣枯、盛衰等，纯粹是反对功利的快乐主义，这就是伦理学意义的表现。他认为"仁"是理性之直觉，克抑自己，严肃认真，也显其伦理学价值。他认为"诚"是伦理本体，是百行根据，是万善源头，是教化的根据，因此也有伦理学意义。可见，王国维对儒家思想的解释，基本上是从积极的方向加以展开的，这是很值得我们注意的特点。

4. 仍可商榷之处

王国维对儒学范畴的解释虽然不是全方位的，但还是有可以商榷之处。比如，"杀身成仁"能否判为只顾动机不顾后果的直觉主义？所谓只顾动机不顾后果，就是说"杀身成仁"只想到"成仁"而不顾及"全身"，为了"成仁"将生死置之度外。如果单独就肉身的安全来看，这种解释或许可以理解。但是，孔子提倡"杀身成仁"，绝不是提倡无谓的牺牲，否则所成的就不是"仁"，只有那些值得用生命去换的价值、道义，才鼓励杀身。从这个意义上讲，"杀身成仁"并非不顾后果。此外，儒家"杀身成仁"的根据，本质上是"天人万物一体"观念，就是说，仁者之能杀身，乃是仁者"身杀"而"人存"，即个体生命虽已丧失，但已融入整体之中。从这个意义上讲，"杀身成仁"已清晰地注意到后果。再如，由解决"人性即诚"与可能否定教育意义的矛盾而追索到"欲"时，能否将"欲"视为一元论？无疑，王国维的分析是极富深度和想象力的。不过，"欲"之确定为发现"诚"之障碍可否视为儒家心性论之一元论还是可以商榷的。"欲"虽为发现"诚"之障碍，但第一，它并不符合儒家对人本性之定义，也不符合儒家对万物本根之定义；第二，"欲"之为"诚"发现之障碍，只是作为工夫的必要性原因，从而成为工夫消解的对象；第三，"诚"之为一元本体，即本体即工夫，所谓"反身而诚"，而"欲"不能即本体即工夫，因为工夫与"欲"是"二"；因此，因为"欲"之为发现"诚"之障碍，而判定子思为"性""欲"二元论，亦只能视为王国维一说而已。然而，王国维的儒学范畴诠释所表现出的以西学为坐标的诠释架构、积极健康的诠释方向、客观理性的诠释态度、精深细腻的诠释技巧，足以成为当今儒学研究的范式。

《河北学刊》2011 年第 1 期，人大复印资料《中国哲学》
2011 年第 4 期

二十　儒学的传承与开新

——以熊十力释"理"为例

身处20世纪中国的哲学家，面对西方哲学的挑战，面对时代需求，会本能地借助对中国传统哲学范畴或观念的诠释，综合各种际遇，进行视域融合，构筑自己的哲学理念，表述自己的哲学主张。熊十力对"理"的诠释即是此类诠释实践。本文拟对熊十力关于"理"的诠释与规定展开讨论，探寻其内容、性质及走向。

"理"之体性

所谓"体性"，即是本体意义上的属性，或者说根本意义上的属性。在熊十力这里，"理"之本体意义属性有三种：一是实有，二是至足，三是创生。

1. 实有之"理"

熊十力认为，"理"的第一特质是它的真实性、实有性。他说："理者是实法（实法者，谓其有实自体也。虽其自体不是具有形质的，要是实有，而非空洞的形式之谓。）非假法（假法者，谓其只是空洞的形式，而无有实自体也。）"① 为什么"理"应该是"实有"的呢？熊十力说："或以为理字具有条理与法式、轨范等义，故是共相。此等共相，乃离开现实界之特殊物事而自存于真际界云云。如其说，则真际界与现实界显划鸿沟，不可融会。……今若仅在逻辑上，以共相为特殊物事的型范，而不与形而上学中所谓理者相混，似犹可说。兹乃以共相，应用到形而上学里

---

① 《新唯识论》（语体文本），《熊十力全集》第三卷，湖北教育出版社，2001，第364页。

来，以为是现实界中特殊物事之所依据以成者。而此共相既是空洞的形式，又谓其离开现实界而独存于真际界。则二界如何发生关系，既难说明，且此空洞的形式，无实自体，又如何说为真际，且得为特殊物事所依据以成者乎？果尔，则是无能生有，殊不应理。"① 对熊十力而言，"理"之所以应该是"实有"，乃是因为：第一，"实理"才能成为沟通"真际界"与"现实界"的桥梁。所谓"真际界"就是本体界；所谓"现实界"就是现象界，就是由诸多具体事物组成的世界。熊十力认为，这两个世界应该是贯通的。如果本体之"理"只是"空"的形式，并且独存于"真际界"，那它就无法与现实界发生关系，"真际界"与现实界就无法贯通，因而"理"必须是实有的。第二，"实理"才能成为形而上学本体。熊十力指出，逻辑学本体可以是形式，是共相，是空，因为它并不需要产生万物；而形而上学本体必须具有产生万物的能力，因而只能是实有的。他说："哲学谈到形而上之理，自是真真实实的物事。佛家云真理，伊川云实理，义意深微。如非真实，何能备万德而肇万化乎？空洞的形式，无实体而靡所寄，且无能生德用，将别假材料而与之合以成物。不悟空形式与顽笨材料，二本相离，又如何结合耶？"② 就是说，作为本体的"理"必须是"备万德而肇万化"，万德在我，万化由我；如果是空洞的形式，那是不可想象的，因而"理"必定是"实有"的。第三，"实理"才能成为特殊事物之根据。熊十力认为，本体之对于特殊事物的意义就在于它是特殊事物的根据，但作为特殊事物根据的本体不能是"空"，不能是形式，否则就是"无能生有"。因此，作为本体的"理"只能是实有，是实有自体。他说："本论乃直指本体而名之以理，本体是实有，不可视同假法。说共相为理者，只以理为空洞的形式，如方等，则理便属假法，何得为一切物之实体。此其不得不相简别也。"③ 第四，"天理"因"存"而为实有。熊十力指出，王阳明"存天理"说，正说明"理"应该是实有的。他说："阳明常言存天理去人欲。其于天理下一存字，则天理非虚字眼可知也。孔子之仁，程、朱之天理，象山之本心，阳明之良知，实是一物而异名也。"④ 既然

① 《新唯识论》（语体文本），《熊十力全集》第三卷，第364~365页。
② 《新唯识论》（语体文本），《熊十力全集》第三卷，第281页。
③ 《新唯识论》（语体文本），《熊十力全集》第三卷，第365页。
④ 《论事物之理与天理答徐复观》，《熊十力全集》第八卷，第354页。

是"存"（天理），那就应该是实有；如是"空"，就无物可"存"了。如上讨论表明，"实有"乃是熊十力所论"理"的基本特性。

2. 至足之"理"

熊十力认为，"理"不仅是实有的，而且是完满、至足的，内具无限能量的。他说："夫理唯至足，无所不备，而为潜在的无量的可能的世界。"① "理"无所不备而至足，是一潜在的无量世界。那么，"理"之"至足"是什么含义呢？熊十力说："理者，一本而万殊，一本者，就此理为万化根源而言之也；万殊者，就此理散著为万化万物万事或一切事物之律则而言之也。万殊而一本也。……圣学本不反知，却须上达于证解之境；本不遗物，却须由万殊以会入一本。夫穷理至万化根源处，至真至实，而万德皆备。无封无畛，而万有资始。此理之在我者，亦即在天地万物者也；其在天地万物者，亦即在我者也，是故谓之一本。即此一本，在吾人分上言，便名为性。穷理至此，已知吾人自性即是天地万物之性，天地万物之性即是吾人自性。……宋、明儒所说理字，有时亦用为本体之名。夫本体可名之为理者，正以本体涵备万理，故得为万化之源耳。"② 由此可见，"理"之"至足"含义主要表现为：第一，从与万物的关系看，"万殊"乃是"理"散为万事万物或一切规律而言，因而万事万物或一切规律乃为"理"所备。具体言之，万物为"理"所备，万理（德）为"理"所备，万化为"理"所备，此"理"是"范围天地之化而不过，曲成万物而不遗"，故可说是"理外无物"。第二，从存在的状态看，"理"没有时空之限，无时不显，无处不在，因此，"理"与天地万物为一，即天地万物与我为一，乃是自足的本体。第三，从修养工夫看，"穷理"即是尽性至命，而"天地万物之性"即"吾人之性"，所以"理"不在身外而在身内。因此，穷吾人之性，即穷理，即是穷"天地万物之性"。反之亦然。所以在工夫上是无须向外用功的。这样，所谓"理"的"至足"就是内具万物之理、自性自足、完满无缺。第四，从与"情"的关系看，好恶乃是"情"之表现，而"情"是"理"之用，不能影响"理"的至足性。熊十力说："夫好恶者情也，好恶之情，未便是善是正。好恶之得其

① 《新唯识论》（语体文本），《熊十力全集》第三卷，第361页。
② 《原儒》，《熊十力全集》第六卷，第342~346页。

正而善者，固是天理发用。好恶之失其正而不善者，则是顺躯壳起念之私情私欲，而其天理之心即所谓独知者，早已剥落无余矣。天理本不可剥落，但蔽于后起之私，而不得显发，便谓之剥落。"① 有人以好恶判断"理"，熊十力认为这万万不能，为什么？"理"就是良知，先天本有，完满无缺，而"情"是"理"的发用，"情"有善有恶，"情"正与"理"一，"情"邪则与"理"二，所以不能以好恶言"理"。若以好恶言"理"，则意味着等"理"为私情私欲，这是对"理"至足、至善性的否定。可见，在熊十力观念中，"理"是至足至善的。

3. 创生之"理"

如上讨论表明，"理"是"实有"的、"至足"的，不过，这个"实有""至足"的"理"还是灵性的、生命的，具有创生的特性。熊十力说："理体者，以本体为万理该备，故名。是不容已的向前开展，正如老子所云'虚而不屈，动而愈出'。"② "理"创生万物是永不穷竭、永不停息的。可是，"理"之创生表现何在呢？在熊十力看来，"理"之创生形式至少表现为如下几种：第一，"理"之创生，即是种子发芽开花结果，并相应地呈现条理规范。他说："但其自体，既非如现实界物事之可破析为断片。却亦不是顽然而一，无有条理和轨范的呆板的物事。譬如一颗种子，通常看做是顽然而一的物事。实则不然。他已是具有萌芽及根干、枝叶、花实种种的可能，便见得他是具有许许多多的条理和轨范了。"③ 自体之"理"好比种子，有化生能力，能发芽、生叶、开花、结果，并随其化生程序的展开，其自体上的条理和轨范也逐渐绽开、呈现，这样的"理"自然是生命的、生机的、灵性的，而非冥顽的、枯竭的。第二，"理"之创生，即是天理流行。熊十力认为，"理"虽在名称上可分为"体"和"用"，但实际上是"一"，"用"不过是"理"的流行。他说："本论所谓理者，既是实体，所以不须别找材质。理体渊然空寂，空故神，寂故化。神化者，翕辟相互而呈材。生灭流行不已，而造化之情可见。是故材质者，理之流行所必有之势也，其情之至盛而不匮故也。"④ 就是说，"理"

① 《论事物之理与天理答徐复观》，《熊十力全集》第八卷，第355页。
② 《新唯识论》（语体文本），《熊十力全集》第三卷，第362页。
③ 《新唯识论》（语体文本），《熊十力全集》第三卷，第365页。
④ 《新唯识论》（语体文本），《熊十力全集》第三卷，第366页。

体生化不穷，开合交替而行，此即一理之流行，在一理流行之过程中，物相并生，材质比现，所以，"理"流行之外不会有"用"，也不会有"相"。第三，"理"之创生，即是自己解决问题。熊十力认为，"理"本就是完备至足，因而其创生并不需挂搭材质来完成。他说："理之现为相，不待别立材质而与之合。如果把理说为一种空洞的形式或法式，则必需于理之外，更建立一种气为材质，而理乃与之搭合以成物。如此，似未免戏论。宋儒言理气，已有未尽善处。后人遂有以气为材质，而理别为法式，遂成种种支离之论。"① 也就是说，"理"是自生的，因而并不需要在"理"之外建立一种"气"，与"理"搭合成物。因此，宋儒讲"理"生万物，却将"气"请来做帮手，就是将"理"看成支离的、不完备的，自然是没能见到"理"之特质。第四，"理"之创生，也是去邪显正、涵养性灵之过程。熊十力说："礼之源即是天理，为礼之要在居敬存天理，以帅其气，然后怠慢邪僻不作而灵性茂焉!"② "礼"的关键是居敬存天理，以统帅、主宰"气"，使怠慢邪僻不生，使有灵万物茂盛。因此，只要"礼"流行，就是万物的造化，成就了万物的生长，促进了万物的茂盛。熊十力说："理无定在而无所不在。吾人体认天理，以创造世界一切制度、仪文，随世变易，无有滞碍。大礼行而群情畅，天地位，万物育矣，猗欤休哉？故曰：礼者以天理为源，其源深远。"③ "礼"之化生功能完全源自天理，正是"理"创生义的表现。概言之，熊氏所言"理"之创生，将"理"的生命性、一体性、自足性、显正性完全表现出来，此即熊十力所论"理"之创生义。

从"天理"到"物理"

按照熊十力的理解，本体的"理"既是"真际界"的，同时必须是"现实界"的："事物之理，如何可离开天理。天理者，本心也。本心之发用，其显于人与人之交者而有伦理。其显于人与物之交者，

---

① 《新唯识论》（语体文本），《熊十力全集》第三卷，第365～366页。
② 《原儒》，《熊十力全集》第六卷，第659页。
③ 《原儒》，《熊十力全集》第六卷，第657页。

而有物则。伦理不容紊乱者，固是天理。物则不可乱者，其得曰非天理乎？"① 与其说"事物之理"离不开"天理"，不如说"天理"必须落实为"事物之理"。那么，就熊十力而言，"天理"是怎样表现为"事物之理"的呢？

1. "理"之流行为心、物，满足知识科学之要求

如前所言，"理"之流行便是万物的呈现，便是用、相。而这里的用、相，既包括"物"，也包括"心"。可是，在宋明儒那里，或者说"心即理"，或者说"物即理"，各执其见。熊十力说："关于理的问题，有两派争论。一，宋代程伊川和朱元晦等，主张理是在物的。二，明代王阳明反对程朱，而说心即理。……所谓理者，本无内外，一方面是于万物而见为众理灿著；一方面说吾心即是万理该备的物事，非可以理别异于心而另为一种法式，但为心上之所可具有，如案上能具有书物也。唯真知心境本不二者，则知心境两方面，无一而非此理呈现，内外相泯，滞碍都捐。如果遍说理即心，是求理者将专求之于心，而不可征事物。这种流弊甚大，自不待言，我们不可离物而言理。如果遍说理在物，是心的方面本无所谓理，全由物投射得来，是心纯为被动的，纯为机械的，如何能裁制万物、得其符则？我们不可舍心而言理。二派皆不能无失，余故说理无内外。说理即心，亦应说理即物，应无边执之过。"② 熊十力认为，"心"和"物"都不过是"理"的呈现，从万物看，万理灿烂，从吾心看，万理皆备，所以，"理"无所谓内外。如果只说"心即理"，那就意味着离开事物求索"理"，这是不可能的；如果只说"物即理"，那就意味着"心"是被动的，"心"不可能规划万物、把握事物的律则。因此，既不能像陆、王那样偏执于"心即理"，也不能像程、朱那样偏执于"物即理"，而应对二者加以肯定。因为这样一方面可以肯定"心"的先天认知能力，使"心"能够规划、把握事物之律则；另一方面可以确定"心"的认知对象，使"心"的先天认知能力有所施展。熊十力说："若如我义，理固即心，而亦即物。是以心知之行于物也，而见斯理之澈内外，通心物而无间焉。离心而言物，

① 《论事物之理与天理答徐复观》，《熊十力全集》第八卷，第355页。
② 《新唯识论》（语体文本），《熊十力全集》第三卷，第44页。

则此心何可寻物则耶？否认物，而偏言理即心，则但冥心于无用之地，而万物之理不待推征而自著。"① 显然，熊十力肯定"物即理"，就是要肯定"心"有所作为，肯定"心即理"，就是要肯定"心"本有理则，而言"心""物"乃"理"之发用流行，就是以"理"贯通"心""物"，由"天理"开出"物理"，从而为探求"物理"开辟了路径，也就为知识论、科学的产生开辟了道路。值得注意的是，熊十力如此"释理"，并非一时心血来潮，实在是他接受了唯物论哲学影响而理性地对儒学进行调整的结果。他说："若依世间底经验说来，不妨承认物是离心独存的，同时不妨承认物自有理的。因为现前事物，既不能不假定为实有，那末，不能说他是诡怪不可把捉的，不能说他是杂乱无章的，他自有定律法则等等，令人可以摹准辨析的。即此定律法则等等名之为理，所以物自有物之理，而非阳明所谓即心的。伊川'在物为理'之说，按之物理世界，极是极是，不须阳明于在字上添一心字，心不在，而此理自是在物的。"② 这样大张旗鼓地从阳明心学的左侧移向右侧，乃是宣告一种新哲学方向的开启。

2. "理"之流行无偏私，满足民主政治之要求

如上所言，"理"是本体，必然发用流行，其发用流行即是万物的生长，那么，"理"之发用流行具有什么特点呢？熊十力认为是"无有偏私"。他说："汝（任继愈）解爱之理，以由近及远，由亲及疏为言，是以差等的意义释理。'理'字虽有条理之意，差等亦含有条理意思，然万不可忽者，理是真实的东西，此之发现则为仁义礼智乃至万善，随所发而莫不各当，秩然有条不紊，如发之事父则为孝，发之卫国则为忠等，故又名之以理也。唯其是真实的物事，故随发各当而有条不紊耳。而或者不察，仅以空洞的形式为理，是但从其发现之有条理处观察而昧于其本身是绝对真实也，恶乎可哉？汝以差等释理，正堕世儒之失，所宜痛省。须知此云爱之理者，理即天理，异乎情欲之属于后起者也。"③ 熊十力认为，首先，"理"含有条理的意思，比如，"理"之于父母为孝，"理"之于儿女为慈，"理"之于兄弟为悌，"理"之于君为忠，此孝、慈、悌、忠等都是条理，但都是真实的"德"。其次，"理"之发用流行表现为先后次序，所谓

① 《论事物之理与天理答徐复观》，《熊十力全集》第八卷，第354页。
② 《尊闻录》，《熊十力全集》第一卷，第602~603页。
③ 《十力语要·答任继愈》，《熊十力全集》第四卷，第285~286页。

"亲亲、仁民、爱物",但它们并无差等,因为"理"之爱所及者都是真实的,因而不能因为次序先后的差别而否定"理"本质内容。事实也是如此。比如,分发救济粮食,50 人排队,每人 100 斤,请问第 1 名与第 50 名所获得的"爱"有差别吗?没有。所以,熊十力所强调的是,"理"所表现的"爱"是真实的内容,也只有从真实的内容才能判断"理"存不存在差等的问题。显然,"理"即"天无私覆,地无私载、日月无私照",是公正无偏的。相反,那种判"理"为差等的人,显然不是从"理"的真实内容出发,而是从"理"形式出发,从"理"之流行所表现出来的条理、次序出发,因此,以差等言"理"是昧于"理"本身即"绝对真实"之结果。可见,"理"实际上内具了公正、平等之内涵与精神,其流行无偏而为社会政治之公正。熊十力说:"圣言治道,其本在仁,其用在礼。仁者礼之本,礼者仁之用。而政法皆礼之辅。《春秋》与《周官》之法制,可谓广大悉备矣。……《春秋》书新人立晋便有由人民公意共选行政首长之法。《周官》于国危或立君等大事,亦有遍询民众之文;又于各种职业团体皆列其职,即各业团直接参与国政。至于地方制度之详密,尤可见民治基础坚实。余常以《周官》一经为由升平导进太平之治,灼然不诬。程、朱与方正学并尊此经,皆有卓见。西洋议会少数服从多数之规,吾先哲似不尽赞同,兄已见及此,然先哲未尝不徵取多数意见。孟子盖《公羊》、《春秋》家也,其言国人皆曰贤未可也,见贤焉,然后用此即明政长,必遍征人民公意,而仍不以众议为足,必本其所自觉者裁决之,始付诸实施。孟子虽就用贤一事为言,推之百政,殆莫不然。"[①] 熊十力举此例想申诉的是,儒家治道之本在"仁","仁"之用便是"礼","礼"是"仁"之发用流行,因此,"礼"所表现意义应是公正。政法是辅助礼的,而《春秋》和《周官》法制的根本观念或主张,都是人民公意公选行政长官,这就是公正的表现。孟子是《公羊》《春秋》思想的主张者,重视公意,征求人民的意见,但也尊重"政长"的裁决作用。因此,熊十力不赞同某些人认为"中国只有民有、民享诸义,而所谓民治,即人民议政或直接参政等法治与机构,中国古籍中似无有"的观点。"理"的公正性,也表现在"制礼"上,"制礼"的第一义是在涵养灵性,因而它必须是推扬

---

① 《熊十力论文书札·与梁漱溟》,《熊十力全集》第八卷,第 655~656 页。

公正。他说:"夫制礼当由群众公意,盖今后必然之势也,而孔子礼教之第一义,在涵养灵性。"① 具体而言便是,孔子破除阶级,倡导民主,并非没有根据,而是因为孔子"见夫古代社会有三层统治阶级存在,以少数人控制与剥削天下最大多数人。此为理之所不许可,势将必至于穷。一般人皆习焉不察"。② 可见,熊十力通过"理"之流行为公正无私义而为民主政治开辟方向。

3. "理"之流行显权宜,满足自我调整要求

"理"具有创生力,而创造生命的过程会遭遇各种困境,因此,"创生"的本能与愿望便规定"理"必然表现出一种机动性、灵活性,即"理"在创生过程中,必然会对那些不利于创生的因素进行消除,而消除的行为和措施有时并不能按常道进行,需要灵活、机动地把握,此即为权宜之"理"。熊十力说:"夫本体之理,其在人,而发现于日用云为之际也,只是随其所应,恰到好处。《中庸》所云'中节'是也。岂有一定规范? 理岂死物耶? 如以孝言,父母小杖则受,大杖则走。恐伤重,使父母后悔,且受恶名。此乃天理自然中节处。……又如以节义论。夫妇既以义合,不忍以存没异心,此乃天理也。其或迫于生事而再嫁,终不能道此是理之至正。然宁再嫁,而不至更陷于污贱之行。则他人对之,犹哀矜而不忍非难。此在他人,亦是天理合如此不苛责也。程子令其侄妇再嫁,何曾持天理以桎梏人耶? 戴震本不识程、朱所谓理,而以私见横议,吾于此不及深论。"③ 熊十力认为,"理"发用于日用云为之际,只是恰到好处,就如《中庸》讲的"中节",没有绝对如此,只有适宜即如此,这样才可应对变化莫测的情形。具体而言,比如,孝敬父母,一切以父母为考量,受父母拷打可以,但若父母下手太狠,就可以逃跑。为什么? 因为如果打成残废,使父母伤心,这也是"不孝"。再如,女子守节,一般情况下,女子不能因为丈夫的在与不在而变心,这是天理。但是,生活中如果某人迫于生计再嫁,虽然不能说这是"理"之至正,但也不至于陷于污贱行为,人们都会怜悯她而不忍非难她,这也是"天理"合如此而不苛责。而程颐令其侄女再嫁,可见他并不主张以天理杀人,正是体现了"理"的权宜

① 《原儒》,《熊十力全集》第六卷,第658页。
② 《原儒》,《熊十力全集》第六卷,第477页。
③ 《读经示要》,《熊十力全集》第三卷,第576页。

性、机动性。且这种权宜性、机动性以人的生命为考量，正反映了"理"的人文精神："理"非冥顽之物，而是活物，充满生机、活力和灵性，是生命的源泉。"理"是以生生为考量的，如果不是如此，那就不是真正的"理"。在儒家思想中，"权宜"表现为一个"义"字，而"义"乃"仁"之用。熊十力说："云何义是用？义者，人之权也，故说义是仁之用。仁体本备万德。……夫仁者，广爱万物，而无所不容，已如前说。然复应知，以广爱之道，而涉事变，其弊将多。如善人受害而不校，人称其贤，然枉法纵恶，究于社会不利。佛氏冤亲平等，出世法如是，以之治世，要不可行。至于资产阶级剥削劳苦大众，帝国主义侵略弱小，仁道广爱至此等处，将复如何？圣人虑广爱不可以济变也，由是以义与仁并言。仁道乃非执一而不可通其变。夫仁之行于事变也，必将权其得失与轻重之数，而慎处之，权施。将与广爱反，卒也不违于仁，所以说义为仁之用者以此。仁道在广爱固也，仁而无权，则不成其仁。如天下最大多数人被侵削于最少数人，倘执广爱之道而主不争，则将为人类长留一大祸根，将求仁而卒于陷于大不仁。"[1] 爱人是"常道"（理），但这个"常道"不是没有原则的，不是没有条件的。"常道"是指它无私，对任何人都一视同仁，但是不是所有人都能得到同样的待遇，还得看他自己的表现。而"义"字就是将"仁爱"去公平地落实，轻重、厚薄、有无都根据具体情况而定。事实上，这个观念在孔子那里早就有了，孔子说："君子之于天下也，无適也，无莫也，义之与比。"（《论语·里仁》）君子行于天下，没有固定的、僵死的标准，怎么合适就怎么做。这反映了孔子"权"的观念。因此，熊十力以"理"之发用流行为权宜的、应变的，是符合儒家思想基本精神的。

可见，熊十力对"理"的诠释具有明确的价值指向，这就是他晚年仍然念念不忘的科学与民主："今衰矣，惟念欲明孔子之外王学者，须注意二端：不明孔子注重格物之精神即无从研究其外王学，此一端也；仁义之蕴，礼乐之原，是乃万物之所以统一，而复其本来无对之体，人极于以立，此又一端也。"[2] 而熊十力对"理"诠释所表达的这种诉求，是对"理"之"随物各当义"具体而富有成效之落实。

---

① 《原儒》，《熊十力全集》第六卷，第 497 页。
② 《原儒》，《熊十力全集》第六卷，第 547 页。

意义的延伸

无疑，熊十力通过对"理"的诠释，不仅建造起新的"理"本体论体系，而且赋予此本体论以新的内涵。正是此"新内涵"暗示了诸多可以引申的话题，而这些话题的考察与呈现，或可使我们更全面地了解、把握熊氏论"理"之面目。

1. 与宋明儒言"理"之异

熊十力所论"理"，自是与传统儒学特别是宋明新儒学之"理"存有关联，这就诱使我们去了解熊氏所论"理"与宋明儒所论"理"之差异。根据上述讨论，熊氏所论"理"与宋明儒所论"理"有如下差异：第一，"理、气决是二物"与"气乃理发用流行的势用"。在朱熹这里，"理"虽然是未有天地之先便存在的本体，但这个"理"与"气"却是两个物。朱熹说："理与气，此决是二物。但在物上看，则二物浑沦，不可分开各在一处，然不害二物之各为一物也。若在理上看，则虽未有物而已有物之理，然亦但有其理而已，未尝实有是物也。"① 按照朱熹的意思，单就"物"上看，"理""气"各为一物；而单就"理"上看，未曾有物。可是在熊十力看来，无论从"理"还是从"物"上看，世上除了"理"之外，没有任何别的东西，包括"气"。他说："宋儒说理不离乎气，亦不杂乎气，是直以理气为两物，但以不离不杂，明其关系耳。此说已甚误。"② 不离"气"言"理"，就是视"理""气"为二物，这是熊十力所不能认同的。他说："余以为理者，斥体立名，体者，本体，至真至实。理之流行，斯名为用，亦可云气。气者，非形气或空气等气字，乃即流行的势用，而形容之以气也。此气字，即谓有势用现起，而非固定的物事也。故气者，理之显现。而理者，气之本体也。焉得判之为二乎。"③ 就是说，"理"是本体，"气"是"理"发用流行的势用，不是独立、固定的物事，因而不能与"理"并立为二。第二，"理生万物气为具"与"理生万物无需挂搭

---

① 《答刘叔文》，《晦庵先生朱文公文集》卷四六，《朱子全书》（二十二），上海古籍出版社，安徽教育出版社，2002，第2146页。
② 《新唯识论》（语体文本），《熊十力全集》第三卷，第367页。
③ 《新唯识论》（语体文本），《熊十力全集》第三卷，第367页。

处"。在朱熹那里，对于万物的化生，"理"与"气"有不同的分工。他说："天地之间，有理有气。理也者，形而上之道也，生物之本也。气也者，形而下之器也，生物之具也。是以人物之生，必禀此理然后有性，必禀此气而后有形。"① 即言"理"是生物的根本，"气"是生物的材料，"理"决定所生物的性，"气"决定所生物的形。因而在朱熹这里，生物并非"理"所能单独完成的，"气"有它独特的作用。但熊十力不能认同"气"在生物中的作用，他说："理之现为相，不待别立材质而与之合。如果把理说为一种空洞的形式或法式，则必需于理之外，更建立一种气为材质，而理乃与之搭合以成物。如此，似未免戏论。宋儒言理气，已有未尽善处。后人遂有以气为材质，而理别为法式，遂成种种支离之论。"② 就是说，"理"生万物是自生，无需挂搭在"气"上，根本不需要别的材质帮忙。第三，"物即理""心即理"与"心、物乃理之发用流行"。熊十力认为，朱熹言"物即理"，阳明言"心即理"，都是一偏。他说："朱子说理在物。阳明说心在理。二者若不可融通。其实，心物同体，本无分于内外，但自其发现而言，则一体而势用有异，物似外现。而为所知，心若内在，而为能知。能所皆假立之名，实非截然二物。心固即理，而物亦理之显也。谓物无理乎，则吾心之理，何可应合于物？如孝之理，虽在吾心，而冬温夏清之宜，与所以承欢之道，非全无所征于其亲，而纯任己意孤行也。谓理非即心乎？则心与理不可判为二也，固甚明。心之义为了别，了别即有条理之义。以心之条理，控御乎物，能符应物之条理而不谬者，则以心物本非截然异体故也。隐诸心，显诸物，完全为一理世界，何在而非此理耶？吾以为理之一问题，阳明见地较朱子为深，而惜其不免遗物。"③ 这样，合"理学"与"心学"而超越"理学"与"心学"，"理"是"心""物"的体，"心""物"乃"理"之发用流行。"心即理"是说"心"先天具有认知能力，如果"心"不是"理"，就无法认识物之"理"；"物即理"是说"理"与"物"同一，"理"在"心"中，即"心"有某种观念，而这个观念（"理"）仍然需要表现或落实到事物上。可见，在熊十力这里，"理"是贯通心、物的桥梁，这在宋明儒是不见的。

---

① 《答黄道夫》，《晦庵先生朱文公文集》卷五八，第 2755 页。
② 《新唯识论》（语体文本），《熊十力全集》第三卷，第 365 页。
③ 《读经示要》，《熊十力全集》第三卷，第 667 页。

第四，"理乃气之条理"与"气乃理之发用流行"。王夫之认为，"气本理末"，"理"是附在气上的条理。但熊十力以为是谬论。他说："明儒则或以气为实在的物事，而以理为气之条理，则理且无实，益成谬论。"① 王船山正是完全认定"理"乃气之后生者——"天下唯器而已矣。道者，器之道也。无其道则无其器，人皆能言之。虽然，苟有其器矣，岂患无道哉？无其器则无其道，人鲜能言之。而固其诚然者也。"（《周易外传》卷五）熊十力则说："船山所谓道，相当吾所谓理；船山所谓器，相当吾所谓相。由船山之说，则理体非固有，非大备，非圆满无亏之全体。直须有如是相，而后有如是理。相方未现，即固无此理也。然则用固无体，凭空突起乎？……夫用则屡迁，而理唯法尔完具。"② "理"非固有，非大备，非圆满之全体，而是先有相（气）后有体，那么，"气"没有体，它从哪里产生呢？熊十力认为，船山之所以有这样的错误观点，就在于他执"相"为实有，而"相"不过是"理"的发用流行而已。他说："欲所谓现实界，则依用相或气，而妄执为实物有。实物有者，吾人因实际生活，而执有一切实在的东西。遂不悟用相之神变不居，而只计有实物。故云实物有。此则纯为情见所执耳。其实，非离用相或气而别有如是现实界也。"③ 对熊十力而言，"理"与"气"不是二，而是一。这个"一"就是"理"为本，"气"为用。所谓"现实界"不过是"气"的神变而已，所以无须执着。可见，熊十力哲学观念中，真实的存在只有"理"，有了"理"便有一切，"理"是万物的根源。

2. 对诸种异议的批评

熊十力对"理"展开诠释的同时，即是对那些错误地理解"理"观念的批评和否定，它是一种自然的、内在的逻辑演绎。熊氏所批评的错误观念，主要有这四种：第一，不能以共相言"理"。所谓"以共相言理"，就是视"理"为形式，为空洞。熊十力指出："说共相为理者，只以理为空洞的形式，如方等，则理便属假法，何得为一切物之实体。此其不得不相简别也。"④ 为什么不能以"共相"言"理"呢？在熊十力看来，如果作

① 《新唯识论》（语体文本），《熊十力全集》第三卷，第367页。
② 《新唯识论》（语体文本），《熊十力全集》第三卷，第363页。
③ 《新唯识论》（语体文本），《熊十力全集》第三卷，第367页。
④ 《新唯识论》（语体文本），《熊十力全集》第三卷，第365页。

为本体的"理"被视为共相、形式，就意味着"理"是"空法""假法"。而"理"是"空法""假法"的话，就意味着"有生于无"，而这是不可能的。另外，本体之"理"如果是空洞的，就意味着它离开特殊具体事物自存于"真际界"，从而使"真际界"与现实界之间划出一道鸿沟，二者无法融会，不能成为一切物的实体；因此，"理"如要成为特殊事物根据，就不能是共相、形式。第二，不能以好恶言"理"。所谓"以好恶言理"，就是从好恶上认取天理。熊十力说："今乃不肯反求此知（良知），而但欲于好恶上认取天理，则其好恶之发于不正不善者，将不复反诸独知之地，而悍然自欺以为天理。"① 然而，熊十力所论"理"是本善、至足的，这个本善、至足的"理"与"情"的关系，是"体""用"关系，是未发、已发关系。虽然"体用一源"，但已发之"情"会有性质不同的表现，即或"善"或"恶"。而只有表现为"善"时，才是与"理"一体的。熊十力说："吾人自省，好恶得其正时，即是本心呈露。好恶失其正时，却是私情私欲所致的意气用事，而其本心早放失也。本心发用，无有私好，无有私恶，此时之心，应事接物，无往不是天理流行。"② 就是说，如果"好恶"失其正，便是私情私欲或意见用事，这已是本心的丧失，怎么可能与至善的"理"同语呢？因此，如果是从好恶上认取"理"，则必导致是非不分、善恶不辨，在实践上怂恿人胡作非为。第三，不能以冥顽言"理"。所谓"以冥顽言理"，就是将"理"视为无生命气息、无活力、僵死的概念。熊十力认为，"理"不是冥顽、僵化的物，不是没有条理和轨范的呆板的物事，而是生命的种子，是生机的，活泼的。它的发用流行，孕育着发芽、生叶、长枝、开花、结果的必然，并相应地呈现出条理和规范；它的发用流行，也是"无适无莫"的，是灵活的、随机应变的，比如，"孝"要求听从父母之命，但如果因为听从父母之命，反让父母伤心，那也不是"孝"。因此，熊十力强调不能以冥顽言"理"，不能将"理"视为呆板的、僵死的物时事。第四，不能以差等言"理"。所谓"以差等言理"，就是将"理"视为有等级的、有尊卑的，熊十力指出，如果将儒家的"爱之理"理解为"由近及远、由亲及疏"，就是以差等的意义解释"理"，这

① 《论事物之理与天理答徐复观》，《熊十力全集》第八卷，第355页。
② 《论事物之理与天理答徐复观》，《熊十力全集》第八卷，第353页。

是错误的。为什么？"理"字虽然有条理的意思，"差等"也有条理的意思，但"理"的条理与"差等"的条理是根本不同的，因为"理"是真实的东西。这个真实的"理"即使表现为条理，其内容和性质都不会有任何变化。就是说，"理"之发用流行，是随物而宜的，如发之父母则为孝，发之国家则为忠，发之于兄弟则为悌，并无差等之意；另外，因为"理"是真实的，因而它的发用是没有厚薄亲疏的，比如"理"之发用表现为"爱"，那么，这个"爱"并无厚薄亲疏之分，如果是差等之意，那它就不是大公之"理"，而是私情私欲了。

3. 熊十力释"理"之意蕴

熊十力对于"理"的解释，不仅表现出与宋儒的差异，对诸种错误观念的批评，而且表现出了可贵的学术精神和深远的学术意义。

第一，努力于传统哲学积极元素的开掘与发扬。对于学术研究主体而言，在研究实践中努力于传统思想文化中积极内容和精神的开掘与弘扬是根本使命，熊十力对于"理"的诠释充分表现出了这个特点。首先，将传统中本有的积极元素发掘出来。熊十力对"理"的诠释，将"理"之真实义、实有意义、公正义、创生义、权宜义等发掘出来并进行论述，使这些积极性元素得以彰显，得以传承和弘扬。其次，通过对"理"的解释，将西方哲学中积极元素融释进来。在诠释"理"的过程中，熊十力对西方哲学思想表现出开放欢迎的态度。比如，他通过对"理"的公正义的诠释，将民主政治引入其中，通过对"理"与物关系的诠释，将知识论、科学引入其中，从而改变"理"的意涵结构，富有新意和时代气息。再次，清除传统哲学中的消极因素。传统哲学中毫无疑问存在消极性因素，表现在对"理"的理解上，熊十力认为将"理"理解为"气"之条理、以好恶作为判断"理"的依据等观念都是错误的，通过对"理"的诠释，他都给予了批评和否定。所以，熊十力诠释"理"的过程，也是"理"之含义完善的过程。最后，将中国传统哲学往积极、健康的方向提升。熊十力学术历经了由佛转儒而皈依圣人之学的过程，但他对圣人之学并不是故步自封的心态，他站在新的时代高点，省视周遭变幻，通过自己的心智创造，努力于中国传统哲学的提升。他对"理"的诠释和赋义，就是这种方向的具体实践。

第二，接受新哲学影响并进行调整，开出新的传统。熊十力关于

"理"的诠释，对新的哲学影响做了积极的响应，具体表现就是对"理"的意涵进行调整和充实，开出新的传统。首先，"物""心"一统于"理"。通过对"理"的解释，熊十力构建起不同于传统的本体论。具体来说就是，对宋明儒的心本、气本、理本进行综合而为"理"本，但此"理"本又不同于朱子的"理"本，它出于朱子而高于朱子，比朱子的"理"本体更完善，具体而言就是为开出科学与民主提供了可能性。其次，"理"是原则与权宜的统一。在宋明儒那里，"理"是最高原则，是绝对的、不变的；但在熊十力这里，"理"既是原则的，又是可变的。一方面，"理"作为原则，必须遵守，维护"理"的尊严性、至上性、绝对性、必然性；但另一方面，"理"又是灵性的，可变的，从而为开辟新的思想路向提供了理论解释的根据。再次，"理"是超越与实有的统一。在宋儒那里，"理"是原则、法则、形式，也是实有的；但熊十力将实有性明确下来，阻止某些学者从形式、空洞的方面理解"理"的企图，以真实、实有确定"理"的精神。换言之，儒学本是实学，是经世致用之学，但一方面因为哲学品质的要求而使人们误认哲学为纯粹抽象，另一方面确实存在将"理"朝形式方向解释的动向。因此，熊十力对于"理"之实有精神的强调，是对儒学根本精神方向的现代坚持。可见，通过对熊十力诠释"理"实践的考察，可以清晰地寻找到熊十力调整中国传统哲学，从而开出新统的努力与思路。正如熊十力说："如唯心一元之论，则物质是精神之变现，而物质实无矣。如唯物一元之论，则精神是物质之作用，如旧说思想是脑的作用，而心灵实无矣。余以为二宗各执一端，同成无体之论。所以者何？唯心宗将心说成宇宙本体，唯物宗将物说成宇宙本体，殊不知心、物以相对立名，无物则心之名不立，无心则物之名亦不立。心、物乃是本体变动而成功用。"[①]

第三，继承"理"的基本精神，将"理"观念发挥到极致。陈荣捷先生曾说，朱熹将"仁"观念发挥到极致，我这里说熊十力将"理"观念发挥到极致。为什么这样说呢？首先，"理"的基本特性被开掘、彰显、释放出来。熊十力认为，"理"是真实的、实有的，是完满的、至足的，是创生的。这些特性应该说是内在于"理"的，但只有熊十力将这些特性鲜

---

① 《明心篇》，《熊十力全集》第七卷，第161页。

明地、完整地揭示出来，而且对何以有这些特性进行了充分论证与说明，从而使"理"的根本内涵得以让读者了解。其次，"理"的"用性"也被精彩地阐发和引申，就是说，熊十力根据儒学的基本义理和价值，对"理"进行了开放性诠释，"理"具有公正、平等义，"理"具有知识科学义，具有权宜变通义，从而使"理"动态性、开放性、灵活性得以显豁，这是传统哲学中的"理"所不具备的。再次，"理"之为本体，心物贯通。不像朱子"物即理"，"理"滞碍于物；也不像阳明"心即理"，"理"幻影于心。熊十力彻底将心、物贯通，而贯通者是"理"，心、物不过是"理"之发用流行。如此，在"心"而言，"理"是先天本有的原则；在"物"而言，"理"是可竭认知的对象。这就使"理"可上可下、可内可外，圆融通透。最后，由"理"之开启，可融入科学与民主。但熊十力对此放心不下，感觉科学与民主需要"道心"的规范与监督，因此，熊十力对"理"所做出的规定，概由"理"出，从而坚持了儒学内外王的基本路径与根本精神。

总之，熊十力对"理"的诠释，不仅反映了他对儒学的忠诚与虔诚，也反映了他对儒学的希望和理想。在坚持儒学根本精神的前提下，他热情、开放且理性地接受了新的哲学理论、哲学观念，对"理"展开了积极的诠释。他通过对"理"、"气"（物）、"心"三者关系的重新解释，化解了心学、理学的困境，从而为知识论、科学开出路径。他认为"理"就是"礼"，"礼"以养人润物为目的，落实公正、平等之价值，从而为民主政治开辟道路。他以"权宜"释"理"，"理"之发用流行而创生万物的过程，也是随物而宜的过程，从而为"理"价值的准确落实，也为"理"容受新的思想元素提供了理论基础。这些作为使熊十力诠释"理"的实践表现出宽阔的开放精神、恢宏的生命气象。然而，熊十力对"理"诠释过程中所做的这些改造，都是在坚持儒学基本精神下实现的。就是说，所谓"心"，所谓"物"，都是"理"之发用流行，它们由"理"而出，自然也受制于"理"。因此，熊十力对于"理"的诠释，既反映了儒者发展、弘扬儒学实践的固有特色，又真实地反映了20世纪儒学传承与开新的复杂情形。

《中山大学学报》2011年第2期；人大复印资料《中国哲学》2011年第6期

二十一　儒学传道的四种方式

考之儒学发展史，儒学传道的方式大致可分为四个类型，即：以身传道、以文传道、以事传道、以心传道。这四种传道方式，对于儒学的传承和发展产生过极为重要的作用。更值得关注的是，这四种传道方式的内在意蕴对于当今投身于发展、弘扬儒家思想的人们而言，具有非常现实的启示意义。

以身传道

所谓"以身传道"，就是身体力行传道。"身"有行为、身体、生命的含义。根据儒家的主张，离开了人的"道"就不能算是"道"，所谓"道不远人，人之为道而远人，不可以为道"（《中庸十三章》）。既然"道"离不开人，也就意味着没有"身体"就不可传"道"。没有疑问，孔子、孟子都是"以身传道"的实践者。孔子周游列国，栖栖惶惶，明知不可而为之，为的就是传承尧舜之道，传播德政思想；孟子不辞辛苦，舌战群贤，巧说诸国王，为的就是推行"仁政"。孔子、孟子都是身体力行的传道者。明代大儒颜钧，不仅在任何场合（厨房、小巷、监狱等）、任何时间（白天、黑夜、冷天、热天、雪天、雨天）都宣讲圣人之道，而且传道的对象遍及所有人（上至皇帝、大臣，下至盐夫、车夫）。颜钧无疑也是以身传道的典型代表。在儒学史上，儒者的言行举止是极具效果的传道方式。比如，学生詹阜民向陆九渊请教什么是"礼"，九渊要求他先谈谈对"礼"的认识。詹阜民不假思索地不回答说："礼，是人安排的。"九渊合上眼睛不说话。詹阜民只得退身回到住处。几天后，詹阜民又来到九渊身边陪坐，再问九渊什么是"礼"。坐了好几个时辰，九渊仍然默不作声。

突然间，九渊起身往外走去，詹阜民反应过来后随即起身，紧随其后，并要搀扶九渊，此时九渊冲着詹阜民神秘一笑，问道："还用安排否？"詹阜民顿时恍然有悟：原来人人心中本有"礼"！可以说，这种以行为传道的方式在儒学史上是屡见不鲜的。儒者崇尚道义，如果成就道义必须以生命的牺牲为代价，那也是毫不犹豫的。正如孟子所说，生命肯定是人所喜好珍爱的，但如果有比生命更值得喜好珍爱的东西，生命是可以放弃的，这就是所谓"舍生取义"，这就是所谓"杀身成仁"。在儒学史上，这样的大儒并不少见。比如忍辱负重的司马迁，为了道义，敢于挑战威权，置生命于不顾；再如冲决网罗的谭嗣同，同样是为了道义，血溅菜市口。这都是以生命传道的典范。

综上观之，"以身传道"可分为三种具体的方式：一是以实践推行道，二是以言行传播道，三是以生命成就道。没有疑问，这三种具体的传承方式对于儒家思想的传承与发展产生过重大而积极的作用；但更为重要的是，这三种具体方式对于当今传道者的启示意义。首先，"以身传道"，就是要要身体力行，不能讲空话，也不能光说不做。而在当今的传道群体中，有些人就是光说不做的，不仅光说不做，甚至做与儒学价值相悖的事情，讲起儒学来口若悬河，满嘴道德仁义，但在他的生活中却不见儒学"道"的影子。其次，"以身传道"，就是要注意自己的言行方式，因为任何言行都具有示范作用，直接影响到他人，所谓"身正则人正"。而在当今的传道群体中，有些人对自己的言行毫无顾忌，肆意放纵，与儒学主张的道德规范背道而驰，这对于传道显然是毫无益处的。再次，"以身传道"，就是亲自将"道"传播给广大民众。从精英阶层到普通百姓，都是传道的对象，不能有身份、性别、学科的偏见。但在当今传道的群体中，某些人似乎先天存在等级心理，对接受"道"的人设定各种限制，这显然有悖孔子"有教无类"的主张，并必然妨碍儒家之道的普及。最后，"以身传道"，就是要以生命成就"道"。就是说，当你必须在生命与"道"之间做出选择时，要勇于担当、勇于牺牲，用自己的生命成就你追求的"道"。而在当今的传道群体中，某些人只是将传道当作谋取名利的手段，因而在生命与"道"之间只会选择生命，致使"道"的传承与尊严遭受严重挑战。因此，以生命成就"道"是以身传道的最高境界。概言之，以传儒家之道，或以传中国传统思想文化为使命的人们，不应忘记儒家"以身传道"的本质意蕴。

以文传道

所谓"以文传道",就是以文章典籍传道。"文"包括典籍、对典籍的注解诠释、创造的新文本等。首先,儒家的经典如"四书"(《论语》、《孟子》、《大学》、《中庸》)、"五经"(《诗经》、《尚书》、《礼记》、《周易》、《春秋》),都是儒学传道的基本载体,这些经典的代代传承,就是儒家"道"的传承,即韩愈所谓"其文也,诗、书、易、春秋"(《原道》),亦如朱熹所谓:"吾道之所寄不越乎言语文字之间,而异端之说日新月盛。……然而尚幸此书不泯,故程夫子兄弟者出,得有所考,以续夫千载不传之绪,得有所据,以斥夫二家似是之非。盖子思之功于是为大,而微程夫子,则亦莫能因其语而得其心也。"(《中庸章句序》)正因为经典中含有"道",所以叶适认为要"以学致道",即主张透过典籍的学习求致圣人之道,使圣人之道明白于世。程颢正是通过注释阐明儒家之道的,他的弟弟程颐说:"先生生千四百年之后,得不传之学于遗经,志将以斯觉斯民。……乡人士大夫相与议曰:道之不明也久矣。先生出,倡圣学以示人,辨异端,辟邪说,开历古之沉迷,圣人之道得先生而后明,为功大矣。"(《明道先生墓表》)所谓"得不传之学于遗经",所谓"圣人之道得先生而后明",说明程颢既是以文传道,也是以注释明道。朱熹通过注"四书"、释"五经",一方面使儒家之道更清晰地显示出来,另一方面提出了一系列新的观念、学说,使儒家之道得到了新的传承,成为"理学"。王阳明同样是通过对儒家经书的解释,使儒家之道更清晰地呈现出来,并提出了"知行合一""致良知"等新的学说,成为"心学"。可见,注解、诠释的确是儒者传道的基本方式。正如程颐所说:"经所以载道也,诵其言辞,解其训诂而不及道,乃无用之糟粕耳。"(《河南程氏外书·与方元案手帖》)以文发展"道",是以文传道的最高方式。其实,孔子对周公、孟子对孔子、宋儒对先秦儒、现代新儒家对宋明儒,无不是如此。比如,孟子通过撰写文章,与人辩论,发挥孔子思想,提出了"性善论"和"仁政"理念,就属于以文发展道。荀子通过对孔子思想的理解和发挥,提出"性恶论"和"隆礼重法"思想,也属于以文发展道。周敦颐写有

《通书》，吸取佛教、道家思想元素，将其融入儒家思想之中，使儒家思想得到丰富和发展。王阳明写有《传习录》《大学问》，对儒家思想进行了创造性发展。所有这些，都是通过撰写文章实现了对儒学的传承和发展。

综上观之，"以文传道"表现为三种具体的方式：一是阅读、编撰典籍文献传承儒家之道，二是注释阐明典籍文献之道，三撰写文章宣传、弘扬儒家之道。没有疑问，这三种方式对于儒家思想的传承和发展都产生过积极作用，但更为重要的是，对当今从事儒学或中国传统思想文化传承工作的人而言，有着切实的启示意义。首先，"以文传道"就是要认真阅读典籍文献，读懂并把握儒学精神，对儒家经籍进行选择、编撰；但某些人只是为了谋取名利，对儒家经典进行违背儒学精神的编撰。正如陆九渊在《白鹿洞讲义》中所批评的，有些人读经典只是为科举考试，只是为获得功名，只是为荣华富贵，至于经典中的道义根本就不在他心中，自然不能指望这种人读懂儒学精神并编撰好儒学经籍，也不能指望这种人"以文传道"。其次，"以文传道"就是要通过注释阐明典籍中的圣人之道，将儒学的真精神显示于世，同情而客观的态度是基本原则；但在当今传道的群体中，并不是所有人都是努力、认真，并客观地阐明儒学精神的，有些人甚至将儒家经典的意义做歪曲的解释，这显然是违背儒学"以文传道"精神的。最后，"以文传道"，就是通过研究儒家经书，根据社会历史情境，表达自己丰富、发展儒学的主张。然而，有些人做文章不是为了传道，不是为了发展道，只是为了某种目的，因而拍马屁、说违心话，取悦权势与庸俗，对儒家思想进行毫无根据地贬抑和否定，肯定是不能指望这种人传道的。因此，儒家"以文传道"，并不是简单地编撰经典、阅读经书、解释意义、作文创造，而是要将儒家"以文传道"的精神握住，并贯注于传道实践中，这样才能真正传承儒学之道，光大儒学之道。

以事传道

所谓"以事传道"，就是以完成事功传道。"事"指人从事的一切事业行为，这里主要包括经济事业、政治事业。儒家提倡"立功"，"功"就是功业，《易》叫"大业"，孔子叫"德政"，孟子叫"仁政"。孔子以前的圣人，都提倡以事传道。韩愈曾区分传道的两种形式，一是周公以前，以事行；二是周公以下，以说长。后来，这种说法似乎得到了默认。比如，张载就认为，圣贤中有"作者"和"述者"，"作者"七人，即伏羲、神农、黄帝、尧、舜、禹、汤，而文王以下都是"述者"。可见，"作者"都是以事功表现"道"的传承。儒学有外王的追求，所谓"齐治平"都是事功，外王的实现当然是儒家"道"的实现。虽然孔子以后的儒者更多的是传述圣人之学，但也有相当的儒者在经济、政治两方面努力于儒家外王的实践。比如，范仲淹领导的"庆历革新"，推动了北宋社会政治改革运动，而对军事制度和战略措施的改善，使西线边防稳固了相当长的时期。再如，王安石推动的"熙宁变法"，涉及政治机构、农田水利、交通运输、耕种税务、市场交易、军事建设、科举考试等方面，并取得很大成效。而朱熹在浙东时期的粮仓建设，陆九渊在荆门时期的综合治理，也都是儒学事功的表现。陈亮、叶适在哲学上主张"理在事中"，无事则无道，有事则有道，因而奉行"以事传道"。陈亮说："夫道之在天下，何物非道？千途万辙，因事作则。"（《与应仲实》，《陈亮集》卷一九）认为"道"不可能离开事物而孤立存在，而是常行于事物之间的。因此，汉高祖、唐太宗的功业就是"道"的传承，而不是相反。他说："高祖、大宗及皇家太祖，盖天地赖以常运不息，人仁赖以接续而不坠，而谓道之存亡非人所能预，则过矣。……道非赖人以存，则释氏所谓千劫万劫者，是真有之矣。"（《又一已春书之一》，《陈亮集》卷二八）叶适也主张"无事则无道"："物之所在，道则在焉，物有止，道无止也。非知道者不能该物，非知物者不能至道。道虽广大，理备事足，而终归之于物，不使散流，此圣贤经世之业，非习为文词者所能知也。"（《习学记言序目》卷四七）就是说，"道"不在形外，而是实实在在地存于日常生活、实际事物之中，它最突出的展现便是"圣贤经世之业"。

综上观之，"以事传道"主要表现为两种形式，即经济事业和政治事业。但"以事传道"并非完全以"事"为据，这个"事"究竟能不能传道，还要考察"事"的性质，这也就是为什么发生朱熹与陈亮争论的原因。"以事传道"对于儒学的传承毫无疑问具有重大意义，但对于今天的儒学传道者而言，似乎有着更为切实的启示意义。这是因为：所谓"以事传道"，就是要在做事动机上与道相符，依道心做事。但在当今的儒学传承群体中，有些人做事动机不纯，他的经济行为、政治行为都不是为了落实儒学根本精神，而是出于私利的考虑，当然不能奢望这种人传承儒家之道。"以事传道"，就是要在做事手段上与道相符，依道心而行。但在当今的儒学传承群体中，有些人做事是不择手段，只要达到目的，什么手段都不顾忌，如此只会玷污儒家之道。"以事传道"，就是要在做事结果上与道相符，依道心而为。但在当今的儒学传承群体中，有些人做事不是为人民大众谋利，而是图个人的名利，儒家之道自然也不能指望这种人传承。因此，儒学"以事传道"，自然强调事业的重要性，没有事业根本就不叫儒学。所以，作为儒者应该积极投身、关注事业，因为事业的实现在很大程度上就是"道"的落实、彰显和传承。但儒家的事业，不是没有"义"的私利，不是没有道义的事业。富贵荣华没有人拒绝，但如果不是通过"道"获得，就不属于儒家的事业。因此，"以事传道"，一方面告诉我们，事业是儒传道的一种形式；但同时，事业之中必有"道"，否则就不叫儒学的事业。这对当今社会中的我们如何成就事业，仍然有着切实的启示意义。

以心传道

　　所谓"以心传道"，就是通过精神、思想、心灵感应、记忆等方式传递"道"。"心"有觉悟、知性、感应、善良诸义。在儒学史上，关于"以心传道"的论述非常之多。孟子说："舜生于诸冯，迁于负夏，卒于鸣条，东夷之人也。文王生于岐周，卒于毕郢，西夷之人也。地之相去也，千有余里；世之相后也，千有余岁。得志行乎中国，若合符节，先圣后圣，其揆一也。"（《孟子·离娄下》）按照孟子的意思，舜生于诸冯，属东夷人，文王生于岐周，属西夷人，虽然两个人的住地相距甚远，但都得志行于中国，可见不同时空的圣贤，会"人同此心，心同此理"，对于善心的感应是相同的。此即意味着"善心"是每个人先天具备的，即便是普通人亦如此，所谓"圣人先得我心之所同然"。由此可见，在孟子这里，"道"的传递，不一定靠身、文、事等有形质者，"心"也完全可以成为传承道的载体。王通也有这种观念，他认为儒家之"道"虽然时显时隐，但并不意味着"道"的丧失。他指出，"道"在天子处丧失了，诸侯有责任去修复；在诸侯处丧失了，大夫有责任去修复；在大夫处丧失了，士有责任去修复；在士处丧失了，庶人有责任去修复。可是怎样修复呢？他说："修之之道，从师无常，诲而不倦，穷而不滥，死而后已，得时则行，失时则蟠（伏），此先王之道所以续而不坠也。"（《中说·立命》）也就是说，"道"的存在状态是时隐时显的，但隐时并不就是丧失，因为可由"心"来传递。朱熹对于"以心传道"也是认同的。他说："所谓仁义者，又岂外乎此心哉？尧舜之所以为尧舜，以其尽此心之体而已。禹、汤、文、武、周公、孔子传之，以至于孟子，其间相望，有或数百年者，非得口传耳授密相付属也。特此心之体，隐乎百姓日用之间，贤者识其大，不贤者识其小，而体其全且尽，则为得传耳。"（《李公常语上》，《朱子公文集》卷七三）陆九渊认为，在孟子那里突然失传的圣人之道，到他手里又突然大放光明。他说："窃不自揆，区区之学，自谓孟子之后，至是而始一明也。"（《与路彦彬》）象山所说如果不是"以心传道"，那么他接孟子之传的论调就会遭到常识的质疑。可见，"以心传道"也是儒者们认同的一种传道方式。

综上观之，所谓"以心传道"大致可归纳为两种形式：其一是通过精神、心灵去感悟，去接应，人同此心，心同此理；其二是通过觉悟，先觉觉后觉，让聪明人去开发、启蒙愚拙之人。没有疑问，"以心传道"在儒学传承、发展史上产生过重要而独到的作用，但更值得关注的是其对当今传道者所具有的特别的警示意义。这是因为："以心传道"，就是要以纯美纯善之心去研究儒学、传播儒学，就是要对儒家之"道"有高度的自觉和责任意识，就是要对整个传"道"过程进行监督，注入美好之心、善良之心，使传道行为沿着正确的方向前行，使整个传道过程符合儒家思想的基本精神。然而，在当今的传道群体中，有些人扛的是传儒学之道的大旗，图谋的却是个人私利，名为传承儒学、发展儒学，实为暗度陈仓，唯行一己之私，"心"已不纯，奈何"以心传道"？"以心传道"是儒家传道方式的核心部分、精髓部分，因此，不是以"心"传道，所传不管是什么东西，都没有资格进入儒家思想范畴。

总之，"以身传道"就是用身体、行为、生命传道；"以文传道"，就是以编撰经典、注释经典、著述文章传道；"以事传道"，就是以事业、事功传道；"以心传道"就是以觉悟之心、感应之心、道德之心传道。它们分别是儒学传道的不同方式。尽管在儒者内部对它们的作用、性质存在争论，但这四种传道方式在儒学发展史上是客观存在的。就历史而言，这四种方式分别对儒家思想的传播、传承、发展做出了独特而积极的贡献；就现实而言，这四种方式所内含的特殊意义和价值，使传道不单单表现为工具、技术上的行为，而是具有价值、意义上的行为，从而对于当今从事儒学研究、从事儒学宣传的人们具有切实的启示意义。

《福建论坛》2011 年第 3 期

二十二　方东美生态思想及其意蕴

　　方东美（1899～1977），安徽省桐城人，现代新儒学代表人物。方东美思想的根本特质就是生命性、生机性、生态性，这种观念贯注于方东美思想的所有领域。本文拟从方东美生态地理解中国传统哲学的角度，对其生态思想及其特质加以考察，并探讨其内在意蕴。

对哲学范畴的生态理解

　　由何种角度理解中国传统哲学范畴、概念，虽然是主体的诠释权力与自由问题，但采取什么方法理解中国传统哲学范畴、概念，的确存在相契与否的问题，从而影响到能否准确把握中国传统哲学范畴、概念之意涵的问题。那么，方东美对中国传统哲学范畴、概念的理解所采取的是一种什么样的方法呢？

　　"宇宙"是中国传统哲学中一个常见的范畴，儒、墨、道、名等学派都曾对此有不同方式的表述和应用。可是，这个"宇宙"究竟是怎样的含义呢？方东美给出了这样的定义："中国先哲所观照的宇宙不是物质的机械系统，而是一个大生机。"① 为什么说"宇宙"是个"大生机"？方东美有其独到的解释。首先，"宇宙"是所有存在的"统一场"。方东美认为，中国哲学中的"宇宙"与西方哲学中的"宇宙"完全不同，中国哲学中的"宇宙"是所有存在的"统一场"。他说："'宇宙'，在中文里原是指'空间'和'时间'，上下四方的三度空间叫做'宇'，古往今来的一系变化叫做'宙'，宇和宙一起讲，就表示时空系统的原始统会，'宇宙'两字中

---

　　① 《中国人生哲学》，台湾黎明文化事业股份有限公司，2005，第86页。

间如果没有连号，就是代表一个整合的系统，只在后来分而论之的时候才称空间和时间，……在中国哲学家看来，宇宙正是所有存在的统一场。"①就是说，之所以判定中国哲学中的"宇宙"为"大生机"，是因为这个"宇宙"是连续的、不可分割的，是一整合的系统，是所有存在的"统一场"。其次，"宇宙"是"物质世界"和"精神世界"的统一体。在方东美看来，西方的"时间－空间"只是物体机械存在的场合，而中国哲学中的"宇宙"是全部生命的环境，因而它不仅仅是物质的，更是精神的，它兼有精神的意义与价值。他说："从中国哲学家看来，'宇宙'所包容的不只是物质世界，还有精神世界，两者浑然一体不可分割的；不像西方思想的二分法，彼此对立，截成互相排斥的两个片断。"② 而且，组成"宇宙"的物质世界与精神世界是浑然一体的。再次，中国传统哲学中那些表达"宇宙"的范畴都贴切地、形象地将"宇宙"的连续、统一、整体诸内涵展示了出来。方东美说："中国哲学家正相反，他们不常用'宇宙'这字，正代表他们不愿意把宇宙只看成一个空间与时间的机械系统，所以在经书子书中，我们常会遇到一些观念，像'天'、'天地'、'乾坤'等代表创造化育的作用，在自然创进历程中则有'道'、'自然'、'阴阳'和'五行'等观念，再如'虚'、'理'、'气'、'心'等等亦然，除此之外还有许多名词也都是用来形容宇宙的特性。所有这些观念和名词，含义虽不同，但都是用来对宇宙秩序和结构做妥贴的解释，如果我们只执着于这些差异的名词，不能会通，那中国的宇宙观就可能会被误为驳杂、纷乱，言人人殊。"③ 就是说，中国哲学家之所以不常用"宇宙"这个词，是因为他们不把"宇宙"看成没有生命机械系统，而是看成充满生命的有机系统，像"天""乾坤""道""自然""阴阳""五行"等观念虽然形式各异，但都是对"宇宙""大生机"特性的妥帖解释。其四，"宇宙"是万物和谐共生的场所。方东美认为，中国传统哲学中"宇宙"绝不是相互厮杀的战场，而是万物和谐共生的场所。他说："在中国，宇宙绝不是一个战场，借柏格森的一句话来说，不能有'生命与物质的交战'。当然，在这综合的宇宙全体中，也可以有某些分际，像我们在《易经·系辞传》可以看

---

① 《生生之德》，台湾黎明文化事业股份有限公司，2005，第171~172页。
② 《中国人生哲学》，台湾黎明文化事业股份有限公司，2005，第172页。
③ 《中国人生哲学》，台湾黎明文化事业股份有限公司，2005，第175页。

到：'形而上者谓之道，形而下者谓之器'，后来宋代哲学家，像张载、朱熹，也在'虚'与'气'或'理'与'气'之间有类似的分际，但他们仍然在这些分际之中，力求其一贯融通。"① "宇宙"是个综合的整体，是不可分割的，即便有所分际，也仍然是融通的，因而它不是你死我活的战场，而是万物和谐共生的"统一场"。总之，在方东美看来，中国哲学中的"宇宙"是万物和谐共生的"统一场"，是物质生命与精神生命的"统一场"，而中国哲学中所有表述"宇宙"的范畴、概念都是充满生命的，都是"宇宙"生命内涵的准确诠释，因此，"宇宙"是一个包罗万象的广大生机，是一种普遍弥漫生命活力、无时不在发育创造、无处不在流动贯通的"统一场"。显然，方东美对于"宇宙"的理解，完全是一种生命的解释，一种生态的解释。

在中国传统哲学中，"自然"是与"宇宙"类似的范畴，而方东美对"自然"的理解也完全是生态的视角。他首先将西方哲学中的"自然"的主要含义予以展示：第一，自然是指在后期希腊哲学中所谓的一个没有价值意义，或否定价值意义的"物质的素材"；第二，自然是指整个宇宙的机械秩序，这种秩序依近代科学来说，即是遵从数学物理定律支配的数量化世界，是纯然中性的，而无任何真善美或神圣价值的意义；第三，自然是指一切可认识现象的总和，严格遵守先验自我所规定的普遍和必然的法则。② 其进而宣称中国哲学中"自然"的含义与此完全不同：中国哲学中的"自然"是宇宙生命的流行，广袤无限，充满生机，并蕴含神秘的创造力，因而也可以说是世界的一切。而作为世界一切的"自然"，不仅具有本体论意义、宇宙论意义，还有价值论意义。就本体论意义言，"它是绝对的存有，为一切万象的根本；它是最原始的，是一切存在之所从出；它就是太极，这字首先见之于《易经》一书中。《易经》上认为太极能生天地，又能递生天地之间的一切的一切。后来到了宋代，由理学家更进一步发展为无限的天理，为万事万物所遵循而成就最完满的秩序"③。"自然"就是本体，它化生万事万物，是万物万事之所出的根据，也是万事万物运行的秩序。就宇宙论意义言，"自然是天地相交、万物生

---

① 《中国人生哲学》，台湾黎明文化事业股份有限公司，2005，第 172 页。
② 《生生之德》，台湾黎明文化事业股份有限公司，2005，第 339 页。
③ 《生生之德》，台湾黎明文化事业股份有限公司，2005，第 340 页。

成变化的温床"①。"自然"不仅是万事万物的根据，而且是万事万物交互运动、生生不息的场所。具体言之就是："自然，对于我们而言，是广大悉备，生成变化的境域。在时间中，无一刻不在发育创造；在空间内，无一处不是交彻互融的。它具有无穷的理趣，值得我们欣赏和眷恋。"② "自然"就是万物化生的统一场，是宇宙普遍生命大化流行的境域，它提供万事万物自我运行自我创造的条件，万事万物的新陈代谢都在"自然"中完成。就价值论意义言，"自然是一切创造历程递嬗之迹，形成了不同的价值层级，如美的形式、善的品质，以及通过真理的引导，而达于最完美之境"③。"自然"并不只是物质的场所或条件，而且是人文世界一切价值的根源，因为自然世界的造化，加上人的理性力量的参与，可创造真、善、美的和谐的体系。方东美说："它借着理性的神奇与热情交织而成的创造力，点化了板滞的物性，使之成为至善至美的自由丰盛的精神作用。仁人志士于此可以戮力励行，提升品德；高人雅士于此可以悠游创作，成就才艺。自然是本体的至真之境，也是万有价值的渊薮。它是纯善、纯美、洁净无疵的。"④ 既然在本体论上是万事万物的根据和秩序，在宇宙论上是万事万物相交互动的场所，是万物化生的温床，在价值论上是一切创造历程变迁之迹，且呈现多元价值层级，那么，"自然"不是机械的而是生机的，不是分离的而是一体的，不是静止的而是运动的，不是僵化的而是活泼的，概言之，它是人的生命与宇宙生命交相辉映而充满生机的统一体。可见，方东美对"自然"的理解，也是视角生态、生机的。

对哲学学说的生态理解

在 20 世纪中国哲学史上，对中国传统哲学学说的理解出现过许多不同的视角，比如，唯物主义视角、科学主义视角、逻辑学视角等等，这些视角的应用无疑丰富了对于中国传统哲学的理解。不过，与这些视角不同，方东美所应用的视角是生态学视角。

---

① 《生生之德》，台湾黎明文化事业股份有限公司，2005，第 341 页。
② 《生生之德》，台湾黎明文化事业股份有限公司，2005，第 341～342 页。
③ 《生生之德》，台湾黎明文化事业股份有限公司，2005，第 341 页。
④ 《生生之德》，台湾黎明文化事业股份有限公司，2005，第 342 页。

中国传统哲学究竟是一种什么样的哲学？方东美的答案十分明确，那就是机体主义哲学。他说："余尝以'机体主义'一辞，解说中国哲学之主流及其精神特色，视为一切思想形态之核心。此思想形态，就其发挥为种种旁通统贯之整体，或表现为种种完整立体式之结构统一而言，恒深蕴乎中国各派第一流哲人之胸中，可谓千圣一脉，久远传承。其说摒弃截然二分法为方法，更否认硬性二元论为真理。……机体主义，积极言之，旨在融贯万有，囊括一切，使举凡有关实有、存在、生命、与价值等之丰富性与充实性皆相与浃而俱化，悉统摄于一在本质上彼是相因、交融互摄，价值交流之广大和谐系统，而一以贯之。"① 不难看出，方东美所说的机体主义，就是指中国哲学是"完整立体式之结构统一"，它"摒弃截然二分法为方法、否认硬性二元论为真理"，它"融贯万有而使实有、存在、生命、价值等交融互摄"等。那么，为什么可以对中国哲学特性做这样的判断呢？方东美有进一步的说明。

首先，就整体言，中国哲学学说具有鲜活的生命，任何思想体系都是生命精神的发泄。方东美说："中国哲学不是只把思想与观念系统表达出来就达到它的目的。中国哲学的中心是集中在生命，任何思想体系都是生命精神的发泄。这一个生命精神一定根据这位思想家的性情品格，才能把他的真相全盘揭露出来！这主要的固然是中国各家的哲学，从大体上看，多多少少地带有人本主义。而一个学术的思想系统离不掉人在生活上面所显现的精神！假使这一个观点是正确的话，在中国各派哲学中，后面都有一个活生生的人格在那儿呼之欲出！道家、儒家、佛家、新儒家均如此。因为他们的立言都要把他们的生命精神忠实地表达出来，把那个支配生命精神方面的人格显现出来。所以在中国思想上面，一字一句都要引归身心，他不是说空话的！"② 因此，理解中国哲学一定要透视那个哲学系统后面所隐藏的精神人格，根据人格的精神来看中国哲学学说的内容，如此才不会物质化、机械化、技术化地理解中国哲学。另外，中国哲学学说都表现为纵横旁通的系统。方东美说："就中国哲学的传统而言，自先秦、两汉以至隋唐、宋明，都有一个共通点，这个共通点，借司马迁的话来说，

---

① 《中国哲学精神及其发展》（下册），台湾黎明文化事业股份有限公司，2005，第135页。
② 《方东美先生演讲集》，台湾黎明文化事业股份有限公司，2005，第127页。

就是‘究天人之际’。另一方面，无论是那一派的中国哲学，都不像西方的思想，往往是以个人为中心，而后形成一个独特的思想系统。这个独特的思想系统，从逻辑方面看来，好像有其‘自圆性’（self-sufficiency），可以同别的思想割裂开来，而自成体系。这在中国哲学可没有这一套，我们又可以借司马迁一句话来说，就是‘通古今之变’。这个‘通古今之变’，就是一切哲学思想，无论是个人的、学派的或是产生自任一时代的，都要表达出‘historical continuity’——历史的持续性，要与其他各派的哲学思想发展，彼此呼应，上下连贯，形成时间上的整体联系，绝无所谓思想的孤立系统。"① 中国哲学注重横向的天人贯通性和纵向的历史持续性，因而不存在思想上的孤立系统。所谓纵横旁通就是打通人物古今、活化宇宙万物，就是统摄万有、包举万象而一以贯之，就是落实本体之统一、存在之统一、生命之统一、价值之统一。"纵横旁通"既是事实的，又是价值的。正如方东美所说："中国哲学一向不用二分法以形成对立矛盾，却总是要透视一切境界，求里面广大的纵之而通、横之而通，借《周易》的名词，就是要造成一个‘旁通的系统’。这是中国哲学与其他哲学最大的差异。"② 可见，方东美所理解的中国哲学学说之特质就是一种机体主义。

其次，就个别言，绝大多数哲学家的哲学思想也表现为机体主义。方东美提供了两个案例。一是程颢的哲学。他说："明道旨在建立一套机体主义哲学，故力避掉入任何穷索致伪之陷阱耳。其哲学枢要，厥为万物一体论，倡‘天人无间断’。"③ 方东美对他的这个判断归纳了如下理由：第一，民受天地之中以生，其性禀则受命于天（人生于天地之间，人性为天所赋予）；第二，中者，天下之大本，天地之间，亭亭当当、直上直下之正理（中正无偏之理，是天下万物的根本）；第三，圣人致公心，尽天地万物之理，各当其分（圣人追求公理，就是穷尽天地万物之理以使万物各得其所）；第四，圣人之神化，上下与天地同流（圣人神秘的造化与天地万物流行）；第五，"大人者与天地合其德，与日月合其明"，然其大，不在己外（大人与天地合德、与日月合明，但不管大到什么程度，都在己内）；第六，就其道兼理言，天人不二，元无差别（天人不二，本无差

---

① 《新儒学哲学十八讲》，台湾黎明文化事业股份有限公司，2005，第58页。
② 《原始儒家道家哲学》，台湾黎明文化事业股份有限公司，2005，第57页。
③ 《中国哲学精神及其发展》（下册），台湾黎明文化事业股份有限公司，2005，第65页。

别）；第七，性天之道，浑然与人为一体，凡适于人者，亦必适于天（性道、天道都与人浑然一体，适合于人者必适合于天）；第八，至公无私，融小我与万物大同一体（至公无私，就是将小我融于万物而为一体）；第九，宇宙精神，上天所载，无声无臭，於穆不已（宇宙精神表现为体、理、性、用，乃名异实同）；第十，天道即人性，盖言自家元是天然完全自足之存在（天道人性合一，所以说每个人或物本来就是自足之存在）；第十一，道之呈现，千态万状，需会之为一，无内外之分（"道"呈现为多种形状，但无内外之分）；第十二，天人本不二，不必言合（天人本来就是一，所以不必言合）。① 在方东美看来，这十二条充分说明程颢哲学的根本精神就是"万物一体"，即在实体、象状、性命、人道等层面都是有机的、融通的、一体的，所以，程颢哲学是一种机体主义哲学。二是王阳明的哲学。他说："机体主义之哲学观，早期中国思想家往往视为哲学推理之结论，然却成为王阳明（一四七二～一五二九）思想所凭借之重要起点。由于'身、心、意、知、物，只是一件'，浑然一体，而不可分，'机体主义'遂成为一极复杂之概念，容有种种不同角度、不同层次之解释，诸如实有之统一、存在之统一、生命之统一、价值之统一等，均需凭借种种本体论、宇宙论、与哲学人性论等诸理论系统始能一一阐释妥当。"② 就是说，在王阳明这里，身、心、意、知、物等构成宇宙世界的元素，根本意义上只是"一"，如此，阳明哲学的机体主义便从"实有之统一、存在之统一、生命之统一、价值之统一"等不同方面表现出来。比如，就"价值之统一"言，阳明哲学所表现的机体主义特色是："西方大哲柏拉图（Plato）在了解真、善、美之绝对本质之后，其所痌瘝以求者，厥为价值理想之最高统会，借以解决'本体与现象、睿智与感官、上下两界间之'分离问题（The Problem of Chorismos），而苦于百思不得其解，至为困惑。然而，阳明却由于确信良知直观睿见之普遍妥当有效性，真实无妄，对此问题，便能当下明白，了然于心。对阳明而言，价值之最高统会，实内在于心灵本觉，不假外求。阳明此处，自是专就圣人而为言。盖借良知发用，圣人遂能在精神上超脱任何障碍。'圣人只是顺乎

---

① 《中国哲学精神及其发展》（下册），台湾黎明文化事业股份有限公司，2005，第 65 页。
② 《中国哲学精神及其发展》（下册），台湾黎明文化事业股份有限公司，2005，第 135 页。

良知之发用流行。''天地万物，俱在我的良知发用流行之中，何尝又有一物作得障碍？'"① 在方东美看来，柏拉图并不能解决本体与现象、睿智与感官、上下两界等的融通问题，而王阳明哲学可以解决，原因在于阳明哲学将价值的最高统会处安排在"心灵本觉"。也就说，真、善、美的本质可以为"心灵本觉"所把握，如此只需发明本心，便可在精神上实现超脱，达到本体与现象、睿智与感官、上下两界浑然一体之妙境。换言之，阳明哲学之为机体主义，乃是因为它已将宇宙世界融入其精神心灵之中，宇宙世界、万事万物不过是"良知"的发用流行。既然中国哲学表现为机体主义，即是说只有机体主义地理解方为恰当，因而方东美不能容忍用反机体主义的方法理解中国传统哲学。他说："科学追求真理虽然也是令人向往，但若一旦逾位越界，连哲学都被科学化，便深具排他性，只能处理一些干枯与抽象的事体，反把人生种种活泼机趣都剥落殆尽，这也是同样的危险，因此，哲学一旦成为神学的婢女，作为护教之用，或者成为科学的附庸，不谈价值问题，则其昏念虚妄必会戕害理性的伟大作用，而无法形成雄健的思想体系。"② 由于将科学方法应用到哲学上采取的是部分的分析而非彻底的分析，是抽象的分析而非具体的了解，再加上对一切神圣的价值、真善美的价值都采取中立主义的错误态度，结果一切价值几乎都被省去。可见，哲学如果被科学化理解，将丧失它的特性和价值，自然也形成不了雄健的思想体系。换言之，如果从生态、生命的角度去理解中国传统哲学，则完全可以形成雄健的思想体系。

方东美生态思想的意蕴

可见，在方东美的认知和理解中，生态性是中国传统哲学的基本特质。需要追问的是：方东美生态地理解中国传统哲学是否与中国传统哲学特质相契？方东美生态地理解中国传统哲学对于中国哲学有怎样的意义？方东美生态地理解中国传统哲学蕴含了怎样的价值诉求？等等，或许是讨论了方东美对中国传统哲学生态理解之后，需要进一步阐明的问题。

---

① 《中国哲学精神及其发展》（下册），台湾黎明文化事业股份有限公司，2005，第136页。
② 《中国人生哲学》，台湾黎明文化事业股份有限公司，2005，第140页。

1. 与中国哲学特质相契的认识

在 20 世纪认知、理解中国传统哲学实践中，中国哲学家尝试过许许多多的方法，虽然都为开掘、彰显中国传统哲学资源和价值做出了贡献，但究竟哪种方法最切合中国传统哲学则是见仁见智的问题。个人以为，方东美所应用的机体主义方法是与中国传统哲学特质相契的。为什么做这样的判断？第一，中国传统哲学对宇宙世界的理解就是生态的方式。之所以这样说，乃是因为中国主要哲学学派儒、道、墨等都是生态地认识、把握宇宙世界的。儒家如程颢认为，天地万物为一体，天地万物之间是血脉贯通的，这个贯通的基础是"气"。道家如老子认为，"道"是宇宙万物的根本，宇宙万物生于"道"而归于"道"，因而也是有机的整体。墨家如墨子认为，自然资源是有限的，因而主张"节用""节葬""非乐"，人与人是一体的，因而反对战争（"非攻"），主张爱人之身如爱吾身（"兼爱"）。也就说，墨子的治世思想完全源自"万物一体"的观念。第二，中国传统哲学以"生生"为根本精神。《周易》说："天地之大德曰生。"（《周易·系辞》）朱熹说："天地别无勾当，只是以生物为心。一元之气，运转流通，略无停间，只是生出许多万物而已。"（《理气上》，《朱子语类》卷一）老子认为"道"生万物："道生一，一生二，二生三，三生万物。"（《道德经·第四十二章》）这个"生"包括养生、成生、护生等。墨子"非攻"是反对战争、珍惜生命；"天志"是对侵害生命行为的警告，如果不能厚待百姓，就会遭到天的惩罚；"节用"是对生命的护养，抨击奢侈浪费行为。第三，中国哲学认为真、善、美是有内在联系的，注重三者的统一。儒家追求真、善、美的统一，孔子认为，"尽善尽美"才是最理想的——"子谓韶，'尽美矣，又尽善也。'"（《论语·八佾》）孟子说："可欲之谓善，有诸己之谓信，充实之谓美。"《孟子·尽心下》就是说，为人所称道所喜爱者叫做"善"，使"善"内在于人身叫做"真"，"真"之完满就是"美"，换言之，"真""美""善"是相通的。《庄子》说："真者，精神之至也。不精不诚，不能动人。"（《庄子·渔父》）"真"是精神的顶点，有了真情，便能感动人，从而使人获得美的享受。又所谓"成功之美，无一其迹"，伟大的美不是做作装饰，而自然地呈现。因此，"求真"与"求美"在庄子这里是统一的，无"美"不成"真"，无"真"不成"美"。既然中国传统哲学理解宇宙世界的方式是生态，既然中国传统哲学的根本精神是创生，既然中国传统哲学认为真、善、美在价值上是统一的，那么，方东美对中国传统哲学机体主义的规定，当然是与中国传统哲学相契的。

2. 点化了中国传统哲学中的生态思想

所谓"相契"，就是说中国传统哲学内具生态思想，不过，方东美对中国传统哲学的理解不仅相契，更是开掘和点化。为什么做这样的判断？其一，将中国传统哲学的机体性加以点化。方东美认为，中国哲学与西方哲学完全不同，中国哲学是机体主义哲学，它拒绝将人、物对峙，视二者为绝对孤立的系统；它拒绝将宇宙大千世界化为意蕴贫乏的机械秩序；它拒绝将变动不居的宇宙本身压缩成为一套紧密之封闭系统；它统摄万有，包举万象，一以贯之；它观照万物，无不自其丰富性与充实性之全貌着眼，"统之有宗、会之有元"，不落于抽象与空疏。如此便将中国传统哲学的生态特性点化，由潜而显，由静而动，由僵而活，使中国传统哲学中的生态思想重见光日，表现其生命力。其二，将中国传统哲学的生命性加以点化。方东美认为，中国哲学所观照的宇宙不是物质的机械系统，而是一个大生机。旁通统贯在这个宇宙中的是生命，这个生命的意义是精神的，价值是向善的。因为是精神的，所以生命本身自有创造才能，不致为他力所迫胁而沉沦；因为是向善的，所以生命前途自有远大希望，不致为魔障所锢蔽而陷溺。因此，宇宙是广大悉备的生命领域，从而也是浑浩周遍的价值园地。其三，将中国传统哲学的价值性加以点化。在方东美看来，中国传统哲学是尊重、珍爱生命的，是追求理想的，是追求价值的。中国传统哲学不仅将宇宙世界视为万物共生的"统一场"，也将宇宙世界视为人文世界的"统一场"，更将宇宙世界视为求真、植善、育美的"统一场"。也就是说，中国传统哲学中的宇宙世界是生命昂然、理想飞扬的"统一场"，是一个充满希望的意义世界。因此，如果说中国哲学点化了宇宙自然，那么方东美点化了中国传统哲学的机体性、生命性、价值性，使中国传统生态思想彰显于世。

3. 对中国生态思想的提升和发扬

方东美对中国传统哲学生态地诠释，不仅是开掘和点化，更是对中国传统哲学生态智慧的增补、提升、发扬。为什么这样说呢？中国传统哲学虽然蕴藏着生态思想和智慧，但毕竟受到时空的限制，先哲的思考不能不留下局限。方东美站在新的时代高度，以现时代人类困境为坐标，对中国传统生态思想进行了不同程度的增补和提升。主要表现为：其一，明确"自然、人、精神为一体"观念。虽然在中国传统哲学中，天地人万物一体是基本观念，但将人文世界和人的精神纳入宇宙统一体，则是方东美的贡献。在方东美看来，宇宙世界的有机统一体，不能少了人的精神世界，因为有了人的精神世界，才有所谓的真正的宇宙精神统一体，从而使传统的"万物一体"观念更加完备。其二，明确"真、善、美乃是生态的统一"之观念。虽然中国传统哲学蕴含了真、善、美统一的思想，但并不明确。方东美从生态的角度揭示中国传统哲学中"真、善、美统一"的观念，认为真、善、美三者是相得益彰的，真、善、美三者可以成为一种生态的循环。其三，明确"宇宙乃是种植善性、成就价值的统一场"之观念。中国传统哲学讲万物化生、大化流行，但没有明确指出何以大化流行、万物化生。方东美认为，宇宙世界就是养料充足的"统一场"，这里土壤肥沃、雨水充裕、阳光普照。宇宙"统一场"与万物的关系是同一的关系，万物化生而春意盎然，就是"统一场"充满生机。万物化生就是"植善"，因为造就生命是最大的善，而"植善"就是创造价值，所以方东美明确了"宇宙乃是种植善性、成就价值的统一场"之观念。其四，明确了"实有、存在、生命、价值为生态体"的观念。"实有"属于物质系统，它是万物的根基；"存在"属于行为系统，它是万物的呈现；"生命"属于灵魂系统，它是万物的主宰；价值属于意义系统，它是万物的理想。在"实有"的系统，万物统一于"自然"的物，比如"气"；在"存在"的系统，万物统一于"行状"的物，比如"性"；在"生命"的系统，万物统一于"精神"的物，比如"心"；在"价值"的系统，万物统一于"意义"的物，比如"理"。就是说，宇宙世界虽然可分为不同的系统，但这些系统是生态的统一，而且各个系统自身也是生态的统一。从纵向的角度看，"实有"之后方有"存在"，"存在"之后方有"生命"，"生命"之后方有"价值"……并且这四者是彼此贯通且相互规定的。因此，方东美生态思想最大贡献就是将宇宙世界进行生态的区分和生态的统一，并将这个生态的宇宙世界创造生命、培植"真、善、美"的本性加以点化，使人们明白宇宙世界不应该是无情无义的、支离破碎的、钩心斗角的名利场。基于上述，完全可以说方东美生态地解释中国传统哲学的实践，是对中国传统生态思想的提升和发扬。

4. 与时代课题相呼应的见识

方东美不像同时代其他哲学家，较多地从思辨角度阅读、研究中国哲学，而是专注于中国传统哲学生命、生态思想的深入发掘，并加以发扬，这与方东美对时代课题的敏锐与关切密切相关。首先，对时代课题的敏觉。方东美对近世以来人类所面对难题和困境有着全面而深刻的认识。在思维方法上，他批评西方哲学思维方法的二元性、分析性、机械性，将人和物看成互不相干的孤立的系统，对事物的理解不能采取综合的态度，将宇宙世界看成机械的而非生机的，将世界万物看成支离破碎毫无联系的部件。在科学态度上，他批评西方近代哲学对科学顶礼膜拜，将其视为至高无上，片面追求数量、实验、实证；认为只有数量才能对事物做清晰的描述，只有实验才能将事物、事件、人的性情等研究清楚；进而否定那些无法进行实验的事物、事件和人的性情，否定那些伟大的人文作品。在物质利益上，他批评西方的个人中心主义、追逐私利观念，指责西方陷入物质主义泥坑，价值和意义被颠覆被虚化；以宇宙"统一场"为根基的"真、善、美"完全被科学主义所解构，被经济主义所侵害；一切东西（人物、事件、行为）的是与非、善与恶、美与丑，就看它是否与利相符合。上述现象已然对伦理道德、社会正义形成了巨大冲击。正是在这样的背景下，方东美提出了中国哲学乃是机体主义哲学之主张。其次，对时代课题的回应。方东美提出生态地把握中国哲学，一方面是理论层面的觉悟，另一方面是实践层面的需要。也就是说，方东美必须回应他所体察到的人类性课题。比如，针对将宇宙万物视为支离毫不相干的观点，他提出宇宙是万物共生的"统一场"；针对二元对立的分析方法，他提出综合分析方法；针对机械地理解宇宙世界、僵化地处理万事万物的观念和行为，他提出了"万物含生"观念；针对只见物质不见精神的观点，他提出了宇宙是物、人、精神的统一体观念；针对以人为中心的个人主义，他提出了万事万物相互依存的观念；针对追逐私利的物质主义，他提出以精神融通和升华人生的观念；等等。因此，方东美生态地解释中国传统哲学，不仅使中国传统生态思想得到了升华，更是对时代课题的回应，从而也是对中华民族命运和人类命运的关切。

总之，方东美对于中国传统哲学的解释是一生态解释，这种解释通过与西方哲学的比较，通过对传统哲学生态意涵的开掘，通过对时代弊病的检讨，不仅赋予中国传统哲学新的生命力，而且活化了中国传统哲学的生命精神。因此，方东美的解释形式虽然是观念的，但内容却是实践的。即是说，方东美对于中国传统哲学的生态理解，本质上是对人类生态地认识世界，生态地处理人人关系、心物关系、人天关系的真诚要求和热切期待："宇宙的普遍生命迁化不已，流行无穷，挟其善性以贯注于人类，使之渐渍感应，继承不隔。人类的灵明心性虚受不满，存养无害，修其德业以辅相天与之善，使之恢宏扩大，生化成纯。天与人和谐，人与人感应，人与物均调，处处都是以体仁继善，集义生善为枢纽，……我们的宇宙是价值的增进，我们的生活是价值的提高，宇宙与人生同是价值的历程。"[①]"植善"而让善滋润万物，是价值的增进，同时也是生命意义的提升。这就是生态宇宙的生态本性，也是生活在宇宙生态系统中的人类的责任。

《江西社会科学》2011 年第 5 期

---

① 《中国人生哲学》，台湾黎明文化事业股份有限公司，2005，第 86 页。

二十三　性理与事理：宋明儒与
清儒的分界

　　言及中国哲学史上的"理"，不能不想到王夫之鼓吹"理在气中"的壮观景象，不能不想到戴震对"以理杀人"的激情控诉。其结果是，被视为中国哲学最具创造力的时代之一、儒学第二个发展高峰期的宋明新儒学，因此倍受质疑。其优雅的形象，其超迈的理想遭受着冲击。可是，清代儒者对"理"的指责究竟有多大程度的可信性？在很少有人对此提出疑问的情境下，唐君毅先生对清儒误解"理"的情形展开了分析和评判。唐君毅的这种分析和评判，对于重新认识和理解清儒豪情过度而理性不够的批评是非常具有启发意义的。

事理？还是性理？

　　"理"是宋明理学学说体系的内核，是宋明理学的最高范畴，是宋明理学的意义世界，是宋明理学存在的根据。清儒也讲"理"，那么，清儒所讲"理"与宋明儒所讲"理"有什么不同呢？

　　唐君毅认为，清儒所言"理"与宋明儒所讲"理"完全不同。清儒所讲"理"是"事理"，所谓"事理之理，是历史事件之理"。① 这种历史事件之理，就是清儒所讲的"理"。唐君毅说："自明末至清如王船山、颜习斋、戴东原、焦思堂、章实斋等之哲学思想，自其异于宋明理学之处而观之，则正在标明事之重要。"② 即是说，"事理"的特点就是标明事之重要。

---

① 唐君毅：《中国哲学原论·导论篇》，中国社会科学出版社，2005，第3页。
② 唐君毅：《中国哲学原论·导论篇》，中国社会科学出版社，2005，第35页。

那"标明事之重要"又是什么含义呢？唐君毅说："船山重史事，喜言'有即事以穷理，无立理以限事'。习斋言'六府'、'三事'，《存学篇》言'孔子只教人习事，迨见理于事，已彻上彻下矣'。戴东原言理不离情欲与日用饮食之事。章实斋尤反对离事言理。故吾人可说清代思想史所重之理乃事理。一切论历史事件之理，及如何成就办理个人之事及社会人群之事之理，皆可称为事理。"① 按照唐君毅的意思，清儒所言所重者，是一切论历史事件之理，及如何成就办理个人之事及社会人群之事之理，这就是"标明事之重要"，这就是"事理"的内涵。

不过，与此完全不同，宋明儒所言"理"是"性理"。唐君毅说："宋明理学家中直将性与理连说，谓'性即理也'，乃始于程子，畅发于朱子。……程明道言'天所付与之谓命'，下文言'禀之在我之谓性，见于事业之谓理'。又言'在义为理'。则此种理明为成人之正当之行为事业之当然之理，并与天性命相通贯为一者。程伊川谓'己与理为一'语，并言'性即理也'，即将明道之言，凝集于一语之中。此乃一划时代之语，而为朱子所加意发挥者。朱子讲理虽及于物理，然仍主要是仁义礼智之性理。朱子与程子之不同，只在其更由人及仁义礼智之理，以见其源自天之元亨利贞阴阳五行之理，遂再进而论及于其他万物之禀此元亨利贞、阴阳五行之理而存，遂附及物理之论而已。此外象山言心即理，亦决非直谓心即名理或物理、空理、礼仪之文理之谓，而是直谓各种当然之恻隐辞让羞恶是非之理，皆内在于'宇宙即吾心'之本心之谓。阳明以良知即天理，乃谓良知之好善恶恶是是非非，即是人心中之天理之流行。更不是说的外物之物理文理，亦非只是论名理物理或空理。是皆显而易见者也。"② 在唐君毅看来，二程所讲的"理"是"成人之正当之行为事业之当然之理，并与天性命相通贯为一者"。朱子所言"理"虽然涉及物理，但朱子所及"物理"，乃是在说明事物禀此元亨利贞、阴阳五行之理而存时所牵出，因而朱子所言"理"仍是仁义礼智之"性理"。至于象山所言"心即理"，不过是说恻隐、辞让、羞恶、是非之理都内在于本心；而王阳明所说"良知即天理"，也不过是说良知之好善恶恶、是是非非即是人心中之天理流行而已。

---

① 唐君毅：《中国哲学原论·导论篇》，中国社会科学出版社，2005，第35页。
② 唐君毅：《中国哲学原论·导论篇》，中国社会科学出版社，2005，第32页。

概言之，理学、心学代表人物所言"理"都是"性理"。

既然是"性理"，当有其特殊性。唐君毅说："须知人心之性理之为性理，恒不只在其能直接显为通情之事上见，而兼在其能去除使吾人不能通情之各种意气习见私欲，以使去通情之事成为可能上见。性理之显于人心，则见于人自觉的成就此通情之事，同时自觉此所通之情，在此心之所涵盖包覆之下。故此性理，恒必在人心自觉的施主宰之功于自己，并主宰其所做之事业而后见。舍自觉的主宰之义，而论通情，则人我之通情，即必平铺为一我所做之事与他人之事之相与顺成之关系。人我之事之相与顺成，可同时成就一社会之文理，然未必即足语于性理。"① 就是说，"性理"之为性理，在于其具有贯通情性，去除意气、习见、私欲之功能，在于其具有自觉性、主宰性之特质，并且，这些功能与特质必须表现在事业上。如此看来，"性理"是生命的、灵动的，是可以创造生命的精神实体。也只有通过对"性理"的把握才能觉悟而至"天理"，从而才能做到统摄宇宙人生之大理。唐君毅说："不以义断是非而论事理，罕不流于只重顺逆成败之功利之论，亦罕不流于为考证而考证者。人必须由知性理以达天理，乃能知统摄宇宙人生之大理。忽性理而重事理者，恒因见事与事之相互之独立性，乃归于重分理，而忽总持性条贯性之大理。此即清儒诸家学术之弊所由生。今试姑就戴东原之论性理之言，一析其义，以见其言之实无当于性理天理，而恒只是事理，亦不足以概中国先哲所谓之全。"② 就是说，如果不是从"性理"立场去论大事，而是从"事理"立场去论大事，就可能只考虑成败，就可能只知道考证，就可能只沉迷于数字与材料，而无法超越功利的思维与价值，从而无法接近宇宙人生之大理，自然也就无法显豁壮阔气象和无私精神。概言之，"性理"是与"天理"相通之理，它彻上彻下；"性理"是仁爱之理，它充溢关怀；"性理"是生命之理，它是创生之源；"性理"是应然之理，它负载理想与意义。此即是"事理"所不具备而异于"性理"者。

以"气"言理？以"性"言理？

唐君毅认为，清儒所言"事理"，是以"气"为基础的，而宋明儒所

---

① 唐君毅：《中国哲学原论·导论篇》，中国社会科学出版社，2005，第43页。
② 唐君毅：《中国哲学原论·导论篇》，中国社会科学出版社，2005，第40~41页。

言"性理"，则以"性"为基础。正是因为有了如此不同的"基础"，致使二者在诸多方面都表现出差异。

首先，由"性"说"理"与由"气"说"理"存在性质差别。唐君毅说："生生即仁，生生而条理者即礼义，宋明儒者亦有类似之言。然宋儒大皆是透过人之性理以是看天理，然后作如是言。如只依人之血气心知，一直向外去察看自然之变化生生之现象，则此中未必真可说有仁有义。即在人类社会上说，人人之得遂其欲达其情，以至在达情遂欲时，并无一只达我一人之情、遂我一人之欲之私意，是否即算实现了仁义，亦是一问题。因仁义之所以为仁义，不只有消极之无私无蔽之意，而另有积极之意义。譬如仁之一积极意义，是在承认他人情欲之当由我助之达，助之遂。因而对人之情欲之未达，生一忍之心，表一关切之情。此方是依性理而生之情。"① 什么是"透过人之性理看天理"？在儒家，人与天是相通的，所谓"立天之道，曰阴曰阳；立地之道，曰柔曰刚；立人之道，曰仁曰义"。人之"性理"通于天理，因为人从天而来，所谓"天命谓之性"。所以，透过"性理"看"天理"，实际上是原路返回看，并且这种原路返回看，是以恻隐、羞恶、辞让、是非之心为根据，如此才可说"生生即是仁"。而由"血气心知"向外看自然界生生现象，并不一定有仁义，因为"血气心知"并非"性理"，因而不能保证"生生即仁"。天理是公理，所谓"天无私覆，地无私载，日月无私照"，而"性理"是仁义礼智，因而与"天理"本是贯通而为一，所以"透过性理看天理"，所以其中当有仁义。即便从人类社会方面说，每个人都得遂其欲达其情，甚至在达情遂欲时，但并没有达我一人之情、遂我一人之欲的私意，也很难说实现了仁义。因为仁义除了去私欲之消极面外，还有积极面，即承认他人情欲之满足，并在人之情欲未满足时表达一种同情或不忍，此"同情"或"不忍"当然是仁义。这就说明，由"性"说"理"与由"气"说"理"所达结果是完全不同的。

其次，由"性"说"理"与由"气"说"理"存在层级差别。唐君毅说："然此理此情，与他人或自己之饮食男女之欲、隐曲之情，并不属于一类，亦不在同一之层次。说人之欲生恶死是欲，欲他人之顺其欲，亦

---

① 唐君毅：《中国哲学原论·导论篇》，中国社会科学出版社，2005，第41页。

是欲，固可说。然此毕竟是二类，而居上下二层次之欲。只从我欲生恶死之欲，不会使我杀生成仁。而为求天下人之得其生，则可使我杀身成仁。即明见二种欲之功效不同，作用不同。杀生成仁所足之欲，乃甚于生者。此唯是求慊足此仁心之欲，而尽此心之仁性之欲，亦即能超自然生命上之欲。在此，依超自然生命之欲，而'别出一意'，以对自然生命之欲，施以主宰强制之功，正是断然无可免者。若然则谓此杀身成仁之欲，不是一般之欲，而谓之为出于理而不出于欲者，即固不误。宋明儒之说，亦即分性理与一般之心理、生理、物理之别，此正是有见于性理之真者所必至之论。"① 在唐君毅看来，依"性理"而生出的情，与饮食男女之欲、之情不在一个层次。这两个层次之欲所导致结果完全不同："我欲生恶死之欲"不可"使我杀身成仁"；只有"为求天下人之得其生"，才可"使我杀身成仁"。这就是说，只有尽"仁性"之欲，才能超越自然生命之欲。并且，对自然生命之欲施以主宰强制之功，也是出于"性理"的杀身成仁之欲。可见，在宋明儒那里，心理、生理、物理与性理之所以分别得很清楚，就因为宋明儒能见得"性理"之真实内涵与意义。

最后，只有"性理"才能改变"人之遂欲"的性质。戴震批评宋明儒"天理人欲"之分，但唐君毅认为戴震的批评是无的放矢。他说："戴东原之所以欲泯除宋明儒人欲天理之分，除由其未能依名理而辨欲生欲义之分，亦不知性理之真外；其唯一所持而有力之理由，是'不思遂一己之欲，而思遂天下人之欲无是情也'之说。"② 那么，戴震的观点是否合理呢？唐君毅说："然此并不证明思遂天下人之欲，只是思遂己之欲之直接之延展。因思遂己之欲发展下去，正亦可不思遂天下人之欲而流于私。此'私'非由外来限制吾人之扩大遂己之欲为遂人之欲者，正是只思遂己之欲者之所必至。今欲扩大遂己之欲为兼遂人之欲，必须有一精神上之转折。即人必顺超越自己私欲之上，去平观自己与他人之欲，而生一俱加以成就之情意。而此转折之所以可能，则只根于人有能超越自己之欲，以俱成人我之欲之性理。否则绝不能有此转折也。诚然，人如从来未尝思遂己之欲，则亦不会转出此遂天下人之欲之心。然此所证者，只是自己之感有

---

① 唐君毅：《中国哲学原论·导论篇》，中国社会科学出版社，2005，第42页。
② 唐君毅：《中国哲学原论·导论篇》，中国社会科学出版社，2005，第42页。

欲，是欲足人欲之欲之必需的先行条件。即人如未尝先有'有欲之事'，'自足其欲之事'，则人不会有欲足他人之之'事'。后一事之成，必待前一事之曾为已忧。而此所证者，只是一人之事之在后者，待先者之有而后有之历史之秩序。此自为可说者。然此正只是事理。若由一事之待另一先行之事而有，遂谓其同出于一欲一性，则悖于名理。因此二事，明是不同之事，前事只为后事之一缘，尚非后事之因。此中前事后事，各表现人之不同之心理动机，而有不同之功效作用，一可只归于自私自利，一则可归于杀身成仁。此二种归宿，则正是相反而相灭者。如何可谓其同出于一欲一性乎？"① 根据唐君毅的分析，第一，思遂天下人之欲，不一定是思遂己欲之拓展，因为思遂己欲之发展，亦可发展为私欲；第二，扩大己欲为人欲，必须有一种精神上的转折，而要实现精神上的转折，必须超越己私，在于有成人成己之欲之"性理"；第三，如果是先有己欲，才有天下人欲，后一事必以前一事为前提，此属于"事理"，而"事理"，自不可有超越己私之可能；第四，前事为"自私自利"，后事为"杀身成仁"，这二者心理不同，功效不同，不可能同出一欲一性。质言之，戴震所谓"不思遂一己之欲，而思遂天下人之欲无是情"之说，在唐君毅这里一是逻辑上说不通，二是缺失性理。而要将"遂己之欲与遂人之欲"统一起来，只有"性理"。"此形而上之统一，吾人可答曰：此只能在宋明理学家所谓'即人之性理即天理'之理那里，绝不在由人之自然的生理、物理而发出之情人那里；个人之情欲本身，只是此即性理即天理之根倒栽其枝叶之所在。"② 就是说，"遂己之欲"与"遂人之欲"，就人之最高理想言，应该有个统一它们的本原，这个本原只能是宋明儒"即人之性理即天理"之理，而"存天理，灭人欲"主张正是以此为本原的。

对两个疑难的疏解

既然清代儒者对"性理"有误解，那么其"以理杀人"的判断是不是需要给予检讨？既然"性理"是不同于"事理"之"理"，这是不是意味

---

① 唐君毅：《中国哲学原论·导论篇》，中国社会科学出版社，2005，第 42 页。
② 唐君毅：《中国哲学原论·导论篇》，中国社会科学出版社，2005，第 43 页。

着"事理"应有其独特性？这两个问题似乎是让唐君毅无法回避的。

1. "理"，杀人呼？

清代儒者特别是戴震，控诉宋明儒"以理杀人"。但唐君毅不以为然。唐君毅说："宋明儒之于此言当存理去欲，又何得为非？戴氏名当然者为必然。此乃'必当'之必，非事实上之'必'，即不能废此当然之理也。至于谓理有在物，当格之穷之而后知之于心，则程朱早有是说。唯更进而言求知此物理，即所以显性理天理耳。故戴氏此类之论，进于宋儒者甚少，更不免于理之所见有偏。……戴氏之谓理在物，并求理之字原，于物上之文理条理，赖'心之察之几微，区以别之，然后见'者，则意在将此心知之活动，道向于外，以细察客观物理；更不由心之自具其性理天理，以专务自尊其心而自大。则亦可谓有一直往向于客观之科学精神，复可去人之'以主观之意见为天理，而更持此天理，由上而下以责人，致以理杀人'之祸。"① 唐君毅认为，戴震所讲"当然"即是"必然"，而"必当"不是"实当"，自然不能废"当然"之理，这是一；格物而知理于心，不能就此停止，应进一步使性理、天理显现出来，但戴震没有做到，这是二；戴震所主张将心知活动向外，以观察客观之理，而不是由心自具的性理、天理，以自大其心，这当然具有积极意义，即可认为是科学精神，从而可以去除"以主观意见为天理，并以此理杀人"之祸，这是三。唐君毅肯定戴震所主张向外的"事理"，并认为可以生出科学精神，从而去除将"理"奉为专制而杀人。但这与宋明儒所言"性理"完全异趣，因为宋儒所倡"性理"，根本义就不在此。唐君毅说："儒者之言义理，原重以之自责，以成贤成圣，而非重在责人。然人能以理自责，亦自可以理责人，而对天下人之事，为是是非非之论。此亦初未尝非合理。然人自责难而责人易。则专尚理而重是非，亦恒导向于多责人。此则王学之末流，如李卓吾与东林学派人，即已有偏向在对人为是非毁誉，以至流于苛刻。故刘蕺山谓东林之弊可流为申韩。此依理为是非，在孟子乃属于四端之末之是非之心，其本乃在前三端之侧隐、羞恶、辞让之心。今以末为本，则与孔孟之旨先侧隐辞让，其羞恶皆先羞恶其己之所为之旨，亦有所不合。"② 就是说，宋

---

① 唐君毅：《中国哲学原论·原教篇》，中国社会科学出版社，2006，第461页。
② 唐君毅：《中国哲学原论·原教篇》，中国社会科学出版社，2006，第461页。

明儒所言"理"，主要在于对自我要求，对自我的责任，并因此责备天下人或事。可是，生活中往往是责自己难，责别人易。所以专门崇尚"理"而且只看是非的话，就可能多责于人，阳明末学、李贽、东林都是这种现象之表现。这样以"理"为是非的做法，消解了"性理"的丰富内涵，不符合孟子的"四端"说。因为是非之心在孟子"四端"中乃是末，前面尚有恻隐、羞恶、辞让三心，所以是舍本求末，而与孔孟之旨不合。因而不能说宋明儒之"理"是杀人者。

令唐君毅惊讶的是，清儒竟然将理学与专制等同起来。他说："清帝崇尚理学，至于雍正，而集政教大权于一身，更依理以与禅宗之弘忍及儒者吕留良之弟子曾静辩；而于弘忍则绝其法嗣；于曾静，则使之叩首认罪，更戮留良尸。由康熙以至雍正之兴天下之文字狱，正东原所谓以理杀人也。东原言'死于法，犹有怜之者；死于理，其谁怜之'。近人章太炎检论释戴一文，谓其正暗指清帝兴文字狱之事，盖得其实。此清帝之据权位，而用理判罪；与昔儒之唯据理以抗势者，正相颠倒，亦昔所未有。东原见此以理杀人之事，本此以谓为政当先同民之欲，遂民之情，将理置于第二义，更谓人当先求客观之理，勿轻言理在吾心，致以吾一人之意见为理，以违之者为大罪，而有以理杀人之祸，则皆不为无见。"① 就是说，戴震由清帝"以理杀人"而主张为政者应先满足民欲民情，进而主张求索客观之理，避免以意见为理，是有积极意义的。但宋明儒之"性理"，是用来对抗权势的，不能将其与雍正居位势而以理杀人等同起来，因为这样做完全是背离了宋明儒"理"的真实旨意，是颠倒妄用，正所谓："然宋明儒之言理，原重在内用以自修，外用以折一时之权势。雍正居位势而以理杀人，此乃于理颠倒妄用，不可以此并理学而俱斥之。"②

2. "理"，轻物乎？

清儒讲"事理"，主事功，倡外王之学，并以此为标准，批评宋明儒轻"事功"，缺"外王"之学，所以与孔孟儒学不合。不过，这种批评对唐君毅而言多少有些简单化，因为在他看来，宋明儒也是有事功之学的，如朱子学、阳明学，不能说没有外王学。唐君毅说："然谓宋明儒者由周

---

① 唐君毅：《中国哲学原论·原教篇》，中国社会科学出版社，2006，第461~462页。
② 唐君毅：《中国哲学原论·原教篇》，中国社会科学出版社，2006，第462页。

张至程朱陆王言心性之学，全不志在事功，不能治事，有内圣之学，全无外王之学，则非也。……此即宋明儒者虽亦志在事功，并能治事，然未必于其所讲之学中，言事功与治事之道；而后之学者，亦不重其事功与治事之道。如以王阳明而论，固能治事。然其《传习录》所记之言，则只及致良知之学，无一语及于如何立事功与治事之道。今存《王阳明全集》，除《传习录》三卷及若干论学之书信及文外，大部为与其所治之事有关之文。然试问于此诸文，今治王学者，有几人加以注意？……今吾人之论张程朱陆之学，亦同不重关于其如何应世治事之文也。此固由凡此有关诸贤应世治事之文，时易境迁，则后人更无兴趣。然亦由吾人之意谓：论此诸贤之学，不须更言其如何治事之道，此治事之道，原非其讲学之精华所在也。"① 就是说，无论是程朱理学，还是阳明心学，都有外王学，只不过学者较少关注理学家或心学家这方面的文本而已。当然，就宋明儒而言，外王学不是他们的重点，也不是他们学说的精华所在，从这个意义上讲，宋明儒所重"性理"自有其不足，而清儒所重"事理"自有其独特价值。唐君毅说："然吾人固有理由以谓此事势事功之理以及物理等，对宋明儒者所重言之天理、义理、性理，有一相对独立之意义。由北宋之王安石、苏氏父子至南宋之永康永嘉之学，以及明末之船山、亭林、梨洲，清代之颜习斋、戴东原等，则正皆有见于此事势、事功之理与物理等，有此相对之独立意义，而知于宋明儒所尚之学外，当另有一学术思想之方向，以补其所不足者也。唯其矫偏或又过正，而或不免并宋明儒者之长，以补其所不足也。"清儒所主"事理"的意义就在于可以沿着这个方向开出事功和外王。

但不管如何，"性理"的意义仍然是具有终结性的，无论事功怎么开展，无论外王怎么现代化，"性理"的作用是不可替代的。唐君毅说："然谓此三百年之学者，疑于宋明儒之忽事功之学，亦未离于此本源中之道是一事，至其所疑是否皆当，又是一事。吾人固可谓中国学术文化之本源中之道，初只表现于平水土、建邦国、树礼乐、成风教之立皇极、格三物之事。然此道之流行，则固不止于此，亦不当止于此。孔子之言仁道、颜曾思孟之言内圣之学，以及于性与天道，正是为此立皇极、格三物之事，奠

---

① 唐君毅：《中国哲学原论·原教篇》，中国社会科学出版社，2006，第 443 页。

立内圣之根据，为其事功之可能的基础。无此根据与基础，则事功亦终不能长保。"① 就是说，"外王"的开展，"事功"的建立，都必须有根据和基础。这个根据和基础，就是孔子的"仁道"，就是颜曾思孟的"内圣之学"，就是"性理"。如无此根据，外王、事功终不能保持长期增长。如上即是对唐君毅关于"性理"与"事理"比较性讨论的简要梳理与分析，但我以为这样几个问题似乎值得进一步关注和思考：第一，揭示了"性理"的真实内涵，批评了清代儒者对"性理"的误解。唐君毅认为，清儒以"事理"的标准来看待"性理"，自然看不到"性理"的真精神。"性理"是仁义礼智，是人内在的善性，是良知良能，是道德本体，是人的内在规定性。这样，唐君毅不仅化解了清代儒者对"性理"的误读，而且警示人们如何认知"性理"。第二，肯定"事理"的独特性及其开出外王的价值。唐君毅虽然情感上偏重"性理"，但他对"事理"的独特性有清楚的认识和判断，认为"事理"以其客观向外、开出事功和外王的特质，与"性理"形成互补，从而使儒学内圣与外王重新统一起来，并为这种统一提供了形而上之基础："性理"。第三，尤为可贵的是，唐君毅在分辨"性理"与"事理"的同时，对"理"的特性与专制杀人进行了区分，以及对"己欲与人欲关系"做了精到分析，都显示了唐君毅见识之微之深。唐君毅认为，"性理"乃是儒者用以抗势的武器，是正义的象征，与皇帝借专制杀人完全不可同日而语。而"个人的私欲"虽有转向"天下人公欲"的可能性，但这中间需要超越和转折的根据，这个根据就是"性理"。

《福建论坛》2012 年第 1 期

---

① 唐君毅：《中国哲学原论·原教篇》，中国社会科学出版社，2006，第 442~443 页。

二十四　当代儒学流派的基本格局及其走向

儒学作为中国传统思想的主体部分，作为塑造中华民族性格的重要学说，作为建构现代文明的重要精神文化资源，当代学者不能不给予关注，不能不给予思考，不能不给予主张，但在这种关注、思考和主张过程中，学者们会自觉地将他们的价值立场、思想观念与儒家思想产生化学反应并融合，从而形成新的儒学流派及主张。由于学者群体在价值立场、思想观念等方面存在差异，因而所形成的儒学流派及主张便呈现多样面孔，由此便有了保守主义儒学、马克思主义儒学、自由主义儒学、理性主义儒学四大派别，即所谓"保""马""自""理"。本文即对活跃于当今学术领域的四大流派做一扼要梳理，并予以评论。

保守主义儒学

保守主义儒学在中国有其传统，从产生的根源看，应该理解为应对西方思想文化挑战而形成的一种文化思潮。就是说，如果不是西方思想文化的强势进入，也许不会出现这种对儒学持保守立场的学派。从历史渊源看，晚年的康有为、严复都属于保守主义儒学派，后又有新儒家梁漱溟、熊十力、马一浮等，至少他们是部分的保守主义者。前者主张以儒教为国教，后者则主张"返本开新，守常应变"。而当今对于儒学持保守立场较为鲜明的学者有蒋庆、康晓光、盛洪、张祥龙、陈明，以及海外的杜维明等。这些学者的主张比起前辈来虽然相对复杂，但大体上没有逸出保守主义阵营之外。保守主义在西方是一种思想文化思潮，其基本主张包括：第一，认同传统、坚持传统、弘扬传统；第二，主张有超越性的道德秩序；

第三，主张社会发展连续性、改良性；第四，奉行审慎原则，对任何观点、文化抱着审慎的态度。当代中国保守主义儒学派中的人物，或许并不完全了解西方思想文化中的保守主义，但他们对于儒学的主张大体上与这些理念相同；而且，他们不仅对这些基本理念有较全面的贯彻，还有出色的发挥，使他们在精神上、理念上成为一个引人瞩目的儒学团体。

与此相应，当代保守主义儒学派基本主张是：儒学是优秀的思想文化，是有价值的思想文化资源，儒学的基本思想无须改变、无须改造，儒家思想可以直接服务于现代社会。如康晓光说："所谓'复兴'是对文化的核心精神的保守、继承、发扬光大。文化的枝节可以抛弃，形式可以改变，但核心精神不能丢掉。……儒家文化的复兴，对于我们的道德重建，对于社会秩序的重建，对于中国人的国家认同和民族认同，对于政治正当性重建都是非常非常重要的。"① 以此信念为基础，保守主义儒学派提出了一套系统的应用、开展、升格、复兴、解释儒学的主张。首先，"儒学意识形态化"是保守主义儒学派的根本主张。他们呼吁将"尧舜孔孟之道"作为国家的立国之本写进宪法，上升为国家意识形态，恢复儒教古代"王官学"的地位，把儒教的义理价值尊奉为中国占主导地位的统治思想，从而将儒学理念作为国家制度的根据。② 其次，"儒学宗教化、制度化"是保守主义儒学派的基本诉求。他们提倡公祭孔子、广建孔庙，将儒学确立为中华民族的信仰。如蒋庆认为儒教的生命形态就是"上帝信仰、天道性理信仰、祖宗鬼神信仰、良知信仰以及符合儒教义理的民间信仰"，并要求"制定并主持各种国家祭祀礼仪与民间祭祀礼仪、开展全民性的'中国道德振兴运动'"。③ 忧心如果不把儒学当作宗教，中华民族就会丧失立身之本、立国之本，国家也将灭亡。再次，"建立文化保护区"是保守主义儒学派主要策略。在保守主义儒学派看来，近世以来，儒学面临各种严峻的冲击和挑战，建立文化保护区是复兴儒学的重要道路之一。而所谓"文化保护区"设计是："它的面积、地点、人口、体制、风俗、经济、教育等，应大到和特异到足够使儒家能作为一个文化活体而延续，就如同让大熊猫和东北虎能野生生存的条件考虑方式一样。比如，以曲阜为中心而划定一

---

① 康晓光：《软力量建设与儒家文化复兴的关系》，《天涯》2007 年第 1 期。
② 蒋庆：《关于重建中国儒教的构想》，《中国儒教研究通讯》2005 年第 1 期。
③ 蒋庆：《关于重建中国儒教的构想》，《中国儒教研究通讯》2005 年第 1 期。

方圆百里或百公里的保护区。在这个区域中，'使服其服，行其礼乐'，尽可能采纳儒家的经国治世之策，培育愿终生乃至世代承传儒家的道统和生活方式的儒者和维持这样一个社会所需要的三教九流，最后达到任其自行而无碍，与世无争而潜润世间的境地。"① 这样才能"保存较纯粹的古朴活种"。复次，"用儒学教化国民"是保守主义儒学派的努力目标。他们主张全面复兴儒学、普及儒学，在普通百姓中进行传播，将儒学的基本思想灌输给全民。如蒋庆说："由儒教出资在全国兴办幼儿园、小学、中学，并在非儒教兴办的幼儿园、小学、中学、大学推广读经，在社会中开展成人讲经、书院讲学，在政治中建立《四书》《五经》考试获得从政资格的'新科举制'，对军人进行儒教精神道德的忠义爱国教育，开展'全民读经'运动等。"② 最后，"肯定、保护性解释儒学文本"是保守主义儒学派的基本特征。面对儒学文本，保守主义儒学派更愿意从肯定、保护性的方向做出解释，而不愿做否定、破坏性解释，所以在保守主义儒学派解释儒学文本的体系中，较少看到对儒家思想不足的揭示，较少看到对儒家思想的批评与否定。比如，《论语·阳货》有云："唯女子与小人为难养也。近之则不逊，远之则怨。"杜维明的解释让人耳目一新："不是性别论说而是政治论说，包括了男人与女人。意即政治领导人对于没有受过教育的男女，在相处时要特别小心，不能太亲近，又不能太疏远，否则他们就会无礼或怨恨。怎样处理这种复杂关系，不被他们所蛊惑，又要他们帮助你维持行政运作，这是政治艺术。因此，孔子这句话不是歧视妇女的性别论说。"③ 尽管杜氏的创造性解释遭到了许多学者的质疑，但这种解释无疑属于肯定、保护性的，这正体现了保守主义儒学派解释儒家思想的特征。再如蒋庆认为，心性儒学"天人合一的自然观，大化流行的宇宙观，尽物之性的物与观，阴阳交合的生成观，以物观物的方法论，对解决人类现代困境都有重要作用，只要人类觉悟了心性的重要性，回到心性，便可以解决人类所有问题。"④ 儒家心性之学固然特殊、固然重要，但毕竟只是儒家提

---

① 张祥龙：《给中国古代濒危文化一个避难所——成立儒家文化保护区的建议》，《中华读书报》2001 年 8 月 15 日。

② 蒋庆：《关于重建中国儒教的构想》，《中国儒教研究通讯》2005 年第 1 期。

③ 杜维明：《武汉大学访谈》，《杜维明文集》，武汉出版社，2002，第 5 卷，第 695 页。

④ 蒋庆：《心性儒学与未来世纪》，《中国文化》1994 年第 11 期。

出的一种修养教化理论而已，并不是万能的灵丹妙药，蒋庆这种夸大其词的解释，正显示了保守主义儒学派对儒家思想解释的肯定性、保护性特点。但这种解释表明，保守主义儒学派在解释儒家经典方面，比较少的从消极方面去思考问题，所表现的是一种解释上的乐观主义。

概言之，在保守主义儒学派视域中，儒学的地位是"意识形态"，儒学的存在形式是"宗教"，儒学的传承复兴方法是"保护区建设"，儒学的开展方向"是教化民众"，儒学的解释倾向是"肯定性、保护性"，等等，这些主张与观点，都显示了鲜明的保守主义特质。

马克思主义儒学

马克思主义儒学的产生，是马克思主义理论进入学术领域并实行对学术研究指导、渗透之结果，特别是由其指导的社会革命运动取得成功后，马克思主义便以最高真理的身份对学术思想进行指导。如果将马克思主义儒学理解为以马克思主义方法理解、研究、评价儒学的话，那么陈独秀、李大钊、郭沫若等可以认为是马克思主义儒学的早期代表，而当今对儒学持马克思主义立场坚定且鲜明的学者有张岱年、张岂之、萧萐父、方克立、李维武、黎红雷等。马克思主义儒学派的理论根据是马克思主义基本理论，主要是马克思主义哲学，它包括：世界的统一性在于它的物质性，物质第一性，意识第二性，物质决定意识，意识对物质具有反作用；万事万物是普遍联系的，矛盾是事物发展的动力，辩证法是理解事物、各种关系的基本方法；认识从实践中产生，随实践而发展，认识的根本目的是为了实践，认识的真理性只有在实践中得到检验；社会存在决定社会意识，社会意识反作用于社会存在，生产力和生产关系之间的矛盾、经济基础与上层建筑之间的矛盾，是推动社会发展的基本矛盾；在阶级社会中，社会基本矛盾表现为阶级斗争，人的思想意识都由其阶级属性决定。

那么，与此相应的马克思主义儒学派关于儒学的主张是怎样的呢？第一，强调用马克思主义理论指导儒学研究。在马克思主义儒学派看来，儒学研究只有贯彻马克思主义思想方法，才不会迷失方向，才能获得积极效果。如张岱年说："中国的文化传统也必须与马克思主义的普遍真理密切结合，才能提升到更高的水平。"①又如方克立说："不论是中国特色社会主义理论还是社会主义核心价值体系，都从包括儒学在内的中国传统文化中吸取了不少思想资源作为古为今用的支援意识。不过这里有一个重要前提，就是必须坚持以马克思主义为指导。马克思主义与儒学的关系是主导意识与支援意识的关系。"② 第二，认为马克思主义理论与儒家思想虽然有相适的部分，但对立是它们的基本关系。如张岱年说："儒学中有一部分与马克思主义是矛盾的、不相合的，但也有一部分内容与马克思主义并不矛盾，可以相合和互相补充。"③ 再如方克立说："马克思主义与儒学有相容相通之处，并不能否定二者还各有其本质的规定性，不能抹煞二者之间的本质区别和界线。马克思主义中国化不等于马克思主义儒学化，马克思主义要是儒学化了就不是马克思主义，就失去了其本真面目。同样，儒学也不可能马克思主义化。"④ 第三，以马克思主义作为评价儒学是非得失的标准。如要对儒家思想是非得失进行评价，马克思主义儒学派认为最可靠的标准就是马克思主义理论。如方克立说："用马克思主义观点研究儒学是分析儒学，解构儒学，取其精华，古为今用，同时也要批判其中的封建主义糟粕。大概不能把这叫做儒学马克思主义化。"⑤ 第四，必须用马克思主义方法引导马克思主义与儒学会通。对于马克思主义儒学派而言，马克思主义与儒学会通是没有疑问的，问题是如何会通，会通的方法与路径是什么。冯俊说："中国化马克思主义是马克思主义最新发展，它本身不是一个儒学的理论体系。我们要杜绝不加分析不加分别地对以儒学为代表的传统文化盲目崇拜，以科学辩证的态度对对儒学进行批判性继承，真正吸收儒学文化中的思想精华和优秀品质，以马克思主义的理论视角做出新的诠释。"⑥ 就是说，如果要实现儒家思想与马克思主义会通，必须以马克思主义理论为指导。在这里，马克思主义既是"运动员"，又是"裁判员"。第五，必须以马克思哲学方法对儒学展开解释。可以说，马克思主义儒学

① 张岱年：《二十一世纪中国哲学的一个重要课题》，《中国社会科学院研究生院学报》1999年第1期。
② 方克立：《关于马克思主义与儒学关系的三点看法》，《高校理论战线》2008年第11期。
③ 方克立：《关于马克思主义与儒学关系的三点看法》，《高校理论战线》2008年第11期。
④ 方克立：《关于马克思主义与儒学关系的三点看法》，《高校理论战线》2008年第11期。
⑤ 方克立：《关于马克思主义与儒学关系的三点看法》，《高校理论战线》2008年第11期。
⑥ 冯俊：《中国化马克思主义的儒学因素》，《理论视野》2008年第12期。

派对儒家思想展开了全方位的解释，而马克思主义理论贯注于所有解释实践之中。比如张岱年对陆王心学"心外无理"、"心外无物"的解释："象山只讲无心外之理，阳明则更讲心外无物，心外无事。一切皆在心中，无心便无一切；个人的心知没有了，其宇宙亦即消逝。在阳明，颇有承认人人各有其各自的宇宙之倾向，他常是从知识的能所关系立论。他的学说，可以说接近于西方的主观唯心论。"① 比如张岂之对《孟子》"夫志，气之帅也；气，体之充也。夫志至焉，气次也"（《孟子·公孙丑上》）的解释："对于人来说，'志'是主要的，是'气之帅'。'气'是次要的，是'体之充'。这两方面是相互作用的，一方变化必然引起另一方的变化。所以他说'志壹则动气，气壹则动志也。今夫蹶者趋者，是气也，而反动其心。'（《孟子·公孙丑上》）这既看到了矛盾主要方面对次要方面的决定作用，又看到了此要方面对主要方面的反作用。"② 比如张岱年对张载"为天地立心"之解释："'为天地立心'，即达到天地的正确认识。人是天地所产生的，是天地的一部分；人对于天地的认识也就是天地的自我认识而可称为天地之心。"③ 比如萧萐父主编的《中国哲学史》对"古之时，人之害多矣。有圣人者立，然后教之以相生相养之道。为之君，为之师。驱其虫蛇禽兽而处之中土。寒，然后为之衣，饥，然后为之食。木处而颠，土处而病也，然后为之宫室。为之工以赡其器用，为之贾以通其有无，为之医药以济其夭死，为之葬埋祭祀以长其恩爱，……如古之无圣人，人之类灭久矣"（《原道》）的解释："人类社会的历史，全是圣人安排造就的。人们在生产劳动中的一切发明创造以及国家的各种制度，都是圣人意志的产物。由于有了圣人，才有今天的人类社会；如果没有圣人，人类早就被毁灭了。在韩愈看来，不是人民群众养活了剥削阶级，而是剥削阶级养活了人民群众；不是人民群众创造了历史，而是圣人创造了历史。他的这种所谓圣人创制立法的唯心史观，是对历史的根本颠倒。"④ 不难看出，在上述解释实践中，马克思主义哲学的唯物论、辩证法、认识论、历史观，都发挥了它们的功能，显示了它们的威力，儒家思想史在这里被改造成了马

---

① 张岱年：《张岱年全集》第二卷，河北人民出版社，1996，第 104 页。
② 张岂之：《中国儒学思想史》，陕西人民出版社，1990，第 96 页。
③ 张岱年：《张载哲学的理论贡献》，《张岱年全集》第七卷，第 173 页。
④ 萧萐父等主编：《中国哲学史》（上），人民出版社，1987，第 470 页。

克思主义儒学史。

概言之，在马克思主义儒学派这里，儒家思想尽管被开掘出许多符合马克思主义哲学的元素，从而使儒家思想被赋予新的活力与气息，但也存在诸多被误读误解之处，也就是说，马克思主义儒学虽然赋予儒家思想以新的形式，但却在很大程度上与本来的"自我"渐行渐远。

自由主义儒学

在现代中国思想史上，无疑存在一个自由主义传统，但自由主义儒学能不能说有一传统尚须讨论。不过，这并不妨碍我们可以找到在儒学立场上具有自由主义特征的群体。像张君劢、徐复观、方东美、唐君毅等大体上都可归为自由主义儒学阵营。当今对于儒学持较鲜明自由主义立场的代表主要有袁伟时、刘军宁、徐友渔、刘泽华等。自由主义也是来自西方的思潮，流派众多，内容十分复杂。一般而言，自由主义是一种意识形态，以自由作为主要政治价值的一系列思想流派的集合。自由主义追求保护个人思想自由的社会、以法律限制政府对权力的运用、保障自由贸易观念、支持私人经济、透明的政治体制以保障少数民族人的权利。自由主义基本人权主张是生命的权利、自由的权利、财产的权利。这基本上是国内自由主义派对于儒学主张的依据。

与上述主张相适应，自由主义儒学派对于儒学的主要观点有：第一，儒学是专制主义思想，王道政治不适合现代社会。在自由主义者看来，儒家思想是封建社会的产物，与封建专制制度相适应，所以是不可能适应现代政治的。比如刘泽华认为，儒学是一种封建专制主义的政治思想体系，儒家所设计的理想国模式，提出的实现理想政治的途径，以及指导现实政治的基本原则，构成了其政治学说的主体，即使儒家的设计全部原原本本地付诸实践，其基本导向和归宿必然是专制主义。[1] 第二，儒学不可能成为建设国家的政治文化制度的基本原则。针对保守主义儒学派"儒学宪法化"的主张，自由主义者认为儒学根本不可能成为建设国家政治制度的基本原则。比如袁伟时说："现代国家，不论儒学是不

---

[1]　刘泽华：《论儒家的理想国》，《天津社会科学》1990 年第 4 期。

是宗教，但是你以它为国家的指导思想，要建什么儒家社会主义共和国，对有独立思想、自由精神的现代公民，都是无法接受的。现代人拒绝思想牢笼。现代国家应该建立多元的、自由的思想文化体制。各种各样的思想流派应该自由竞争，独尊儒术会带来国家的灾难。这个图谋也蕴含着那些自命为儒家信徒之辈，冀图利用行政权力，取得高人一等的思想垄断地位。"① 第三，对儒学教化功能持怀疑态度或否定态度。与保守主义儒学派肯定并宣扬儒学教化功能不同，自由主义儒学派对儒学教化功能持怀疑与否定态度。比如徐友渔说："我不相信，把我们的儒家文明打出去，可以解决基督教文明的问题；我也不相信，把西方基督教文明请进来，会使我们中国人脱胎换骨，走向新生。我们的文人学者论证自己传统的高明，对于解决当前的问题，是一条错误的思路。"② 不过，在自由主义阵营中，也存在对儒学相对温和的主张与态度。比如刘军宁认为，儒学与自由是完全可以融通、结合的，儒教自由主义就是自由主义在儒教传统文化的土壤中安家落户后对儒教加以融合，形成的带有浓厚儒教色彩的自由主义。他说："当我们在论证儒教如何构成障碍、甚至扬言要阻断儒学的时候，儒教却被悄悄地转化成现代化的动力。当我们发誓要把儒教烧为灰烬的时候，儒教却早已被'点滴'进了我们的血液。当我们拿儒教直接面对民主却屡试屡败而扼腕时，由于在实践中插入了市场经济，儒教和民主却已经'兼容'。当我们对儒教与自由主义的结合将信将疑、吹毛求疵的时候，两者结合所创造的奇迹就已形成了巨大的挑战。"③ 而儒学与自由主义之所能相通就在于方式不同而目的一致："儒家追求的是通过道德修养来约束个人的行为，而自由主义则致力于用法律规则制衡政府的权力，两者的目的都是旨在克服个人与政府行为的任意性。"④ 与保守主义儒学派、自由主义儒学派从自身立场解释儒学一样，自由主义儒学派对儒家思想的解释也完全是从自由主义立场出发的。比如袁伟时指"仁者，亲亲为大"即是崇尚等级——"'仁者人也，亲亲为大。'原意是仁也要按亲疏分等级，何来平等？至于孔子和后来的儒家

---

① 袁伟时：《传统儒家宗法文化无法完成社会的近代化转型》，《腾讯历史》2011 年第 6 期。
② 徐友渔：《社会转型期的精神文化定位》，《社会科学论坛》2002 年第 1 期。
③ 刘军宁：《新加坡儒教自由主义的挑战》，《读书》1993 年第 2 期。
④ 刘军宁：《新加坡儒教自由主义的挑战》，《读书》1993 年第 2 期。

坚持等级，排斥平等的言行俯拾皆是。"① "仁者，亲亲为大"，"仁"乃是道德情感，是爱，亲亲为大，是说"仁"这种爱基于血缘亲属，所以儒家主张"亲亲仁民爱物"，有先后，但内容一致，这种亲情上的先后与政治上的等级可能不好完全等同起来。又如刘泽华对"天理"的解释，他说："朱熹说：'天分即天理也'，又说：'君臣父子，皆定分也'，这就是说，等级差别出于天命，出于天然，人不得有任何非分之想，更不能有非分之举。……等级制度、贵贱有别是君主专制制度赖以存在的社会基础。"② 将朱熹的"天理"解释为"没有任何非分之想"，应该是将朱熹的思想太简单化、太肤浅化处理了。无论袁伟时的解释，还是刘泽华的解释，都是过于自信自由主义立场而疏于对儒家思想的同情体贴。

可见，在对待儒学的态度上，自由主义儒学大体上可分为两股：一股是以自由主义为基本价值立场对儒学的批评与否定，在这个方向上，自由主义儒学并不成为儒学发展的一种途径或模式；另一股是自由主义者根据自由主义立场，将儒家思想中具有自由主义内容的元素进行发掘、解释并加以吸收，或者将自由主义与儒学中的某些内容结合起来，以形成一种具有某些儒学色彩的自由主义。因此，无论是极端的自由主义派，还是温和的自由主义派，严格意义上都不能构成所谓以发展弘扬儒学为目的的自由主义儒学。

理性主义儒学

与保守主义儒学、马克思主义儒学、自由主义儒学不同，理性主义儒学是个特例。根据我多年的阅读与观察，发现有一种既不能归为保守主义，也不能归为自由主义，更不能归为马克思主义，却客观存在于当今儒学研究领域中的儒学主张，我称为理性主义儒学派。当今对于儒学持理性主义立场较为鲜明的代表人物有：汤一介、蒙培元、张立文、郭齐勇、陈来、李存山等。理性主义作为一种思潮也来自西方，理性主义可分为知识论上的理性主义和经济利益上的理性主义，前者强调客观的态度，与感性

---

① 袁伟时：《袁伟时批秋风：儒家是宪政主义吗？》，《南方周末》2011年6月28日。
② 刘泽华：《天人合一与王权主义》，《天津社会科学》1996年第4期。

相对应，后者强调公正的精神，追求经济利益最大化。相应地，理性主义儒学群体，更多是知识论上的理性主义，对儒学持客观、全面的态度，不是偏激、片面的态度，当然也有利益、价值最大化的诉求隐含在他们关于儒学的主张中。以理性主义的立场、精神、观念与方法去解释、评价和发展儒学而形成的关于儒学主张的群体，是为理性主义儒学派。

理性主义儒学的特征之一就是对自由主义儒学派、保守主义儒学派和马克思主义儒学派都有批评，这种批评就在于认为这三大群体对儒学都不是理性客观的态度。比如陈来指出："在现代中国，长期以来妨碍正确理解儒家的历史价值与现代意义的力量，不仅来自于自由主义对儒学的激进否定，教条主义和极'左'的假马克思主义在近几十年的批判儒学的运动中扮演重要角色。如果说二十年代全盘反儒思潮主要来自于以自由主义为背景的文化激进主义，而晚近的批儒呼声主要来自教条主义。他们把儒学仅仅看成一种维护封建专制统治的地主阶级的意识形态，为了把马克思主义与中国文化对立起来，用虚幻的手法把国学与社会主义新文化对立起来。教条主义无视中华民族的历史主体性，无视民族利益和民族前途，无视历史转型中的现实困难，却假意识形态的威权，把赞成正确理解儒学和要求善用传统资源以对治现实问题的主张扣以'复古主义'的帽子，企图以政治化的话语打击不同的学术意见。"① 因此，全面、客观、理性地理解儒学是他们的基本原则。他们反对情绪化论说、评价儒学。如汤一介说："中国文化有一些它的优点，但也有一些缺点。像杜维明先生他们有些解释我不是很同意。比方说'唯女子与小人为难养也'，当时那个社会就是这个样子，有这种问题，你不能歪曲掩饰它。还有'子为父隐、父为子隐'也不必为它过多地辩解，不是儒学的每一个说法都是好的。'三纲六纪'并不好，有些学者把所有的都解释为好的。"② 他们认为儒学是一种值得积极发掘的学说思想体系，但从不讳言儒学存在的问题。比如李存山认为，既不能将儒家的民本理念的积极价值加以否定，也不能抬得太高，应做实事求是的分析。他说："先秦儒家的民本思想虽然包含着人民的利益构成君主权力的基础的意思，但并没有赋予人民以监督、节制和罢免君主

---

① 陈来：《二十世纪中国文化中的儒学困境》，《浙江社会科学》1998 年第 3 期。
② 汤一介：《理性看待全球化中的中西文化教育》，《中国社会科学报》2010 年 4 月 20 日，第 5 版。

的权利，而是把这种权利寄托于'天'，这也就是后世君主纷纷以'符命'、'谶纬'、'奉天承运'来建立自己权力的合法性的原因。秦王朝以暴力取得天下，而自谓承受了天的'水德'。汉承秦制，是'居马上得之'，但也以承受了天的'水德'或'土德'自居。当汉武帝'独尊儒术，罢黜百家'时，儒家的'五伦'已渗入法家的因素而成为'三纲'，君主对于臣、民的权力被绝对化、神圣化，尽管董仲舒仍有'天之生民，非为王也；而天立王，以为民也'（《春秋繁露·尧舜不擅移》）和'屈君以伸天'（《春秋繁露·玉杯》）用'天人相与之际'来儆戒人君的思想。在'三纲'的原则下，君、臣、民的关系是：'君者出令者也，臣者行君之令而致之民者也，民者出粟米麻丝、作器皿、通货财以事其上者也。'（《韩昌黎集·原道》）显然，在君主集权的体制下，人民是没有'公民和政治权利'可言的。"① 他们认为儒学与现代社会、现代政治具有相融性，不是相克相斥的，比如郭齐勇说："儒学，特别是它的形上本体论、仁与诚的宇宙观、心性论、人伦关系论、理想人格论、身心修养论、人格价值论等等，是我们走向 21 世纪的重要精神依据。它可以开阔我们的精神空间，避免价值的单元化和平面化，避免现代化所预设的价值目标的片面性和负面性，批判工具理性的恶性膨胀。儒学安身立命之道可以丰富我们的人生，提升我们的人格，活化性灵，解脱烦恼，缓冲内心的紧张，超越生死的系缚和对功名利禄的执着，复活人的理想追求，使人真正过着人的生活。"② 在郭齐勇看来，儒学精神对 21 世纪社会人生之负面的治疗和拯救，肯定会起着愈来愈大的作用。但儒学要发挥其积极作用，也需要调整和改进，如陈来说："儒学并未死亡，它在离散之后作为文化心理的传统仍不自觉地以隐性的方式存寓于文化和人的行为之中。但也正因为它是支离的、隐性的，其表现便不能整全和健康，当前中国世态与文化的病症多由于此。只有在去除儒学不合时代的内容的同时，理直气壮地正面肯定其对于现代社会生活价值的精神和原理，使之合法化地作用于国民教育和文化建设，才能重建统一的国民道德与稳健的国民精神，走向合理的现代社会。"③ 在解释实践上，他们坚持客观理性的态度，主张对儒家进行具体的

---

① 李存山：《儒家的民本与人权》，《孔子研究》2001 年第 6 期。
② 郭齐勇：《从孔学的"人论"看儒学的现代价值》，《开放时代》1995 年第 2 期。
③ 陈来：《二十世纪中国文化中的儒学困境》，《浙江社会科学》1998 年第 3 期。

分析、公允的评判。比如有人认为，儒学是不追究经验背后的"所以然"的，张立文则用事实否定了这种偏见。他说："儒学并非完全不注意所以然的探索，孔子说：'朝闻道，夕死可矣'，而见他求道的迫切和重视。"① 因而不能说儒学没有对"所以然"的探索。再如有人认为"民胞物与"否定差别、否定等级的"礼"，张立文同样以客观的分析进行了回应："'大君者，吾父母宗子；其大臣，宗子之家相也'（《西铭》）这里把自然、社会、人生浓缩到家族之中，宗子即嫡长子，在宗法制社会中，嫡长子继承大宗，为宗族、兄弟所共尊；大臣是辅佐宗子的家臣。在宗法制度的家国同构下，自然生活、社会生活、人生生活都赋予了礼的形式，换言之，天、地、人都染上礼的色彩，受礼的制约。"② 因此，张载的"民胞物与"并非否定讲差别的"礼"，而实蕴含着等级、亲疏的礼。可见，理性主义儒学解释儒家思想实践中所贯彻的正是理性的精神、客观的态度。值得指出的是，理性主义儒学派还努力于儒家思想中公平、正义、平等、权利等具有普世价值的思想元素的开掘和发扬。他们将儒家的"博施济众""由义而利""民贵君轻""立己立人"等命题进行诠释和转换，从而彰显经济上的利益最大化理想、伦理上的利他精神、政治上的权利意识、法律上的平等观念，等等，也就说，理性主义儒学派除了在知识论上提倡理性客观对待儒家思想之外，对于儒家思想品质上的提升，也是有深切期许的。

可见，理性主义儒学派更多的是学术的态度、而不是宗教的态度对待儒学，更不是政治的态度对待儒学。理性主义儒学秉持两个理念：一个是经济上的公正，一个是认识上的客观。理性主义儒学派将自己的主张贯注于儒学的理解、思考、研究和判断之中，形成所谓理性主义儒学。理性主义与儒学的结合，对儒学的丰富、发展与更新具有非常积极的意义。

论　评

可见，保守主义儒学、马克思主义儒学、自由主义儒学、理性主义儒学的确是活跃在当今学术界对儒学持有不同主张的四大流派，它们秉持自

---

① 张立文：《儒学意蕴新析》，《现代哲学》2001 年第 1 期。
② 张立文：《儒学意蕴新析》，《现代哲学》2001 年第 1 期。

己的价值与原则，对儒家思想的义理、功用、意义、前途等展开了各具特点而精彩的论说。然而，透过那些充满期许而又令人眼花缭乱的论争，似乎还是可以寻找到一些加以引申的有趣而严肃的话题。

1. 多元走向是当今儒学发展的主打色调

与有些对"儒分为八"悲观评论不同，我们觉得，孔子儒学正是从"儒分为八"走出来的，走出了一片光明的前景，特别是有了孟子、荀子的疏通与开拓，孔子儒学才得以张开它的义理构架。董仲舒"独尊儒术"的主张，虽然为儒学获得了与权力结合的机会，虽然为儒学争得了绝对的话语权，但却极大地压缩、封闭了儒学活动、发展的空间，以致汉唐时期，儒学的创造力极度萎缩。可见，给不同儒者以宽松的思考空间、在儒者之间允许张力的存在，是儒学开展的基本条件。《中庸》说"万物并育而不相害，道并行而相悖"，就是憧憬儒家思想异彩纷呈的气象。而如今，保守主义儒学、马克思主义儒学、自由主义儒学、理性主义儒学四大流派，站在各自立场上，对儒学的义理进行着开采、对儒学的功用进行着探讨、对儒学价值进行着评估、对儒学的前途进行着展望，并各自提出了成体系的理解儒学、发展儒学、应用儒学的主张，从而为如何发展儒学、应用儒学提供了有价值的参考，从而为强盛、延续儒学的生命产生了创造性影响。这正是儒学多元开展所带来的利好。没有疑问的是，儒学开展的多元走向已是客观存在，而这种客观存在为儒学所带来的异彩纷呈之景观，正成为当今儒学发展的主色调。

2. 取长补短是儒学四大流派的内在义务

儒学四大流派的存在，虽然在规模上为儒学的开展拓宽了空间，但具体到四大流派对于儒学的具体主张与态度，则是智慧陋识并存的。比如，保守主义儒学之于儒学过分情感化，将儒学视为十全十美无须任何雕琢的璧玉，从而难以发现儒学的瑕疵，而且过分夸大儒学的功能，好像人类世界缺了儒学就无法轮转。自由主义者又自视甚高，以一种居高临下的心理俯视儒学，儒学的身份与价值需要它来提升，以一种莫名其妙的优越感对儒学进行评头论足，完全否定儒学的自由主义极端派姑且不论，自由主义温和派也不过是施舍似地安慰儒学：你身上有我们认同的东西，你应该感到自豪。马克思主义派则完全将儒学当作自己理论的注脚，儒家思想中不符合马克思主义观念的，统统遭到否定和批判，而符合马克思主义观念的，则被作为论证、说明马克思主义理论的资料，也就是说，在马克思主义儒学派观念中，儒学事实上很难有独立地位的，只是马克思主义说明自己正确的证据或工具而已。可见，保守主义儒学、马克思主义儒学、自由主义儒学都程度不同地存在这样那样的局限，因此，如果它们要真正丰富和发展儒学，必须去除各自的不足，吸收对方长处，是非常必要的。而对理性主义儒学派言，或许在主体意识方面应有所加强，即在强化自身的学派意识上尚需努力，既然想为儒学的发展出谋划策、做出贡献，就不能弱化自我的立场，这是理性主义儒学派必须自觉到并努力解决的课题。

3. 对立重叠是儒学四大流派的奇特景观

所谓"对立重叠"，是指在保守主义儒学、马克思主义儒学、自由主义儒学、理性主义儒学四大流派中，存在许多既对立又重叠的现象。就"对立"方面看，马克思主义儒学派不能容忍自由主义儒学派和保守主义儒学派的某些观点，自由主义儒学派不能容忍保守主义儒学派和马克思主义儒学派的某些观点，而保守主义儒学派也不能容忍自由主义儒学派和马克思主义儒学派的某些观点，在它们之间，存在基本主张上的对立与紧张。而理性主义儒学派对保守主义、马克思主义、自由主义都有批评，认为它们在儒学态度上都存在偏颇。具体到某个儒学派别言，自由主义儒学派中，有彻底否定儒学价值的自由主义者，也有相对肯定儒学价值的自由主义者；马克思主义儒学派中，有否定儒学价值的马克思主义者，也有肯定儒学价值的马克思主义者。就"重叠"方面看，在自由主义儒学派中，既有类似理性主义儒学派的观点，也有类似马克思主义儒学派的观点；在保守主义儒学派中，既有类似自由主义儒学派的观点，也有类似理性主义儒学派的观点；在马克思主义儒学派中，既有类似保守主义儒学派的观点，也有类似理性主义儒学派的观点；在理性主义儒学派中，既有类似马克思主义儒学派的观点，也有类似自由主义儒学派的观点。具体言之，保守主义阵营中的陈明就强调自己与刘军宁在思想观念上的交集，自由主义阵营中的刘军宁则部分地认同保守主义的观点，而马克思主义儒学派中的张岱年、萧萐父、张岂之等，对于自由主义儒学派的某些理念也是欣赏赞同的。理性主义儒学派最为宽容，它对自由主义儒学派、保守主义儒学派、马克思主义儒学派的某些儒学主张，都是表示谨慎的欢迎与接受。可见，在当今儒学四大流派之间的确存在"对立重叠"的奇特景观。但"对立"并不意味着它们分庭抗礼，而是在辩论中为儒学谋划未来，"重叠"也不意味着它们一团和气，而是表明经过彼此的论辩而获得了许多交集，而当今儒学的生命正是在此"对立重叠"中从容展开。

4. 更新弘扬是儒学四大流派的共同理想

虽然保守主义儒学派、马克思主义儒学派、自由主义儒学派、理性主义儒学派各务其事、各张其道，它们有充分的理由强调自我独立存在的价值，但它们在更新儒学、弘扬儒学、实现儒学的价值等主张上的趋同也是不争的事实：第一，都努力于儒家思想资源的开掘。无论是保守主义儒学派、马克思主义儒学派、自由主义儒学派，还是理性主义儒学派，都按照自己的方式对儒家思想资源进行了开掘，它们开掘的具体企图虽然不尽相同，但对儒家思想的更新却是具有积极意义的。第二，都努力于儒家思想中人类普世价值的寻找。无论是保守主义儒学派、马克思主义儒学派、自由主义儒学派，还是理性主义儒学派，它们对民主、人权、平等、自由等人类普世价值有基本的认同，因而它们或者因发现儒家思想中的人类普世价值元素而倡扬，或者因发现儒家思想中缺乏人类普世价值元素而更新。第三，都努力于儒家思想价值的落实。儒家思想的更新与弘扬，只有基于实践才能进行，因此，无论是保守主义儒学派、马克思主义儒学派、自由主义儒学派，还是理性主义儒学派，无不强调儒家思想的生命就在生活实践中，只有将儒家思想融入生活实践，其是非优劣才得以呈现，才可着手更新或弘扬。可见，儒学四大流派虽然各自独立、各行其道，但它们基本的目标和理想具有一致性，这就是希望儒学的价值与智慧在人类的生活实践中得到最大限度的释放，并在这种释放过程中得到更新与弘扬。

5. 各得其所是决定了儒学四大流派与儒学的真实关系

虽然说儒学四大流派存有共同诉求，但这并不意味着它们与儒学的关系完全一致。事实上，由于儒学四大流派在政治、经济、文化上的主张不尽相同，使得它们对儒学的认知与取舍不同，使得它们处理与儒学关系的方式也不同，正是通过它们认知与取舍儒学的实践，正是透过它们处理与儒学关系的方式，即所谓的"得其所是"，可以清晰、准确地把握儒学四大流派与儒学的真实关系。具体言之则是：保守主义儒学派虽然有些情绪化，但它极力推崇儒学，服膺儒学，视儒学为生命，全面肯定儒学价值，保护性诠释儒学义理，所以，保守主义儒学派在情感上与儒学是亲密无间的，而在理性上仍存有隔阂。马克思主义儒学派视儒学为工具、为材料，研究儒学以其为原则方法，评价儒学以其为标准，虽然在发掘儒学中类似马克思主义思想元素方面不乏建树，但主观上并不是为了儒学，而是为了马克思主义理论自身，因而马克思主义儒学派与儒学的关系是需要完善的。自由主义儒学派站在自由主义立场发掘、理解、评判、选择儒学，它也是以自己的主张作为标尺，对儒学进行剪裁、取舍，儒学中符合自由主义理念的思想元素被发掘、被肯定、被吸收，反之，则遭到批评与否定。因此，自由主义儒学派对儒家思想资源的发掘虽有积极意义，但它对儒学只是利用关系，因而自由主义儒学派与儒学的关系也是需要完善的。理性主义儒学派认识论上的理性主义主张，可以最大限度地避免对儒家思想理解、评价上的偏见，而经济上的利益最大化诉求，则与儒学的基本观念完全一致。因此，理性主义儒学派对于儒家思想的发掘、理解、评论，都是有益于儒家思想增厚与提升的。进言之，理性主义儒学派与儒学的基本诉求是一致的，理性主义儒学派是当今中国儒学健康发展的主力军。

总之，儒学四大流派构成了当今中国儒学发展的基本格局，它们搭建了当代儒学发展的张力，营造了当代儒学蒸蒸日上的气象，对儒学的发展、完善，以及现代转型做出了各自独特贡献。尽管在行政组织上，它们本质上是一相对松散的群体，但在谋划儒学的生存与发展的事业上，展示了它们的杰出工作与智慧，并且，它们会根据时机的变化而对工作进行有效的调整。因此，仅从学术角度看儒学的前景，当代儒学四大流派格局的存在及其开展，或许在不久的将来能够给我们带来意外的惊喜。

《天津社会科学》2012 年第 4 期

二十五　生生：儒家思想的内在维度

所谓"生生"是儒家思想的内在维度，主要是说"生生"理念是儒家思想的中心，这个中心理念贯彻于儒家思想的所有部分，儒家思想的全部都是"生生"理念的诠释和落实。因此，如果我们能对儒家"生生"理念有全面而准确的理解和把握，自然有助于我们理解、应用、丰富和发展儒家思想。本文拟对"生生"何以是儒家思想的根本理念、儒家"生生"理念要义、儒家"生生"理念的特质等展开初步讨论。

"生生"何以是儒家思想根本理念？

所谓根本理念，也就是核心理念，它是一种学说或一种思想体系的主轴或精神，是该学说或思想体系理解宇宙万物的根本方式，是该学说或思想体系解决问题的基本途径，是该学说或思想体系的自觉追求。

1. "生生"是儒家理解宇宙万物的根本方式

如果说我们生存于其中的宇宙世界有个形成过程，那么这个形成过程就是"生生"的过程。为什么说是"生生"的过程？因为从太极到两仪、两仪到四象、四象到八卦、八卦到吉凶、吉凶到大业，没有"生生"是不可能的，所谓"有天地，然后有万物，有万物然后有男女，有男女，然后有夫妇，有夫妇，然后有父子，有父子，然后有君臣，有君臣，然后有上下，有上下，然后礼义有所错"（《周易·序卦》）。就是说，从天地生万物，万物生男女，男女生夫妇，夫妇生父子，父子生君臣，君臣生上下，直到上下生礼义，宇宙世界形成的每个阶段，都是"生生"的作品，因此可以说是"生生"的过程。那么，宇宙世界形成之后，宇宙世界中的万物是一个怎样的结构呢？儒家认为是一种"生生"的整体。为什么说是"生

287

生"的整体呢？因为自然界的风雨、露雷，日月、星辰，禽兽、草木，山川、土石等，与人是一体的，而"为一体"的原因是都具有"仁"。如王阳明说："大人之能以天地万物为一体也，非意之也，其心之仁本若是。其与天地万物为一体也，岂唯大人，虽小人之洗心亦莫不然，彼顾自小之耳。是故，见孺子之入井而必有怵惕恻隐之心焉，是其仁之与孺子而为一体也；孺子犹同类者也，见鸟兽之哀鸣觳觫而必有不忍之心焉，是其仁之与鸟兽而为一体也；鸟兽犹有知觉者也，见草木之摧折而必有怜悯之心焉，是其仁之与草木而为一体也；草木犹生意者也，见瓦石之毁坏而必有顾惜之心焉，是其仁之与瓦石为一体也。"（《大学问》，《王阳明全书》卷二十六）在王阳明看来，宇宙万物之所以是一个有机整体，因为万物都具"仁"，而"仁"是德，此"德"内涵即是"生生"，所以宇宙中的万物是"生生"的整体。虽然宇宙万物在结构上是"生生"的整体，但万物毕竟还是要运动、要工作、要忙碌的，那么，儒家是怎样看宇宙万物的运动变化的呢？简言之，"生生"地看待，即生命地、生机地、生态地看宇宙万事万物的变化。比如，孔子对礼义制度的损益，对革命运动形式的反对，孟子对政治制度改革的主张，对处理事件权变策略的肯定，都表明儒家关注的是事物变化中的先后相续的问题。对事物前后相续性的坚持，对暴风骤雨式革命的反对，充分说明儒家是从"生生"理念理解宇宙万物变化的。概言之，宇宙万物是个过程，但却是"生生"的过程；宇宙万物是个整体，但却是"生生"的整体；宇宙万物是变化的，但却是"生生"地变化。正如梁漱溟先生所说："在我的思想中的根本观念是'生命'、'自然'，看宇宙是活的，一切以自然为宗。"① 这也就是儒家理解宇宙万物的根本方式。

2. "生生"是儒家解决问题的根本方法

宇宙万物千姿百态、瞬息万变，在自我化生的过程中，会遭遇各种各样的难题或困境，但按照儒家的理解，宇宙万物的形成、结构、变化都具有"生生"特性，这是否意味着，解决宇宙万物运行变化中的问题要遵循"生生"的原则？事实的确如此。《易》说："易有太极，是生两仪，两仪生四象，四象生八卦，八卦生吉凶，吉凶生大业。是故法象莫大乎天地，

---

① 梁漱溟：《朝话》，《梁漱溟全集》第 2 卷，山东人民出版社，1990，第 125 页。

变通莫大乎四时，悬象著明莫大乎日月，崇高莫大乎富贵。备物致用、立成器以为天下利，莫大乎圣人。探赜索隐、钩深致远，以定天下之吉凶、成天下之亹亹者，莫大乎蓍龟。是故天生神物，圣人则之；天地变化，圣人效之；天垂象见吉凶，圣人象之；河出图，洛出书，圣人则之。"（《周易·系辞上》）这段文献前半段是讲宇宙万物因"生生"而成，也就是以"生生"解决问题、疏通路径，因为宇宙万物"生生"过程中只有克服各种困难才能"生生"。儒家认为，既然宇宙万物是依靠"生生"而成，那么，圣人"备物致用、立成器以为天下利"之"生生"事业，当然需要仿效天地"生生"之法，"生生"地去处理问题去解决问题。人与自然万物为一体，人是自然世界的一分子，但人的生存必须从自然界获取资源。可是，人应该怎样从自然界获取资源呢？儒家所提倡的是"生生的获取"。什么叫"生生的获取"？比如，"子钓而不纲，弋不射宿"（《论语·述而》）。由于以网捕鱼会导致鱼的绝迹、射杀栖息巢中的鸟会导致鸟的绝种，因此，即便你有吃食鱼鸟肉的嗜好，也必须阻止这种斩尽杀绝的行为。再如，"断一树，杀一兽，不以其时，非孝也"（《礼记·祭义》）。认为砍一棵树木、杀一只野兽，都必须根据时令而为，否则都属于不"孝"。这都是强调获取自然资源应"生生地获取"。回到个体生命问题的解决上，儒家所提倡的也是"生生"的方式。就个人事业的开展言，儒家认为应"自强不息"，努力发明创新；就个人事业的经营言，儒家认为应"厚德载物"，以德养生；就个人的身体而言，如遭遇了疾病，儒家认为应"滋养进补"，以恢复元气。所以，儒家对个体生命中遭遇的问题，也主张用"生生"的方式解决。生活在社会中的人，不能不发生各种各样的矛盾，但儒家所主张的解决问题的根本方式，还是"生生"。如孔子提倡的"中庸"、"和"，就是主张尽可能采取避免牺牲生命的方式解决问题。张载提出"仇必和而解"，非常清楚地表达了儒家在解决矛盾上的主张。虽然儒家的主流主张是人性本善，但这并不意味着现实生活中就是秩序井然、民德纯厚，相反，生活中总是表现出各种反道德现象，从而成为儒家必须应对的课题。不过，儒家回应这类课题也是"生生"的方式。因为在儒家看来，人性本善是没有问题的，但这个本善之性表现于生活是有过程的，是需要努力的，而当人的感性欲望占据主导时，人的本善之性便会被遮蔽，因而只有将那些遮蔽之物去除，人的本善之性才可以彰显，而去除遮蔽因素的力量是将内在的善性发挥出来。如朱子言"心统性情",性情本是一体,性体情用,性是未发,情是已发,但"情"在已发过程中,可能出现正、邪两个方向,如果是"邪"的方向,就与"性"相悖了。这个时候如果以"道心"监督、统帅、滋养"情",就可能使"情"回到与"性"一致的场景。可见,儒家解决人性问题也是"生生"的方式。

3. "生生"是儒家自觉的学说追求

一般而言,任何一种成体系的学说或思想都有其明确目标,或者说基本追求,而"生生"可以说是儒家思想的基本追求。为什么这样说呢?首先,儒家思想以"生生"为大德。"德"是儒家所追求的,在儒家看来,一个人想得到官位、俸禄、名誉、长寿,只有具备了大德才行,所谓"大德必得其位,必得其禄,必得其名,必得其寿"(《礼记·中庸》)。那么,什么是大德呢?《周易》说:"天地之大德曰生。"(《周易·系辞传》)此言"生生"就是大德。那什么是"生生"呢?《尚书》说:"好生之德,洽于民心。"(《尚书·大禹谟》)老百姓为什么不会触犯刑法?因为政府宁可放过一个不守常法的人,也不愿误杀一个无罪的人。此即是生生之德,它当然符合民心。《诗经》说:"天生烝民,有物有则。民之秉彝,好是懿德。"(《诗经·烝民》)天生万民有它的法则,这是一种美德,人应该学习具有好生之德的"天",以"好生"为自己的德性、德行。可见,儒家所推崇的大德就是"生生"。其次,儒家思想以"生生"为大旨。儒家思想的宗旨是什么?这是个见仁见智的问题,不过我认为儒家思想的宗旨就是"生生"。为什么这样说?《尚书》说:"德惟善政,政在养民。水、火、金、木、土、谷,惟修;正德、利用、厚生,惟和。"(《尚书·大禹谟》)前面说了,"生生"是儒家的大德,而大德就是使政治美善,美善的政治应该是养育万民的,换言之,养生是《尚书》所追求的目标。《易》说:"生生之谓易。"(《周易·系辞上》)"生生"就是《易》的内容与宗旨。孔子说:"民之所由生,礼为大。"(《礼记·哀公问》)就是说,如果没有"礼",就没有办法祭祀天地之神,就无法规定君臣上下长幼之序,就无法辨别男女父子兄弟之亲,就无法分清婚姻、亲疏之别,质言之,民众生命、生活的保护是"礼"的目标。《乐记》说:"生民之道,乐为大焉。"(《礼记·乐记》)就是说,"乐"是为万民而创设的,生民养民,是创制"乐"的目的。可见,儒家的书、易、礼、乐都以"生生"为大旨，"生生"是儒家的不懈追求。其三，儒家思想以"生生"为大事。儒家的"大事"是什么？就《尚书》言，其记载的无论是远古君王的言论、事迹，还是治国的政策、方略，所关心的都是生民、养民的问题，"正德、利用、厚生"是《尚书》的大事。《诗经》是一部诗歌总集，内容涉及面非常广，但无论是对周代兴起的歌颂，还是对剥削阶级的批评，无论是对百姓日常生活的描述，还是对美好爱情的向往，都体现了"载生载育"（《诗经·生民》）的关怀和"敬德保民"的理想。《礼记》的大事是：选用品德优良的人才，崇尚诚信，和睦族群，爱己爱人，人尽其才，矜、寡、孤、独、废疾者都能得到很好的安置，珍惜货物但不据为己有，尽力奉献但不为自己，让阴谋诡计失效，叫盗窃乱贼逃亡，人民安居乐业。《周易》的大事是"开物成务，冒天下之道"（《周易·系辞上》）。《孟子》的大事是"省刑罚，薄税敛，深耕易耨，壮者以暇日，修其孝悌忠信，入以事其父兄，出以事其长上"（《孟子·梁惠王上》）。是"必使仰足以事父母，俯足以畜妻子，乐岁终身饱，凶年免于死亡"（《孟子·梁惠王上》）。因此说，"生生"就是儒家的"大事"，儒家思想的全部努力，都是为了"生生"，为了更好地"生生"，为了更高质量地"生生"。这里所谓大德、大旨、大事，就是儒家的最高理想："太上有立德，其次有立功，其次有立言；虽久不废，此之谓不朽。"（《左传·襄公二十四年》）

综上，儒家思想既然以"生生"作为理解宇宙万物的基本方式，以"生生"作为解决问题的根本方法，以"生生"作为学说的最高追求，那么，"生生"自然可以认为是儒家思想的根本理念。

儒家"生生"理念要义

"生生"之为儒家思想的内在维度，不仅因为它是儒家思想的根本理念，更因为它具有伸展儒家全部主张与思想的要义，这些要义不仅是儒家"生生"理念的清晰化呈现，而且使"生生"意义得到淋漓尽致的落实。

1. 创生

这是儒家"生生"理念的第一要义。所谓"创生"，即创造生命，就是通过各种有效的方式与途径创造生命，"变无为有"，"变死的为活的"。儒家将生命视为宇宙间伟大而神圣的作品。儒家对天地的尽情赞美，对男女的倾情歌颂，就是因为天地创生万物、男女繁衍人种，就是因为它们具有创造生命的性能和美德。在儒家看来，创造生命是伟大的品德，所谓"天地之大德曰生"，而天地正以大生万物、广生万物为目标——"夫乾，其静也专，其动也直，是以大生焉。夫坤，其静也翕，其动也辟，是以广生焉。"（《周易·系辞上》）而且天地生物专心致志，所以所创生出的万物无穷无尽、不可数计——"天地之道，可一言而尽也：其为物不贰，则其生物不测。"（《礼记·中庸》）因此，儒家思想之于"好生之德"是一种内在要求。比如，朱熹认为"理"生万物，他说："天地以生物为心，天包着地，别无所作为，只是生物而已。亘古亘今，生生不穷。人物则得此生物之心以为心，所以个个肖他，本不须说以生物为心。"（《孟子三》，《朱子语类》卷五十三）天地以生物为心，但"未有天地之先，毕竟也只是理"（《理气上》，《朱子语类》卷一）。再如，王阳明认为"心生万物"，良知是造化的精灵，所谓"良知是造化的精灵，这些精灵，生天生地，成鬼成帝，皆从此出，真是与物无对"（《传习录下》，《王阳明全书》卷三）。而王夫之表现出强烈的创生愿望和旺盛的创生精神——"天之所死，犹将生之；天之所愚，犹将哲之；天之所无，犹将有之；天之所乱，犹将治之。"（《吴征百牢》，《续春秋左氏传博议》卷下）但是，生命创造出来之后，其存在形式是生活，也就是说，创造生活是生命存续的必要条件。因此，儒家要求君子应该以天地为榜样，自强不息，努力创造生命、开创生活，所谓"天行健，君子以自强不息。"（《周易·象传上》）儒家教导人们如何趋利避害、如何改善自己的生存方式，所谓"往哉！生生！今予将试以汝迁，永建乃家"（《尚书·盘庚中》）。而创造生活要以事业的创造为前提，所谓"夫易，圣人所以崇德而广业也"（《周易·系辞上》）。生活基于事业，所以要创造事业，而创造事业又需要各种因缘和合条件，所以儒学鼓励人们充分发挥自己的聪明才智，积极投身社会实践。有事业的创造，才可能有高品质的生活，有了高品质的生活，才会有高品质的生命。总之，儒学"创生"的根本义就是创造生命，以创造生命为伟大品质，宇宙世界因为有了生命，才有它的灵气，才有它的丰富多彩，才有所谓文化文明，才有所谓价值和意义，儒家正是站在这样的人文高度将自己的主张与宇宙世界实现了全面对接，这也是儒家思想值得珍惜、值得重视所在。既然以"生生"为大德，那么，顺此生生，必须创造生活、创造事业，而要创造事业，就必须积极参与竞争，占据事业制高点；就必须努力创新，开辟新天地；就必须坚持不懈，无惧挫折与失败！因此，"创生"是儒家"生生"的源泉，儒学的精彩与魅力就在她完全与生命相合相融，它所体现的不仅是儒家对生命的赞美和珍爱，不仅是儒家自强不息的豪迈精神，更是儒家思想的深切关怀。因此，对那些不愿创生的人们，虽然应该尊重他（她）们的权利，但不能说他（她）们具有伟大的创生德性；而对那些抑制、妨碍创生的社会组织或个人，应先给予警醒，如无悔改，则必须给予严厉批判。

2. 养生

所谓"养生"，即养育生命，就是借助各种有效的方法将现有的生命养育好，使其得到充足的养料以健康成长。一般而言，生命可分为肉体生命与精神生命两部分，儒家"养生"，自然包括这两个部分。就肉体生命而言，需要衣食住行，而衣食住行的获得，需要开展生产，发展经济，创造物质财富。如《尚书》所说："德惟善政，政在养民。水、火、金、木、土、谷，惟修；正德、利用、厚生，惟和。"（《尚书·大禹谟》）道德的任务是使政治清廉、高效，清廉、高效的政治是为了养育万民，而养育万民的前提是发展生产，方便人民的日用，丰厚人民的生活。亦如孟子所说："五亩之宅，树之以桑，五十者可以衣帛矣。鸡豚狗彘之畜，无失其时，七十者可以食肉矣。百亩之田，勿夺其时，数口之家可以无饥矣。"（《孟子·梁惠王上》）儒家的理想就是使老百姓衣食无忧、安居乐业、休养生息。亦如《礼记》所说："昔吾有先正，其言明且清。国家以宁，都邑以成，庶民以生。"（《礼记·缁衣》）为老百姓提供安身立命之所。强调对老年人生命的保护："是月也，养衰老，授几杖，行糜粥饮食。"（《礼记·月令》）肉体生命之养还有另一层内涵，就是修身养性之养，即让人们的肉体生命活的有质量。具体而言，就是身体健康，尽可能长寿。如《礼记》中说："（仲冬）是月也，日短至，阴阳争，诸生荡。君子齐戒，处必掩身，身欲宁，去声色，禁耆欲，安形性，事欲静，以待阴阳之所定。"（《礼记·月令》）是说进入冬至，阴阳相争，万物生机萌动。君子此时应当斋戒，同时遮掩好身体，让身体保持宁静，远离声色，禁止欲望，安宁自己的身心，以根据阴阳争斗的消长来做出选择。就精神生命言，需要创造精神文化作品，需要展开教育事业，需要道德品质的培育，需要文化设施建设。儒家一直在努力创造精神文化作品，儒家经书及相关的注释著作，都是儒家所创造的精神文化作品，都是养育人精神生命的作品。儒家非常重视教育教化，以安顿人的精神生命，如孟子说："谨庠序之教，申之以孝悌之义，颁白者不负戴于道路矣。"（《孟子·梁惠王上》）在道德品质培育上，儒家要求人们努力做有仁德的人，做个君子，这当然也是对精神生命的养育。儒家认为，娱乐休闲是养育生命的一种方式。如《乐记》说："生民之道，乐为大焉。"（《礼记·乐记》）什么是"乐"？"比音而乐之，及干戚羽旄谓之乐。"（《礼记·乐记》）就是说，按照歌曲进行演唱，并拿着干（盾牌）、戚（斧头）、羽（野鸡毛）、旄（牦牛尾）进行舞蹈，便是乐。当然，儒家对精神生命的养育还提出了其他方法，如孟子说："养心莫善于寡欲。"（《孟子·尽心下》）这种方法还为后代儒者所继承，如陆九渊强调"剥落物欲"才能使本心澄明，以显豁精神生命。总之，为人民的生存提供物质基础，满足人民的生活条件，健全社会福利，关怀送达所有人，丰收的年份衣食无忧，灾荒的年份无人死亡，鳏、寡、孤、独的人都能得到妥善安置，精神上的享受与慰藉都能满足，这就是儒家"养生"的内涵。儒家养生的主张，一方面逻辑地推出要开展生产、发展经济，另一方面逻辑地推出要开展思想文化建设。因此，那些创造了生命却将其丢弃而不履行养育义务的人，以及那些不顾老百姓的死活、对争扎在贫困线上的人们视而不见的政府，都是不符合儒家"养生"理念的。

3. 护生

所谓"护生"，即保护生命，就是借助各种有效的方法对现有的生命进行保护，避免遭受危害，使之正常、顺利、健康地存活下去，并大放异彩。人、物的生命既是坚强的，也是脆弱的。人、物任何时候都可能遭受伤害，甚至灭亡，其中有的伤害或灭亡是无法预料的，属"自然伤害"，有的则是人为的，属"社会伤害"，但不管是意外还是人为，儒家认为都应该尽可能避免，最大限度地保护人、物的生命安全。首先看对动物生命的保护："是月也，命乐正入学习舞，乃修祭典，命祀山林川泽，牺牲毋用牝。禁止伐木，毋覆巢，毋杀孩虫、胎夭、飞鸟，毋麑，毋卵，毋聚大众，毋置城郭，掩骼埋胔。"（《礼记·月令》）即便是祭祀大典，也要关爱生命，祭祀时不能用雌性动物，不能乱砍树木，不能倾覆鸟巢，不能杀害幼虫、幼鸟、幼兽，不能掏取鸟卵，遇见尸体要虔诚地掩埋。次看对人生命的保护。儒家反对人祭，所谓"'始作俑者，其无后乎！'为其象人而用之也"（《孟子·梁惠王上》）。儒家反对战争，认为战争只会做到残害生命，有百害而无一益。比如，"子曰：桓公九合诸侯，不以兵车，管仲之力也。如其仁！如其仁！"（《论语·宪问》）孔子将多次阻止战争的管仲赞赏为有仁德之人，可见孔子对战争的厌恶。最后看儒学对人生命权利的保护——"帝德罔愆，临下以简，御众以宽；罚弗及嗣，赏延于世。宥过无大，刑故无小；罪疑惟轻，功疑惟重；与其杀不辜，宁失不经；好生之德，洽于民心，兹用不犯于有司。"（《尚书·大禹谟》）在这里，"好生之德"就是"（舜帝）待臣下和善，治民宽容，惩罚不株连家族子孙，奖赏则泽及家族后代，对过失犯罪予以宽恕，对故意犯罪则施于刑罚，与其误杀无罪之人，宁可放过不守常法之人"。概言之，对当下的鲜活生命给予细心的关怀和保护，就是"好生之德"的表现。此外，儒学也注意通过修行工夫保护人的生命。如孔子说："君子有三戒：少之时，血气未定，戒之在色；及其壮也，血气方刚，戒之在斗；及其老也，血气既衰，戒之在得。"（《论语·季氏》）孔子认为，人的一生可分三个阶段，而每个阶段都应根据其特点进行保养，年少时血气正在成长之中，不能肆意挥霍精气，所以要"戒色"；中年时血气方刚，容易动怒、好斗，所以要"戒斗"；年老时血气已衰，容易骄傲自满、倚老卖老，所以要"戒得"。无疑，孔子所提出的"三戒"，也体现了儒家对人生命的保护。可见，儒家所提出的保护生命的主张是比较全面的，正所谓"始生之者，天也，养成之者，人也，能养天之所生而勿撄之谓天子。天子之动也，以全天为故者也，此官之所自立也，立官者，以全生也"（《吕氏春秋·本生》）。①"立官者以全生"，就是说要建立健全的社会制度以保护生命。因此，按照儒学"护生"理念，必须推进法律制度、政治制度、经济制度的建设，使人的生命安全、财产安全，都有相关的制度保障。因此，如果有这样的社会组织，对人的生命安全、财产安全漠不关心，或者明知人的生命遭受侵害却不作为，那这样的行为肯定是不符合儒家"生生"理念而应遭到谴

---

① 《吕氏春秋》一般认为是以道家思想为主轴的作品，但其特点是"兼儒墨，合名法"，故其中具有儒家思想性质的材料当可采用之。

责的。

4. 成生

所谓"成生"，即成就生命，就是借助各种有效的方式与途径使现有的生命更加灿烂、辉煌和精彩，成就人所想所愿，实现人生价值。周敦颐认为，万物化生过程中会遭遇各种问题或困境，只有疏通了这些困境，万物才能顺利化生、才能成就生命。他说："五行之生也，各一其性。无极之真，二五之精妙合而凝。乾道成男，坤道成女。二气交感，化生万物。万物生生，而变化无穷焉。惟人也得其秀而最灵。形既生矣，神发知矣。五性感动，而善恶分，万事出矣。圣人定之以中正仁义而主静，立人极焉。"（《太极图说》）所谓"善恶分，万事出"，就是讲事物"生生"过程中出了问题，因而相应地需要提出解决、疏通的方式，"中正、仁义、主静"即是周敦颐提出的疏通生生的方式，也就是成就人、物化生的方式。这可以认为是儒家成就生命的本体论表述，而"中正、仁义、主静"可以具体化为诸多"成生"的途径。第一，创办教育，成就人才。儒家对教育十分重视，因为教育可以开掘人的潜能，培养人的智慧，使人成为对社会对他人有用的人才。孔子致力于教育事业，有教无类，广收门徒，使许多年轻人成为对社会有贡献的人才，所谓"弟子三千，贤者七十二"，像子路、子贡、颜回等都是孔子所成就的学生中的杰出代表。朱熹也重视教育，认为教育是成就他人的基本途径。他说："国家建立学校之官，遍于郡国，盖所以幸教天下之士，使之知所以修身、齐家、治国、平天下之道，而待朝廷之用也。"（《送李伯谏序》，《朱文公文集》卷七五）无疑，儒家对教育是提倡和重视的，或者建言国家兴教育、建学校，或者身体力行培养学生，都是成就人生的努力。第二，尽己之力，成就他人。儒家"成生"也表现为以自己的力量帮助他人。孔子主张，如果自己在经济上站立起来了，也应帮助他人站起来；如果自己在事业上发达了，也要帮助他人发达；所谓"己欲立而立人，己欲达而达人"（《论语·雍也》）。一位真正的儒者，应努力帮助所有需要帮助的人，物质财富以能分给他人为乐，气力才华以能为他人服务为荣，所谓"货恶其弃于地也，不必藏于己；力恶其不出于身也，不必为己"（《礼记·礼运》）。概言之，儒学将成就人生视为个体相互关联的事业，每个个体都有义务关怀、成就其他个体，而这是君子应有的美德："君子成人之美，不成人之恶，小人反是。"

（《论语·颜渊》）第三，创造机会，成就人生。儒家主张国家、政府应为所有人创造条件和机会，以成就每个人的人生。儒家将国家制度的建立视为天的意志，而天的意志以人民的意志为根据，因此，国君及其领导的政府必须根据人民的意志进行工作和改革，以满足人民的要求和欲望。《尚书》说："天佑下民，作之君，作之师……天矜于民，民之所欲，天必从之。"（《尚书·泰誓上》）国君及其领导的政府必须想人民之所想、利人民之所利，将天下老百姓安置好，为他们发挥自己的能力、实现自己的价值提供条件和机会，让所有人在他们的岗位上充分展示自己的才华，做出自己的贡献。孟子说："今王发政施仁，使天下仕者皆欲立于王之朝，耕者皆欲耕于王之野，商贾皆欲藏于王之市，行旅皆欲出于王之途，天下之欲疾其君者皆欲赴愬于王。其若是，孰能御之？"（《孟子·梁惠王上》）一个国家能够充分地让她的国民发挥自己的能力、彰显自己的才华、展示自己的性情，那么，这个国家肯定强大而无人能敌。可见，在儒家的思想中，国君及所领导的政府只不过是成就人生价值的工具而已。总之，对个人而言，每个人都应有成就人的美德，对国家而言，则要建立起帮助人民实现价值的理想和制度。如果一个人不但缺乏成人之美的品性，反而阻碍他人成就自我；如果一个国家的存在对人的价值、能力的实现等形成抑制、控制；那么，这个人和这个国家制度是不符合儒家"生生"理念而应该遭受批判的。

5. 贵生

所谓"贵生"，对现有的生命给予全幅尊重，不能践踏生命，应肯定、保护生命权利。儒家"贵生"，就是以肉体生命为贵，珍惜每个个体生命的存在。所以，儒家反对所有草菅人命、随意杀人的行为。比如，"无罪而杀士，则大夫可以去；无罪而戮民，则士可以徙。"（《孟子·离娄下》）再如，"行一不义，杀一无辜，而得天下，仁者不为也。"（《荀子·王霸》）这里所显示的就是对人的生命尊重和保护。战争，不管是正义的还是非正义的，由于都必然导致生命的丧失，所以儒家反对战争："争地以战，杀人盈野；争城以战，杀人盈城；此所谓率土地而食人肉，罪不容于死。"（《孟子·离娄上》）为争夺土地而战，被杀死的人遍地都是；为争夺城池而战，被杀死的人满城都是；这就是为了领土而食人肉、吞噬生命。孟子认为，对待这些好战的人，就是判处他们的死刑都不足以赎出他们的罪过！儒家"贵生"，就是以人格生命为尊，肯定个体生命的尊严。《礼记》中"不食嗟来之食"的故事，就是强调气节、人格的重要——"齐大饥。黔敖为食于路，以待饿者而食之。有饿者蒙袂辑屦，贸贸而来。黔敖左奉食，右执饮，曰：'嗟！来食！'扬其目而视之，曰：'余惟不食嗟来之食，以至于斯也！'从而谢焉，终不食而死。"（《礼记·檀弓》）这种对人格的崇尚，在孟子那里也被高扬——"一箪食，一豆羹，得之则生，弗得则死。呼尔而与之，行道之人弗受；蹴尔而与之，乞人不屑也。"（《孟子·告子上》）如果为了生命得到延续而吃让人格遭受污辱的食物，孟子主张宁可饿死。这里强调的就是人活得要有尊严，不能苟且偷生。儒家"贵生"，就是以权利生命为上，肯定并努力保护个体权利生命。对儒家而言，权利生命是人生命的重要组成部分，人的各种权利应该得到充分的尊重、肯定和实现。孟子说："君之视臣如手足，则臣视君如腹心。君之视臣为犬马，则臣视君如国人。君之视臣如土芥，则臣视君如寇仇。"（《孟子·离娄下》）其中所强调的就是君臣之间的权利平等意识。孟子说："民之为道也，有恒产者有恒心，无恒产者无恒心。"（《孟子·梁惠王上》）其中所强调的就是私有财产的权利，并将其与责任意识实现关联而求得保护。孔子说："君子和而不同，小人同而不和。"（《论语·子路》）其中所强调的就是言论自由的价值，反对鹦鹉学舌、人云亦云。应该说，这里所涉及的政治、财产、言论等方面的权利，儒学都是肯定与保护的态度。人权是人生命宝贵的主要标志，如果一个人没有言论自由，没有平等待遇，没有人格的尊重，没有私有财产，那他生不如死，因为构成他权利生命的基本要素都不具备，就意味着他生命的质量存在问题，而没有质量的生命，就是没有意义的生命。总之，珍爱所有人的生命，尊重所有人的人格，政治上肯定、保护人的尊严，允许、宽容言论自由，充分肯定、尊重人的各种权利，让人感受到生活在这个社会中的幸福，这就是儒家"贵生"的本质意涵，如果不是这样，那就是对儒家"生生"理念的违背而必须遭到批判。

6. 圆生

所谓"圆生"，即圆融生命，就是借助各种有效的方式对已逝去的人的终极关怀，让逝者得到如同他在世时的尊严，对已逝去的人要有怀念、崇敬、追思之心。儒家将生、死视为一个整体，活着的人要以"礼"来事奉，死去的人则要以"礼"来安葬和祭祀。孔子说："生，事之以礼；死，葬之以礼，祭之以礼。"（《论语·为政》）可见，儒家对生命的结束与生命的开始同样关怀。《礼记》亦有类似的观念："孝子之事亲也，有三道焉：生则养，没则丧，丧毕则祭。"（《礼记·祭统》）可以说，儒家的"礼"以其特殊的关怀贯通人之生命的终始。所以荀子认为，对人生命的关怀，只有做到善始善终，才叫真正完成人道。他说："礼者，谨于治生死者也。生，人之始也；死，人之终也。终始俱善，人道毕矣。"（《荀子·礼论》）事实上，儒家重视丧葬实际上就是出于对人生命的尊重，所谓"故马免于难者，其死也，葬之以帷为衾；牛有德于人者，其死也，葬之以大车为荐。牛马有功，又不可忘，又况于人乎？"（《淮南子·论训》）① 在儒家看来，牛马死了之后都可以得到合理的安葬，何况是万物之灵的人？那么，儒家"圆生"究竟是怎样表达对死者的关怀的呢？首先，表现在为刚逝世者举办的葬礼上。人都有离开人世的时候，在离开人世之后，儒家会安排一些人性化的仪式，让离世者走得安详、死得尊严。比如，为逝去的人洗浴，所谓"曾子之丧，浴于爨室"（《礼记·檀弓上》）。再如，对尸体的完整性保护，所谓"身体发肤，受之父母，不敢毁伤，孝之始也"（《孝经·开宗明义章》）。认为身体的所有器官都是父母的精血所赐，作为后代是不可以丢弃的，头发也不例外，反对将人的尸体进行分解，主张"全尸而葬"。在安葬仪式上，儒家非常讲究。《礼记》中对布置灵堂、摆放祭品、入殓、丧服，及如何奔丧、问丧，都有详尽的说明；对赴丧的人也有严格要求，比如，参加丧仪要有哀伤的表情，不能说与哀伤无关的话，进入丧仪现场不能张开双臂走路，等等；而作为旁人，适逢人家丧事，也应表示同情伤感之心——"子食于有丧者之侧，未尝饱也。"（《论语·述而》）其次，表现在为已逝者举办的祭礼上。儒家对已逝去的人，从来就是怀有一种深沉的追思追慕之情。《礼记》说："夫祭有三重焉：献之属莫重于裸，声莫重于升歌，舞莫重于舞于《武宿夜》。"（《礼记·祭统》）就是说，祭祀逝者，如果是献酒，就得献尸行裸礼，如果是奏乐，就得上堂唱歌，如果是舞蹈，就得跳《武宿夜》（武王伐纣，至于

---

① 《淮南子》的宗旨属于道家，但又"糅合了阴阳、墨、法和儒家思想"，故其中具有儒家思想性质的材料本文同样采用。

299

商郊，止宿，士卒欢乐歌舞以旦，即《武宿夜》)。可见，儒家对于逝者的祭祀仪式是极为重视的，这种重视体现了儒家对死者的追念和崇敬。值得注意的是，儒家对逝者的祭祀不仅表现在形式上，也表现在内容上。由于儒家视生死为生命的整体，不厚生薄死，所以以"养生"的态度和规格来"送死"。如《礼记》说："后圣有作，然后修火之利，范金、合土，以为台榭、宫室、牖户，以炮，以燔，以亨，以炙，以为醴酪。治其麻丝，以为布帛，以养生送死，以事鬼神上帝，皆从其朔。"(《礼记·礼运》)就是说，铸造铁器，烧制砖瓦建造台榭、宫室，染丝麻、织布帛，烧制食物，酿造米酒，这些用来养生的"物质资料"，同样可以用来祭祀死者。这就是所谓"祭者，所以追养继孝也"(《礼记·祭统》)。可见，儒家对"死"的确是非同寻常地关怀，甚至认为只有根据"送死"的行为，才能判断一个人能不能担当大事，孟子说："养生者不足以当大事，惟送死者足以当大事。"(《孟子·离娄下》)为什么这样说？因为对逝者的所作所为不会产生某种功利效应，这能反映一个人的道德高度；因为对逝者怀有一种追慕之情、一颗崇敬之心，这能反映一个人的人性厚度。因此说，儒家"圆生"的意义不仅仅在于对死者的追思、尊敬，也不仅仅在于赋予"死"以生的内涵和意义，让死者的自我生命得到延续，让死者与生者能够"生生"地贯通，而且在于验证生者品质的厚薄级次。

儒家"生生"理念特质

如上列述的"生生"要义，即是儒家"生生"理念的纲架，儒家思想正是通过此纲架逐步向外张开和伸展的；而在张开与伸展过程中，"生生"理念的特质也就逐渐清晰起来。

1. 自生性

所谓"自生性"，即说儒家"生生"是万物的自生自长，自开自合，自成自融，它不需要上帝，也不需要神灵的帮助，从创生、养生、护生、成生、贵生，直到圆生，都是万物的自我主张、自我行为。如孔子说："天何言哉？四时行焉，百物生焉。天何言哉？"(《论语·阳货》)所强调的就是万物自我运行，自我展开，自行解决问题。再如，《中庸》说："天之生物，必因其材而笃焉。故栽者培之，倾者覆之。"因材施种，也是自然而然。戴震提出"物各遂其生"的观点："人之生也，莫病于无以遂其生，欲遂其生，亦遂人之生，仁也。欲遂其生，至于戕人之生而不顾者，不仁也。"（《孟子字义疏证·理》）因此，"自生"不是说儒家的"生生"不主动积极，消极懈怠，创生、养生、护生、成生、贵生、圆生，都需要主体的积极努力，可是主体的积极作为，都是自我主张和行为，并非外力强迫。所以，儒家"生生"具有自生特质，而这个特质约有两个内涵：自为和主体。周敦颐说"生生"是一个自生无穷的过程："无极之真，二五之精，妙合而凝。'乾道成男，坤道成女'，二气交感，化生万物。万物生生而变化无穷焉。"（《太极图说》）大凡儒家"生生"之源如"太极""理""心""良知"等，都蕴藏无限的生机，正如熊十力先生所说："孔门之学于用而识体，即于万化万变万物而皆见为实体呈现。易言之，实体即是吾人或一切物之自性，元非超脱吾人或一切物而独在。大化无穷德用，即是吾人自性固有。吾人或一切物之变化创新，即是人与物各各自变化，自创自新，未有离吾人或一切物而独在之化源也。然则我之臂与尻（屁股），何至不能操之在我，谁谓有外力化之以为鸡为弹为轮耶？而况我之神，讵有外力化之以为马耶？又复应知，吾人或一切物各各皆得一源以为其自性，譬如众沤，各各皆得大海水为其自体。是故人各足于其性分，至大无匹。"① 这里所强调的正是"生生"的本体自我转化自我解决问题，而后现代主义似乎亦有类似的识见："一切东西都是创造性的体现。创造性不是超乎自然之上的，而是自然的本质。"②

2. 生态性

所谓"生态性"，就是指儒家"生生"是以"优化生物生存环境"为目标，使生物的生存环境健康、和谐、适宜，它包括生命的良性繁衍、生命环境的保护、人人关系的和谐、天人关系的协调等内容。比如，"创生"不接受破坏性行为，注重生命的生机性；"养生"需注重结构性满足，即对人的生命的全方位需求都要关切；"护生"就是努力使生命得以健康地维持；"成生"需要全方位发展，以帮助人们实现自我价值；"贵生"是对人诸种权利的肯定和尊重，生存、自由、平等、民主等权利都能得到合理

---

① 熊十力：《原儒》，《熊十力全集》，第六卷，湖北教育出版社，2001，第354页。
② 〔美〕格里芬：《后现代宗教》，孙慕天译，中国城市出版社，2003，第62页。

落实;"圆生"是将生死视为一体,对死者应与对生者一样关怀和敬畏。因此,儒家"生生"的生态性,就是指其生命性、有机性、整体性。儒家关注生命的繁衍及其质量,强调对生命环境的保护,努力建构和谐的人人关系,概言之,"生态性"是儒家"生生"理念的内在追求。值得注意的是,儒家"生生"的生态性,并不绝对禁止杀生,这和佛教不同。儒家只是强调杀生的条件性,对于"适时"的杀生,儒家非但不反对,反而是支持的。比如,"子钓而不纲,弋不射宿"(《论语·述而》)。再如,"不违农时,谷不可胜食也;数罟不入洿池,鱼鳖不可胜食也;斧斤以时入山林,材木不可胜用也。谷与鱼鳖不可胜食,材木不可胜用,是使民养生丧死无憾也"(《孟子·梁惠王上》)。由此看出,儒家"生生"之生态性,具有以人的生命为中心、以物之生命熟生程度为考量、以维持宇宙生命平衡为最高追求之特质。

3. 无邪性

所谓"无邪性",就是指儒家"生生"理念的本质是善的,所谓"生生之为大德"。创生即创造生命,养生即养育生命,护生即保护生命,成生即成就生命,贵生即尊重生命,圆生即关怀生命的结束,因此,"生生"是无邪的。在具体表现上,比如,"孝"可以表现为生命、生活、生意。就生命言,不孝有三,无后为大;就生活言,养育父母;就生意言,精神情感的慰藉。但在行"孝"的过程中,会出现"不孝"的行为,不过这"不孝"的行为,与"孝"之为善德没有关系。再如儒家认为人性本善,人之善恶不是性本身的原因,而是"情"的原因,因此,只要在"情"处下手解决即可。而解决"情"的问题,儒家认为要以"道心"为武器,"道心"有知觉、主宰等能力,更关键的是"道心"是善体,即"道心"与本善之性是一。可见,儒家"生生"在心性问题上的表现,也是无邪的。朱熹曾说:"天地之气,运转无已,只管层层生出人物。其中有粗有细,如人物有偏有正,有精有粗。"(《张子之书一》,《朱子语类》卷九八)即言万物的"生生",无穷无尽,"生生"即创生万物,是大德,即便是生出的人、物有粗细不同、偏正之异,但没有善恶之分,所以是无邪的。

4. 开放性

所谓"开放性",就是儒家"生生"是面向万物、面向未来的,是兼容并包、百花齐放的。"生生"即持续地创造生命,同时要求养育、保护、成就、尊重、圆融生命，这所有"生生"的环节，都是开放的。"创生"即生生无穷，无穷地生生，当然不可能是封闭的，不可能是有终点的，而是永远向前、不断开拓的。"养生"是要让生命获得养育，而要使生命养育好，就必须广取资源，而要广取资源就必须是开放的。"护生"当然不是关在笼子里保护起来，而是创造更多的机会以吸收养料使生命自强。"成生"只有提供尽可能多的学习、锻炼、提升的机会，才能更好地成就生命的价值。"贵生"尤其需要开放的空间或环境，让人的生命在人格、权利、平等、自由等方面都能得到肯定、尊重和释放。可见，儒家"生生"是开放的，因为"生生"是大德，所以，如果一切都以创造生命、养育生命、保护生命、成就生命、尊重生命、圆融生命为目的，那么，任何阻碍"生生"的藩篱都将被拆除，任何阻碍"生生"的观念也将被化解。总之，"生生"的本性就是动态的、开放的，"生生"不断地扩展空间，不断地延长时间，而"开放"使"生生"更加顺利，继而使"生命"更加强大、更加多彩！

徐复观先生曾说："此种人文主义（儒家人文主义），外可以突破社会阶级的限制，内可以突破个人生理的制约，为人类自己开辟出无限的生机、无限的境界，这是孔子在文化上继承周公之后而超过周公制礼作乐的最伟大勋业。"[1] 我们借用这段话接着说，儒家"生生"理念可以开辟出无限的生机、无限的境界，顺此"生生"，即需创造生命，即需创造事业；顺此"生生"，即需养育生命，即需开展生产、发展经济；顺此"生生"，即需保护生命，即需建立健全法律等制度；顺此"生生"，即需成就生命，即需建立各种有利于人生价值实现的条件；顺此"生生"，即需尊重生命，即需建立并真正贯彻让人在平等、自由、人格、权利等方面得到肯定和实现的社会制度；顺此"生生"，即需关怀逝去的生命，即需给逝去的生命予尊严与敬意；顺此"生生"，即须清除所有堵塞、损害"生生"的藩篱与障碍！因此说，儒家"生生"理念是儒家全部思想的中心，只有从"生生"理念出发，依其要义加以展开，诚实而锲而不舍地贯彻、落实这一理念，儒家思想才能实现自我更新，才能扎根于人心，在实现自我价值的同时，得到传播和开展。

《学术研究》2012 年第 5 期

---

① 徐复观：《学术与政治之间》，华东师范大学出版社，2009，第 135 页。

二十六　当代儒学的四大使命

　　这里所言"四大使命"，并不是说这些"使命"只有当代性，或者说只在当代才成为"使命"，事实上这些"使命"与儒学从来就是形影不离的，强调它的当代性，只是说这些"使命"在当代没有得到充分的彰显，有的甚至基本"隐身"，因而有必要唤醒当代的儒者及一切关心儒学命运的人士，我们之于儒学的当代责任极重大、极紧迫。

义理的梳理

　　为什么我把"义理的梳理"视为当今儒学的使命呢？当下许多学者的儒学研究不就是对儒学义理进行梳理吗？是的，我们的许多儒学研究者的学术工作的确是儒学义理梳理工作的一部分。但遗憾的是，种种现象表明，我们的儒学义理梳理工作做得远远不够。为什么这样说呢？首先，从儒学的相关争论看，许多争论就是缘于对基本义理的不清楚。比如，儒学究竟算不算具有人文主义关怀的思想体系？有些学者坚决否认。为什么否认，因为在他看来，儒学中的"三纲五常"原则、阴阳学说、礼仪系统等等，都是支持极权、等级、专制的，怎么可能有反封建、反专制的人文关怀思想呢？再如，儒学究竟是更崇尚正义还是更偏重亲情？有学者认为儒学的起点就是血亲关系，而另有学者则认为正义是儒学自始至终的追求。像这样的争论，不能说它没有学术意义，但如果大家对儒学义理系统结构有比较清楚的了解，我想就不会发生这样的争论。根据我的理解，儒学的基本经典所要表述、所要呈现、所要追求的核心观念就是"生生"。分而言之，即创造生命、养育生命、保护生命、成就生命、尊重生命与圆融生命。也就是说，儒学义理系统是以此为主轴而展开的。这样的话，儒家思想肯定具有人文主义精神的，也肯定是主张正义的。当然，不能因此否认儒家思想中存在消极的因素，这也是需要通过对儒学义理的梳理才能获得的。其次，从人们对儒学的认识、评论看，可以说许多人对儒家思想非常隔阂。不要说网络上出现的那些无知的言论，这里举个高雅点的例子。我有一次与美国某大学的一位校长座谈。我本来是想请教他对中国在美国建"孔子学院"的看法，以及美国人对儒学的理解，让我非常惊讶的是，我的话还没说完，他连说了几个"NO"。他告诉我说，美国人对儒学不感兴趣，特别是美国的女性，因为在她们看来，儒学讲的"阴阳"，就是等级，就是对女性的歧视。当时我想，"阴阳"观念的确包含等级意识，可"阴阳"观念的丰富内涵远不是"等级"可以概括的啊！试想如果这位美国大学的校长对儒家"阴阳"义理有较系统、较准确的认识，他会得出这样的结论吗？再次，从儒学（思想观念）的当代发展看，只有对儒学义理有一定的把握才能找到方向。当今儒家学者苦思冥想的问题之一，就是儒学究竟朝哪个方向发展。许多学者提出了各种各样的极具智慧的答案，但似乎又难归于一宗。其实，儒学自身的丰富与发展，只有来自对儒家思想体系自身的全面准确的认识，即只有来自对儒学义理系统的全面准确的认识。试想，如果我们对儒家思想特点、不足、优点等，没有准确的认识，那怎么去丰富它、发展它呢？比如，儒家思想中所具有的"贵族"意识，我们应该怎么处理；儒家思想中"歧视知识"观念又该怎么处理；等等，这可能是发展儒学所需要解决的问题。但这种认知与解决，只有建立在对儒学义理系统的把握上。因此，如果我们希望减少无谓的争论、去除幼稚的偏见、推动儒学的发展，那么，对儒学义理进行梳理是当今儒学研究的迫切使命。而梳理儒学义理的工作我认为大体可分三个部分：一是全面地、事实地呈现儒家思想的义理系统，即通过对儒家思想全面、深入的研究，将儒家思想本有的义理系统原样呈现。二是理清儒家思想的义理脉络与结构，即通过全面、深入的研究，找寻并探明儒家思想的义理脉络与结构。三是寻找辨别儒学义理中的问题，即通过全面、深入的研究，揭示儒学义理中存在的缺陷或问题。在我看来，这些正是当代儒学在学术研究上的使命，儒学的发展与创新及其程度与效果，与儒学义理的梳理密切关联。

百姓的教化

　　这里的百姓不是指"普通老百姓"，而是指包括达官贵人和草根一族在内的所有人。因此，就儒学的教化理念论，我特别不能赞同董仲舒那种歧视性的"圣人之性、中人之性、斗筲之性"的说教，而赞同孔子平等包容性的"有教无类"的主张。儒家思想是中华民族共同的精神财富，是任何人都有权利也有义务接受的优秀的理念。为什么强调"百姓的教化"是儒学在当代的使命呢？我想可从这几个方面去考虑：第一，"教化百姓"是儒学传统使命在当代的延续。也就说，教化本来就是儒学基本任务。孔子认为，儒家崇尚的道德、礼教，就是用于教化的："道之以德，齐之以礼，民有耻且格。"（《论语·为政》）孟子认为建学校办教育，就是为了对百姓进行道德教化，让老有所养，他说："谨庠序之教，申之以孝悌之义，颁白者不负戴於道路矣。"（《孟子·梁惠王上》）因而《汉书》将儒学的职责或任务定位为教化是非常准确的："儒家者流，盖出于司徒之官，助人君顺阴阳、明教化者也。"（《汉书·艺文志》）而放大一点讲，晚清之前，儒学一直是中国担负着教化百姓的基本思想资源。可见，对儒学而言，"教化百姓"的确是其固有的使命，如无教化，则无儒学。当代儒学是传统儒学的继续，"教化百姓"这一基本使命不仅应当得到传承，更应得到光大。第二，"教化百姓"是儒学基本理念得以贯彻的途径。"教化百姓"，就是让百姓懂得儒学、理解儒学、接受儒学，儒学如果不能被人接受，那它将丧失存在的价值。孔子一生都在努力让儒学进入帝王的心里，进入老百姓的心里，所谓"乐在宗庙之中，君臣上下同听之，则莫不和敬；在族长乡里之中，长幼同听之，则莫不和顺；在闺门之内，父子兄弟同听之，则莫不和亲"（《礼记·乐记》）。因为他知道，儒学只有被人接受，才能变成行动，才能得到落实。但是，无论是聪明人还是愚笨人，无论是贤人还是恶人，都会因为这样那样的原因而错过儒家的"道"，所谓"道之不行也，我知之矣：知者过之，愚者不及也。道之不明也，我知之矣：贤者过之，不肖者不及也"（《中庸》第四章）。因而必须采取各种方式对百姓进行教化。学校教育与科举考试是儒学教化的最基本的方式。古代学校的教材主要是儒家经典，因而灌输的都是儒家思想，而科举考试极大地强化了学者学习儒家经典的热情，他们通过系统的学习以及为参加科举考试而进行的努力，会程度不同地受到儒学熏陶，儒学的基本理念会因此进入他们的内心。书院也是儒家教化百姓的一种方式。宋明时期是书院教育非常发达的时期。书院教学一般都由儒学大家主持，比如朱熹、陆九渊、吕祖谦等，学习的内容基本都是儒家经书，比如白鹿洞书院的教规中的内容包括：教学的纲目是"父子有亲、君臣有义、夫妇有别、长幼有序、朋友有信"；教学的秩序是"博学之、审问之、谨思之、明辨之、笃行之"；修身要点是"言忠信、行笃敬、惩忿窒欲、迁善改过"；处事的原则是"正其义不谋其利，明其道不计其功"；接物的方法是"己所不欲，勿施于人，行有不得，反求诸己"（《白鹿洞书院揭示》）。而对来求学的学员则不问出身、不问贵贱。无疑，接受书院教育的人，同时就是接受儒学的教化、接受儒学的理念、接受儒学的洗礼。既然教化百姓是儒学基本理念得以贯彻的途径，那么如果要想儒学的基本理念在当今社会得到普及与落实，自然需要将教化百姓作为一种事业来做。第三，当今社会迫切需要儒学对百姓的教化。为什么要这样说？当今社会是价值观颠覆非常严重的社会。一个自己跌倒摔伤被好心人扶起抢救的人，竟然会向好心人索赔？一个抄袭别人作品的教授，竟然还理直气壮地指责别人？一个因恶贯满盈而被双规的高官，面对审判竟然笑得泰然自若？一个因造假而伤害许多人性命的商人，竟然会振振有词地为自己的罪恶辩护？在义利关系上，儒家主张以义取利，所谓"不义而富且贵，于我如浮云"（《论语·述而》）。在做人上，儒家主张"诚信至上"，不屑虚假，痛恨妄为。在对待弱势感情上，儒家主张仁爱，提倡关怀，所谓"修己以安人，以安百姓"。在对待错误态度上，儒家主张要有羞耻感，做错了立即改正，不以耻为耻是最大的耻。很清楚，儒家的这些基本主张和理念，对于当今社会中的那些丑恶现象完全是有警示和教育意义的。然而我们不得不遗憾地说，虽然儒学的研究很热闹、祭孔的活动很频繁、儒教的倡议很强烈，但对于当今社会的身份言，儒学仍然是个尴尬的旁观者。也就说，儒学的教化功能根本没有任何表现。这自然是当今儒学的使命。

社会的批判

事实上，任何真正的人文社会科学学说都具有批判性，我们之所以把"社会的批判"作为儒学的当代使命来强调，原因在于：第一，对社会现状的否定与批判是儒学的内在精神。为什么这样说？我们可以拿儒家思想的一些基本观念来解释。比如，儒家的理想社会是："大道之行也，天下为公。选贤与能，讲信修睦。故人不独其亲，不独子其子。使老有所终，壮有所用，幼有所长。矜寡孤独废疾者，皆有所养。男有分，女有归。货恶其弃于地也，不必藏于己。力恶其不出于身也，不必为己。是故谋而不兴，盗窃乱贼而不作。故外户而不闭。是谓大同。"（《礼运·大同》）在这个社会里，没有战争，人人和睦相处，没有盗贼，社会安全，丰衣足食，安居乐业，举贤与能，人尽其才。自然地，这就是儒家当时理想社会的标尺，如果身处的社会与此相背，自然遭到批判。再如，儒家认为治理国家称霸天下的方式是"王道"而不是"霸道"，所谓"王道"，也就是施之以"仁爱"，通过道德来感动人、臣服人，这样才能达到"劝贤、劝士、劝百姓、劝百工、柔远人、怀诸侯"的效果。如果不是以德服人、不是实行"仁政"所建立的、所掠取的国家或天下，既是儒家思想所不能容受的，也是儒者所不齿的。因此说，对社会进行批判是儒家思想的内在精神。第二，儒家学者从来就没有放弃过对社会的批判。儒学有它的价值体系，这种价值或意义体系，就是儒学评判社会的坐标。孔子拿着儒学的标尺，发现礼崩乐坏，于是要恢复"礼"，发现缺乏关爱，于是提出"仁"。也就是说，孔子的"仁""礼"观念的提出，就是对社会的批判。孟子发现，之所以有国与国之间的战争，之所以有国家的灭亡，就在于缺失了"仁爱"，于是他提出"仁政"理念。张载为什么提出"为天地立心，为生民立命，为往圣继绝学，为万世开太平"的主张？不就是因为天地良心丧失了吗？不就是因为老百姓不能安身立命吗？不就是因为圣人之学得不到传承与弘扬吗？不就是因为社会动荡不安、兵荒马乱吗？这不是对社会的强烈批判吗？陆九渊对科举考试制度的批判，认为许多人参加科举考试只是"志乎利"，只是想求得"官资崇卑、禄廪厚薄"，而根本无心于"国事民隐"。王阳明批评某些人"分知分行"，他说："知行合一之说，专为近世学者分知、行为两事，必欲用知之之功而后行，遂致终身不行，故不得已而为此补偏救弊之言。学者不能著实体履，而又迁至缠绕于言语之间，愈失愈远矣。"（《答周冲书五通》，《王阳明全集》，上海古籍出版社，1992，第 1207 页）要求人不仅要"知"，更要"行"。李贽的批判更是锋芒毕露，比如他批判男女等级观念，他说："余窃谓欲论见之长短者当如此，不可止以妇人之见为见短也。故谓人有男女则可，谓见有男女岂可乎？谓见有长短则可，谓男子之见尽长，女人之见尽短，又岂可乎？"（《焚书·答以女人学道为见短书》）可见，儒学就是为批判而生的。第三，当代社会需要儒学的批判。当下强调"批判社会"是儒学的使命，在于当下社会情状与儒学的精神、理念完全不符。儒学强调以德治国，提倡修身、慎独，对为官者而言，就是要清廉。可是在今天的公务员队伍里，贪官前仆后继，"清廉"二字只储存在某些官员的词典里。儒家主张以正当手段、适宜方式获得富贵荣华，认为以不义的手段或方式谋取名利，都是应该遭到抨击的。但当今社会中，假冒伪劣盛行，什么地沟油，什么达芬奇家具，什么工业明胶胶囊、果冻、酸奶，等等，不一而足。儒学主张公平正义，认为做任何事都秉持公正的态度，不能徇私舞弊，所谓"天命无常，唯德是辅"。但当今社会中，选拔官员唯亲唯近，案件处理唯钱唯利，社会分配严重不公，等等。对这些现象，儒学不能忍气吞声，更不能装聋作哑，而应该亮出自己的批判之剑，对这些现象展开无情的声讨与批判。这才是儒学必须也应该履行的使命，也是儒学入世的一种形式，更是儒学生命力的惊艳表现。

价值的落实

儒学既是一种价值世界或意义世界，又是一种经世致用之学，也就是说，儒学的价值世界不会满足于观念形式的构建，不会满足于理论学术的论说，而是要将这个价值世界实体化、事实化、对象化，如果说儒学的价值世界是建造高楼大厦的图案，那么这个价值世界的具体落实就是高大富丽的大厦。所以从一般意义上讲，儒学价值的落实是儒学作为人文学说的内在逻辑之必然。这种内在逻辑我们还可细而言之。比如，儒学的"仁"表现在物质生活上就是改善人们的物质生活。孟子说：

"是故明君制民之产,必使仰足以事父母,俯足以畜妻子,乐岁终身饱,凶年免于死亡。……五亩之宅,树之以桑,五十者可以衣帛矣。鸡豚狗彘之畜,无失其时,七十者可以食肉矣。百亩之田,勿夺其时,数口之家可以无饥矣。"(《孟子·梁惠王上》)表现在精神生活上就是提升人们的精神生活,孔子说:"德之不修,学之不讲,闻义不能徙,不善不能改,是吾忧也。"(《论语·述而》)也就是说,不去修养品德,不去讲习学问,听到正义的事不努力去做,不能改正有错误,这都是孔子所忧虑的。表现在公共生活上就是改良人们的公共生活,所谓:"夫礼者,所以定亲疏,决嫌疑,别同异,明是非也。礼,不妄说人,不辞费。礼,不逾节,不侵侮,不好狎。"(《礼记·曲礼上》)而对物质生活、精神生活、公共生活的改进、改善、改良,都是儒学"仁"精神的具体落实。换言之,它们是"仁爱"向外在推展,这当然是一种使命。因此,既然儒学价值的落实是其内在的要求,那么,在现代社会,儒学价值的落实便不能不成为它的使命。然而,儒学的价值或意义在当今社会中却很难找到它的踪影,比如常会有朋友问我:生活中好像没有你们研究的儒学啊?这个时候,我会耐心地告诉他,儒学就在你我的生活中,我们的言行举止无时不受儒学的影响。这样应付过去后,其实我非常的内疚与惶恐:因为我知道这个答案多么的苍白无力!(尽管他或许被我的答案蒙蔽了)那么,什么是儒学价值的落实呢?儒学的核心理念诸如仁、义、礼、信、和等。"仁"就是爱护人、关怀人;"义"就是适宜、正当、得体;"礼"就是遵纪守法,不偷盗、不妄言、不乱序;"信"就是诚信,诚实行事,无有欺瞒,"和"就是包容异己,让"万物并育不害、道并行不悖"。反顾当下的生活世界,这些价值有没有呢?当然不能说没有。可是从现实生活角度看,我们还是对那些事实触目惊心!比如,儒家讲仁爱,就是要关爱人、关怀人,让所有人都衣食无忧,而且生活品质不断得到改善。可是,当你看到街上那些小商小贩被城管赶得鸡飞狗跳的时候,你不能说这里有"仁爱"吧?儒家的"礼"肯定无法在现代社会中复制,肯定无法让现代人都遵守"礼",但遵纪守法的精神却是需要的,这正是儒家"礼"的精神之一。现代社会中,法规很多,遍及所有行业,可是我们中的许多人根本就不把法规当回事,违法乱纪,肆意践踏。比如那前仆后继的贪官们,实际上都是有相应行业规则、职业纪律约束的,为什么不能遵守?就是不能领会并实践儒家

"礼"的精神。读者或你的亲朋好友，或多或少都吃过有毒食品吧？牛奶、火腿肠、酒、地沟油、工业明胶胶囊等等，那些生意人明知道这些东西损害身体的，却还铤而走险、为富不仁，诚信完全被置诸脑后。儒家提倡的"诚信"一种本真的精神、素朴的行为，不要欺瞒、不要妄说，应该也是很有现实意义的。儒家崇尚"和"的理念，所谓"君子和而不同，小人同而不和"，所谓"和实生物"，等等。我们生活中，似乎"和"了很多，似乎多元化，但在许多领域还是"和"不起来，"和"的很差，为什么？比如，只有一种声音，不能容忍异见，有了异见，便残忍地消灭它，所以，儒家的"和"并没有体现在我们生活中。总之，在当今生活世界，儒学的价值或意义并没有得到应有的表现，在生活中根本找不到儒学的踪迹，如果说祭孔、读经等形式在生活中偶然出现的话，那么儒学的精神远没有回到我们的身边。因此，儒学的当代使命之一，就是让儒学的价值的得到落实，使儒学的理念与价值融于生活，滋润、指导人们的生活实践，并进入人们的头脑、融入人们的血液、化为人们的实践。儒学应该通过自身改变、改善这个世界，而不是为自己寻找安居处。概言之，儒学价值的落实之所以应该成为当代使命，不仅因为这是儒学内在的逻辑，更因为这种内在逻辑的向外开展遭受阻碍而无法得到实现。

义理的梳理可以为发展儒学提供学术的依据，百姓的教化可以为实践儒学提供鲜活的对象，社会的批判可以为展示儒学精神提供方式，价值的落实则是儒学的终极目的。因此，如果我们要发展儒学、实践儒学、展示儒学的精神、实现儒学的终极目标，义理的梳理、百姓的教化、社会的批判、价值的落实自然应该成作当代儒学的四大使命。

《杭州师范大学学报》2012 年第 6 期

二十七　百余年来儒学的宗教性
诉求及其不同意蕴

在历史上，儒学或学或教，并无疑问。然而，自晚清始，儒学被定义为教、甚至宗教、甚至国教的主张便风行起来，直至 21 世纪，仍有学者孜孜不倦地重复晚清康有为等人的事业。那么，儒教何以成为部分儒者的执着诉求？儒教的诉求又负载了哪些值得解读的信息？回应这些问题，请先述"儒教主张"史。根据我的陋见，在过去的一百多年中，主张儒学为宗教的思潮先后有四波。

1898 年，康有为撰写《请尊孔圣为国教立教部教会以孔子纪年而废淫祀折》，标志着第一波尊儒学为宗教运动兴起。康有为认为，淫祀多神使人心混乱，孔孟正学得不到传播，德心得不到发明，因而必须罢黜淫祀；孔教博大普遍，兼该人神，包罗治教，立义甚高，厉行甚严，有助于统一信仰；政府应设立分管孔教会的部门，中央设立教部，地方设立教会，自京师城野省府乡县，皆立孔庙，以孔子配天，人人可祀；乡市设立孔教会，挑选精通六经四书者为讲生，宣讲儒家经典，讲生负责管理圣庙一切事务；每个乡以千人为单位，满千人必须设立孔庙，每座庙安排一位讲生；每个司有数十乡，公开推举讲师若干名，讲师从讲生中挑选；由司而县而府而省依次类推，但称呼不一，府曰宗师，省曰大宗师，合各省大宗师公推祭酒老师、耆硕明德为全国教会之长，朝廷任命其为教部尚书；全国学校一概隶属孔教会，学生每日必须举行行礼仪式；以教主孔子纪年，一者方便记忆，二者可以发起信仰之心。1912 年孔教会成立，康有为发表《中华救国论》《孔教会序一》《孔教会序二》等文，重申孔教为国教的意义，认为要立重德之风，建敬畏之心，舍儒教别无他法。至 1913 年，康有为再发表《以孔教为国教配天议》，系统论证尊孔教为国教的根据与必要性，指出国教是"久于其习，宜于其俗，行于其地，深入于其心者"，孔教正是如此。

20世纪30至40年代，以政府在曲阜举行全国祀孔大典并通过"祭孔决议"为标志，第二波尊孔教为宗教运动兴起。陶希圣发表《对于尊孔的意见》（1934年）惊呼"孔教正是在那儿复活"。田炯锦的《尊孔平议》（1934年）对8月27日全国举行祀孔大典情形的记录：中央党及各院部会特派代表，在山东曲阜举行祀孔大典；十五日中央147次常务会议，通过祭孔决议；同时指出由尊孔而嘉惠及于配享孔子的四哲之后裔，是历朝所无之创举。该文还从天命观、人生观、积极有为、仁、义、忠恕等方面阐述孔教的价值，但强调将孔教教义应附诸实践。此外，此期孔教复兴也有来自学术界的呼应。钱穆的《中国民族与宗教信仰》（1942年），对孔学的宗教资格做了非常学术化的探讨，但认为与西方宗教不同，孔教偏于人事，主为大群之凝结，既与政治平行合流，而主于为有等级之体系，孔教核心"仁"的特点是指人类内心之超乎小我个己之私有以诉合于大群体之一种真情。介于中国民间信仰复杂并存在诸多问题，钱穆赞成孔教信仰成为唯一："必待乎教育兴明，政治隆盛，而后吾中国民族对于此广深立方大群文化生命之传统信仰，乃始有存在与发皇，此则北宋欧阳子固已先我而言之。"这个时期的祀孔热潮，可以认为是"五四"时期打倒孔家店运动的反动。

20世纪80年代，以任继愈发表《论儒教的形成》（1980年）和《儒家与儒教》（1980年）为标志，第三波判孔教为宗教运动兴起。这一次不用"尊孔教为宗教"，而是"判孔教为宗教"，缘起动机非"尊孔"也。任继愈对儒教的形成进行了系统梳理，认为宋明理学的建立，便是中国儒学造神运动的完成，孔教教主是孔子，其教义是天地君亲师，其经典是六经，教派及传法世系即儒家道统论，儒教具有一切宗教的本质属性，比如，僧侣主义、禁欲主义、原罪观、蒙昧主义、偶像主义，注重心内反省的修养方法，敌视科学生产等。儒家本身就是宗教，它带给我们的是灾难、是桎梏、是毒瘤，而不是优良传统。它是封建社会的精神支柱，它是使中国人民长期愚昧的总根源。同年再发表《儒家与儒教》（1980年），认为儒教的形成主要经历了汉代、宋代两次改造，提出对孔子及历史上的孔子不能一视同仁，认为儒教限制了新思想的萌芽，限制了中国的生产技术、科学发明。任继愈的弟子李申随后出版《中国儒教史》（两卷），将这一派儒学是宗教的主张建立在深邃的历史根据之中。

21世纪初期，以蒋庆发表《关于重建中国儒教的构想》（2005年）为标志，第四波尊孔教为宗教运动兴起。蒋庆明确肯定儒教是一个具有独特文化自性的自足的文明体，存在于儒家义理价值形成国家"礼制""文制"以安顿人心、社会与政治的时代，具有"圣王合一""政教合一""道统政统合一"本质特征，这也是儒教的追求目标。儒教具有人类宗教的某些共同特征，如人格神信仰、经典的教义系统、以超越神圣的价值转化世俗世界等，但儒教也有自己的独特特征，如信奉多神教、万物有灵论、没有国家之外的独立教会组织等。今天重建儒教的目的就是用儒教解决中国的政治问题、社会问题和人生问题。儒教可走两条道路：一是"上行路线"，即通过士大夫的学术努力与政治活动，使儒教义理价值进入到政治权力中心，让政治权力成为儒教价值的载体，然后再从上到下影响到社会形成礼乐教化的"礼制""文制"，通过"礼制""文制"起到安顿社会人心的作用。二是"下行路线"，就是在民间社会中建立儒教社团法人，成立类似于中国佛教协会的"中国儒教协会"，以儒教协会的组织形式来从事儒教复兴的事业。"中国儒教协会"是一宗教社团组织，既是复兴儒教的宗教组织形式，又是作为宗教的儒教本身。"中国儒教协会"拥有其他宗教组织没有的政治、经济、文化、组织方面的特权。由于儒教过去是国教，将来也要成为国教，所以"中国儒教协会"在中国诸宗教中的地位相当于英国圣公会在英国诸宗教中的地位。中国儒教协会不仅有参与政治的特权，有获得国家土地、实物馈赠与财政拨款的特权，还有设计国家基础教育课程的特权，有设计国家重大礼仪的特权，有代表国家举行重大祭典的特权，以及其他种种特权。

如上即是过去百余年中国历史上发生过的四波尊（判）孔教为宗教的思潮。回顾这段跌宕起伏历史，我们大致可以获得这样一些信息：第一，在主张儒学为宗教的论证上，四个时期一脉相承。从19世纪末20世纪初，到20世纪30~40年代，到20世纪80年代，再到21世纪初，都视孔教为宗教，这一点是一脉相承的。比如，蒋庆的主张绝大部分内容是康有为主张的继续，而在论证儒教是宗教上又对钱穆、任继愈的观点有所继承。第二，在主张孔教为宗教的动机上，四个时期略有差别。虽然都主孔学为宗教，但它们的诉求不完全一致。有以发明德心、统一信仰为诉求，有以传播儒教思想、教化民众为诉求，有以批判儒学、否定儒教为诉求，有以儒教解决政治问题、社会问题和人生问题为诉求。这说明提倡一种学说的动机，深受政治、社会环境的影响，而动机的良莠直接影响到儒学的命运。第三，在主张孔教为宗教的学术探索上，四个时期各有贡献。由于要论证儒学是宗教，就必须从儒学体系中寻找宗教元素，并加以整理和发扬，这就客观上推动了儒学研究的深化，有助于全面认识儒学、评价儒学。康有为、钱穆、任继愈、蒋庆在判儒学为宗教的前提下，都对儒学的宗教性进行了独到的、深入的学术化研究，揭示了作为宗教的儒教的特点，因此，也许尊儒教为宗教运动并没有获得实质性成功，但伴随儒教为宗教主张而生产来的学术上的成果，我们乐于消化与接纳。第四，必须关切"尊孔教为宗教"之外的意义。直至今天，尊儒教为宗教、为国教的运动仍在进行，这说明百余年的尊孔教为宗教运动并未取得实质性成功，因而我们需要关注的可能不是"孔教为宗教"在学理上有无根据的可能性，而应关注尊孔教为宗教所隐含的价值诉求，这就是：这个时代我们欠缺什么、需要什么、重建什么，因而儒教之为宗教的主张及其运动，若能够对于中华民族精神信念的构建有所启示，能够对于中国社会品质的净化与提升有所作为，那么，我们就不应该吝惜我们的掌声，而应该为之鼓掌喝彩的。

《学术评论》2014 年第 3 期

二十八　儒家榜样教化论及其当代省察

——以先秦儒家为中心

《大学》说："自天子以至于庶人，壹是皆以修身为本。其本乱，而末治者否矣。"① 儒家为什么将"修身"从"八条目"中单独拿出来并强调它的本根地位？这当然不是玩排序游戏，而是反映了儒家对"修身"价值的深刻认知和高度重视。在儒家看来，教化民众可通过品行优秀、人格完美的人来实现，而这样的人必须通过自我修养才能成就。也就是说，"修身"的直接目标是成就优秀完美的人即榜样，而优秀完美的人足以让家齐、国治、天下平。那么，"榜样"何以有如此神奇的力量？在这种神奇力量背后是否存在需要反思的问题？本文正是受此"好奇"驱动而展开对"儒家榜样教化"的思考。

儒家榜样教化的展开

孔子说："君子笃于亲，则民兴于仁；故旧不遗，则民不偷。"② 此言榜样有助于民众品质的提升；《大学》说："一家仁，一国兴仁；一家让，一国兴让。"③ 此言榜样有助于民俗的美化；孟子说："天下之本在国，国之本在家，家之本在身。"④ 此言榜样有助于国家的治理。概言之，榜样教化是儒家提升人品、美化风俗、治理国家的途径或方式。那么，儒家榜样教化究竟是怎样展开的？其展开有无自身的理论逻辑？

---

① 《大学·第一章》，王国轩译注：《大学中庸》，中华书局，2006，第5页。
② 《论语·泰伯》，杨伯峻：《论语译注》，中华书局，1980，第78页。
③ 《大学·第十章》，第26页。
④ 《孟子·离娄上》，杨伯峻：《孟子译注》，中华书局，1984，第167页。

1. 圣人君王：教化的主体

怎样的人才有资格成为儒家榜样教化中的主体或榜样？儒家给的答案是圣王贤君。孟子说："圣人先得我心之所同然耳。"[①] 这是说圣人有先于普通人觉悟内在于每个人心中善性的能力。荀子说："圣人之所以同于众、其不异于众者，性也；所以异而过众者，伪也。"[②] 这是说圣人不同于并超过普通人的地方，就在于有自我觉悟、自我更新并帮助他人的能力。质言之，圣人在榜样教化中的地位是儒家人性论决定的。因而圣人君王便成为儒家展开榜样教化逻辑起点。而且，儒家对本善之性扩充的效果是充满自信的，孟子说："凡有四端于我者，知皆扩而充之矣，若火之始燃，泉之始达。苟能充之，足以保四海，苟不能充之，不足以事父母。"[③] 这意味着那些可以将"四端"发挥出来的圣人君王，其榜样的力量是没有穷尽的。

圣人君王作为教化的主体，除人性论根据之外，是圣人君王与民众的特殊而密切的关系。这种特殊关系便是，圣人君王在政治地位、社会作用、文化建设等方面都处于核心位置，是引导民众前进的舵手，是统一民心的大脑，是民众的源头。孔子说："民以君为心，君以民为体。心庄则体舒，心肃则容敬，心好之身必安之。君好之，民必欲之。心以体全，亦以体伤。君以民存，亦以民亡。"[④] 这里将国君与民众比喻为心脏与身体的关系，民众以国君为心脏，国君以民众为身体，心脏强大身体就舒泰，心脏严肃容貌就恭敬，心脏喜爱什么，身体就安于什么，国君喜欢什么，民众就想做什么，心脏借助身体得以保全自己，也因身体受到伤害而被伤害，国君因为有民众而存在，也因民众抛弃而灭亡。质言之，不管是民众拥戴君王还是背离君王，都以君王的所作所为为前提。荀子则将君王与民众比喻为源和流的关系，以突出君王的核心地位。他说："君者，民之原也；源清则流清，源浊则流浊。"[⑤] 君王是河水的源头，民众是流动的河水，源头清澈，流水就清澈，源头浑浊，流水就浑浊。既然圣人君王是民众的核心，是民众的源头，普通民众自然唯圣人君王是瞻，把圣人君王当

① 《孟子·告子上》，第261页。
② 《荀子·性恶》，张觉：《荀子译注》，上海古籍出版社，1996，第503页。
③ 《孟子·公孙丑上》，第80页。
④ 《礼记·缁衣》，杨天宇：《礼记译注》，2004，第741页。
⑤ 《荀子·君道》，第254页。

作学习、效法的榜样。荀子说:"君者,仪也,民者,影也,仪正而景正。君者,槃也,民者,水也,槃园而水园;君者,盂也,盂方而水方。"① 无论是将君王比作测定时刻的标杆,还是盛水的盘子,荀子的意思就在于:君王对于普通民众而言,就是学习的楷模、追求的典范。

或许因为圣人君王的示范作用如此重要、如此关键,儒家也给圣人君王以警示:如果你们品德败坏,后果将不堪设想:"上好权谋,则臣下百吏诞诈之人乘是而后欺。探筹、投钩者,所以为公也;上好曲私,则臣下百吏乘是而后偏。衡石称县者,所以为平也;上好覆倾,则臣下百吏乘是而后险。斗斛敦概者,所以为啧也;上好贪利,则臣下百吏乘是而后丰取刻与,以无度取于民。故械数者,治之流也,非治之原也;君子者,治之原也。"② 如果君王喜好权术,那么百官中搞欺诈的人就会乘机而动;如果君王喜好偏私,那么百官也跟着搞偏私;如果君王喜好是非颠倒,那么百官就会是非不分;如果君王贪图财利,那么百官就会争相谋其私利。因此,各种用于治理国家的器物与方法,不过是治政的末流,君王才是治政的根本。直至南宋的叶适,仍然对君王言行恶劣的祸害表示严重关切。他说:"其君不仁,故其臣贪诈邪虐,而不为信谊忠厚之事以报其上。君臣流毒,被于天下,纲纪隳坏,人文不立,而天下之民物不能自必其命。"③ 在叶适看来,如果君王的恶行臣子效仿,就会流毒天下,导致纲纪不振、人文不立,因而君王不能不注意的自己的言行,不能不严格要求自己。这从消极的向度说明,圣人君王才是儒家教化的逻辑起点。

2. 修身自律:榜样的素质

既然只有圣人君王才有资格成为教化的榜样,但圣人君王的品质并不是天生的,也不是一劳永逸的,有时会出现意外的情况,有时甚至会出现比较恶劣的情形,因而儒家对作为教化主体的圣人君王提出了修身、自律之要求。首先要勤于修身,保持圣洁。关于这点,《论语》中有一段文字可备讨论:

子路问君子。子曰:"修己以敬。"曰:"如斯而已乎?"曰:"修

① 《荀子·君道》,第253页。
② 《荀子·君道》,第249页。
③ 《叶适集》,中华书局,1961,第747页。

己以安人。"曰："如斯而已乎？"曰："修己以安百姓。修己以安百姓，尧舜其犹病诸！"①

这是发生在孔子、子路师徒二人之间关于怎样做才能算个君子的对话。按照子路提问的顺序，孔子给出的答案先后为：养育诚敬的品质、安顿好身边的人、安顿好全国的民众。也就是说，做到这三点就可以被称为君子。这个答案所展示的就是儒家"内圣外王"的治国逻辑。不过，从养育诚敬品质，到安顿身边的人，再到安顿全国民众，前提是"修己"。为什么会这样？因为在孔子看来，修身养性才可能成就完美优秀的品质，有了完美优秀的品质才能成为人们效法的对象、才能成为纯化民风的除尘器，才能成为安邦治国的保障。如此说来，"修身"对于成为榜样的圣人君王而言，是必修的课程。

其次要身体力行，做好表率。既然榜样的影响力如此巨大、如此神奇，那么圣人君王有义务和责任使自己时刻表现得完美优秀，行事端正，做人磊落，大公无私。孔子说："其身正，不令而行；其身不正，虽令不从。"② 如果君王品行端正，不需要发布命令，民众就会自觉地把事做好；如果君王品行不正，即便发布无数道命令，民众也不会听从。因此，君王想将国家治理好，就得让民众服从你，而要让民众服从你，你自己首先要品行优秀，即自己首先做到身正行直。季康子问孔子怎样才能让民众有敬畏之心、忠诚之情、勤勉之行？孔子的回答是只要君王身先民众、做出表率，就会有满意的结果："临之以庄，则敬；孝慈，则忠；举善而教不能，则劝。"③ 如果君王对待民众的事情严肃庄重，那么民众对待君王的命令就会有严肃敬畏之心；如果君王做到孝敬长上、慈爱人民，那么民众就会死心塌地效忠于君王；如果君王能将德才兼备的人提拔上来，并让弱小者受到教育，那么民众就会劝导勉励自己。可见，身体力行，率先民众，是榜样之所为榜样的基本要求。

再次要谨小慎微，言行适宜。由于民众都以君王为法，他们的眼睛睁得大大的，时刻关注着君王一举一动，所以君王的好恶与言行都必须谨

---

① 《论语·宪问》，第159页。
② 《论语·子路》，第136页。
③ 《论语·为政》，第20页。

慎。孔子说："下之事上也，不从其所令，从其所行。上好是物，下必有甚者矣。故上之所好恶不可不慎也，是民之表也。"① 臣民侍奉君王，不是服从他的命令，而是效法他的行为；君王所喜欢的事物，臣民一定跟着喜欢；因此，君王的好恶，不可不谨慎，因为君王是民众的表率！而落实到具体的言行上，则是"讷于言敏于行"，孔子说："王言如丝，其出如纶；王言如纶，其出如綍。故大人不倡游言。可言也，不可行，君子弗言也；可行也，不可言，君子弗行也。则民言不危行，而行不危言矣。"② 如果君王说的话细如丝，那么传出去就粗如绶带；如果君王说的话细如绶带，那么传出去就粗如大绳，因此君王不能提倡说浮而不实的话。只是可以说而不可做的话，君王不应该说；只是可以做而不可说的事，君王不应该做。这样民众就能做到他们说的话不会损害行为、他们做的事不会损害言语。因此，榜样之所以为榜样，谨小慎微、言行适宜是必备的品质。

相反，如果君王不能修身自律，不能身体力行，不能谨小慎微，而是放任自流、高谈阔论、言行乖戾，必将导致严重后果，正如荀子所说："上好羞（义），则民暗饰矣！上好富，则民死利矣！二者治乱之衢也。民语曰：'欲富乎？忍耻矣！倾绝矣！绝故旧矣！与义分背矣！'上好富，则人民之行如此，安得不乱！"③ 荀子在此列举了两种完全相反的情形，一是君王爱好道义的情况，民众就会向君王学习，以道义约束自己，不会见利忘义；一是君王追逐财富的情况，民众也会仿效君王，将道义弃置一旁，见利忘义。如果是前一种情况，民风淳朴，国家安定；如果是后一种情况，民众毫无廉耻、道德败坏、六亲不认，与道义彻底背离，国将不国。可见，君王的喜好与言行是多么的重要！这大概就是所谓"一言偾事，一人定国"④ 的意思吧？因而孔子的这段话是对君王语重心长地告诫："君子道人以言而禁人以行，故言必虑其所终而行必稽其所敝，则民谨于言而慎于行。"⑤ 在孔子看来，君王应该用语言引导民众向善，用行动谨防止民众学坏，因此说话必须考虑后果，行动必须考虑是否有弊病，这样民众就会

---

① 《礼记·缁衣》，第734页。
② 《礼记·缁衣》，第735页。
③ 《荀子·大略》，第613页。
④ 《大学·第十章》，第26页。
⑤ 《礼记·缁衣》，第736页。

向君王学习，谨慎自己的言行。概言之，圣人君王之为榜样，必须坐得直，行得正，品行无瑕；必须身先民众，做出表率；必须谨小慎微，自修自律。这就是圣人君王成为民众学习的榜样之基本素质要求。

3. 圣凡相通：教化的基础

圣人君王成为榜样，是因为他们能先知先觉，而他们的任务是觉后知、觉后觉，那么，后知后觉们是否能做出积极的反应呢？如果后知后觉们愚如顽石，圣人君王再有能耐也是无法"点石成金"的，因为只有后知后觉们接受了圣人君王的教化并有醒悟，榜样教化才可说得到了落实，取得了效果。当然，这对儒家而言不是什么问题。因为第一，圣凡俱善。虽然儒家强调圣人君王与普通人存在差别，但在人性上却是相通的，即每个人天生具有善性。孟子说："无恻隐之心，非人也；无羞恶之心，非人也；无辞让之心，非人也；无是非之心，非人也。"① 这是提示良知良能对每个人而言是共同的本性，如果不承认这点就失去了做人的根据。而且，凡人的心与圣人的心是相通的，程明道说："先圣后圣，若合符节，非传圣人之道，传圣人之心也；非传圣人之心也，传己之心也。己之心、无异圣人之心，广大无垠，万善皆备。欲传圣人之道，扩充此心焉耳。"② 这段话强调传圣人之道，普通人可以通过扩充自己的心来实现。为什么？因为圣人之道与圣人之心是相通的，因为先圣、后圣的心是相通的，因为普通人的心与圣人的心是相通的，因此，如果想传承圣人之道，就必须也应该扩充你自己的心。其二，圣凡同类。圣人君王与普通人不仅在人性上是相同的，在形体上也是同类，即每个人都是肉身形体。孟子说："圣人之于民，亦类也。"③ 既然是同类的，圣人与凡人就应该具有共同的类本质："凡同类者，举相似也，何独至于人而疑之？圣人，与我同类者。"④ 因此，凡人也是有机会成为尧舜的："舜，人也；我，亦人也。舜为法于天下，可传于后世，我由未免为乡人也，是则可忧也。忧之如何？如舜而已矣。"⑤ 荀子也认肯圣凡同类，他说："材性知能，君子、小人一也。"⑥ 即就形体、

---

① 《孟子·公孙丑上》，第 80 页。
② 《明道学案》上，《宋元学案》卷一三，中华书局，1986，第 560 页。
③ 《孟子·公孙丑上》，第 64 页。
④ 《孟子·告子上》，第 261 页。
⑤ 《孟子·离娄下》，第 198 页。
⑥ 《荀子·荣辱》，第 53 页。

知识方面言，凡人与圣人是没有区别的，所以荀子说："尧、舜之与桀、跖，其性一也。"[1] 既然凡人与圣人在身体、知性上同类，那么彼此之间便会有神奇的"同类相感"发生。其三，圣凡感应。所谓"圣凡感应"，是指凡人对圣人教导的感应，对圣人启示的感应。既然圣人凡人都有善性，既然圣人与凡人同类，那么必然会发生"同声相求，同类感应"的现象，凡人对圣人的伟大精神、高尚品质、高贵气质表现出崇拜、学习、模仿之心，正所谓"仰之弥高，钻之弥坚；瞻之在前，忽焉在后。夫子循循然善诱人，博我以文，约我以礼，欲罢不能，既竭吾才，如有所立卓尔。虽欲从之，未由也已"。[2] 具有优异品质、伟大人格的圣人君王会让民众不由自主地学习和效仿。也如孟子所说："圣人，百世之师也，伯夷、柳下惠是也。故闻伯夷之风者，顽夫廉，懦夫有立志。闻柳下惠之风者，薄夫敦，鄙夫宽。奋乎百世之上，百世之下闻者莫不兴起也。非圣人而能若是乎？而况于亲炙之者乎？"[3] 圣人是百代之师，他们的影响究竟有多大——伯夷的人格贞操，贪腐者闻之而为清廉，懦弱者闻之而为刚强；柳下惠的贞操，刻薄者闻之而为纯厚，狭隘者闻之而为宽阔。圣人在百代以前的事迹与风范，能令百代以后的人闻风而向，何况那些亲临他们熏陶的人呢？在这段文字中，我们感受到儒家对榜样去邪扬正的坚定信念，感受到儒家对榜样力量的由衷期待，而且在儒家看来，有了榜样，人们便会主动去学习、效仿，这种学习、效仿的基础，就是每个人先天具有的善性。概言之，既然圣人、凡人都有善性，既然圣人、凡人同类，既然圣人、凡人之间会产生感应，那么，儒家榜样教化便具备了人性的通道，榜样的精神和品质可由这些通道传递到凡人身上。

4. 举善荐贤：教化的方式

既然那些完美优秀的圣人君王才能成为榜样，那么对儒家而言，提倡举善荐贤是合乎逻辑的，因为榜样的教化力量的落实需要这种方式。其一是亲近贤善。在儒家看来，圣人君王只有做到亲贤近善，民众才会跟随你、拥护你，反之，则会背离你、反对你。孔子说："大人不亲其所贤，而信其所贱，民是以亲失，而教是以烦。诗云：'彼求我则，如不我得。

---

[1] 《荀子·性恶》，第 508 页。

[2] 《论语·子罕》，第 90 页。

[3] 《孟子·尽心下》，第 329 页。

执我仇雠，亦不我力。'君陈曰：'未见圣，若已弗克见。既见圣，亦不克由圣。'"① 因而孔子明确地把"举贤才"列为儒家的治政措施之一："君子尊贤而容众，嘉善而矜不能。"② 孟子继承了这一思想，主张将贤人推举到领导的岗位上去："尊贤使能，俊杰在位。"③ 推重"尊贤育才，以彰有德"④ 的意义。荀子同样提倡亲贤近善，所谓"论德而定次，量能而授官"。⑤ 因为它有如此积极效果："尚贤推德天下治。"⑥ 其二是以善退恶。儒家认为，亲贤近善不仅是将优秀的人推举上来，同时也可以堵塞鄙劣者钻营的空间，而且可以获得民众的拥护。孔子说："举直错诸枉，则民服；举枉错诸直，则民不服。"⑦ 如果把正直的人提拔至邪曲的人之上，那么民众就会心服；相反，民众就会不满。人心都是向善的，如果将无赖推举上去，民众不仅不服，而且会引起负面效应。《大学》说："见贤而不能举，举而不能先，命也。见不善而不能退，退而不能远，过也。好人之所恶，恶人之所好，是谓拂人之性，灾必逮夫身。"⑧ 发现贤才而不能选拔，选拔了而不能优先重用，这是轻慢；发现恶人而不能罢免，罢免了而不能将其驱逐，这是过错；喜欢民众所厌恶的，厌恶民众所喜爱的，这是违背人的本性；如果这类事情任其发生的话，灾难迟早会降临！因此，要做到"以善退恶"，必须尚贤举能，必须无贪婪之心，荀子说："故上好礼义，尚贤使能，无贪利之心，则下亦将綦辞让，致忠信，而谨于臣子矣。"⑨ 必须避亲情免贵贱："不恤亲疏，不恤贵贱，唯诚能之求。"⑩ 因而要使"举善荐贤"产生积极效应，就不得不谨小慎微："将使卑逾尊，疏逾戚，可不慎与？"⑪ 其三是见贤思齐。在儒家看来，榜样是完美的象征，是圣洁的代表，可以正邪扶善，因此，面对品质高尚的榜样，普通人应表现出学习、

---

① 《礼记·缁衣》，第 739 页。
② 《论语·子张》，第 199 页。
③ 《孟子·公孙丑上》，第 77 页。
④ 《孟子·告子下》，第 287 页。
⑤ 《荀子·君道》，第 257 页。
⑥ 《荀子·成相》，第 540 页。
⑦ 《论语·为政》，第 19 页。
⑧ 《大学·第十章》，第 33 页。
⑨ 《荀子·君道》，第 249 页。
⑩ 《荀子·王霸》，第 221 页。
⑪ 《孟子·梁惠王下》，第 41 页。

模仿的态度，以榜样为镜子，天天照照自己，对镜振衣，找出缺点与不足，促使自己进步、完善。孔子说："三人行，必有我师焉：择其善者而从之，其不善者而改之。"① 人人都可能成为我们的老师，这里的老师有两方面意义：一是学习他的长处，二是克服他的不足，因此需要"见贤思齐焉，见不贤而内自省也"。② 见到贤德之人就要向他得看齐，见到品德败坏之人则要自我检讨，寻找自己是否存在类似问题，从而提高、完善自己。榜样教化即是用贤良的品德进行教化，推举贤德是确立榜样教化的主体，除去鄙劣是榜样教化的目标，见贤思齐是榜样教化的途径，所以说"举善荐贤"是榜样教化的方式。

5. 襁负而至：教化的效应

在孔子看来，政治的善恶就是看君王品行是否优秀，行事是否刚直正派，如果君王品行优秀、行事刚正，国家就没有不能治理好的。孔子说："政者，正也。子帅以正，孰敢不正？"③ 换言之，圣人君王治理国家，必会产生积极的效应，这种积极的效应包括：第一，纯化民风。《尚书》说："一人元良，万邦以贞。"④ 只要君王优秀，天下人就会向君王看齐，使自己品行完美。那么，在榜样教化下，天下人的优秀有怎样的表现呢？如果君王能够慎重地处理父母送终问题，而且时刻追念祖先，那么民众的道德就会变得纯厚起来——"慎终追远，民德归厚矣。"⑤ 如果君王以深厚感情对待自己的家族亲人，那么仁爱之德便会在民众中风行，不会有人遗弃老同事、老朋友，而且彼此互相关心、互相帮助。如果君王能够尊敬老人，那么孝道之风就会在民众中兴起；如果君王能够尊敬兄长，那么敬长之风就会在民众中兴起；如果君王能够抚恤孤寡，那么民众就会谨守这一美德——"上老老而民兴孝，上长长而民兴弟，上恤孤而民不倍。"⑥ 概言之，榜样可引导民众践行仁德，可引导民众力行孝悌，可引导民众关爱互助，所以说榜样教化可纯化民风。第二，规范言行。天下民众的言行举止以什么为标准？儒家认为以圣人君王为标准。孔子说："长民者，衣服不

① 《论语·述而》，第72页。
② 《论语·里仁》，第39页。
③ 《论语·颜渊》，第129页。
④ 《尚书·太甲下》，第135页。
⑤ 《论语·学而》，第6页。
⑥ 《大学中庸》，第30页。

贰，从容有常，以齐其民，则民德壹。诗云：'彼都人士，狐裘黄黄。其容不改，出言有章。行归于周，万民所望。'"① 在孔子看来，领导者的服装不能凌乱不整、邋遢不洁、不修边幅，而言谈举止要平和沉稳、彬彬有礼、态度诚恳亲切，这样才能统一民众心灵，才能提升民众的德行。孟子认为天下民众言行的道德化，完全以圣人君王为准则，他说："君仁，莫不仁；君义，莫不义；君正，莫不正。"② 这就是说，如果君王崇尚、实践仁爱，那么民众没有不仿效的；如果君王崇尚、实践道义，那么民众没有不学习的；如果君王行事刚正，那么民众没有不实践的。可见，在儒家的观念中，榜样对人们言行的规范作用是至关重要的，正所谓"言行，君子之枢机"。③ 第三，天下归顺。对儒家而言，榜样的作用当然不限于纯化民风，不限于规范言行，更在于对国家政治的积极影响。圣人君王在遵礼、尚义、守信上做出表率，天下人都会心甘情愿地奔你而来。孔子说："上好礼，则民莫敢不敬；上好义，则民莫敢不服；上好信，则民莫敢不用情。夫如是，则四方之民襁负其子而至矣。"④ 如果君王以礼对待民众，那么民众就没有不尊敬你的；如果君王依义办事，那么民众就没有不服从你的；如果君王崇讲究信用，那么民众就会用真情来报答你；而做到了这些，天下民众都会被你所吸引而背负婴儿来投奔你！圣人君王在实践仁德上做出表率，民众就会跟从你。孔子说："上好仁，则下之为仁争先人。故长民者，章志，贞教，尊仁，以子爱民众，民致行己以说其上矣。诗云：'有梏德行，四国顺之。'"⑤ 如果君王喜欢并践行仁德，那么民众就会争先恐后地行仁德，因而君王要明确自己的意志，专心于教化，尊重仁道，用爱自己儿子的心去爱民众，那么天下民众就会以致力仁德来取悦你，而周围的国家都会朝你纷至沓来！圣人君王如果在孝道上做出表率，治理天下就易如反掌。孟子说："老吾老，以及人之老；幼吾幼，以及人之幼。天下可运于掌。"⑥ 用孝敬自己父母的行为孝敬他人的父母，用爱护自己幼儿的心去爱护他人的幼儿，这样天下人自然都会拥戴你、支持你，

① 《礼记·缁衣》，第 736 页。
② 《孟子·离娄上》，第 180 页。
③ 《易·系辞上》，唐明邦主编《周易译注》，中华书局，2004，第 206 页。
④ 《论语·子路》，第 135 页。
⑤ 《礼记·缁衣》，第 734 页。
⑥ 《孟子·梁惠王上》，第 16 页。

愿意为你卖命，天下怎么可能治理不好呢？概言之，如果君王在遵礼、尚义、守信、践仁、尽孝等方面做出表率，治理国家就是轻而易举的事了。或许正是基于对榜样作用的绝对信赖，连主张"隆礼重法"的荀子都有这样的议论："如是，则虽在小民，不待合符节、别契券而信，不待探筹、投钩而公，不待冲石称县而平，不待斗斛敦概而啧。故赏不用而民劝，罚不用而民服，有司不劳而事治，政令不烦而俗美。民众莫敢不顺上之法，象上之志而劝上之事，而安乐之矣。故借敛忘费，事业忘劳，寇难忘死，城郭不待饰而固，兵刃不待陵而劲，敌国不待服而诎，四海之民不待令而一，夫是之谓至平。诗曰：'王犹允塞，徐方既来。'"① 如此看来，有了圣人君王作为榜样，什么政令、法律、制度、奖罚等都是累赘，榜样教化作用在这里被推到了极致。

儒家榜样教化的反思

可见，儒家榜样教化论大体由教化主体、榜样素质、教化基础、教化方式和教化效应等五大内容组成。那么，我们由这五大内容中可获得哪些有价值的信息呢？又有哪些需要检讨的地方呢？

1. 人性论基础

儒家何以以圣人君王为榜样教化的主体？何以要求教化主体自修自律？何以认为榜样可以影响并提升普通人？何以认为榜样有助于社会风俗的美化和国家的治理？在于儒家对人性的认知。那么，儒家关于人性有怎样的认知呢？孔子说："性相近也，习相远也。"② 杨伯峻先生的解释是："人性情本相近，因为习染不同，便相距悬远。"③ 这种解释将"习"定义为改变"性"的原因或条件，就是说，人的本性相近，因为习染的不同而造成差异。那么，这里的"性相近"是指在"善"方面相近？还是在"恶"方面相近？孔子没有明示。这正好给了孟子在人性善恶问题上发挥主观能动性的机会和空间。孟子持信"性本善"："所以谓人皆有不忍人之心者，今人乍见孺子将入于井，皆有怵惕恻隐之心。非所以内交于孺子父

---

① 《荀子·君道》，第 249 页。

② 《论语·阳货》，第 181 页。

③ 《论语译注》，第 181 页。

母也。非所以要誉于乡党朋友也，非恶其声而然也。……恻隐之心，仁之端也；羞恶之心，义之端也；辞让之心，礼之端也；是非之心，智之端也。人之有是四端也，犹其有四体也。"① 既然一个人面对落井孩童会自然萌生"善心"，那说明恻隐之心、羞恶之心、辞让之心、是非之心都是先天内在的，是"非有外铄于我者"，不过，这种先天内在的善心，对于仁、义、礼、智四德而言，只是端倪，是可能而非现实，因而"四心"成为现实的"四德"尚有距离。那么，借助怎样的方式消除这种距离呢？既然孟子主"性本善"，因而每个人可以通过自我反省，使本有善性发挥并彰显，从而成为现实中的"好人"，因此，"性本善"论是人可成为榜样的人性论基础。但"性本善"之于现实的善只是一种可能性，而且每个人对先天善的觉悟又存在差异，因而要使这种"善的种子"开花结果，还不能完全寄希望于"反身而诚"。孟子认为，相对于普通人而言，圣人有能力觉悟其内在善性并将其发挥、彰显出来。孟子说："天之生此民也，使先知觉后知，使先觉觉后觉也。"② 有了所谓"先知觉后知，先觉觉后觉"人性主张，教化的主体就被儒家确定为圣人君王。可是，圣人君王怎样去完成这一伟大而艰巨的任务呢？杨简说："人心易感化，以其性本善故也。曩宰乐平，政事大略如常，简有施行而人心率向于善，由是知人心易感化。"③ 原来是圣人君王的善言善行可以感化从而激发内在于人身的善，使之释放出来。这样，一方面，由人性本善，每个人都具有成为榜样的基因，可以将自己做成完美优秀的人，所谓"路途之人皆可为尧舜"；另一方面，由善为端倪，需要将善由潜在转化为现实，而能完成这一任务的只有本身已具善性并且能够将内在的善性加以发挥和扩充的圣人；再者，由于普通人与圣人的善是相通的，因而，普通人对于圣人善会产生感应，圣人必然地成为万众学习和膜拜的对象。这样，榜样教化乃是儒家人性论逻辑的自然演绎。

2. 对君王的约束

由儒家对教化主体的要求看，承担教化任务的是圣人君王，最低也是大臣级人物，也就是说，在儒家教化论体系中，担起教化角色的是社会的

---

① 《孟子·公孙丑上》，第80页。
② 《孟子·万章上》，第225页。
③ 《论治道》，《慈湖先生遗书》卷一六。

上层。然而要成为儒家榜样教化的主体并成功地完成教化的任务，必须满足苛刻的资格或条件。具体言之，其一是要人格完美、品行优秀。作为榜样的圣人君王或大臣，在道德品行上必须是完美的，不能有任何瑕疵。这是成为榜样的前提条件。其二是勤于修身、严于自律。作为榜样的圣人君王或大臣，必须时刻对自己的言行进行检讨，必须严格要求自己，而且不能把责任推给他人，这是榜样者的基本素质。其三是源头意识、舵手观念。作为榜样的圣人君王或大臣，必须意识到自己是民众的核心，是人民的源头。既然是水之源，那么必须清澈，既然是人之源，那么必须清廉；既然是船之舵，那么必须把握方向，必须明确方向，并且具有引领能力。其四是对榜样教化不同效应的担当。作为榜样的圣人君王或大臣，必须对自己的言行所产生的社会效应负责，因为君王言行的好坏，君王品质的优劣，直接影响到民众的心理趋向，直接影响到社会的风俗，直接影响到国家的治理，直接影响到天下的太平，因此，作为榜样的圣人君王或大臣，不能不时刻对自己的言行给予评估，不能不对自己的言行"如履薄冰"。可以想见，根据儒家教化论对榜样的要求，那么圣人君王或大臣的一切言语行为，都因为这样的要求而表现得积极健康向上，表现得一丝不苟，同时因为这样的要求也是对圣人君王或大臣的一种约束或限制，不过这应该是一种让人积极而愉悦的约束。

3. 自我担当意识

根据儒家榜样教化论，作为榜样的圣人君王或大臣，需要有担当意识，而这种担当意识的体现是多向度的。首先是自我修行。在儒家看来，榜样必须是优秀的、完美的，而榜样要做到完美优秀，必须具备自我修养的品质，要积极主动进行自我修行，用儒家的话讲就是"吾日三省吾身"，用佛教的话讲就是"时时勤拂拭"，通过慎独、反省、读经（儒家经典）、希圣等功夫，将自己的品行加以保持和提升。质言之，自我修行是榜样者对自我素质保鲜的一种内在担当。其次是自我约束。在儒家看来，榜样之所以为榜样，必须对自己的言行进行约束，使之符合道德规范、法律准则，对自己的不当或失范行为要进行检讨，规范约束自我。质言之，自我约束是榜样者对自我素质的一种内在担当。最后是自担责任。在儒家看来，榜样不仅人格完美、人品优秀，而且要有担当，有责任感，要有舍我其谁的气度。榜样者不仅有齐家、治国、平天下的责任，而且要有对错误负责的胸怀，不能把责任推给别人。缺乏主体意识，将责任推给他人，这不是儒家榜样的风格。然而，当世中的某些官员，不仅没有把工作做好的责任意识，更没有担当责任的意识，一旦有了错误，就想方设法推得干干净净，跟他一点关系没有。比如，对那些因纠纷而发生自焚、自爆、自杀事件，某些部门或官员不是检讨自己行为有无过错，而是在对方身上寻找原因，找各种莫须有的借口，从而将责任转移给对方。这种行为与儒家对榜样的要求是完全背离的。总之，榜样要有修身意识、自律观念、担当胸怀，对自己、对他人、对社会担负起责任，这就是儒家的自我担当意识基本内涵。应该说，儒家榜样教化论内含的担当意识不仅具有理论价值，更具有现实意义。

4. 榜样作用的绝对化

儒家表述榜样教化常见的句型是："上好礼，民易使"；"君仁，莫不仁"；"身正，人正"；等等，将这种表述转换成语文表述就是："如果君王优秀，民众就优秀。"对于"如果……就"表述方式，用哲学词汇解释，既是一种因果论，也是一种决定论，因而就儒家榜样教化论言，可称之为"榜样因果论"和"榜样决定论"。也就是说，在儒家榜样教化论中，对榜样在社会教化中的作用持有无限的信赖甚至崇拜，君王完美，民众完美，君王行善，民众行善；反之，亦然。可是，风固然可以决定草侧倒的方向，但君王的善恶与民众的善恶并没有因果联系，君王恶，照样有善良的民众；君王善，照样有刁民的存在，因此，二者既不是因果联系，更不是决定被决定的关系。按照儒家榜样教化论，榜样的基本要素或主要内涵是道德层面，比如公正无私、先人后己、见利思义、知耻后勇、廉洁奉公、忠孝悌敬等，那么，要将这些优秀品质从榜样身上转移并内化到民众身上，并不是有了榜样就万事大吉的。这是因为：第一，榜样与民众存在差异（没有考虑到主体的差异性）。虽然说人人相类，本性相近，但人与人之间还是存在差异的。比如，身体、心理、环境、知识、价值等，这些元素的差异对民众接受榜样教化会产生影响，这就是为什么有些民众完全接受、有些民众部分接受、有些民众抗拒接受榜样的原因，因而儒家榜样教化论在一定程度上忽视了人与人之间的差异。第二，没有考虑到榜样效用的发生是多种因素综合的结果（没有考虑到其他因素的作用）。榜样的力量虽然是"无穷"的，但榜样真正发挥其教化作用，显然不是树立一个伟大的榜样就万事大吉了，榜样身上那些优异的元素要为民众接受，必须要做许多辅助性的工作。比如，对榜样内涵的说明，对榜样意义的说明，对榜样与民众关系的阐述，对民众榜样意识的培训，榜样教化与社会、学校、单位、家庭、媒体等都密切关联，还需借助各种手段与途径传递榜样的事迹与精神，但儒家榜样教化论自信地略去了教化所需要的诸种措施，使育人、治国简单化。第三，道德至上主义（没有考虑到其他可教化的内容）。儒家的榜样就是道德榜样，道德好了，什么都好了，所谓"为政以德，譬如北辰，居其所而众星共之"。① 这是儒家的基本观念。道德固然重要，对于事情的处理与完成也具有关键的作用，但是如果将榜样内涵完全局限在道德领域，它引导人"只红不专"，光有好的品德，却没有过硬的业务，这种榜样显然是不能完成儒家治国平天下之宏伟目标的，这意味着儒家榜样教化的内涵应该有所扩充，从道德领域扩至知识专业领域，因此说，儒家榜样教化论漠视了其他治国方式或途径。

5. 榜样主体的精英化

儒家虽然倡导"路途之人皆可为尧舜"，虽然肯定每个人都先天具有善性，但儒家榜样教化论精英化倾向非常突出。这种精英化倾向的表现有：第一，教化主体是圣人君王。按照儒家的定义，圣人君王在道德上是至善，在人格上是至美，因而只有圣人君王才有资格出任榜样教化的主体，圣人君王之外的民众是没有资格的。所谓"思天下之民，匹夫匹妇有不与被尧、舜之泽者，若己推而内之沟中——其自任以天下之重也"。② 就是说，作为先知先觉的圣人君王，应该自觉地将开启民众智慧的事业肩负起来。由于儒家将教化的主体规定为圣人君王，即意味着民众没有资格成为教化的主体，没有资格成为榜样，从而浇灭了民众成为教化主体的欲望，消解了民众成为教化主体的意识。第二，先知先觉者是圣人君王。在儒家榜样教化论中，圣人君王是教化的逻辑起点，因为他们有先觉先知的能力，只有圣人君王对先天的善性有觉悟，普通民众只有等来圣人君王具有恩赐意义的教化启蒙，才可能将内在的善性发挥并彰显出来。这就意味着，在知识资源掌握和开启民智能力上，圣人君王是主人，是施教者，民

---

① 《论语·为政》，第11页。
② 《孟子·万章下》，第232页。

众是奴隶，是被教化的对象。这就导致民众在自我觉悟、自我完善上无须主动、无须努力，只需耐心等待圣人君王的灵光照射到他们身上就可以了。而这样的后果就是民众自我觉醒、自我完善能力的消解，促使他们养成惰性和奴性。第三，是非标准是圣人君王。在儒家榜样教化论中，圣人君王是完美的化身，是神圣的象征，民众无须自己思考，无须自我判断，只要把圣人君王的言谈举止当作自己效法的标尺，只要把圣人君王的为人处事当作自己模仿的典范，只要把圣人君王的品德当作自己的目标，所谓"子服尧之服，诵尧之言，行尧之行，是尧而已矣"。① 你就会成为儒家榜样教化的"产品"。但需要指出的是，圣人君王成为最高的唯一的道德标准，隐含了某些消极的倾向。如果天下民众都把圣人君王作为唯一学习模仿的对象，这意味着在圣人君王之外不可能有学习、模仿的对象，从而限制了民众在道德上扩增的可能性；也意味着民众无需对圣人君王进行理解，更不能怀疑，从而导致自我判断力丧失；也意味着民众无须在圣人君王之外探求真理，追问善恶，从而取消智慧之间的交流与竞争，进而形成对圣人君王的盲目崇拜，最终阻碍社会进步和发展。如果上述推论合乎逻辑的话，那么可以进一步说，儒家榜样教化论的精英化特点，非但不能帮助民众在道德修养、人格境界上充实提升，反而可能是对民众主体自觉、理性判断、修行自主等品质的抽空化，是对民众多种能力的温柔剥夺，民众最终被教化成唯唯诺诺的思想与肉体的双重奴隶。

6. 转型的方向与途径

儒家榜样教化理论与实践，对榜样者的自律，对民众素质的提升，都有其特殊的积极作用。但儒家榜样教化论也存在榜样功能绝对化、榜样主体精英化以及由它们导致的诸种弊病。因此，儒家榜样教化如要扬长避短，如要推陈出新，如要使自身更加完善，如要增强服务社会的能力，并将其积极价值光大，就必须面向时代进行调整与发展。那么，这种调整与发展应该从哪些方面进行呢？第一，主体的扩大。圣人、君主、大臣等，当然应该成为榜样，但正如上文所揭示的，如果将榜样教化的主体仅仅局限于圣人君王这个特殊群体，那么将导致民众成为教化主体意识的消解，将导致民众自我完善能力的消解，将导致民众理性判断力的消解，从而使

---

① 《孟子·告子下》，第276页。

民众奴性化。因此，如果要避免这些消极后果，必须将儒家榜样教化主体进行扩大，应从帝王将相扩大到所有人，使榜样主体从精英阶层走向广大民众，强调每个人都有成为榜样的能力、机会、权利和义务。这样，普通民众也将以榜样的标准要求自己、提升自己，并建立起榜样教化主体在我的意识，唤起民众自尊自爱的觉悟，豁醒民众舍我其谁的担当精神，让民众感受到榜样不仅是神圣的，也是亲切的，认识到它并不是一种特权，而是美化社会、善化政治的力量，从而自觉地使自己奔跑在成为榜样的道路上。这样，榜样的能量就被极大地释放出来，其价值也将得到充分体现。第二，内容的增丰。儒家榜样教化的主体千篇一律是道德楷模，圣人君王都是道德意义上的榜样。道德榜样固然重要，但将榜样内涵限制在道德领域，客观上鼓励人们在道德之外领域不思进取，不去探索，所谓"谋道不谋食"，所谓"女子无才便是德"，使人成为只红不专的"空头政治家"，因此，榜样内涵全面化是儒家榜样教化需要转换的另一任务。光有好的品德，却没有一流的本领，这种榜样也是成就不了大事的，所以，榜样的内涵应该有所扩充，从道德领域扩至其他领域，社会需要道德榜样，也需要技术榜样，需要业务榜样，这样就使榜样的内涵得以丰富和充实，儒家榜样教化的内涵亦因此而丰实，儒家榜样教化的意义也因此而扩大。第三，程序的完善。按照儒家榜样教化论，有了榜样，什么民众道德，什么社会风俗，什么国家政治，一切迎刃而解。这虽然强调了榜样教化的意义，但同时将民众道德素养的提高、社会风气的改善、国家政事的治理想象的过于简单，似乎有了一位道德品质优异的君王，便万事大吉。而事实上并非如此。因为即便有了榜样，即便圣人君王在上，这些情形的存在仍是常态：有些民众觉悟不高，不能理解榜样的崇高伟大，他们的意义世界只是过个安稳的日子；有些民众名利熏心，名利至上，所谓的榜样从来未进过他们的俗眼；有些民众智力正常、头脑清醒，但他们对榜样毫无兴趣；某些民众性情怪异、言行无常，榜样对他们来说有无一如。这四种情况对儒家榜样教化提出了不同的挑战和要求。对于第一种情况，可以通过启蒙教育，对榜样的内涵及其意义进行解释和宣传，这意味着榜样教化需要教育措施的参与；对于第二种情况，可以将追逐名利的后果和追逐道义的后果，进行理论的比较性解释，进行案例的比较性分析，这意味着榜样教化不仅需要思想层面的善恶辨析，更需要规范制度的建设；对于第三种情况，可通过各种方式（电视、电影、广告、文艺、讲演等）对他们进行榜样的宣传，让榜样感天地、泣鬼神的事迹在他们心灵中产生震撼，这意味着榜样教化需要多种方式、方法的配合；对于第四种情况，相对而言无计可施。不过，对这类人待之以顺从、引导、奖励的态度，配以榜样事迹的讲说，似乎也能产生某些积极的效果。因此可以说，"身正则人正"无疑是将榜样教化的有限意义做了无限的夸大，而榜样有限意义的落实也需要诸多措施与方法的辅助。这样，儒家榜样教化在主体上就从圣人君王扩张到普通民众，在内容上就从道德素养扩增到专业技术，在程序上就从榜样的单一影响扩大到多种措施与方式的参与，从而使儒家榜样教化理论愈发完善，从而让我们对儒家榜样教化的公共价值充满新的期待。

《齐鲁学刊》2014 年第 4 期

图书在版编目（CIP）数据

儒学的形态与开展 / 李承贵著 . --北京：社会科
学文献出版社，2016.6（2017.11 重印）
ISBN 978 - 7 - 5097 - 9055 - 7

Ⅰ.①儒…　Ⅱ.①李…　Ⅲ.①儒学 - 研究　Ⅳ.
①B222.05

中国版本图书馆 CIP 数据核字（2016）第 086428 号

儒学的形态与开展

著　　者 / 李承贵

出 版 人 / 谢寿光
项目统筹 / 卫　羚
责任编辑 / 卫　羚　周志宽

出　　版 / 社会科学文献出版社·人文分社（010）59367215
　　　　　　地址：北京市北三环中路甲 29 号院华龙大厦　邮编：100029
　　　　　　网址：www. ssap. com. cn
发　　行 / 市场营销中心（010）59367081　59367018
印　　装 / 北京京华虎彩印刷有限公司

规　　格 / 开　本：787mm × 1092mm　1/16
　　　　　　印　张：21.5　字　数：351 千字
版　　次 / 2016 年 6 月第 1 版　2017 年 11 月第 3 次印刷
书　　号 / ISBN 978 - 7 - 5097 - 9055 - 7
定　　价 / 98.00 元

本书如有印装质量问题，请与读者服务中心（010 - 59367028）联系